Kuckertz, Perschke, Rottenbacher, Ziska (Hrsg.)

Versicherungsfachmann/-frau IHK

Kuckertz, Perschke, Rottenbacher, Ziska (Hrsg.)

unter Mitarbeit von
W. Kolodzik und R. Budzisch

Versicherungsfachmann/-frau IHK

Zur Vorbereitung auf die IHK-Sachkundeprüfung für die Versicherungsvermittlung nach § 34d Gewerbeordnung

Impressum

© 2011
Wolters Kluwer Deutschland Information Services GmbH
Feldstiege 100
48161 Münster/Westfalen

Art.-Nr. 3862

Redaktion: Yvonne Becker, Olivia Lüken, Helga Hendricks
Druck: Wilhelm & Adam OHG, Heusenstamm

Rechtsstand: Mai 2011

ISBN 978-3-89699-414-1

Vorwort

Die Umsetzung der europäischen Versicherungsvermittler-Richtlinie im Mai 2007 führte in Deutschland zur Überarbeitung des *Versicherungsvertragsgesetzes* (VVG) sowie zur Einführung einer *Verordnung über die Versicherungsvermittlung* (VersVermV).

In der EU-Richtlinie wird festgelegt, dass der Versicherungsvermittler „angemessene Kenntnisse und Fertigkeiten" haben müsse. Wie beim Taxischein ist auch hier vor Beginn der eigentlichen Tätigkeit, hier also der Versicherungsvermittlung, eine Prüfung abzulegen: In diesem Falle die **Prüfung zum/zur Versicherungsfachmann/-frau (IHK) gemäß § 34d GewO**.

Dieses Buch wird Ihnen im Rahmen eines Vorbereitungslehrgangs auf die Versicherungsfachfrau/-mann-Prüfung ein wichtiger Begleiter sein und soll Ihnen wichtige Informationen über das Versicherungsgeschäft mit dem Privatkunden an die Hand geben. Dafür ist es prägnant und praxisnah geschrieben. Die Tatsache, dass nun bereits die vierte Auflage erscheint, bestätigt die erfolgreiche Umsetzung dieses Ansatzes. Das ausführliche Stichwortverzeichnis erleichtert das Finden ganz bestimmter Sachverhalte, sodass Sie es auch in Ihrer Beratungspraxis stets nutzen können.

Die Herausgeber Wolfgang Kuckertz, Ronald Perschke und Frank Rottenbacher sind Vorstände der Berliner GOING PUBLIC! Akademie für Finanzberatung AG (www.goingpublic.edu), einem der bundesweit führenden Anbieter von Qualifizierungen und Trainings, speziell für die Finanzdienstleistungsbranche. Herr Daniel Ziska ist als Steuerberater Vorstand der Berliner GPC Tax Unternehmerberatung AG Steuerberatungsgesellschaft, deren Mandantschaft ebenfalls schwerpunktmäßig aus dem Finanzdienstleistungsbereich kommt. Der Co-Autor Wolfgang Kolodzik ist Fachwirt für Finanzberatung (IHK) und langjähriger Dozent. Ihm und Herrn Roland Budzisch (langjähriger Versicherungsmakler, Dozent und Trainer) gehört unser Dank.

Das Ihnen vorliegende Buch enthält Passagen aus dem ebenfalls bei Wolters Kluwer erschienenen Buch „Praxiswissen Finanzdienstleistungen", das im Rahmen der Qualifikation zur/zum Fachberater/-in für Finanzdienstleistungen bereits seit Jahren sehr erfolgreich eingesetzt wird.

Wir wünschen Ihnen viel Erfolg im Rahmen Ihrer Qualifikation und Ihrer täglichen Beratungspraxis und freuen uns auf Ihre Verbesserungsvorschläge für dieses Buch.

Berlin, im Mai 2011 — Die Herausgeber

Inhaltsverzeichnis

1 Die Sozialversicherung

1.1 Grundlagen und Aufbau der Sozialversicherung

Die Sozialversicherung ist und bleibt trotz aller Probleme der Eckpfeiler der sozialen Sicherung in der Bundesrepublik Deutschland. Ihre Aufgabe ist es, die Versicherten bei bestimmten Wechselfällen des Lebens zu schützen:

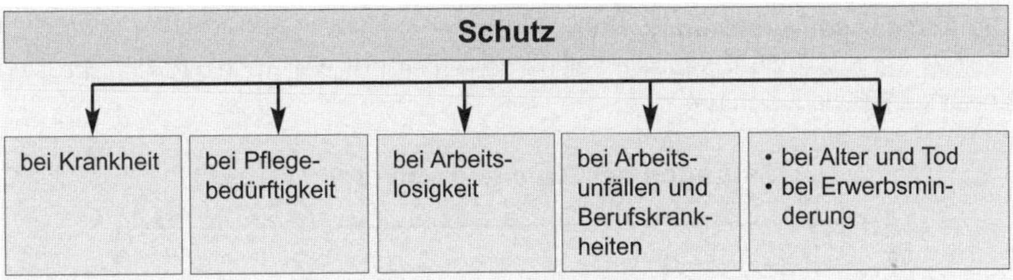

Abbildung: Aufgaben der Sozialversicherung

1.1.1 Die fünf Zweige der Sozialversicherung

Die Gesetzliche Krankenversicherung (GKV)
Sie kommt für die Krankheitskosten auf, die ihren Mitgliedern in Deutschland – teilweise auch im Ausland – entstehen. Hierunter fallen insbesondere ärztliche und zahnärztliche Behandlungen, die Krankenhauspflege und die Versorgung mit Arznei-, Verband-, Heil- und Hilfsmittelen. Darüber hinaus werden Leistungen zur Prävention und Früherkennung von Krankheiten sowie zur Rehabilitation (z.B. Mutter-Kind-Kuren) erbracht. Auch die Leistungen bei Schwangerschaft und Mutterschutz gehören zu den Aufgaben der Gesetzlichen Krankenversicherung. Insgesamt kann also festgestellt werden, dass die GKV ein sehr komplexes System zur Gesundheitsvorsorge darstellt. Allerdings sind die Leistungen in der Regel mit Einschränkungen verbunden (z.B. Eigenanteile oder Zuzahlungen).

Die Gesetzliche Rentenversicherung (GRV)
Sie dient sowohl dem Versicherten als auch dessen Familie. Dies geschieht im Wesentlichen durch die Zahlung von Renten bei

- **Erwerbsminderung:** Renten wegen verminderter Erwerbsfähigkeit als Voll- und Teilrenten,
- **Tod:** Hinterbliebenenrente (Witwen-/Witwerrente oder Waisen-/Halbwaisenrente),
- **Alter:** Altersruhegeld.

Kennzeichnend für die GRV ist der **Generationenvertrag**. Damit ist der nicht schriftlich fixierte gesellschaftliche Konsens gemeint, demzufolge derjenige, der heute arbeitet, die Renten derer finanziert, die bereits aus dem Erwerbsleben ausgeschieden sind (Umlageverfahren). Später erhält er die eigene Rente durch Beiträge, die durch die nächste Generation finanziert werden. Darüber hinaus werden in der GRV auch Leistungen erbracht, die zur Rehabilitation und Reintegration ins Berufsleben führen.

Die Gesetzliche Unfallversicherung (GUV)
Im Rahmen der GUV werden Leistungen für berufsbedingte Unfälle und für die Wiederherstellung der Erwerbsfähigkeit erbracht. Gleiches gilt bei Wegeunfällen und Berufskrankheiten.

Die Arbeitslosenversicherung (AV)
Sie soll zumindest die finanziellen Folgen der Arbeitslosigkeit mildern. Die wichtigsten Leistungen gliedern sich wie folgt:

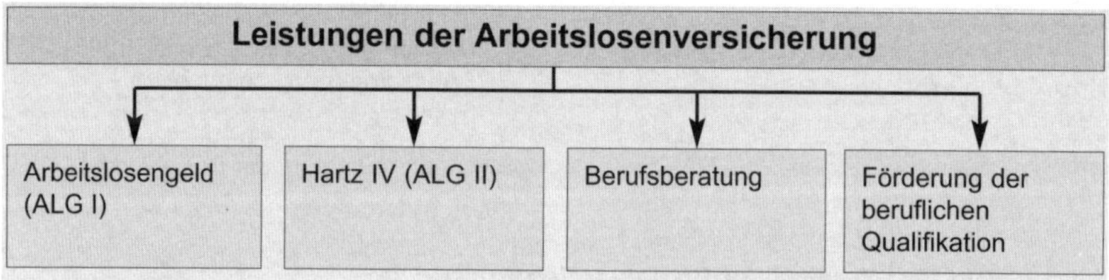

Abbildung: Leistungen der Arbeitslosenversicherung

Die Leistungen der Arbeitslosenversicherung beschränken sich also nicht nur auf die Erbringung reiner Geldleistungen.

Die Soziale Pflegeversicherung (SPV)
Seit dem 01.04.1995 werden Leistungen für pflegebedürftige Versicherte gewährt. Die Leistungshöhe richtet sich nach dem Grad der Pflegebedürftigkeit.

1.1.2 Prinzipien der Sozialversicherung

Wer Mitglied in der Sozialversicherung ist, muss Beiträge bezahlen. Anders als in der Privatversicherung (Äquivalenzprinzip) entrichtet der Versicherte in der Sozialversicherung seine Beiträge nach dem **Solidarprinzip**: Ihre Höhe richtet sich nach dem Einkommen, also nach der wirtschaftlichen Leistungsfähigkeit des Einzelnen (sozialer Ausgleich), und nicht nach individuellen Kriterien wie Alter, Geschlecht oder Gesundheitszustand. Auch der Leistungsrahmen ist für die Versicherten gesetzlich geregelt und zu großen Teilen unabhängig von dem Umfang der Einzahlungen. Nur die Höhe der Altersrente und des Arbeitslosengeldes wird wesentlich vom Versicherungsbeitrag und der Beschäftigungsdauer bestimmt.

Abbildung: Prinzipien der Sozialversicherung

Für die Beitragsabführung ist der jeweilige Arbeitgeber des Versicherten verantwortlich, wobei die Beiträge grundsätzlich jeweils zur Hälfte vom Arbeitgeber (AG) und Arbeitnehmer (AN) zu zahlen sind, jedoch nicht über die gesetzlich festgeschriebenen jährlichen **Beitragsbemessungsgrenzen (BBG)** hinaus. Eine Ausnahme bildet die GUV: Hier bezahlt der AG die Beiträge allein.

Hinweis:
Die Beitragsbemessungsgrenzen erhöhen sich in der Sozialversicherung entsprechend der Lohn- und Gehaltsentwicklung. So kommt es, dass Versicherte mit höheren Einkommen trotz gleichbleibender Beitragssätze u. U. höhere Beiträge aufbringen müssen.

1.2 Geschichtliche Entwicklung und Rechtsgrundlagen

Die geschichtliche Entwicklung der Sozialversicherung ist zurückzuführen auf eine Botschaft **Kaiser Wilhelms I.** vom 17.11.1881. Diese Botschaft zum Aufbau einer Arbeiterversicherung resultierte aus einer Anregung von **Fürst Otto von Bismarck** und wird als die Geburtsurkunde der deutschen Sozialversicherung bezeichnet. Die Gründe, die zu dieser Entscheidung führten, ergaben sich aus den Folgen der fortschreitenden industriellen Revolution. Mit der Einführung von immer mehr Arbeitsgeräten und Maschinen ging eine Zunahme der Arbeitsunfälle einher. Durch den Niedergang der Großfamilie bestand kaum noch die Möglichkeit, die Krankenpflege den Angehörigen zu überlassen. Die Verschlechterung der Lebensumstände der Arbeiterschaft führte letztendlich zu deren politischer Organisation. Die Sozialgesetzgebung muss also auch als eine politische und nicht nur rein humanitäre Entscheidung betrachtet werden.

Die erste Auswirkung der kaiserlichen Botschaft war die Einführung der Gesetzlichen Krankenversicherung für Arbeiter mit Gesetz vom 15.06.1883 (Zwangsversicherung für Personen, die gegen Lohn oder Gehalt beschäftigt werden).

Danach folgten das

- Unfallversicherungsgesetz vom 06.07.1884 (Zwangsversicherung für alle AN bei den Berufsgenossenschaften zur Absicherung von im Betrieb verunglückten Arbeitern oder deren Hinterbliebenen),
- Gesetz über die Invaliditäts- und Altersversicherung vom 22.06.1889 (Gewährung einer Altersrente ab dem 70. Lebensjahr oder Invalidenrente bei Erwerbsunfähigkeit),
- Gesetz über die Arbeitsvermittlung und Arbeitslosenversicherung vom 16.07.1927 (spätere Einführung aufgrund der Weltwirtschaftskrise von 1925, erstmals große Arbeitslosigkeit),
- Pflegeversicherungsgesetz vom 26.05.1994 (soziale Absicherung des Risikos der Pflegebedürftigkeit für alle Krankenversicherten).

Abbildung: Das deutsche System der Sozialversicherung

1.2.1 Reichsversicherungsordnung

Die Reichsversicherungsordnung (RVO) war die Zusammenfassung der vorangegangenen Sozialversicherungsgesetze durch ein einheitliches Gesetzeswerk vom 19.07.1911. Heute werden die einzelnen Bereiche der Sozialversicherung durch die Sozialgesetzbücher sowie angrenzende Gesetze geregelt. Die RVO gilt nur noch in wenigen Teilen.

1.2.2 Sozialgesetzbuch

Das **Sozialgesetzbuch (SGB)** ist ein Gesetzeswerk, das zukünftig alle Sozialgesetze und die sich aus ihnen ergebenden Rechte zusammenfassen und harmonisieren soll:

Gliederung des Sozialgesetzbuches:
- **SGB I:** Allgemeiner Teil
- **SGB II:** Grundsicherung für Arbeitssuchende
- **SGB III:** Arbeitsförderung

- **SGB IV:** Gemeinsame Vorschriften für die Sozialversicherung
- **SGB V:** Gesetzliche Krankenversicherung
- **SGB VI:** Gesetzliche Rentenversicherung
- **SGB VII:** Gesetzliche Unfallversicherung
- **SGB VIII:** Kinder- und Jugendhilfe
- **SGB IX:** Rehabilitation und Teilhabe behinderter Menschen
- **SGB X:** Sozialverwaltungsverfahren und Sozialdatenschutz
- **SGB XI:** Soziale Pflegeversicherung
- **SGB XII:** Sozialhilfe

Träger der Sozialversicherung sind **öffentlich-rechtliche Körperschaften**. Es handelt sich hierbei um einen Zusammenschluss von Personen, wobei die Gründung dieser öffentlich-rechtlichen Körperschaften durch ein Gesetz zustande gekommen ist. Dementsprechend sind Körperschaften wie beispielsweise die AOK, die Deutsche Rentenversicherung Bund und die Berufsgenossenschaften unter Selbstverwaltung gestellt. Die Träger haben die Aufgabe, die Sozialversicherung zu organisieren, d. h. die notwendigen Mittel einzuziehen und die vorgesehenen Leistungen zu gewähren.

1.3 Finanzierungsproblematik der Sozialversicherung

Alle Zweige der Sozialversicherung werden finanziert durch **Beiträge** (im Umlageverfahren) und **staatliche Zuschüsse** aus Steuergeldern (vor allem für die GRV und die Bundesanstalt für Arbeit). Mit Ausnahme der GUV (100 % durch den AG) teilen sich Arbeitgeber und Arbeitnehmer die Beiträge. Seit 01.07.2006 trägt der AN bei der Gesetzlichen Krankenversicherung einen Anteil von 0,9 % alleine. Zur hälftigen Arbeitgeber-Finanzierung in der GPV wurde als Kompensation ein gesetzlicher Feiertag in einen Arbeitstag umgewandelt. Darüber hinaus müssen bei der Pflegeversicherung „kinderlose" Personen ab dem 23. Lebensjahr einen Zuschlag von 0,25 % auch ohne Arbeitgeberbeteiligung zahlen.

Aufgrund folgender Entwicklungen wird die Finanzierung der Sozialversicherung immer problematischer:

- Kostenexplosion im Gesundheitswesen,
- Alterung der Bevölkerung,
- steigende Lebenserwartung,
- Geburtenrückgang,
- schwankende Arbeitslosenzahlen.

All dies führt dazu, dass die Beitragseinnahmen immer weniger ausreichen, die Aufwendungen für die Leistungen zu decken. Die Folge einer solchen Entwicklung kann nur die Erhöhung von Beiträgen und die Kürzung von Leistungen sein. Als Beispiel dafür dient die Gesundheitsreform 2003. Immer häufiger erfolgt eine Reduktion von gesetzlich vorgeschriebenen Leistungen.

Ähnliches gilt für die GRV, manifestiert durch die Reformen der Gesetzlichen Rentenversicherung von 1992, 1999 und 2001. Die demografische Entwicklung der deutschen Bevölkerung wird in den nächsten Jahren zu einer Veränderung in der Altersstruktur führen. Der bereits erwähnte Generationenvertrag gerät somit dramatisch ins Wanken. Grund für diese Entwicklung ist im Wesentlichen die erhöhte Lebenserwartung der Bevölkerung durch verbesserte medizinische und hygienische Versorgung. Darüber hinaus ist der Geburtenrückgang dafür verantwortlich, dass die Zahl der Beitragszahler geringer wird.

Dieser Situation soll der **Nachhaltigkeitsfaktor** Rechnung tragen, der mit der Rentenreform 2004 eingeführt wurde. Er berücksichtigt die Entwicklung des zahlenmäßigen Verhältnisses von Rentnern zu Beitragszahlern. Der Anstieg der Renten wird bei einer Erhöhung der Zahl der Rentner im Verhältnis zur Zahl der Beitragszahler gedämpft, bei einem Absinken dagegen erhöht. Der Nachhaltigkeitsfaktor führt zu einem schnelleren Absinken des Renteniveaus als die bisherige Berechnung.

Außerdem führt die hohe Arbeitslosigkeit dazu, dass die Träger der Sozialversicherung erhebliche Beitragseinbußen hinnehmen müssen, die der Staat nicht in unbegrenzter Höhe auffangen kann. Auch die zuletzt deutlich gesunkene Arbeitslosenzahl ändert nichts an diesem grundsätzlichen Problem.

Der stufenweise Abbau von Sozialleistungen – über die Auswirkungen des Nachhaltigkeitsfaktors hinaus – scheint vor diesem Hintergrund ebenso unvermeidbar wie die Notwendigkeit der eigenverantwortlichen Absicherung durch den Abschluss privater Vorsorgeverträge.

2 Die Gesetzliche Rentenversicherung

2.1 Bedeutung, Aufbau und Finanzierung der Gesetzlichen Rentenversicherung

2.1.1 Träger und Versicherungsverhältnisse

Die wichtigsten Träger der Gesetzlichen Rentenversicherung sind:

- die Deutsche Rentenversicherung Bund,
- die Knappschaften und
- die landwirtschaftlichen Alterskassen.

Die Träger sind Körperschaften des öffentlichen Rechts und unterstehen der staatlichen Aufsicht. Das Versicherungsverhältnis kann kraft Gesetzes (Pflichtversicherter) bzw. auf Antrag zustande kommen. Man unterscheidet:

Versicherte kraft Gesetzes	Versicherungspflichtige auf Antrag	Freiwillig Versicherte	Anderweitig Versicherte
• nicht Selbstständige • gegen Arbeitsentgelt Beschäftigte • Behinderte in Werkstätten, Anstalten, Personen in Einrichtungen oder Jugendhilfe • Azubis • Deutsche bei Auslandsvertretungen • selbstständige Lehrer und Erzieher, Pflegepersonal, Hebammen, Handwerker, Künstler, Publizisten u. a. • Wehr- und Zivildienstleistende, erziehende Mütter/Väter • Bezieher von Sozialleistungen und Vorruhestandsgeld	• Selbstständige, wenn der Antrag innerhalb von fünf Jahren nach Aufnahme der Selbstständigkeit gestellt wird • Bezieher von Sozialleistungen, wenn sie im letzten Jahr nicht versicherungspflichtig waren • auf Antrag des Arbeitgebers: Entwicklungshelfer • Deutsche mit begrenzter Beschäftigung im Ausland	• alle Personen ab vollendetem 16. Lebensjahr, die nicht versicherungspflichtig sind (eigene Beitragszahlung, u. a. zur Aufrechterhaltung des Berufsunfähigkeits-/Erwerbsunfähigkeitsanspruchs)	• Sonderversicherte aufgrund 1. Nachversicherung 2. eines Versorgungsausgleichs

Abbildung: Versicherungsverhältnis in der GRV

2.1.2 Finanzierung der Gesetzlichen Rentenversicherung

Sie erfolgt im **Umlageverfahren**. Hierfür ist charakteristisch, dass die aktuellen Einnahmen der Rentenversicherungsträger, bestehend vor allem aus den Beiträgen der Versicherten und der Arbeitgeber sowie dem Bundeszuschuss aus Steuermitteln, dazu verwendet werden, um die heutigen Rentenzahlungen zu ermöglichen. Die Versicherten erhalten für ihre Beitragszahlungen einen verfassungsrechtlich geschützten Anspruch auf Bezug einer Rente im Alter, welche dann von der nächsten Beitragszahlergeneration finanziert wird. In diesem Zusammenhang spricht man vom **Generationenvertrag**.

Die Gesetzliche Rentenversicherung in Zahlen:

- rd. 52,2 Mio. Versicherte (Stand: 31.12.2009)
- 207,6 Mrd. Renten an 24,56 Mio. Rentner (Stand: 31.12.2009)
- 239,1 Mrd. EUR Ausgaben (Stand: 31.12.2009)

(Quelle: Deutsche Rentenversicherung Bund – Aktuelle Daten 2011)

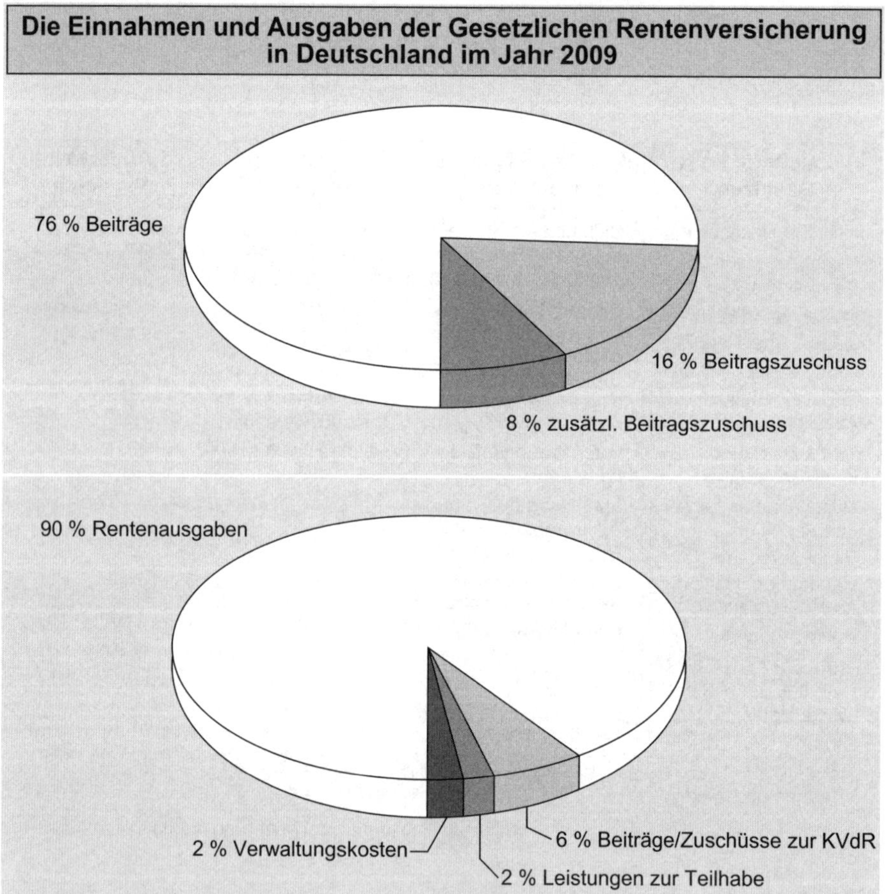

(Quelle: Deutsche Rentenversicherung Bund)

Abbildung: Einnahme-/Ausgabestruktur der GRV 2009

2.1.3 Demografische Entwicklung

Jedes Umlageverfahren ist also immer davon abhängig, in welchem zahlenmäßigen Verhältnis sich Beitragszahler und Leistungsempfänger zueinander befinden. Die Anzahl der älteren Menschen in Deutschland nimmt aber dramatisch zu – bei gleichbleibend niedriger Geburtenrate. Damit wird die Anzahl der Beitragszahler, die für einen Rentner aufkommen muss, immer weiter abnehmen. Das Problem könnte nur durch einen Anstieg des BSP – bzw. der Abgaben und Steuern darauf – gemildert werden.

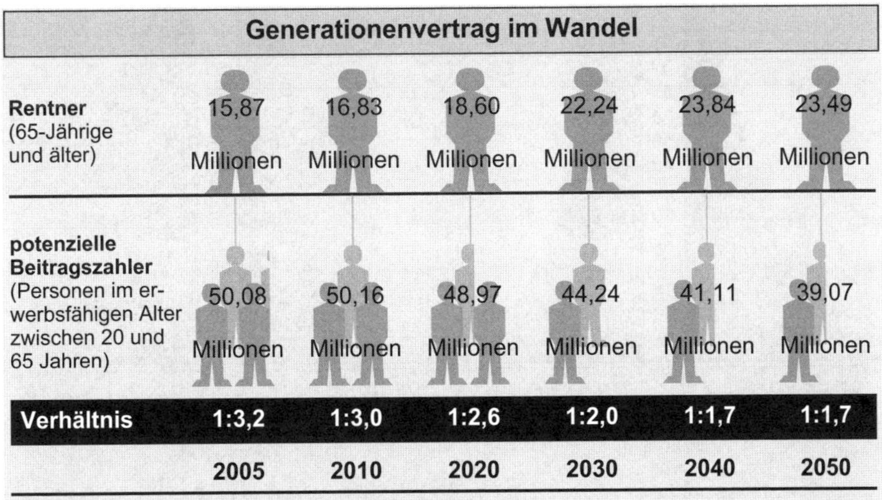

(Quelle: Statistisches Bundesamt, 11. koordinierte Bevölkerungsvorausberechnung 2006, Variante 1–W2,Obergrenze der „mittleren" Bevölkerung)

Abbildung: Verhältnis von Beitragszahlern zu Rentnern

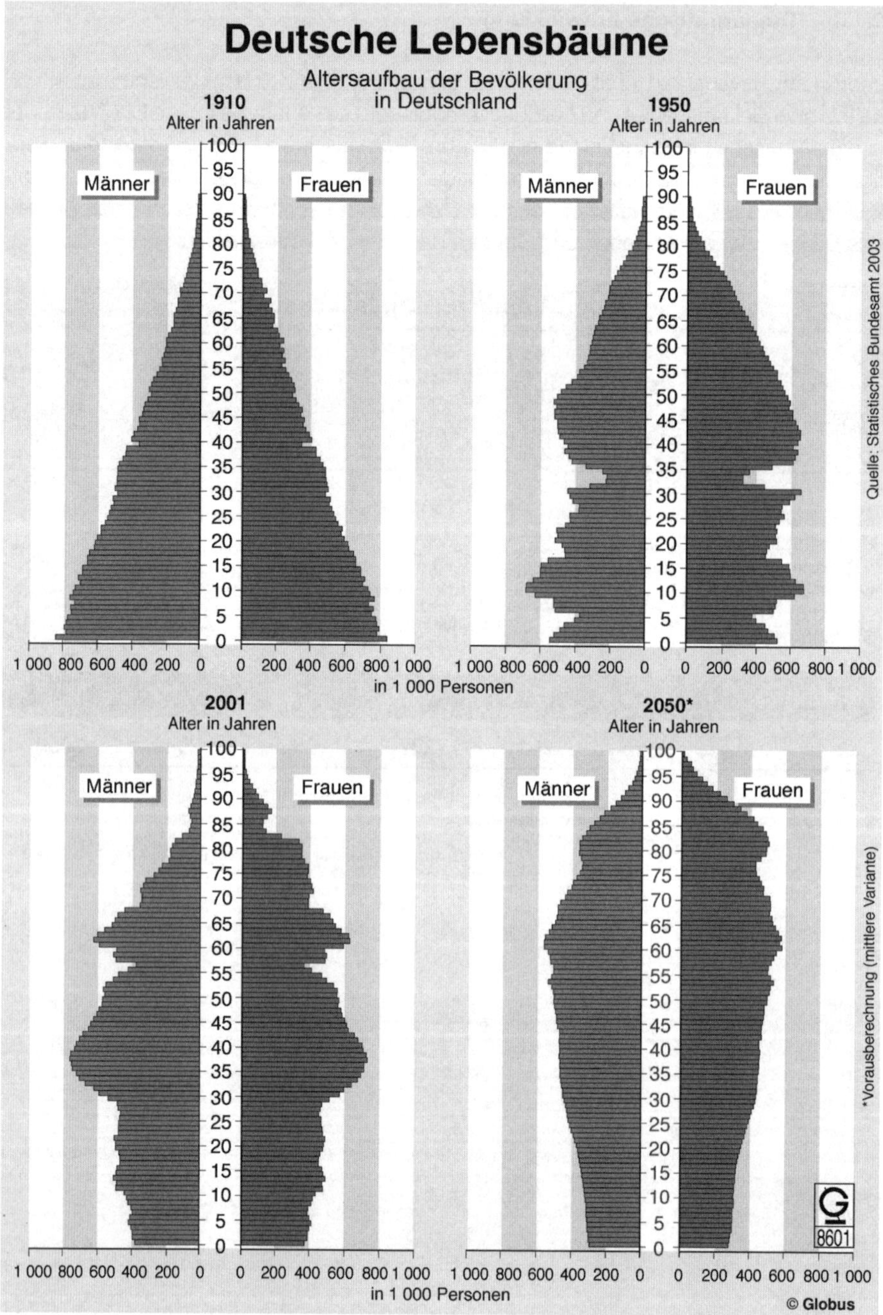
Deutsche Lebensbäume
Altersaufbau der Bevölkerung in Deutschland
1910
1950
2001
2050*
Alter in Jahren
Männer
Frauen
100
95
90
85
80
75
70
65
60
55
50
45
40
35
30
25
20
15
10
5
0
1 000 800 600 400 200 0
0 200 400 600 800 1 000
in 1 000 Personen
Quelle: Statistisches Bundesamt 2003
*Vorausberechnung (mittlere Variante)
8601
© Globus

Entwicklung der Zahl älterer Menschen in Deutschland

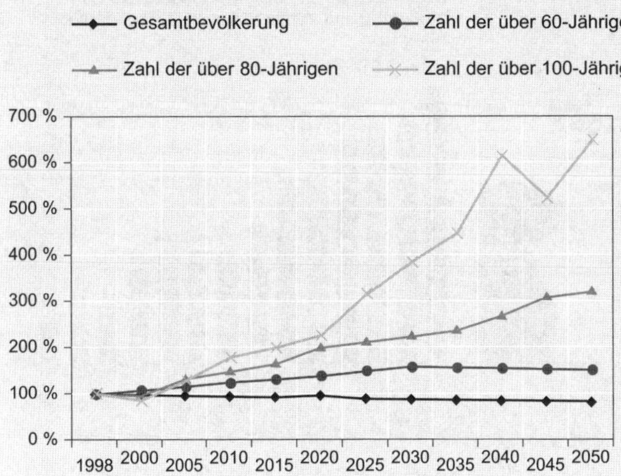

- **Die Zahl der über 80-Jährigen wird sich bis 2050 etwa verdreifachen**
- **Die Zahl der über 100-Jährigen wird sich bis 2050 mehr als versechsfachen**

	1998	2030	2050
Gesamtbevölkerung	100 %	94 %	83 %
Zahl der über 60-Jährigen	100 %	164 %	155 %
Zahl der über 80-Jährigen	100 %	219 %	329 %
Zahl der über 100-Jährigen	100 %	364 %	656 %

(Quelle: GDV)

Abbildung: Entwicklung der Zahl Älterer in Deutschland

2.2 Schichten der Altersvorsorge

Bis 2005 sprach man vom sog. **Drei-Säulen-Modell der Altersversorgung** in Deutschland mit den gesetzlichen Rentenversicherungssystemen, der betrieblichen Altersversorgung und den Formen privater Vorsorge. Dabei besitzt die GRV nach wie vor die Funktion einer Regelsicherung (1994: 78 % Anteil an den Leistungen der Alterssicherung). Allerdings weist die Deutsche Rentenversicherung Bund in ihren Renteninformationen darauf hin, das darüber hinaus eine zusätzliche Altersvorsorge notwendig ist. Auf die zweite Säule entfielen 9 % und auf die dritte 13 % der Gesamtleistungen.

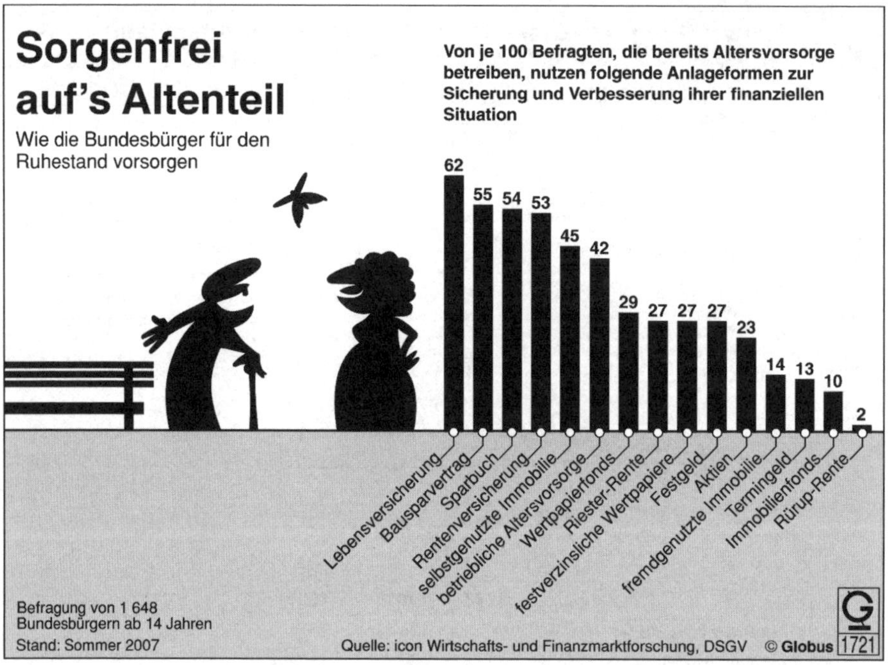

Mit der Riester-Rentenreform von 2001 und mit der Rentenreform 2004, ausgedrückt im neuen **Alterseinkünftegesetz (AltEinkG)**, das zum 01.01.2005 in Kraft trat, spricht man jedoch nunmehr von einem **Drei-Schichten-System**:

Drei Schichten der Altersvorsorge

3 Die Kapitalanlageprodukte
Alle sonstigen Produkte der Vermögensbildung, z. B. private Kapital- und Rentenversicherungen, die für die Altersversorgung genutzt werden können

2 Die kapitalgedeckte Zusatzversorgung
- betriebliche Altersversorgung (bAV)
- „Riester-Rente" nach dem AVmG

1 Die Basisversorgung
- Gesetzliche Rente
- Beamtenpensionen
- Berufsständische Versorgungswerke
- Landwirtschaftliche Alterskasse
- Private kapitalgedeckte Leibrente („Basis-Rente")

Abbildung: Drei-Schichten-System der Altersversorgung in Deutschland seit 2005

2.2.1 Basisversorgung

Sie ist der Grundbaustein der Altersversorgung, zu dem alle Renten aus gesetzlichen Systemen zu zählen sind, aber auch die ab 2005 private kapitalgedeckte Leibrente mit Einschränkungen für den Versicherten, die der gesetzlichen Leibrente entsprechen:

- lebenslange monatliche Rentenzahlungen frühestens ab 60 Jahren,
- keine einmalige Kapitalabfindung,
- keine einmalige Todesfallzahlung,
- keine wirtschaftliche Verwendung (z. B. Beleihung oder Veräußerung),
- keine Vererbung.

Die tatsächliche Verwendung für die Altersversorgung muss unter allen Umständen gesichert bleiben. Zusätzliche BU-Absicherungen sind möglich. Unter diesen Voraussetzungen wird diese neue private Basisrente wie alle gesetzlichen Renten nachgelagert besteuert und die Beiträge werden steuerlich gefördert bzw. steuerfrei gestellt.

Um größere Steuerausfälle zu vermeiden, erfolgt die Förderung der Beiträge wie auch die Besteuerung der Renten schrittweise.

Die **Beiträge zur Basisversorgung** können, begonnen im Jahr 2005, zu 60 % (maximal 12.000 EUR) steuerlich abgezogen werden. Bis 2025 steigt dieser Satz jährlich um 2 % und erreicht 100 % (maximal 20.000 EUR – bei Ehegatten 40.000 EUR). Aktuell können demnach also in 2011 72 % der Aufwendungen steuerlich geltend gemacht werden. Sämtliche Leibrenten (gesetzliche wie private) sind seit 2005 mit zunächst 50 % der Zahlrenten zu versteuern, das gilt auch für Bestandsrentner. Für jeden hinzukommenden Rentnerjahrgang wird der Besteuerungsanteil bis 2020 zunächst um 2 %, von 2021 an um jeweils 1 %, erhöht. Den Freibetrag vom Rentenbeginn behält der Rentner lebenslang. Im Jahr 2040 wird dann die volle Besteuerung erreicht sein. Im Ergebnis wird so eine **Freistellung der Altersvorsorgeaufwendungen in der Ansparphase** und eine **nachgelagerte Besteuerung der Alterseinkünfte** erreicht. Andere Kapitaleinkünfte außer den oben genannten Leibrentenarten gelten nicht mehr als Alterseinkünfte (gilt sowohl für die klassische Kapitallebens- als auch Rentenversicherung).

> ***Hinweis:***
> *Sonderausgabenabzug für Altersvorsorgeaufwendungen und Sonderausgabenabzug für die „Riester-Rente“ können zugleich beansprucht werden.*

2.2.2 Zusatzversorgung

Die steuerliche Förderung aller Durchführungswege der **betrieblichen Altersversorgung** wurde harmonisiert. Das System der Pauschalbesteuerung bei Direktversicherungen wurde abgeschafft, die Direktversicherung wird wie Pensionskasse und Pensionsfonds steuerlich gefördert (Aufwendungen bis 4 % seit 2005 der Beitragsbemessungsgrenze steuerfrei, erhöht um einen zusätzlichen Festbetrag von 1.800 EUR). Gleichzeitig wurde die **Mitnahme (Portabilität)** von erworbenen Anwartschaften aus betrieblichen Versorgungen verbessert, d. h., bei einem Arbeitgeberwechsel bleiben bestehende Ansprüche erhalten oder können zum neuen Arbeitgeber mitgenommen werden.

Bei der **Riester-Rente** gelten mittlerweile Vereinfachungen. So wurde ein Dauerzulagenantrag eingeführt. Teilkapitalzahlungen zu Rentenbeginn sind bis zu 30 % möglich. Seit 2006 gibt es nur noch **Einheitstarife (Unisex), also gleiche Beiträge und Leistungen für Männer und Frauen.**

2.2.3 Kapitalanlageprodukte

Die Erträge von Kapitalauszahlungen bei **klassischen Lebens- und Rentenversicherungen** sind für Neubestände seit 2005 voll steuerpflichtig, wenn die Auszahlung frühestens nach zwölf Jahren erfolgt, und ab dem 60. Lebensjahr zur Hälfte steuerpflichtig. Todesfallleistungen bleiben einkommensteuerfrei. Klassische Privatrenten sind wie zuvor mit dem Ertragsanteil, der etwas gesunken ist, zu versteuern. Der frühere Sonderausgabenabzug (begrenzt abzugsfähige Vorsorgeaufwendungen) in der Ansparzeit ist entfallen, für Altverträge wurde bzw. wird er schrittweise abgebaut.

Steuerliche Belastung nach dem Alterseinkünftegesetz 2005

monatliche Alterseinkünfte in EUR (Alleinstehende)

Gesetzliche Rente	Zusätzliche Betriebsrente	Summe	ESt zzgl. SolZ (in EUR) eines Rentners nach		Differenz (in EUR)
			geltendem Recht	AltEinkG	
1.000	0	1.000	0	0	0
	400	1.400	0	0	0
	800	1.800	0	16,67	16,67
1.300	0	1.300	0	0	0
	400	1.700	0	0	0
	800	2.100	0	39,58	39,58
1.600	0	1.600	0	1,58	1,58
	400	2.000	0	16,75	16,75
	800	2.400	0	65,75	65,75

Steuerliche Belastung nach dem Alterseinkünftegesetz 2005

monatliche Alterseinkünfte in EUR (Verheiratete)

Gesetzliche Rente	Zusätzliche Betriebsrente	Summe	ESt zzgl. SolZ (in EUR) eines Rentners nach		Differenz (in EUR)
			geltendem Recht	AltEinkG	
2.000	0	2.000	0	0	0
	800	2.800	0	0	0
	1.600	3.600	19,50	105,67	86,17
2.600	0	2.600	0	0	0
	800	3.400	0	19,17	19,17
	1.600	4.200	51,17	182,58	131,41
3.200	0	3.200	0	4,50	4,50
	800	4.000	0	77,17	77,17
	1.600	4.800	90,17	277,08	86,91

(Quelle: Bundesministerium der Finanzen, Das Alterseinkünftegesetz: Gerecht für Jung und Alt, 2005)

Abbildung: Beispiele für steuerliche Belastungen nach dem AltEinkG 2005

2.3 Versicherungspflicht

2.3.1 Umfang und Bedeutung der Versicherungspflicht der Arbeitnehmer

In der GRV sind alle abhängig gegen Arbeitsentgelt beschäftigten Arbeitnehmer versicherungspflichtig. Von den Selbstständigen sind nur bestimmte Personenkreise pflichtversichert sowie einige andere Gruppen. Die pflichtversicherten Arbeitnehmer stellen in der GRV den überwiegenden Teil der Beitragszahler dar. Gerade ihre in den letzten Jahren durch gesamtwirtschaftliche Entwicklungen abnehmende Zahl hat zu einem Teil der heutigen Probleme der GRV-Systeme geführt.

2.3.2 Grundlagen der Beitragsbemessung für Arbeitnehmer

Alle Arbeitnehmer sind ohne Rücksicht auf die Höhe ihrer Bezüge versicherungs-, jedoch nicht unbeschränkt beitragspflichtig. Beiträge werden nur bis zur jährlich neu festgesetzten Beitragsbemessungsgrenze (BBG) der GRV erhoben. Für 2011 gelten folgende Werte:

- BBG West: 66.000 EUR jährlich bzw. 5.500 EUR monatlich,
- BBG Ost: 57.600 EUR jährlich bzw. 4.800 EUR monatlich.

Bis zu diesen Bruttoarbeitsentgelten ist der gesetzliche Beitragssatz des jeweiligen Jahres zu zahlen, in 2011 19,9 %. Dabei tragen Arbeitnehmer und Arbeitgeber, bis auf wenige Ausnahmen, diese Beitragslast je zur Hälfte. Die technische Durchführung der Beitragszahlung erfolgt bei Arbeitnehmern durch das Lohnabzugsverfahren. Der Arbeitgeber zieht die GRV-Beiträge zusammen mit allen anderen Sozialversicherungsbeiträgen vom Bruttolohn ab und überweist sie an die zuständige Krankenkasse, von dort werden sie weiterverteilt.

2.4 Leistungen der Gesetzlichen Rentenversicherung

Die Aufgaben der GRV sind gesetzlich genau vorgeschrieben:

- allgemeine Maßnahmen zur Verbesserung der gesundheitlichen Verhältnisse der gesamten Bevölkerung,
- Leistungen zur Rehabilitation,
- Zahlung von Renten,
- Aufklärung und Beratung der Versicherten und Rentner.

Die bedeutendste Aufgabe der GRV ist die Erbringung folgender **Altersrenten** (Rente wegen Alters (gemäß § 35 ff. SGB VI).

2.4.1 Renten wegen Alters (gem. §§ 35 ff. SGB VI)

Rentenart	Voraussetzungen
Regelaltersrente	Vollendung des 65. Lebensjahres (zukünftig 67. Lebensjahr vgl. untere Abbildung „Erhöhung des Regelrenteneintrittsalters"); Erfüllung der fünfjährigen allgemeinen Wartezeit (mit Ausnahme für Abgeordnete keine Hinzuverdienstbeschränkung).
Altersrente für langjährig Versicherte (nähere Informationen S. 32)	Vollendung des 63. Lebensjahres. Erfüllung der 35-jährigen Wartezeit; Für nach dem 01.11.1949 Geborene schrittweise Herabsetzung des vorgezogenen Bezugs mit Abschlägen auf Alter 62 (Hinzuverdienstbeschränkung).
Altersrente für schwerbehinderte Menschen, Berufsunfähige oder Erwerbsunfähige	Vollendung des 60./63. Lebensjahres; Erfüllung der 35-jährigen Wartezeit; Anerkannte Schwerbehinderung oder Berufs- bzw. Erwerbsunfähigkeit; Abschlagsfreier Rentenbeginn ab Alter 63 (Hinzuverdienstbeschränkung); Die vorzeitige Inanspruchnahme dieser Rente ist nach Vollendung des 60. Lebensjahres möglich.

Abbildung: Altersrenten nach SGB VI

Rentenart	frühester Renteneintritt im Alter von	ohne Abschläge im Jahr	Abschläge bei Rente mit 65
Bis 1946	65	2011	0,0 %
1947	65 + 1 Monat	2012	0,3 %
1948	65 + 2 Monate	2013	0,6 %
1949	65 + 3 Monate	2014	0,9 %
↓			
1958	66	2023	3,6 %
1959	66 + 2 Monate	2024	4,2 %
1960	66 + 4 Monate	2023	4,8 %
↓			
1964	67	2029	7,2 %

(Quelle: GOING PUBLIC!)

Abbildung: Erhöhung des Regelrenteneintrittsalters

Altersrente für langjährig Versicherte

Anspruch auf Altersrente für langjährig Versicherte haben Versicherte auf Antrag, die

- das 63. Lebensjahr vollendet haben,
- die allgemeine Wartezeit von 35 Jahren erfüllt haben und
- eine Beschäftigung oder selbstständige Tätigkeit aufgeben bzw. die zulässigen Hinzuverdienstgrenzen nicht überschreiten.

Bei den Geburtsjahrgängen ab 1949 wird die Altersgrenze – für eine abschlagsfreie Rente für langjährig Versicherte – schrittweise von 65 auf 67 Jahre angehoben. Die vorzeitige Inanspruchnahme dieser Altersrente ist mit Rentenabschlägen also frühestens zum 63. Lebensjahr möglich.

Versicherte, die unter die **Vertrauensschutzregelung** fallen, haben einen Anspruch auf die Rente für langjährig Versicherte ab dem 65. Lebensjahr und das ohne Abschläge. Hierunter fallen Versicherte, die

- **vor dem 01.01.1955** geboren sind und die vor dem 01.01.2007 eine Altersteilzeit verbindlich beantragt haben, oder
- **vor dem 01.01.1964** geboren wurden und als entlassene Arbeitnehmer des Bergbaus Anpassungsgeld erhalten haben.

Für Versicherte, die **nach dem 31.12.1947** geboren wurden, bleibt es unter den vorgenannten Voraussetzungen bei der Absenkung der Altersgrenze vom 63. auf das 62. Lebensjahr.

Nach dem neuen Rentenrecht müssen **seit dem 01.01.2000** aber schon alle mit Einbußen rechnen, die dann vor dem 65. Lebensjahr aus dem Erwerbsleben ausscheiden wollen. Denn nach der Anhebung der Altersgrenze ist es weiterhin möglich, diese Altersrente bereits **nach Vollendung des 63. Lebensjahres** in Anspruch zu nehmen. Bei einem solchen vorzeitigen Bezug vermindert sich die Altersrente dann aber für jeden Monat, den die Rente vorzeitig in Anspruch genommen wird, um 0,3 %.

Beispiel:

Ein Versicherter ist am 16.12.1947 geboren und möchte mit Vollendung des 63. Lebensjahres ab Januar 2011 eine Altersrente beziehen. Eine ungekürzte Altersrente würde 1.200,00 EUR betragen. Der reguläre Rentenbeginn wäre der 01.01.2013, also nach Vollendung des 65. Lebensjahres. Die Rente wird also 24 Monate vorzeitig in Anspruch genommen. Sie ist daher um 7,2 % (24 × 0,3 %) zu mindern und beträgt nur noch 1.113,60 EUR.

Grundsätzlich (außer bei der Regelaltersrente) sind ein **vorgezogener** und ein **aufgeschobener Rentenbeginn** möglich. Der vorgezogene Rentenbeginn führt zu einem während der gesamten Rentenlaufzeit wirksamen Abschlag in Höhe von 0,3 % pro Monat bezogen auf den Rentenzahlbetrag. Ein über das 65. Lebensjahr hinausgeschobener Rentenbeginn bewirkt für jeden Monat Zuschläge in Höhe von 0,5 %. Die sich durch Abschläge ergebende Minderung der monatlichen Rente kann allerdings durch zusätzliche Beitragszahlungen, die bereits vor Vollendung des 60. Lebensjahres erbracht werden können, abgemildert oder ausgeglichen werden. Ab dem 65. Lebensjahr ist dieser Ausgleich nicht mehr möglich.

2.4.2 Renten wegen verminderter Erwerbsfähigkeit (gem. § 43 SGB VI)

Mit dem Gesetz zur Reform der Renten wegen verminderter Erwerbsfähigkeit vom 20.12.2000, das am 01.01.2001 in Kraft trat, wurde die bisherige Aufteilung der Renten wegen verminderter Erwerbsfähigkeit in Berufs- und Erwerbsunfähigkeitsrenten durch eine zweistufige Erwerbsminderungsrente ersetzt.

Erwerbsgemindert sind Versicherte, wenn sie wegen Krankheit oder Behinderung auf nicht absehbare Zeit außerstande sind, unter den üblichen Bedingungen des allgemeinen Arbeitsmarktes tätig zu sein:

- **Volle Erwerbsminderungsrente** erhält der Versicherte bei einem Restleistungsvermögen auf dem allgemeinen Arbeitsmarkt von unter drei Stunden,
- **halbe Erwerbsminderungsrente** bei einem Restleistungsvermögen auf dem allgemeinen Arbeitsmarkt von drei bis unter sechs Stunden.

Diese Renten ersetzen Einkommen, wenn der Versicherte eingeschränkt oder gar nicht mehr erwerbsfähig ist. Dabei gelten folgende Voraussetzungen: Wenn die Erwerbsminderung eintritt, muss der Versicherte in den letzten fünf Jahren davor mindestens drei Jahre lang Pflichtbeiträge gezahlt und vor Eintritt der Erwerbsminderung die allgemeine Wartezeit von fünf Jahren erfüllt haben (Ausnahme: Erwerbsminderung durch Arbeitsunfall).

Die Renten wegen verminderter Erwerbsfähigkeit werden bis zur Vollendung des 65. Lebensjahres gezahlt – anschließend hat der Versicherte Anspruch auf Regelaltersrente in mindestens gleicher Höhe. Auch für diese Renten wegen verminderter Erwerbsfähigkeit gelten seit 01.01.2001 Hinzuverdienstgrenzen sowie Abschläge in Höhe von max. 10,8 % bei Inanspruchnahme mit bzw. vor dem vollendeten 62. Lebensjahr. Ihre Wirkung wird durch die gleichzeitige Verlängerung der Zurechnungszeit bis zum 60. Lebensjahr abgemildert. Die Höhe der vollen oder halben Erwerbsminderungsrente wird nach den gleichen Regeln errechnet wie die Altersrente.

Versicherte, die am 01.01.2001 bereits 40 Jahre alt waren, haben einen Anspruch auf Rente wegen teilweiser Erwerbsminderung bei **Berufsunfähigkeit**. Sie erhalten eine halbe Erwerbsminderungsrente auch dann, wenn sie in ihrem bisherigen oder einem zumutbaren anderen Beruf nicht mehr als sechs Stunden täglich arbeiten können. Diese Rente ist 25 % niedriger als die bisherige Berufsunfähigkeitsrente.

Für BU/EU-Rentner, die bereits vor dem 01.01.2001 Leistungen bezogen haben, gilt Bestandsschutz im Sinne des alten Rechts.

Die arbeitsmarktbedingten Erwerbsminderungsrenten werden wegen der Arbeitsmarktsituation beibehalten, d. h., Versicherte, die noch mindestens drei, aber nicht mehr sechs Stunden täglich arbeiten, das verbliebene Restleistungsvermögen wegen Arbeitslosigkeit aber nicht in Erwerbseinkommen umsetzen können, erhalten eine volle Erwerbsminderungsrente. Die Notwendigkeit privater Berufsunfähigkeitsversicherungen hat damit für alle Berufstätigen stark zugenommen.

2.4.3 Renten wegen Todes

Die Gesetzliche Rentenversicherung bietet nicht nur den Versicherten Schutz im Alter oder bei verminderter Erwerbsfähigkeit, sie hat auch die Aufgabe, deren Hinterbliebenen im Falle des Todes Ersatz für den fehlenden Unterhalt zu leisten.

Witwen- und Witwerrente (gem. § 46 SGB VI)
Die Gesetzliche Rentenversicherung kennt kleine und große Witwen- und Witwerrenten. Anspruch auf die kleine Witwen- oder Witwerrente haben die Witwe oder der Witwer, wenn

- der verstorbene Versicherte die allgemeine Wartezeit erfüllt hatte und
- sie nach dem Tod des verstorbenen Versicherten nicht wieder geheiratet haben.

Die kleine Witwen- oder Witwerrente beträgt 25 % der Rente des Verstorbenen. Sie wird für zwei Jahre geleistet. In diesem Zusammenhang spricht man von sog. **Neuehen**. Unter Neuehen fallen alle Ehen, die nach dem 01.01.2002 geschlossen wurden, aber auch alle, die vor dem 01.01.2002 geschlossen wurden und in der beide Ehepartner nach dem 01.01.1962 geboren wurden. Für jetzige Witwen oder Witwer sowie für Ehepaare, bei denen ein Partner am 01.01.2002 älter als 40 Jahre ist, wird die kleine Witwen- oder Witwerrente zeitlich unbegrenzt geleistet.

Anspruch auf die große Witwen- oder Witwerrente hat die Witwe oder der Witwer, wenn die Voraussetzungen für die kleine Witwen- oder Witwerrente erfüllt sind und sie/er

- entweder das 45. Lebensjahr vollendet hat, auch hier erfolgt die Erhöhung auf das 47. Lebensjahr analog der Erhöhung des Renteneintrittsalters, oder
- ein eigenes Kind oder ein Kind des Verstorbenen erzieht oder
- für ein solches Kind, das behindert ist, sorgt oder
- erwerbsgemindert ist.

Die Zugangsvoraussetzung der Vollendung des 47. Lebensjahres unterliegt der entsprechenden Anpassung des Regelrenteneintrittsalters und wird somit letztlich erst ab dem Jahr 2029 verbindlich sein (vgl. §§ 46 und 242 a SGB VI). Die große Witwen- oder Witwerrente beträgt 55 % der Rente des Verstorbenen. Frauen, ggf. auch Männer, die Kinder erzogen haben, erhalten für das erste Kind einen Zuschlag in Höhe von zwei Entgeltpunkten. Für das zweite und jedes weitere Kind beträgt der Zuschlag jeweils einen Entgeltpunkt. Für Ehepaare, bei denen ein Partner am 01.01.2002 älter als 40 Jahre ist, und für jetzige Witwen und Witwer gilt das bisherige Recht weiter. Das bedeutet, dass die große Witwen- oder Witwerrente 60 % der Rente des Verstorbenen (ohne Zuschlag für Kindererziehung) beträgt.

Sowohl für die kleine als auch für die große Witwenrente wurde mit der Reform 2002 auch der Begriff der sog. **Versorgungsehe** eingeführt. Danach ist Grundvoraussetzung für die Zahlung einer Witwen/Witwerversorgung, dass die Ehe bereits mindestens ein Jahr bestand (§ 46 Abs. 2a SGB VI).

Auf die Witwen- oder Witwerrente werden das eigene Erwerbseinkommen (z. B. Lohn, Gehalt), das Erwerbsersatzeinkommen (z. B. Rente, Arbeitslosengeld, Krankengeld) und das Vermögenseinkommen (z. B. aus Kapitalvermögen, Vermietung, Verpachtung) zu 40 % angerechnet, soweit es einen bestimmten Freibetrag übersteigt. Für Bestandsrentner sowie für Ehepaare, bei denen ein Partner am 01.01.2002 älter als 40 Jahre war, gilt die bisherige Einkommensanrechnung weiter, nach der nur Erwerbs- und Erwerbsersatzeinkommen angerechnet wird.

Waisenrente (gem. § 48 SGB VI)
Die Gesetzliche Rentenversicherung kennt **Halbwaisen- und Vollwaisenrenten**. Anspruch auf die Halbwaisenrente besteht, wenn die Waise noch einen unterhaltspflichtigen Elternteil hat und der verstorbene Elternteil die allgemeine Wartezeit erfüllt hat. Die Halbwaisenrente beträgt 10 % der Rente zuzüglich eines Zuschlags, der sich an der Anzahl der rentenrechtlichen Zeiten des Verstorbenen orientiert.

Anspruch auf die Vollwaisenrente besteht, wenn die Waise keinen unterhaltspflichtigen Elternteil mehr hat. Die Vollwaisenrenten werden aus den Versicherungen der beiden verstorbenen Elternteile berechnet, wenn beide die allgemeine Wartezeit erfüllt hatten. Die Vollwaisenrente beträgt 20 % der Summe der Rente der beiden Verstorbenen zuzüglich eines Zuschlags. Dieser Zuschlag orientiert sich an den rentenrechtlichen Zeiten des Verstorbenen mit der höchsten Rente und wird vermindert um die zweithöchste Rente. Zu den unterhaltspflichtigen Elternteilen gehören die leiblichen Eltern und die Adoptiveltern. Anspruch auf Waisenrente kann aber auch nach dem Tod eines Stiefelternteils, Pflegeelternteils oder Großelternteils bestehen, wenn das Kind in deren Haushalt gelebt hat oder von ihnen überwiegend unterhalten worden ist. Waisenrente wird uneingeschränkt bis zur Vollendung des 18. Lebensjahres des Kindes gezahlt. Über das 18. Lebensjahr hinaus wird die Waisenrente längstens bis zur Vollendung des 27. Lebensjahres gezahlt, wenn die Waise

- sich in Schul- oder Berufsausbildung befindet,
- ein freiwilliges soziales oder ökologisches Jahr leistet oder
- wegen Behinderung nicht imstande ist, für den eigenen Lebensunterhalt selbst aufzukommen.

Wird die Schul- oder Berufsausbildung durch die Ableistung des gesetzlichen Wehr- oder Zivildienstes unterbrochen oder aufgeschoben, verlängert sich der Anspruch entsprechend über das 27. Lebensjahr hinaus. Auf die Waisenrente werden ab Vollendung des 18. Lebensjahres das eigene Erwerbseinkommen (z. B. Ausbildungsvergütung, Lohn aus Nebenbeschäftigung), das Erwerbsersatzeinkommen (z. B. Krankengeld) und das Vermögenseinkommen (z. B. aus Kapitalvermögen, Vermietung, Verpachtung) zu 40 % angerechnet, soweit es einen bestimmten Freibetrag übersteigt. Bei Waisenrenten an vor dem 01.01.2002 geborene Waisen gilt das bisherige Recht der Einkommensanrechnung weiter, nach dem Erwerbs- und Erwerbsersatzeinkommen angerechnet werden.

Vorzeitige Wartezeiterfüllung
Unter bestimmten Voraussetzungen gilt die Wartezeit von 60 Monaten als erfüllt (Wartezeitfiktion): Entrichtung von mindestens zwölf Pflichtbeiträgen in den letzten zwei Jahren und bei Eintritt

a) von verminderter Erwerbsminderung oder Tod infolge eines Arbeitsunfalles oder einer Wehr-/Ersatzdienstbeschäftigung oder
b) von einer vollen Erwerbsminderung innerhalb von sechs Jahren nach Ausbildungsbeendigung, wenn innerhalb der letzten zwei Jahre mindestens zwölf Pflichtbeiträge entrichtet wurden.

Das bedeutet, dass bei einem Freizeitunfall in den ersten zwölf Monaten nach der Aufnahme der Berufstätigkeit kein Versicherungsschutz über die gesetzliche Rentenversicherung besteht.

Neben der Zahlung der verschiedenen Renten gehört die Durchführung von Heilmaßnahmen zu den wesentlichen Aufgaben der GRV. Ziel ist es, frühzeitig Rentenzahlungen zu verhindern und die Arbeitskraft zu erhalten. Es gilt daher **Rehabilitation vor Rente**.

2.5 Rentenrechtliche Zeiten

Die gesetzliche Rente wird wesentlich durch verschiedene Zeiten bestimmt. Am wichtigsten für die Höhe der Renten sind **Beitragszeiten**, die das versicherte Arbeitseinkommen des gesamten Versicherungsverlaufs widerspiegeln. Aber auch **beitragsfreie Zeiten** können rentensteigernd berücksichtigt werden. Darüber hinaus erhält der Versicherte eine Rente nur dann, wenn eine bestimmte Anzahl rentenrechtlicher Zeiten erfüllt wurde (= Wartezeiten).

2.5.1 Beitragszeiten

Da sie das versicherte Arbeitseinkommen aus einer versicherungspflichtigen Beschäftigung repräsentieren, haben Beitragszeiten für die Rentenhöhe die entscheidende Bedeutung. Welchen Wert eine Beitragszeit hat, hängt davon ab, in welchem Verhältnis das jährliche Bruttoarbeitsentgelt des Versicherten zum Durchschnittsentgelt aller Versicherten steht.

Dabei existieren für Zeiten der Berufsausbildung, der Kindererziehung, der ehrenamtlichen Pflege und des Wehr- und Zivildienstes Sonderregelungen zur Aufwertung.

Berufsausbildung
Bis Ende 2004 galt noch, dass die ersten 36 Monate von Pflichtbeiträgen pauschal (unabhängig davon, ob eine tatsächliche Berufsausbildung in dieser Zeit stattfand) mit

75 % höher bewertet wurden. Nach einer Übergangszeit bis zum 01.01.2009 gibt es diese Höherbewertung nur noch bei tatsächlicher Berufsausbildung mit Pflichtbeitragszeiten, dann für die gesamte Zeit.

Kindererziehungszeiten

Zeiten der Kindererziehung sind auch Beitragszeiten. Die Beitragsleistung erfolgt durch den Bund. Für jedes Kind, das vor 1992 geboren wurde, wird das erste Jahr nach der Geburt angerechnet. Für Geburten ab 01.01.1992 sind es die ersten drei Lebensjahre. Bei Überschneidungen wird die Zeit verlängert. Bewertet werden diese Zeiten mit dem Durchschnittsverdienst aller Versicherten im jeweiligen Erziehungsjahr. Laufen Erwerbstätigkeit und Kindererziehung parallel, so werden auch beide Zeiten gewertet, jedoch maximal bis zur jeweiligen BBG.

Pflegezeiten

Zeiten der nicht erwerbsmäßigen häuslichen Pflege (mindestens 14 Stunden wöchentlich) werden seit 01.04.1995 auf Antrag Pflichtbeitragszeiten mit fiktiven Verdiensten, gestaffelt nach der Stufe der Pflegebedürftigkeit, wobei die Beiträge allein durch die Pflegekassen erbracht werden. Eine gleichzeitige Erwerbstätigkeit darf 30 Wochenstunden nicht überschreiten.

Wehr- und Zivildienst

Für Wehr- und Zivildienstleistende werden seit 2000 Beiträge aus einem fiktiven Verdienst in Höhe von 60 % der Bezugsgröße gezahlt. Davor gelten andere Beträge.

Lohnersatzleistungen

Für Zeiten des Bezugs von Lohnersatzleistungen, insbesondere Zeiten von Krankheit und Arbeitslosigkeit, werden Beiträge zur GRV gezahlt. Seit 1995 werden die Beiträge auf der Basis von 80 % des der Lohnersatzleistung zugrunde liegenden Bruttoarbeitsentgelts gezahlt. Bei der Arbeitslosenhilfe war seit dem 01.01.2000 die gezahlte Leistung die maßgebende Beitragsbemessungsgrundlage.

2.5.2 Beitragsfreie Zeiten

Anrechnungszeiten

Dies sind vor allem Zeiten der Arbeitsunfähigkeit, der Arbeitslosigkeit, der Schwangerschaft, der schulischen Ausbildung nach dem 17. Lebensjahr. Diese Zeiten liegen nur vor, wenn eine versicherungspflichtige Beschäftigung unterbrochen wird. Für Neurentner ab 01.01.2009 entfällt die rentensteigernde Bewertung von bis zu drei Jahren der Real-, Gymnasial- oder Studienzeit. Ausgenommen werden Ausbildungszeiten an Fachschulen, in berufsvorbereitenden Bildungsmaßnahmen sowie Zeiten der tatsächlichen Berufsausbildung. Der Wegfall erfolgt wieder stufenweise. Diese Anrechnungszeiten sind aber weiterhin rentenrechtliche Zeiten. So zählen schulische Ausbildungen weiterhin bis zu acht Jahre für die Wartezeit von 35 Jahren.

Zurechnungszeiten
Zurechnungszeiten haben Bedeutung für Renten wegen verminderter Erwerbsfähigkeit und wegen Todes. Es wird bei der Rentenberechnung so getan, als sei der Versicherte weiterhin bis zur Vollendung des 60. Lebensjahres beitragspflichtig beschäftigt gewesen.

Ersatzzeiten
Dies sind Zeiten, in denen Versicherte aus besonderen Gründen an der Entrichtung von Beiträgen gehindert waren, z. B. wegen des Kriegsdienstes oder als Verfolgter des Nationalsozialismus mit Freiheitsentzug.

Berücksichtigungszeiten
Durch Berücksichtigungszeiten werden Versicherungslücken geschlossen, die durch die Kindererziehung bis zum 10. Lebensjahr der Kinder entstehen. Sie sind nicht rentensteigernd, aber anwartschaftssichernd.

- Sie werden auf die Wartezeit von 35 Jahren angerechnet.
- Ebenso kann der Anspruch auf Erwerbsminderungsrente aufrechterhalten werden.
- Die rentenrechtlichen Folgen von geringeren Arbeitsentgelten (z. B. wegen Teilzeitarbeit) von Erziehungspersonen werden abgemildert.

2.6 Rentenberechnung

Bei der lohn- und beitragsbezogenen gesetzlichen Rente gilt ein Grundsatz: Die Höhe der Rente richtet sich vor allem nach der Höhe der Arbeitsentgelte und Arbeitseinkommen, die der Versicherte während seines Versicherungslebens durch Beiträge versichert.

Sie hängt jedoch nicht nur von der Höhe der Verdienste ab. Berücksichtigt werden auch bestimmte beitragsfreie oder beitragsgeminderte Zeiten. Aus allen Beitragszeiten wird als Durchschnittswert der Gesamtleistungswert ermittelt.

Die **Rentenformel**, mit der der Monatsbetrag einer Rente (MR) berechnet wird, lautet wie folgt: Die persönlichen Entgeltpunkte (PEP), die unter Berücksichtigung des Zugangsfaktors (ZF) ermittelt werden, werden mit dem Rentenartfaktor (RAF) und dem aktuellen Rentenwert (AR) vervielfältigt.

$$\mathbf{MR = PEP \times (ZF) \times RAF \times AR}$$

Persönliche Entgeltpunkte
Versichertes Arbeitsentgelt/Arbeitseinkommen (bis zur BBG) für jedes Kalenderjahr, geteilt durch das Durchschnittsentgelt aller Versicherten für dasselbe Kalenderjahr, aufsummiert für das gesamte Versicherungsleben, ergeben die persönlichen Entgeltpunkte.

Zugangsfaktor

Bestimmungen der PEP zum Beginn der jeweiligen Regelaltersgrenze; beträgt 1,0 (Altersgrenze 2011: 65. Lebensjahr; 2012: 65. Lebensjahr plus ein Monat); geregelt ist der Zugangsfaktor Z im § 77 SGB VI; Abschlag bei früherer (z. B. Altersrente mit 60 → Rentenabschlag 18 %) bzw. Zuschlag bei späterer Inanspruchnahme von Renten.

Rentenartfaktor

Bestimmt die Rentenhöhe entsprechend dem Sicherungsziel der jeweiligen Rentenart.

Renten wegen Alters	1,0
Renten wegen voller Erwerbsminderung	1,0
Renten wegen teilweiser Erwerbsminderung	0,5
Witwen- und Witwerrenten	0,55
Kleine Witwen- und Witwerrenten	0,25
Waisenrenten	0,2
Halbwaisenrenten	0,1

Aktueller Rentenwert

Betrag, der einer monatlichen Rente wegen Alters entspricht, die sich aus Beiträgen aufgrund eines Durchschnittsentgelts für ein Kalenderjahr ergibt. Es ist ein dynamischer Berechnungsfaktor (seit 01.07.2011 → 27,47 EUR West bzw. 24,37 EUR Ost).

Beispiel für eine Altersrente:

Herr Meier vollendete am 27.03.2011 sein 65. Lebensjahr und beantragte zuvor Regelaltersrente. Aus seinem Rentenkonto ergeben sich u. a. folgende Bruttoverdienste:

Meiers Bruttoverdienst		Durchschnittsverdienst aller Versicherten	PEP
:	:	:	:
:	:	:	:
2005	27.000,00 EUR	29.569,00 EUR	0,91
2006	30.500,00 EUR	29.304,00 EUR	1,04
2007	31.000,00 EUR	29.488,00 EUR	1,05
2008	31.500,00 EUR	30.084,00 EUR	1,05
2009	31.500,00 EUR	30.879,00 EUR	1,02
2010	31.500,00 EUR	32.003,00 EUR	0,98
2011	31.500,00 EUR	30.268,00 EUR	1,04
			∑ 35,8

Die Monatsaltersrente lässt sich nun daraus leicht berechnen. Entsprechend der Rentenformel lautet sie:

Monatsrente	=	35,8	×	1,0	×	1,0	×	27,47
		PEP		ZF		RAF		AR
	=	983,43 EUR						

Die monatliche Regelaltersrente für Herrn Meier beträgt also 938,43 EUR und wird in den nächsten Jahren mit dem aktuellen Rentenwert ansteigen.

Seit dem 01.07.2005 wird die **neue Rentenanpassungsformel** verwendet. Diese Formel ist um den sog. **Nachhaltigkeitsfaktor** erweitert. Er berücksichtigt das Verhältnis von Beitragszahlern zu Rentnern und bewirkt, dass Probleme des Arbeitsmarktes, insbesondere aber der steigende Anteil von Rentnern in der Bevölkerung, die jährliche Rentenanpassung dämpfen. Erhöht sich die Anzahl der Beschäftigten, beeinflusst das die Rentenanpassung positiv.

Hilfsmittel zur Rentenberechnung/Rentenschätzung

Zum Zeitpunkt der Berechnung stehen immer drei Faktoren der Formel fest: der **aktuelle Rentenwert**, der **Zugangsfaktor** und der **Rentenartfaktor**. Sie ergeben sich durch den Zeitpunkt des Rentenbeginns und die beantragte Rentenart von allein. Es sind nur noch die Entgeltpunkte zu ermitteln.

Liegen Versicherungsunterlagen oder Lohn- und Gehaltsbescheinigungen für das gesamte Berufsleben vor, so kann unter Verwendung von Tabellen über die Durchschnittsverdienste aller Versicherten eine **überschlägige Berechnung** der Altersrente erfolgen. Diese Berechnungen können auch mithilfe des PC-Programms der Deutschen Rentenversicherung Bund **„Rentenberechnung“** durchgeführt werden.

Ist der **Versicherungsverlauf** des Rententrägers vorhanden (Mitteilung über die dort gespeicherten rentenrechtlichen Zeiten und Beiträge bzw. Verdienste), so ist die Rentenberechnung problemlos möglich, da auch Lücken und beitragsfreie Zeiten schon bewertet wurden.

Im Zusammenhang mit der Riester-Reform wurde für jeden Versicherten die sog. **Renteninformation** eingeführt. Sie dient der besseren Planung der eigenen Vorsorge und wird regelmäßig an alle Versicherten vom Rententräger versandt. Im Einzelnen führt sie folgende Positionen auf:

- die bislang erworbenen Rentenanwartschaften,
- die Höhe einer Rente wegen voller Erwerbsminderung,
- eine Hochrechnung der künftigen Altersrente,
- die bisher gezahlten Beiträge.

2.7 Versorgungslücke

Ausgangspunkt dieser Betrachtung ist zunächst das gegenwärtige durchschnittliche Rentenniveau (mit Netto- wie Bruttobetrachtungsweise). Es drückt das prozentuale Verhältnis der Nettorente eines Standardrentners (mit 45 Jahren Durchschnittsverdienst) gegenüber dem Nettoarbeitsentgelt eines heutigen Durchschnittsverdieners aus. Aufgrund der Einführung der nachgelagerten Besteuerung der Renten ist aber zukünftig das Rentenniveau vor Steuern Gradmaß für das Mindestsicherungsziel der GRV. An die Stelle des bisherigen Nettorentenniveaus tritt ein Rentenniveau ohne Berücksichtigung von Steuern als Verhältnis zwischen Standardrente (vermindert um die Sozialabgaben der Rentner) und dem Durchschnittsentgelt (vermindert um die durchschnittlich geleisteten Beiträge der Arbeitnehmer zu den Sozialversicherungen sowie um den durchschnittlichen Aufwand zur Riester-Rente). Beim Rentner wie beim Arbeitnehmer werden die zu zahlenden Steuern nicht berücksichtigt. Nach Angaben des BMAS lag das neue Rentenniveau vor Steuern in 2007 bereits bei 51 % und wird weiter sinken. Dabei soll ein Grenzwert von 43 % in den Jahren 2020 bzw. 2030 bei gewisser Beitragsstabilität nicht unterschritten werden.

Das **Rentenniveau** beschreibt das Verhältnis der unversteuerten Standardrente nach 45 Beitragsjahren zum durchschnittlichen beitragspflichtigen Bruttoeinkommen. In beiden Fällen werden die Sozialabgaben und bei den Beschäftigten auch noch die Aufwendungen für die private Altersvorsorge abgezogen.

Diese Definition für das Rentenniveau gilt seit März 2004. Bis zu diesem Zeitpunkt wurde das Rentenniveau auf Basis der Nettoeinkünfte nach Steuern ermittelt. Die schrittweise Einführung der nachgelagerten Besteuerung der Renteneinkünfte machte eine neue Definition des Rentenniveaus erforderlich. Altes und neues Rentenniveau sind nicht miteinander vergleichbar. So betrug das Rentenniveau im März 2004 nach alter Regelung 69 %, nach neuer Regelung sind es nur noch ca. 53 %. Es wird erwartet, dass das Rentenniveau im Jahr 2030 auf 43 % abgesunken sein wird.

Die Notwendigkeit nach ergänzenden Versorgungsmaßnahmen für jeden gesetzlich Versicherten beantwortet sich damit von allein und muss nur noch für den Einzelnen konkretisiert werden: Wenn von einem Versorgungs- oder Altersgesamteinkommen in Höhe von 100 % des Nettoeinkommens ausgegangen wird, wobei noch zu klären ist, ob das durchschnittliche oder das letzte Nettoeinkommen als Ziel angestrebt wird, ergibt sich die **Versorgungslücke** jeweils als **Differenz** zwischen diesem Nettoeinkommen und der zu erwartenden gesetzlichen Rente (mithilfe der jährlichen Renteninformationen der Rententräger) sowie bestehenden betrieblichen und privaten Versorgungen.

Dabei gilt auch: Die Lücke ist umso größer, je höher das Einkommen während des Arbeitslebens ist, da ja gesetzliche Renten nur bis zur BBG versichert werden. Außerdem sind natürlich auch die sog. vorzeitigen Risiken wie Tod und Berufsunfähigkeit ganz allgemein abzusichern. Letztlich kann die Ermittlung des Versorgungsbedarfs immer nur ganz individuell erfolgen.

Beispiel:

Herr Egon Müller ist 35 Jahre alt, verheiratet, zwei Kinder. Er verdient monatlich 2.500 EUR brutto als kaufmännischer Angestellter. Aus seiner gesetzlichen Rente erwartet er mit 65 Jahren nach den Renteninformationen der Deutschen Rentenversicherung Bund monatlich 1.000 EUR entsprechend seinem bisherigen Versicherungsverlauf. Von seiner Firma erhält er eine Betriebsrente in Höhe von 200 EUR, seine private Rentenversicherung wird ihm garantiert 300 EUR bringen.

Versorgungslücke = 300 EUR, wenn man von einem Nettoverdienst von 1.800 EUR ausgeht. Bei dieser Betrachtung ist die ständige Inflation noch nicht berücksichtigt.

3 Altersvermögensgesetz (AVmG) - Riester-Rente

3.1 Einführung

Ziel der Riester-Rentenreform war und ist es, die gesetzliche Alterssicherung zukunftsfähig zu machen und auf die ungünstigen demografischen Entwicklungen (immer weniger Beitragszahler müssen für immer mehr Rentenbezieher aufkommen) vorzubereiten. Sie behält die Finanzierung der GRV durch das Umlageverfahren mittels „Generationenvertrag" bei und fügt den Aufbau einer breiten zusätzlichen privaten oder betrieblichen und staatlich geförderten (durch Zulagen und Steuervorteile) Altersvorsorge hinzu.

Es sollen diejenigen „neuen" Lücken der GRV gefüllt werden, die künftig wegen der niedrigeren Rentenerhöhungen entstehen (mit dem seit 2005 eingeführten Nachhaltigkeitsfaktor noch gravierender).

Die Reform wird durch das **Altersvermögensgesetz** (AVmG) und das **Altersvermögensergänzungsgesetz** (AVmEG) geregelt:

- Aufbau einer zusätzlichen privaten und betrieblichen kapitalgedeckten Altersversorgung mit massiver staatlicher Förderung,
- individueller Rechtsanspruch des Arbeitnehmers auf betriebliche Altersversorgung durch Gehaltsumwandlung mit sofortiger gesetzlicher Unverfallbarkeit,
- Einführung einer bedarfsorientierten Grundsicherung zur Verhinderung von verschämter Altersarmut,
- jährliche Informationen der Rentenversicherungsträger an die Versicherten über den Stand der Rentenanwartschaften,
- Neugestaltung des Witwen-/Witwerrentenrechts mit Kinderkomponente,
- Verbesserung der rentenrechtlichen Absicherung jüngerer Versicherter mit lückenhaften Erwerbsverläufen.

Der Aufbau einer privaten oder betrieblichen Altersvorsorge wird durch steuerliche Fördermaßnahmen flankiert, die auch und gerade Bezieher kleiner Einkommen sowie Familien mit Kindern besonders unterstützen. Dabei sollen Sparanreize geschaffen werden. Grundsätzlich gilt die Freiwilligkeit zusätzlicher Eigenvorsorge.

Der Bestand an Riester-Produkten erreichte zum 31.12.2010 eine Höhe von knapp 14,4 Mio. Verträgen (Vorjahr: 12,1 Mio). Der Großteil des Bestandes an Riester-Verträgen entfiel mit rund 72 % auf Versicherungen. Weitere 19,5 % entfielen auf Fondssparpläne. Mit lediglich 5 % spielen Banksparpläne und mit 3,5 % Wohn-Riester-Verträge nur eine untergeordnete Rolle. Allerdings ist zu bedenken, dass Wohn-Riester erst seit 2008 angeboten wird und sich vor diesem Hintergrund derzeit von allen Varianten am dynamischsten entwickelt.

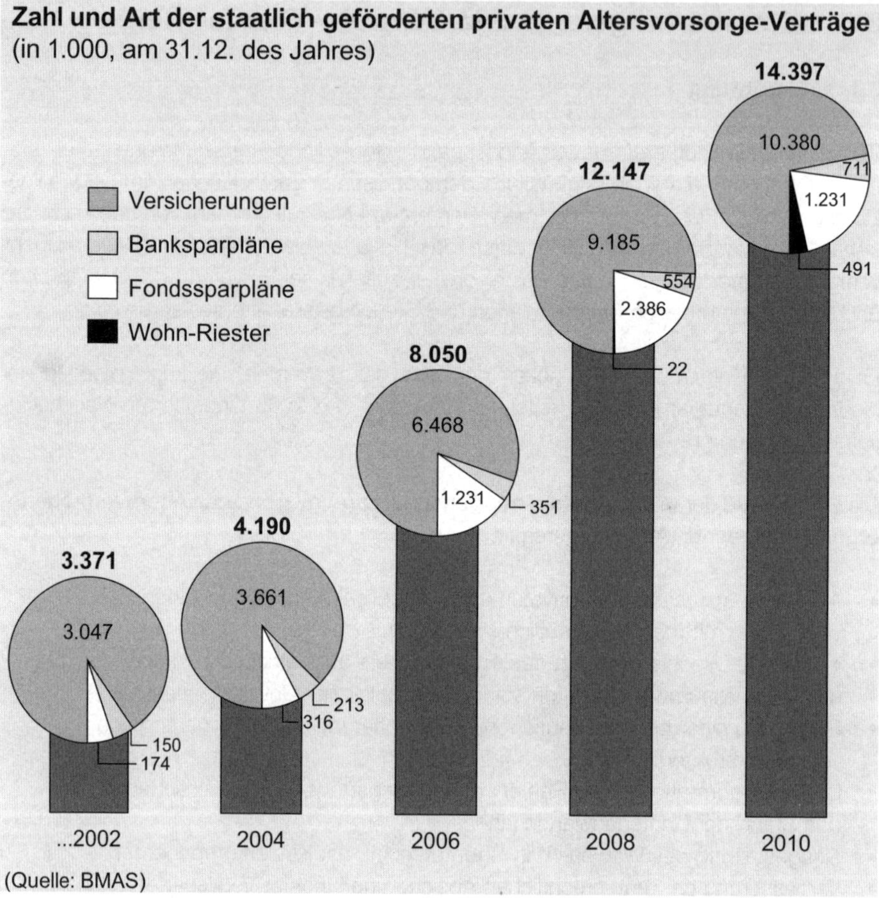

Entstehung der Riester-Förderung

Als die Förderung des selbst genutzten Wohneigentums über die **Eigenheimzulage** wegfiel, kam in der Koalitionsvereinbarung die Idee auf, Wohneigentum alternativ in die sog. Riester-Förderung mit einzubeziehen.

Das Eigenheimrentengesetz (EigRentG) mit der Einbeziehung der selbst genutzten Wohnimmobilie in die geförderte **Altersvorsorge** wurde vom Gesetzgeber beschlossen. Das Gesetz enthält folgende Regelungen zur Einbeziehung der Wohnimmobilie in die Riester-Förderung:

- Erweiterung des Kreises der begünstigten Anlageprodukte,
- Einführung der Förderung von Tilgungsleistungen,
- Verbesserung der Entnahmemöglichkeiten von gefördertem Altersvorsorgevermögen,
- nachgelagerte Besteuerung des in der Immobilie gebundenen steuerlich geförderten Kapitals,
- Sonderregelungen zu den Fällen der Aufgabe der Selbstnutzung.

3.2 Begünstigter Personenkreis

Zum geförderten Personenkreis (Fassung 01.01.2002) zählen alle, die Pflichtbeiträge zur GRV zahlen (AN, auch des öffentlichen Dienstes, Behinderte in Werkstätten, Versicherte während einer anzurechnenden Kindererziehungszeit, Pflegepersonen, Wehr- und Zivildienstleistende, geringfügig Beschäftigte, die auf Versicherungsfreiheit verzichtet haben, Arbeitslose, Bezieher von Krankengeld, versicherungspflichtige Selbstständige, Beamte sowie Bezieher von Erwerbsminderungsrenten). Generell erhalten auch nicht förderungsberechtigte Personen die Zulagen-Förderung, wenn für deren Ehepartner ein förderfähiger Vertrag abgeschlossen wird. Von der Förderung ausgenommen sind z. B. Pflichtversicherte in berufsständischen Versorgungseinrichtungen und freiwillig in der GRV Versicherte.

3.3 Grundsätze der Förderung

Gefördert werden nur solche Finanzdienstleistungsprodukte, die von der BaFin nach dem Altersvorsorgeverträge-Zertifizierungsgesetz **zertifiziert** wurden.

- Derartige Anlagen sind bis zum vollendeten 60. Lebensjahr (oder bis zum Beginn einer Erwerbsminderungsrente, einer Altersrente) gebunden und können nicht beliehen oder anderweitig verwendet werden.
- Die Anlageformen müssen ab Auszahlungsbeginn eine lebenslang steigende oder gleichbleibende monatliche Leibrente zusichern.
- Zu Beginn der Auszahlungsphase müssen mindestens die eingezahlten Beiträge und während der Auszahlungsphase die laufenden monatlichen Zahlungen garantiert werden.
- Die Anlagen sind während der Ansparphase gesetzlich vor Pfändung sowie Anrechnung in Sozialhilfe und Arbeitslosengeld II geschützt.
- Seit dem 01.01.2006 gibt es bei Versicherungsprodukten nur noch Unisex-Tarife.

3.3.1 Förderkonzept

Der Altersvorsorgeaufwand setzt sich aus Eigenbeiträgen und Zulagen zusammen. Zur Entlastung der Bürger zahlt der Berechtigte nur seine Eigenbeiträge, die staatliche Zulage wird von der Zentralen Zulagenstelle für Altersvermögen (ZFA) gutgeschrieben. Die Höhe der Zulage ist abhängig vom Familienstand und der Kinderzahl. Bei höheren Einkommen oder Eigenbeiträgen, die die Mindesteigenbeiträge (s. u.) übersteigen, kann es günstiger sein, den Altersvorsorgeaufwand im Rahmen des Sonderausgabenabzugs geltend zu machen. Dies wird vom Finanzamt von Amts wegen im Rahmen einer „Günstigerprüfung" ermittelt. Ist die Steuerersparnis durch den Sonderausgabenabzug höher als die Zulage, wird die Differenz dem Steuerpflichtigen gutgeschrieben. Die gezahlte Zulage verbleibt auf dem Anlagekonto.

Als Sonderausgabenabzug geltend gemacht werden können – unabhängig vom individuellen Einkommen – nachfolgende Altersvorsorgeaufwendungen (Eigenbeiträge + Zulage).

Hinweis:
Empfohlen und staatlich gefördert wird, die zusätzliche Eigenvorsorge stufenweise aufzubauen, und zwar in vier Schritten.

In der Vergangenheit musste man, um die volle Zulagenförderung zu erhalten,

- 2002 1 %,
- seit 2004 2 %,
- seit 2006 3 %

seines Vorjahresbruttoeinkommens abzüglich der ihm maximal zustehenden Zulagen in einen Altersvorsorgevertrag investieren bzw. investiert haben. Seit 2008 müssen dafür 4 % des Vorjahresbruttoeinkommens aufgewendet werden. Wer will, kann auch weniger als die empfohlene Höhe ansparen. Jedoch wird er dann auch entsprechend weniger vom Staat gefördert.

Die Zulage setzt sich aus einer Grundzulage und einer Kinderzulage zusammen.

Die **Grundzulage** beträgt

• in den Veranlagungszeiträumen 2002 und 2003	38 EUR
• 2004 und 2005	76 EUR
• 2006 und 2007	114 EUR
• seit dem Veranlagungszeitraum 2008 jährlich	154 EUR

Im Falle der Zusammenveranlagung von Ehegatten steht die Grundzulage jedem gesondert zu, wenn beide Ehepartner eigenständige Altersversorgungsansprüche erwerben. Das gilt auch, wenn zwar nur ein Ehepartner steuer- und versicherungspflichtige Einnahmen hat, dieser aber seinen Mindesteigenbeitrag leistet.

Die **Kinderzulage** beträgt je Kind (abhängig vom Kindergeld)

• in den Veranlagungszeiträumen 2002 und 2003	46 EUR
• 2004 und 2005	92 EUR
• 2006 und 2007	138 EUR
• seit dem Veranlagungszeitraum 2008 jährlich	185 EUR

Die seit 2008 vorgesehene Kinderzulage in Höhe von 185 EUR pro Jahr wird für jedes nach dem 31.12.2007 geborene Kind auf 300 EUR aufgestockt.

Auch gibt es seit dem 01.01.2008 einen Berufseinsteigerbonus in Höhe von einmalig 200 EUR beim Abschluss eines Riester-Vertrages – vorausgesetzt das 25. Lebensjahr ist noch nicht vollendet.

Die vorstehenden Zulagen vermindern sich entsprechend, wenn nicht der nachfolgende Altersvorsorgeaufwand (Eigenbeiträge + Zulage) aufgebracht wird:

• in den Veranlagungszeiträumen	2002 und 2003	in Höhe von 1 %
	2004 und 2005	in Höhe von 2 %
	2006 und 2007	in Höhe von 3 %
• seit dem Veranlagungszeitraum	2008 jährlich	in Höhe von 4 %

des in der Rentenversicherung beitragspflichtigen Vorjahreseinkommens bis maximal zur Beitragsbemessungsgrenze der Gesetzlichen Rentenversicherung, jedoch nicht über die folgenden Beträge hinaus. Bei Ehepaaren werden die gemeinsamen Einkommen bis zur doppelten Beitragsbemessungsgrenze zugrunde gelegt.

Auch für den Fall, dass bereits die Zulagen den 4 % Aufwendungen entsprechen oder sie sogar übersteigen, muss zur Erlangung der vollen Zulage immer ein bestimmter **Mindesteigenbeitrag** (der sog. Sockelbeitrag – zurzeit mindestens 60 EUR p. a.) geleistet werden. Der maximale steuerliche Absetzungsbetrag (inkl. Zulage) beträgt

• in den Veranlagungszeiträumen	2002 und 2003	bis zu	525 EUR,
• in den Veranlagungszeiträumen	2004 und 2005	bis zu	1.050 EUR,
• in den Veranlagungszeiträumen	2006 und 2007	bis zu	1.575 EUR,
• seit dem Veranlagungszeitraum	2008 jährlich	bis zu	2.100 EUR.

3.3.1.1 Erweiterung des Kreises der begünstigten Anlageprodukte

Die im Rahmen der Riester-Rente geförderten Beiträge bestimmen sich nach § 82 EStG. Altersvorsorgebeiträge sind nach § 82 Abs. 1 EStG Beiträge, die der Zulageberechtigte zugunsten eines auf seinen Namen lautenden, nach § 5 Altersvorsorgeverträge-Zertifizierungsgesetz (AltZertG) zertifizierten Vertrages zahlt. Im AltZertG wird somit bestimmt, welche privaten Anlageprodukte steuerlich gefördert werden. Im EigRentG ist vorgesehen, dass zum einen der Erwerb von weiteren Genossenschaftsanteilen für die Altersvorsorge mit einbezogen wird und zum anderen auch Darlehnsverträge für die Bildung selbst genutzten Wohneigentums in Form von Altersvorsorgeverträgen abgeschlossen werden können.

3.3.1.2 Förderung von Tilgungsleistungen

Darlehnstilgungen zugunsten eines zertifizierten Altersvorsorgevertrages sollen künftig als Altersvorsorgebeiträge wie die bisherigen Sparbeiträge steuerlich gefördert werden, wenn das Darlehn für eine nach dem 31.12.2007 vorgenommene wohnungswirtschaftliche Verwendung i. S. d. § 92a Abs. 1 Satz 1 EStG genutzt wird. Werden Tilgungsleistungen in Höhe von mindestens 4 % der maßgebenden Einnahmen (maximal 2.100 EUR abzüglich Zulage) in den Altersvorsorgevertrag mit Darlehnskomponente eingezahlt, wird dem Zulageberechtigten die ungekürzte Grundzulage in Höhe von 154 EUR und ggf. Kinderzulagen von 185 EUR für vor dem 01.01.2008 geborene Kinder bzw. von 300 EUR für ab dem 01.01.2008 geborene Kinder gewährt.

Die Altersvorsorgezulage wird von der Zulagenstelle zugunsten des betreffenden Darlehnsvertrages ausgezahlt. Die Altersvorsorgezulage fungiert damit als Sondertilgung, d. h., in diesem Umfang reduziert sich die Darlehnsschuld des Zulageberechtigten. Eine Förderung der Darlehnszinsen erfolgt nicht. Wie bei Sparbeiträgen wird auf Antrag des Zulageberechtigten auch geprüft, ob der Sonderausgabenabzug für die entsprechenden Tilgungsleistungen einschließlich des Zulagenanspruchs (bis maximal 2.100 EUR) für den Zulageberechtigten günstiger ist als der Zulagenanspruch. Ist dies der Fall, erhält der Zulageberechtigte noch einen über die Zulage hinausgehenden Steuervorteil im Rahmen seiner Einkommensteuerveranlagung.

Hat der Zulageberechtigte ein Vorfinanzierungsdarlehn abgeschlossen, dann gelten die von ihm geleisteten Sparbeiträge – die bereits zur späteren Tilgung des Darlehns abgetreten sind – ebenfalls als Tilgungsleistungen, sie werden allerdings erst im Zeitpunkt der tatsächlichen Darlehnstilgung in das sog. **Wohnförderkonto** eingestellt. Umschuldungen sind nur dann begünstigt, wenn mit dem neuen Darlehn in Form eines zertifizierten **Altersvorsorgevertrages** eine nach dem 31.12.2007 vorgenommene wohnungswirtschaftliche Verwendung i. S. d. § 92 a Abs. 1 Satz 1 EStG weiterfinanziert wird.

3.3.1.3 Verbesserte Entnahmemöglichkeiten von gefördertem Altersvorsorgevermögen

Das Altersvermögensgesetz (AVmG) sieht Verbesserungen beim sog. **Altersvorsorge-Eigenheimbetrag** vor. Diese Regelung ermöglichte in ihrer bisherigen Fassung, dass der Zulageberechtigte steuerlich gefördertes Kapital – mindestens 10.000 EUR, höchstens 50.000 EUR – unmittelbar für eine wohnungswirtschaftliche Verwendung benutzen kann. Bedingung war allerdings, dass das entnommene Kapital bis zum Beginn der Auszahlungsphase in einen Altersvorsorgevertrag zurückgezahlt werden musste. Der Zulageberechtigte konnte somit ein zinsloses Darlehn bei sich selbst aufnehmen. Zukünftig besteht keine Pflicht zur Rückzahlung des entnommenen Betrages. Außerdem ist eine Entnahme auch zu Beginn der Auszahlungsphase möglich. Der „Wohn-Riester-Sparer“ hat die Möglichkeit, sein angespartes Kapital im Alter entweder komplett oder bis zu 75 % für Wohnungszwecke einzusetzen und sich das verbleibende Kapital als Rente auszahlen zu lassen. Die 75 %-Grenze soll verhindern, dass Mini-Renten gezahlt werden müssen.

Eine wohnungswirtschaftliche Verwendung i. S. d. § 92 a Abs. 1 Satz 1 EStG liegt in der Ansparphase in folgenden Fällen vor:

- Anschaffung einer selbst genutzten Wohnung,
- Herstellung einer selbst genutzten Wohnung,
- Erwerb von Pflichtanteilen an einer in das Genossenschaftsregister eingetragenen Genossenschaft für die Selbstnutzung einer Genossenschaftswohnung,
- Anschaffung eines eigentumsähnlichen oder lebenslangen Dauerwohnrechts.

Als Wohnung zählt insoweit eine Wohnung in einem eigenen Haus, eine Eigentumswohnung oder eine Genossenschaftswohnung einer in das Genossenschaftsregister eingetragenen Genossenschaft. Die Wohnung muss in Deutschland liegen und eigenen Wohnzwecken als Hauptwohnsitz dienen. Zusätzlich ist erforderlich, dass sich der Lebensmittelpunkt des Zulageberechtigten dort befindet. Damit stellt der Gesetzgeber zum einen auf das Melderecht und zum anderen auf die tatsächlichen Verhältnisse ab.

Wird die Entnahme zu Beginn der Auszahlungsphase durchgeführt, dann liegt eine **wohnungswirtschaftliche Verwendung** vor, wenn der Entnahmebetrag zur Entschuldung eines der oben genannten Objekte eingesetzt wird. Die Entnahme von gefördertem Altersvorsorgevermögen muss in direktem zeitlichen Zusammenhang mit der wohnungswirtschaftlichen Verwendung stehen. Es ist auch eine mehrmalige Entnahme zulässig, soweit der entnommene Betrag jedes Mal unmittelbar für eine wohnungswirtschaftliche Verwendung i.S.d. § 92a Abs. 1 Satz 1 EStG genutzt wird. Verfahrenstechnisch muss der Zulageberechtigte die Entnahme bei seinem Anbieter beantragen und die wohnungswirtschaftliche Verwendung nachweisen. Der Anbieter leitet den Antrag an die Zulagenstelle weiter, die über den Antrag entscheidet. Die Kombination einer Kapitalentnahme und einer Tilgungsförderung für dieselbe wohnungswirtschaftliche Verwendung ist zulässig. Eine Rückzahlungsverpflichtung wie im bisherigen Recht besteht nicht mehr, eine freiwillige Rückzahlung ist aber jederzeit zulässig.

3.3.1.4 Nachgelagerte Besteuerung

Die geförderten Tilgungsbeiträge, die hierfür gewährten Zulagen sowie der entnommene Altersvorsorge-Eigenheimbetrag werden in einem sog. **Wohnförderkonto** erfasst. Das Wohnförderkonto dient der Erfassung des in der Immobilie gebundenen steuerlich geförderten Kapitals. Dieser Wert ist die Grundlage für die spätere nachgelagerte Besteuerung. Es erfolgt somit keine Nutzungswertbesteuerung der Wohnimmobilie, sondern lediglich eine Erfassung des tatsächlich geförderten Betrages. Als Ausgleich für die vorzeitige Nutzung des Altersvorsorgekapitals und zur Gleichstellung mit anderen Riester-Produkten wird der in das Wohnförderkonto eingestellte Betrag in der Ansparphase um jährlich 2 % erhöht.

Der Zulageberechtigte hat jederzeit die Möglichkeit, den Stand des Wohnförderkontos zu verringern, indem er einen entsprechenden Betrag auf einen zertifizierten Altersvorsorgevertrag (Sparvertrag) einzahlt. Diese Einzahlungen werden dann jedoch nicht zusätzlich gefördert, allerdings werden die sich aus den Beiträgen ergebenden Leistungen nachgelagert besteuert.

3.3.1.5 Wahlrecht bei der Auszahlung

Zu Beginn der Auszahlungsphase wird der Saldo des Wohnförderkontos entweder als Einmalbetrag zu 70 % (also mit 30 % Abschlag) oder verteilt bis zum 85. Lebensjahr besteuert. Für die Einmalbesteuerung muss der Zulageberechtigte zu Beginn der Auszahlungsphase bei seinem Anbieter die Auflösung des Wohnförderkontos beantragen. Ohne einen solchen Antrag wird der Stand des Wohnförderkontos ab Beginn der Auszahlungsphase auf den Zeitraum bis zur Vollendung des 85. Lebensjahres gleichmäßig verteilt jährlich aufgelöst. Die Verteilung erfolgt über einen Zeitraum von 17 bis 25 Jahren.

Das hängt von dem Beginn der Auszahlungsphase ab, der zwischen dem 60. und dem 68. Lebensjahr gewählt werden kann.

3.3.1.6 Sonderregelungen in Fällen der Aufgabe der Selbstnutzung

Dient die geförderte Wohnung dem Zulageberechtigten nicht nur vorübergehend nicht mehr zu eigenen Wohnzwecken, hat er dies in der Ansparphase dem Anbieter und in der Auszahlungsphase der Zulagenstelle zu melden. Entsprechendes gilt für den Rechtsnachfolger der Wohnung, wenn der Zulageberechtigte verstirbt. In diesen Fällen erfolgt eine unmittelbare Besteuerung des Standes des Wohnförderkontos. Im Fall des Todes wird der noch zu besteuernde Betrag dem Erblasser zugerechnet. Eine Rückforderung der Zulagen und des ggf. gewährten zusätzlichen Steuervorteils erfolgt insoweit nicht.

Eine sofortige Besteuerung unterbleibt, wenn

- der Zulageberechtigte einen Betrag in Höhe des Standes des Wohnförderkontos innerhalb eines Jahres vor und vier Jahre nach Ablauf des Veranlagungszeitraums, in dem die Selbstnutzung aufgegeben wurde, für eine weitere förderfähige Wohnung verwendet,
- der Zulageberechtigte einen Betrag in Höhe des Standes des Wohnförderkontos innerhalb eines Jahres nach Ablauf des Veranlagungszeitraums, in dem die Selbstnutzung aufgegeben wurde, auf einen zertifizierten Altersvorsorgevertrag zahlt,
- bei zusammenveranlagten Ehegatten der Ehegatte des verstorbenen Zulageberechtigten die Wohnung weiter selbst nutzt oder
- die Ehewohnung aufgrund einer richterlichen Entscheidung dem Ehegatten des Zulageberechtigten zugewiesen wird oder
- die selbst genutzte Wohnung aufgrund eines beruflich bedingten Umzugs für diesen Zeitraum befristet vermietet wird, der Steuerpflichtige beabsichtigt, die Selbstnutzung wieder aufzunehmen und die Selbstnutzung spätestens mit der Vollendung des 67. Lebensjahres des Steuerpflichtigen wieder aufgenommen wird.

Gibt der Zulageberechtigte die Selbstnutzung in der Auszahlungsphase auf und hatte er zuvor die **privilegierte Einmalbesteuerung** gewählt, hat er bis zum zehnten Jahr nach dem Beginn der Auszahlungsphase das Eineinhalbfache der noch nicht besteuerten 30 % des Wohnförderkontos zu versteuern, vom elften bis zum 20. Jahr nach dem Beginn der Auszahlungsphase das Einfache. Im Falle des Todes des Zulageberechtigten erfolgt nach der Einmalbesteuerung jedoch keine weitere Besteuerung des Restbetrages.

3.3.1.7 Berufseinsteiger-Bonus

Auch beim sog. **Wohn-Riester** wird ein einmaliger Berufseinsteiger-Bonus in Höhe von 200 EUR für unter 25-Jährige eingeführt.

Beispiel:

Im Jahr 2009 wird für einen Zulagenberechtigten ohne Kinder die staatliche Förderung geprüft. Sein Bruttogehalt aus dem Vorjahr betrug 50.000 EUR. Auf einen Vorsorgevertrag werden 1.900 EUR eingezahlt.

Löoung:

Der Mindesteigenbeitrag von 4 % von 50.000 EUR (= 2.000 EUR) liegt unterhalb des Maximalbetrages von 2.100 EUR (= Sonderausgabenhöchstbetrag) und oberhalb des Sockelbetrages von 60 EUR. Als eigene Sparleistung müssen somit 1.846 EUR (2.000 EUR abzüglich 154 EUR Höchstzulage) eingebracht werden, um die volle Zulage zu erhalten. Die volle Zulage wird in dem vorliegenden Fall gewährt, weil die eigene Sparleistung von 1.900 EUR über dem erforderlichen Mindesteigenbeitrag von 1.846 EUR liegt.

Abwandlung:

Es werden statt 1.900 EUR nur 1.500 EUR eingezahlt. Da die erforderliche Mindesteigenbeteiligung nicht geleistet wird, wird die Zulage gekürzt:
Zulage 154 EUR × (1.500 EUR/1.846 EUR) = 125 EUR.

3.3.2 Antragsverfahren zur Erlangung der Förderung

Spätestens bis zum Ablauf des zweiten Kalenderjahres, das auf das Beitragsjahr folgt, muss der Zulagenberechtigte einen Antrag auf amtlichem Vordruck unter Angabe seiner Sozialversicherungsnummer auf Zulage stellen, einzureichen beim Anbieter. Der Berechtigte hat dem Anbieter Änderungen, z. B. in der Höhe des Vorjahreseinkommens, die zu einer Minderung der Zulagen führen, unverzüglich mitzuteilen. Der Anbieter reicht den Antrag an die zentrale Zulagenstelle bei der Deutschen Rentenversicherung Bund weiter, die ihn später prüft und sofort die Zulage auf den geförderten Vertrag überweist.

Seit 2005 genügt zur Vereinfachung die einmalige schriftliche Bevollmächtigung des Anbieters, damit dieser die Antragstellung als „Dauerzulagenantrag“ abnimmt. Ebenso wurden die Kriterien, die eine steuerliche Förderung von Produkten (Zertifizierung) ermöglichen, vereinfacht. Neu ist auch, dass zu Beginn der Auszahlungsphase 30 % des angesparten Kapitals zur freien Verwendung entnehmbar sind.

3.3.3 Folgen bei Vertragsänderung/-beendigung

Eine Kündigung mit einer Frist von drei Monaten zum Ende des Kalenderjahres zum Zweck des Wechsels in einen anderen Altersvorsorgevertrag ist nur während der Ansparphase möglich. Das erreichte Kapital samt Zulagen wird übertragen. Wird der Vertrag endgültig gekündigt, dann sind alle Zulagen und Steuerermäßigungen an die Zulagenstelle zurückzuführen, Wertsteigerungen und Erträge sind zu versteuern.

Steuerschädlich ist auch die Vererbung; hier sind ebenso Zulagen und Sonderausgabenvorteile zurückzuzahlen.

Ausnahme: Der überlebende Ehegatte kann das hinterlassene Vorsorgekapital förderunschädlich auf einen eigenen Vertrag einzahlen, wenn er zum Todeszeitpunkt zusammen veranlagt wurde.

3.4 Steuerliche Behandlung der Leistung

Die Leistungen sind nach dem Prinzip der nachgelagerten Besteuerung grundsätzlich voll steuerpflichtig. Leistungen an Hinterbliebene in Form einer Rente sind steuerunschädlich.

Hinweis:

Der Europäische Gerichtshof entschied in seinem Urteil vom 10.09.2009 (Az.: C-269/07) über einige Punkte der Riester-Rente. Laut diesem Urteil verstoßen die jetzigen Riester-Regelungen in drei Punkten gegen das Europarecht:

Die Rückzahlung der Förderbeträge bei Umzug ins Ausland ist derzeit förderschädlich und führt somit zu einer Rückzahlungsverpflichtung. Diese Regelung wurde als unzulässig angesehen. Zukünftig ist somit ein Umzug ins Ausland förderunschädlich zu realisieren.

Auch bezüglich der seit 01.01.2008 eingeführten Eigenheimrente, dem sog. Wohn-Riester, wurde eine Regelung gekippt. Bisher waren lediglich Immobilien im Inland (Deutschland) förderfähig. Auch diese Regelung wurde als unzulässig eingestuft. Zukünftig werden Riestersparer überall in der Europäischen Union Immobilien zu Wohnzwecken mit staatlicher Förderung erwerben können.

Außerdem wurde die Situation von in Deutschland arbeitenden und im Nachbarland lebenden Arbeitnehmern als nicht mit dem Europarecht vereinbar angesehen. Derzeit können diese Personengruppen keinen förderfähigen Vertrag abschließen. Nach Europarecht müssen diese Personen allerdings ebenfalls die Riester-Förderung erhalten.

Der deutsche Gesetzgeber muss nun die entsprechenden Regelungen anpassen. Einen genauen Termin für die Änderungen gibt es zurzeit allerdings noch nicht. Diese drei Punkte (§§ 79, 92a und 93 EStG) sind mittlerweile entsprechend europarechtskonform angepasst worden und zwar durch Artikel 1 des Gesetzes zur Umsetzung steuerlicher EU-Vorgaben sowie zur Änderung steuerlicher Vorschriften vom 08.04.2010 (BGBl. I S. 386).

4 Lebensversicherung/Private Rentenversicherung

4.1 Einführung

4.1.1 Markt und Chancen

Geldvermögen der privaten Haushalte nach Anlagearten
– Bestand am Jahresende –

	2004	2005	2006	2007	2008	2009
	in Mrd. EUR					
Geldvermögensbildung	135	139	131	115	126	147
darunter:						
bei Banken[1]	49	42	42	86	121	50
Sichtguthaben[2]	44	49	20	38	46	149
Termingelder	– 6	– 1	32	57	77	– 124
Spareinlagen	12	– 1	– 16	– 30	– 20	56
Sparbriefe	– 2	– 5	7	21	17	– 32
bei Investmentfonds	– 5	18	– 3	24	9	29
bei Versicherungen[3]	50	55	61	68	29	64
darunter						
bei Lebensversicherungen	23	26	25	24	2	28
bei Krankenversicherungen	10	11	11	12	10	10
bei Pensionseinrichtungen[4]	15	16	24	31	17	23
in Wertpapieren	31	17	20	– 67	– 41	– 3
in Rentenwerten[5]	34	18	22	– 54	2	– 5
in Aktien	– 7	– 4	– 5	– 17	– 47	– 1
in Sonstigen Beteiligungen	3	3	3	3	3	3
Pensionsrückstellungen	9	7	10	4	7	8
	Anteilswerte in %					
Geldvermögensbildung	100,00	100,00	100,00	100,00	100,00	100,00
darunter:						
bei Banken[1]	36,4	30,5	32,3	74,5	96,1	33,8
Sichtguthaben[2]	32,9	35,0	14,9	33,0	36,8	101,4
Termingelder	– 4,4	– 0,5	24,3	49,6	61,5	– 84,3
Spareinlagen	9,1	– 0,7	– 12,2	– 26,0	– 15,8	38,3
Sparbriefe	– 1,3	– 3,3	5,3	17,9	13,7	– 21,5
bei Investmentfonds	– 3,6	12,7	– 1,9	21,1	7,4	19,9
bei Versicherungen[3]	37,2	39,2	46,7	59,0	23,1	43,3
darunter						
bei Lebensversicherungen	17,1	18,5	18,7	20,9	1,3	18,9
bei Krankenversicherungen	7,3	7,6	8,5	10,0	7,7	6,6
bei Pensionseinrichtungen[4]	10,9	11,2	17,9	27,1	13,8	15,5
in Wertpapieren	23,0	12,1	15,1	– 58,4	– 32,5	– 2,3
in Rentenwerten[5]	25,6	12,8	16,7	– 46,6	1,4	– 3,6
in Aktien	– 4,8	– 2,9	– 3,8	– 14,3	– 37,0	– 0,7
in Sonstigen Beteiligungen	2,4	2,2	2,2	2,5	2,4	2,0
Pensionsrückstellungen	6,9	5,3	7,8	3,7	5,8	5,2

[1] im In- und Ausland, [2] einschließlich Bargeld, [3] Lebensversicherung einschließlich Pensions- und Sterbekassen und Pensionsfonds sowie berufsständische Versorgungswerke und Zusatzversorgungseinrichtungen, Schaden- und Unfallversicherung und Krankenversicherung sowie sonstige Forderungen (einschließlich verzinslich angesammelter Überschussanteile und sonstiger Verbindlichkeiten gegenüber Versicherungsnehmern), [4] Pensions- und Sterbekassen und Pensionsfonds sowie berufsständische Versorgungswerke und Zusatzversicherungseinrichtungen, [5] einschließlich Geldmarktpapiere – Quelle: Deutsche Bundesbank.

Abbildung: Geldvermögensbildung der privaten Haushalte nach Anlagearten

Nach dem gebuchten Bruttobeitragsaufkommen von 81.371 Mrd. EUR in 2009 (2010 voraussichtlich 87,3 Mrd. EUR – Quelle: GDV-Jahrbuch 2010) handelt es sich bei der Lebensversicherung um die mit Abstand größte Sparte der Versicherungswirtschaft. Im dritten Quartal 2010 belief sich das gesamte Geldvermögen der privaten Haushalte auf 4.796 Mrd. EUR (Quelle: Deutsche Bundesbank).

Insgesamt waren in 2009 99 Lebensversicherer am Markt tätig, wobei die zehn größten Anbieter einen Anteil von über 53 % erreichten.

Anzahl der Versicherungsunternehmen (nach Sparten) und Pensionsfonds

	VU mit Geschäftstätigkeit			VU ohne Geschäftstätigkeit
	Bundesaufsicht	**Landesaufsicht**	**Gesamt**	
Lebens-VU	96	3	99	10
Pensionskasse	153	0	153	0
Sterbekasse	41	0	41	0
Kranken-VU	50	0	50	1
Schaden-/Unfall-VU	216	6	222	6
Rück-VU	38	0	38	3
Gesamt	**594**	**9**	**603**	**20**
Pensionsfonds	29	0	29	0

Quelle: BaFin

Abbildung: Anzahl der Versicherungsunternehmen und Pensionsfonds

4.1.2 Bedarf

Die Lebens- und Rentenversicherung ist eine Personenversicherung, die drei Gruppen von Versicherungsereignissen kennt:

- Tod der versicherten Person bzw. Langlebigkeit,
- Ablauf durch Erleben,
- Berufsunfähigkeit, Erwerbsunfähigkeit, schwere Krankheit, Pflegebedürftigkeit.

Als Summenversicherung wird in der Lebensversicherung im Versicherungsfall, wenn das versicherte Ereignis eingetreten ist, die vereinbarte Summe ausgezahlt, unabhängig von dem tatsächlichen Geldbedarf (abstrakte Bedarfsdeckung).

Aus den Risiken ergeben sich auch die wesentlichen **Motive für den Abschluss von Lebens- und Rentenversicherungen**:

- Hinterbliebenenversorgung,
- Aufbau, Verbesserung der Altersversorgung,
- Absicherung bei Berufsunfähigkeit, Pflegebedürftigkeit und schwerer Krankheit,
- Bildung von Kapital und Vermögen,
- Sicherung und Tilgung von Darlehn.

4.1.3 Zielgruppen

Der Vorsorgebedarf lässt sich allgemein nach Zielgruppen einteilen:

Junge alleinstehende Menschen:
- Absicherung des Berufs- und Erwerbsunfähigkeitsrisikos, da in den ersten Jahren des Berufslebens noch keine Versorgung aus der GRV existiert,
- Schließen der GRV-Versorgungslücken.

Paare:
- gegenseitige Absicherung des Todesfallrisikos (Hinterbliebenenversorgung),
- eigene Altersversorgung zum Schließen der Versorgungslücken,
- Absicherung gegen BU/EU.

Junge Familien mit Kindern:
- Schwerpunkt ist zunächst die Hinterbliebenenversorgung, da die GRV auch hier nicht ausreicht,
- danach kommt sofort die private Absicherung des BU/EU-Risikos,
- Schließen der GRV-Altersversorgungslücken,
- finanzielle Absicherung von Ausbildung und Heirat der Kinder.

Beamte:
- Absicherung des Dienstunfähigkeitsrisikos,
- zusätzliche Altersversorgung zum Decken von Lücken in der Beamtenversorgung.

Senioren:
- Gestaltung sofort beginnender Leibrenten zur lebenslangen Finanzierung des Lebensabends,
- Übertragung von Kapital/Vermögen auf Erben.

Selbstständige/Freiberufler:
- Absicherung vor allem des BU/EU-Risikos, da keine staatliche Versicherung,
- Hinterbliebenenversorgung,
- Aufbau von gesicherten und regelmäßigen Alterseinkünften,
- garantierte Vermögens-/Kapitalbildung.

Bauherren/Kreditnehmer:
- Absicherung des Kreditrisikos bei Tod,
- **noch wichtiger:** die BU/EU-Absicherung zur Fortführung des Baudarlehns und Sicherung des Wohneigentums.

Natürlich lassen sich weitere Zielgruppen systematisieren.

> ***Hinweis:***
> *Zu beachten ist, dass konkrete Kunden viele der genannten Zielgruppeneigenschaften gleichzeitig aufweisen.*

4.2 Versicherungssumme

4.2.1 Bedarfsermittlung

Kriterien für die **Ermittlung des individuellen Bedarfs**:

- Welchen Zielgruppen ist der Kunde zuzuordnen, um den allgemeinen (objektiven) Bedarf festzustellen?
- Alter des Kunden?
- Familienstand?
- Anzahl und Alter der zu versorgenden Angehörigen?
- Aktuelles Gesamteinkommen?
- Versorgungslücken aus der GRV unter Beachtung von bestehenden privaten, betrieblichen und Riester-Versorgungen?
- Berufe und Tätigkeiten für die Berufsunfähigkeitsversorgung?
- Eigene Versorgungsziele?

4.2.2 Ermittlung der bedarfsgerechten Versicherungssumme

Die „richtigen" Versicherungssummen (= Umfang der Versorgungen) hängen natürlich von obiger individueller Bedarfsanalyse unter Auswahl der „richtigen" Produkte ab und werden sich unter Beachtung der nach der wirtschaftlichen Leistungsfähigkeit maximal aufzubringenden Beitragshöhen zu einem ausgewogenen Kompromiss verbinden müssen.

4.3 Angebotsformen und deren Leistungsumfang

4.3.1 Todesfallversicherung

Eine der ältesten Versicherungsformen in der Lebensversicherung ist die Todesfallversicherung. Sie dient der Bereitstellung eines Todesfallkapitals, z. B. für Bestattungskosten („Sterbegeldversicherung") oder zur Finanzierung der Erbschaftsteuer. Mit der Todesfallversicherung wird in der Regel die Versorgung Hinterbliebener gesichert, da die Leistung nur im Todesfall der versicherten Person ausgezahlt wird. Die Beitragszahlungsdauer wird häufig auf das 85. Lebensjahr der versicherten Person ausgelegt. Sie endet jedoch mit dem Tode des Versicherten. Überlebt die versicherte Person die vereinbarte Beitragszahlungsdauer, wird die Leistung dennoch erst im Todesfall erbracht.

4.3.2 Versicherung mit festem Auszahlungstermin (Termfix-Versicherung)

Bei dieser Tarifform wird die Versicherungsleistung erst beim Ablauf des Vertrages erbracht, unabhängig davon, ob die versicherte Person dann noch lebt oder schon vorher verstorben ist. Der Auszahlungszeitpunkt steht also immer fest **(Termfix)**. Verstirbt die versicherte Person, entfällt die Verpflichtung zur weiteren Beitragszahlung. Sinn und Zweck dieser Versicherungsform ist es, ein bestimmtes Kapital zu einem bestimmten Zeitpunkt zur Verfügung zu stellen, beispielsweise zur Finanzierung des Studiums – auch dann, wenn die versicherte Person diesen Zeitpunkt nicht erlebt. Oft wird sie **Ausbildungsversicherung** genannt.

Ebenfalls zur Termfix-Versicherung gehört die **Aussteuerversicherung**, die auch als „Heiratsversicherung“ bekannt ist. Heiratet das zu versorgende Kind vor Ablauf der Versicherung (immer das 25. Lebensjahr des Kindes), so wird die vereinbarte Versicherungsleistung vorzeitig in voller Höhe erbracht. Stirbt das zu versorgende Kind vor Ablauf der Versicherung, endet der Vertrag und i. d. R. wird das Deckungskapital ausgezahlt.

4.3.3 Gemischte Versicherung auf den Todes- und Erlebensfall (kapitalbildende Lebensversicherung)

Diese Versicherungsform ist die bei Weitem am häufigsten gewählte Vertragsform. Die vereinbarte Versicherungsleistung wird im Todesfall der versicherten Person, spätestens jedoch zum gewünschten Vertragsablauf, ausgezahlt. Man spricht von der „unbedingten Leistungspflicht des Versicherers“. Auf diese Weise wird sowohl dem Gedanken der Absicherung der Hinterbliebenen als auch der Sicherung der eigenen Altersversorgung Rechnung getragen.

Neben dieser Grundform haben die Versicherer zahlreiche weitere Tarifvarianten entwickelt, z. B.:

Bezeichnung	Leistungsmerkmale	Anwendungsbereich
Versicherung auf zwei verbundene Leben	Versichert auf den Todesfall werden zwei Personen in einem Vertrag. Die Leistung erfolgt bei Ablauf oder beim Tod der zuerst sterbenden Person, also nur einmal.	Ehegatten; Geschäftsteilhaber (Sicherung von gemeinsamen Darlehnstilgungen)
Teilauszahlungstarife	Erbringung einer oder mehrerer Teilauszahlungen während der Laufzeit, wobei die erste Auszahlung nicht vor Ablaufder zwölfjährigen Steuersperrfrist erfolgt.	zur Zwischentilgung von Krediten; junge Leute
Fondsgebundene Lebensversicherung	Ganz oder teilweise Anlagen der Sparbeiträge in den Anlagestock eines Fonds; bei Tod der versicherten Person: mindestens Erbringung der vereinbarten Todesfallsumme.	risikobewusste und ertragsorientierte Vorsorger

Abbildung: Tarifvarianten der gemischten Lebensversicherung

4.3.4 Risikolebensversicherung

Risikoversicherungen stellen abgekürzte (temporäre) Todesfallversicherungen dar. Eine vereinbarte Todesfallleistung wird nur erbracht, wenn der Versicherte während der Laufzeit des Vertrages verstirbt. Geschieht dies nicht, endet der Vertrag zum gewünschten Ablauf.

Zumeist werden Risikoversicherungen mit einem **Umtauschrecht** versehen. Dies gibt dem Versicherungsnehmer das Recht, innerhalb einer bestimmten Frist (meist zehn Jahre ab Vertragsbeginn) die Risikoversicherung ohne erneute Gesundheitsprüfung in eine kapitalbildende Versicherung mit gleicher Versicherungssumme umzuwandeln. Je nach Art des Bedarfs unterscheidet man im Wesentlichen zwischen drei Tarifvarianten, die auch als Zusatzversicherung zu einer kapitalbildenden Versicherung abgeschlossen werden können.

Entwicklung der Todesfallleistung	Auswirkung	Anwendungsbereich
gleichbleibend	Vereinbarte Todesfallsumme verändert sich während der gesamten Laufzeit nicht.	hoher Todesfallschutz ab Beginn, ohne Anlehnung an konkretere Versorgungsmomente
gleichmäßig fallend	Zu Vertragsbeginn hoher Todesfallschutz, der mit fortwährender Dauer abnimmt.	Sicherung von offenen Tilgungsbeträgen
gleichmäßig steigend	Zu Beginn niedriger Versicherungsschutz, der sich mit fortwährender Laufzeit kontinuierlich erhöht.	preiswerte Form, allmählich Versicherungsschutz für die Zukunft aufzubauen

Abbildung: Tarifvarianten der Risikolebensversicherung

4.3.5 Rentenversicherung

Gegenstand von Rentenversicherungen ist nicht die Gewährung von Versicherungsschutz für den Todesfall. Fest vereinbarte Versicherungsleistung ist vielmehr die **Zahlung einer garantierten Rente**, und zwar so lange, bis die versicherte Person stirbt (**Leibrente**, im Unterschied zur **Zeitrente**, die so lange wie vereinbart gezahlt wird, unabhängig davon, ob der Rentner noch lebt). Das Risiko des Versicherers liegt also nicht im Fall des vorzeitigen Ablebens des Versicherten, sondern in dessen (hoher) Lebenserwartung (Langlebigkeit).

Bei der **aufgeschobenen Rentenversicherung** zahlt der Versicherer nach Ablauf der Kapitalaufbauphase (Aufschubzeit) die vereinbarte Rente. Stirbt der Versicherte während der Aufschubzeit, kann der Versicherer die eingezahlten Beiträge, inklusive bis dahin erreichter Zinsgewinne, an die Hinterbliebenen erstatten.

Darüber hinaus wird i.d.R. eine **Rentengarantiezeit** vereinbart. Sie sieht vor, dass für eine bestimmte Anzahl von Jahren nach Rentenzahlungsbeginn die Rente auch dann ausgezahlt wird, wenn der Versicherte bereits gestorben ist. Übliche Rentengarantiezeiten sind fünf, zehn, 15 oder 20 Jahre. Sie stellen Zeitrenten innerhalb der Leibrente dar.

Beispiel:
Stirbt der Versicherte ein Jahr nach Zahlung der ersten Rente, werden für weitere neun Jahre an die Hinterbliebenen die Renten gezahlt, wenn die beim Vertragsschluss vereinbarte Rentengarantiezeit zehn Jahre betrug.

Die meisten Versicherer statten ihre Verträge mit einem sogenannten **Kapitalwahlrecht** aus: Der Versicherungsnehmer kann bis kurz vor Ende der Aufschubzeit entscheiden, ob er die lebenslängliche Rente ausgezahlt haben oder auf einmal als garantierte wertgleiche Kapitalabfindung erhalten will. Dieses Wahlrecht erhält dem Versicherungsnehmer eine große Flexibilität.

Im Gegensatz zur aufgeschobenen Rentenversicherung steht die „Verrentung" eines Kapitals: die **Sofortrente**. Diese sofort beginnende Rentenversicherung sieht eine Rentenzahlung ab Vertragsbeginn vor und wird durch einen einmalig zu zahlenden Betrag finanziert. Ebenso wie bei der aufgeschobenen Rentenversicherung können auch hier Rentengarantiezeiten vereinbart werden. Eine weitere Tarifform sieht die Restzahlung der Differenz zwischen verbrauchtem Einmalbetrag und bereits gezahlten Renten durch den Versicherer vor, wenn der Versicherte stirbt.

Sinnvoll ist die Sofortrente immer dann, wenn aus einer Geldsumme eine kontinuierliche Raten-, d.h. garantierte Rentenzahlung gemacht werden soll, die vor allem als Wiederanlage von Ablaufleistungen aus kapitalbildenden Lebensversicherungen dient. Damit wird im Rentenalter ein lebenslanges Renteneinkommen gesichert, übrigens in seiner Gesamthöhe weniger abhängig von den Zinsschwankungen des Kapitalmarktes. Die Sofortrente wird deswegen auch als eine Art Basis-Altersversorgung eingesetzt.

4.3.6 Fondsgebundene Lebens- und Rentenversicherung

Derartige Lebens- und Rentenversicherungen sind Sonderformen der gemischten Lebensversicherung und der aufgeschobenen Rentenversicherung. Sie legen den Sparanteil der Prämie ausschließlich in bestimmte Investmentfonds des Lebensversicherers oder dessen Investmentpartners an. Auch Fondsmischungen sind möglich. Der Versicherungsnehmer kann häufig zwischen den angebotenen Fonds (z.B. zwischen internationalen Aktienfonds und deutschen Rentenfonds) switchen (d. h. die zukünftigen Raten in einen anderen Fonds investieren, während das bisher angesparte Fondsvolumen im zunächst gewählten Fonds verbleibt), shiften (hierbei wird dann auch das bereits angesparte Fondsguthaben in einen anderen Fonds investiert und nicht nur die Sparraten) oder das vom Versicherer angebotene Fondsmanagement übernehmen. Die Anlage erreicht so gegenüber den herkömmlichen Lebens- und Rentenversicherungen eine größere Transparenz und natürlich höhere

Renditechancen. Auf der anderen Seite ist die Sicherheit geringer, garantierte Versicherungssummen für das Erleben sind grundsätzlich nicht möglich. Der eventuelle Rückkaufswert entspricht der Höhe des aktuellen Fondsguthabens. Die Überschussbeteiligung erfolgt durch Erhöhung der Fondsanteile. Als „Naturalleistung" kann zum Ablauf durch Erleben auch das erreichte Fondsvermögen in ein Wertpapierdepot des Versicherungsnehmers übertragen werden.

Die Wahl von fondsgebundenen Lebens-/Rentenversicherungen ist entscheidend von der sog. Anlegermentalität des Kunden abhängig. Hier lassen sich grundlegend drei Stufen unterscheiden:

- **Der sicherheitsorientierte Kunde:**
  Sein Hauptanliegen ist der Erhalt des investierten Kapitals. Möglich ist auch der Wunsch nach einer Garantieleistung am Ende der Laufzeit und/oder eine Renditeerwartung von 3 – 5 %. Der zeitliche Anlagehorizont liegt hier oft bei nicht mehr als fünf Jahren (also kurzfristig).
- **Der renditeorientierte Kunde:**
  Dieser verfolgt als oberstes Ziel einen maximalen Ertrag in der Regel innerhalb eines mittelfristigen (fünf- und zehnjährigen) Zeitraums zu erzielen. Hierfür ist dieser Kunde auch bereit, innerhalb der Anlagedauer ein höheres Risiko durch Wertschwankungen zu akzeptieren. Die Renditeerwartung liegt bei diesen Kunden bei 5 – 8 %.
- **Der chanceorientierte Kunde:**
  Das Hauptaugenmerk liegt hier auf der Erzielung eines maximalen Gewinns unter bewusster Nutzung der Marktchancen. Hierfür werden auch erhebliche Wertschwankungen während der geplanten Anlagedauer (mindestens zehn und mehr Jahre) in Kauf genommen. Dafür erwartet der Kunde meist eine Rendite von 8 % oder mehr.

Diese Grobunterscheidung soll hier beispielhaft verdeutlichen, welche unterschiedlichen Anlageerwartungen die Kunden haben. Eine solche bzw. ähnliche Aufteilung hilft bei der bedarfsgerechten Auswahl eines entsprechenden Produktes für den Versicherungsnehmer.

Versicherungsunternehmen bieten entsprechend dieser Aufteilung unterschiedliche Anlagekonzepte (sog. Depotstrategien) an: eine Anlageform, die ausschließlich in festverzinsliche Wertpapiere investiert, z. B. Rentenfonds, für die sicherheitsorientierten Kunden; eine Variante, die außer festverzinslichen Wertpapieren auch Aktienanlagen berücksichtigt (z. B. sog. Mischfonds), ist eher für die renditeorientierten Kunden vorgesehen. Und die Anlageform, die ausschließlich in Aktienwerte und ggf. auch andere Anlageinstrumente investiert, ist für die chanceorientierten Kunden konzipiert.

Aufgrund der vielschichtigen Erwartungen und Motive der Kunden haben die Gesellschaften in den letzten Jahren versucht, immer speziellere fondsgebundene Produkte zu entwickeln, sei es mit Beitragsgarantien oder Mindestverzinsungen in den unterschiedlichsten Gestaltungsvarianten.

4.3.7 Vermögenswirksame Lebensversicherung

Arbeitnehmer, die aufgrund von Tarif- oder Arbeitsverträgen Anspruch auf Zahlung von vermögenswirksamen Leistungen (VL) haben, können diese nach dem 5. Vermögensbildungsgesetz bis zu einem Höchstsatz von jährlich 470 EUR in vermögenswirksame Lebensversicherungen einfließen lassen. Dafür gelten folgende Voraussetzungen:

- Mindestlaufzeit des Versicherungsvertrages von zwölf Jahren (Sperrfrist)
- gemischte Lebensversicherungstarife erforderlich:
  - Todes- und Erlebensfallversicherung,
  - verbundene Lebensversicherung,
  - Termfix-Versicherungen,
  - Teilauszahlungsversicherungen.
- Der Abschluss von Zusatzversicherungen ist nicht möglich.

Der Monatsbeitrag kann vom Arbeitgeber allein oder von Arbeitgeber und Arbeitnehmer gemeinsam aufgebracht werden. Im Gegensatz zum Bausparen und Beteiligungssparen ist für vermögenswirksame Lebensversicherungen seit 1990 keine Arbeitnehmer-Sparzulage mehr vorgesehen.

4.3.8 Zusatzversicherungen

Kapitallebens- und Rentenversicherungen können im Bedarfsfall mit **zusätzlichem Versicherungsschutz** versehen werden. Das Bestehen von Zusatzversicherungen ohne „Hauptvertrag" ist nicht möglich. Neben der genannten Todesfallzusatzversicherung sind vor allem die **Unfalltodzusatzversicherung** und die **Berufsunfähigkeitszusatzversicherung** aufzuführen. Letztere wird von einigen Gesellschaften auch als selbstständige Versicherung angeboten.

4.3.8.1 Unfalltodzusatzversicherung (UZV)

Sinn dieser Zusatzversicherung ist es, **zusätzliches Kapital** zur Verfügung zu stellen, wenn die versicherte Person an den Folgen eines Unfalls stirbt. Die zusätzliche Unfalltodversicherungssumme kann bei heutigen Tarifen eine beliebige prozentuale Höhe der Hauptversicherungssumme betragen. Der Unfallbegriff und die Versicherungsbedingungen für die UZV entsprechen im Wesentlichen den allgemeinen Unfallversicherungsbedingungen (AUB)*. So muss es sich zum Erhalt einer Leistung um ein plötzliches, von außen eingetretenes, unfreiwilliges, gesundheitsschädigendes Ereignis handeln, das innerhalb eines Jahres zum Tode führt. Beides muss sich während des Bestehens der Versicherung zutragen.

* Alle nachfolgenden Angaben zu Versicherungsbedindungen beziehen sich auf das Proximus Bedingungswerk 2.

4.3.8.2 Berufsunfähigkeitszusatzversicherung (BUZ)

Diese Zusatzversicherung kennt zwei Leistungsmerkmale:

- Befreiung von der Verpflichtung zur Beitragszahlung in der Hauptversicherung (Beitragsbefreiung) und
- Zahlung einer Berufsunfähigkeitsrente.

Die Höhe der zu vereinbarenden Rente richtet sich nach dem Versorgungsbedarf des Versicherten und kann meistens im Rahmen des Nettoeinkommens frei gewählt werden (Summenversicherung mit Elementen der Schadenversicherung). Die BUZ-Rente soll insbesondere dazu dienen, **Versorgungslücken aus der gesetzlichen Erwerbsminderungsrente**, die gerade seit 2001 entstanden sind, zu kompensieren. Im Gegensatz zur BU-Rente kann die Beitragsbefreiung auch alleine abgeschlossen werden.

Nach den Versicherungsbedingungen für die BUZ ist berufsunfähig, wer

- zu mindestens 50 %,
- infolge von Krankheit, Körperverletzung oder Kräfteverfalles,
- voraussichtlich dauernd

außerstande ist, seinen Beruf oder eine andere Tätigkeit auszuüben, die er aufgrund seiner Ausbildung und Erfahrung ausüben kann und die der bisherigen Lebensstellung entspricht.

Diese Definition des Versicherungsfalles gilt sowohl für Leistungen aus der BU-Rente als auch für die Befreiung von der Beitragszahlungspflicht und unterscheidet sich wesentlich vom Leistungsbegriff der Erwerbsminderungsrente in der GRV. Generell sind Leistungen aus der BUZ nur für die Dauer der Berufsunfähigkeit (max. 65. Lebensjahr der versicherten Person) und nicht über den Vertragsablauf der Grundversicherung hinaus zu erbringen (abgekürzte oder temporäre Leibrente). Gerade im Bereich der privaten BUZ hat es in den letzten Jahren bei den Versicherern eine rasante Entwicklung in den Bedingungswerken gegeben, z. B. Verzicht auf die abstrakte Verweisbarkeit bei vielen Berufsgruppen. Die BU wird auch als **selbstständiger Vertrag** angeboten, teilweise sogar mit einer Überschusskapitalbildung auf Fondsbasis.

4.3.8.3 Gruppen- und Sammelversicherungsverträge (auch: Kollektivlebensversicherungen)

Firmen und Vereine können für ihre Arbeitnehmer bzw. Mitglieder sogenannte **Gruppenversicherungsverträge** abschließen. Aufgrund der erhöhten Anzahl von Personen, die in einem Vertrag abgesichert werden, kann der Versicherer den Versicherten folgende Vorteile anbieten:

- vereinfachte Risikoprüfung,
- günstig kalkulierte Gruppenversicherungstarife (Sondertarife),
- Verzicht auf einen Teil des Zuschlages für „unterjährige" Zahlungsweisen.

Zur Erlangung dieser Vorteile müssen folgende Voraussetzungen erfüllt sein:

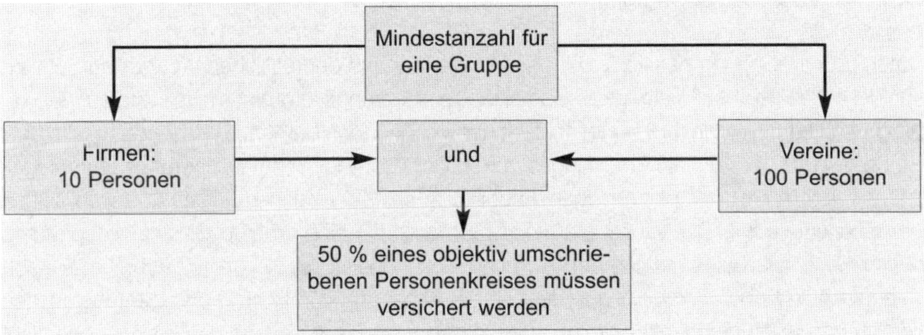

Abbildung: Voraussetzungen für Gruppenversicherungsverträge

Beispiel:

Alle Abteilungsdirektoren und Abteilungsleiter mit einem Diensteintritt vor dem 01.01.2008. Umfasst dieser Personenkreis 20 Mitarbeiter, kann ein Gruppenversicherungsvertrag abgeschlossen werden, wenn sich mindestens zehn Mitarbeiter versichern wollen.

Die Schwierigkeit bei Gruppenversicherungen liegt in der objektiven Umschreibung des Personenkreises bzw. bei kleineren Firmen in der geringen Mitarbeiteranzahl.

Bei **Sammelversicherungsverträgen** (häufig auch: Sammelinkassoverträge) kommt es dagegen nicht auf den Personenkreis an. Die Versicherungsnehmer werden Mitglieder eines Vereins, der dann das Inkasso der Lebensversicherungsverträge durchführt und die Beiträge „gesammelt" (in einer Summe) an den Versicherer abführt.

Daraus ergeben sich bestimmte Vorteile:

- rabattierte Einzelversicherungen (z. B. 3 % unter dem Normaltarif),
- Verzicht auf einen Teil des Zuschlages für „unterjährige" Zahlungsweise.

Beide Möglichkeiten dienen u. a. dazu, die Versicherungsbeiträge im Verhältnis zu Einzelverträgen zu reduzieren bzw. für den gleichen Beitrag höhere Leistungen darzustellen. Abschluss- und Verwaltungskostenersparnisse werden an die Versicherten weitergegeben. Das Gleichbehandlungsgebot bezogen auf das Einzelrisiko (vgl. § 11 VAG) wird damit nicht verletzt.

4.3.9 Automatische Anpassung (Dynamik)

Zur **Vermeidung von Kaufkraftverlusten** durch Inflation können alle hier erwähnten Vertragsformen mit einer automatischen Anpassung der Versicherungssumme versehen werden. Bereits bei Abschluss des Vertrages kann vereinbart werden, dass sich der Beitrag der Versicherungsnehmer jährlich um einen bestimmten Betrag erhöht.

Es handelt sich dabei z. B. um einen festen Prozentsatz zwischen 3 und 10 % oder um die prozentuale Steigerung des Höchstbeitrages zur GRV.

Unter Zugrundelegung des veränderten Eintrittsalters und der restlichen Vertragslaufzeit wird aus dem „zusätzlichen" Beitragsteil eine neue Versicherungssumme ermittelt und auf die vorherige addiert. Je niedriger die Restlaufzeit und je höher das dementsprechende Eintrittsalter ist, desto niedriger wird die Erhöhungssumme. Der Vorteil für den Versicherungsnehmer liegt jedoch nicht nur in der planmäßigen Anpassung seines Versicherungsschutzes an seinen gestiegenen Bedarf. Der Versicherer verzichtet auch auf eine erneute Gesundheitsprüfung, obwohl sich das Risiko erhöht und sich der Gesundheitszustand der versicherten Person verschlechtert haben könnte. Außerdem ist die Anhebung von Beitrag und Leistung für den Versicherungsnehmer fakultativ, d. h., er behält sich das Recht vor, an den Erhöhungen nicht teilzunehmen. Wird den Erhöhungen mehr als zweimal hintereinander widersprochen, so verliert er allerdings den Vorteil des Verzichts auf die erneute Gesundheitsprüfung (vgl. § 5 Abs. 3 Besondere Bedingungen für die Lebensversicherung mit planmäßiger Erhöhung der Beiträge und Leistungen ohne erneute Gesundheitsprüfung).

4.4 Beitrag

Die Höhe einer Lebensversicherungsprämie richtet sich nach folgenden versicherungstechnischen **Kriterien**:

- Eintrittsalter der versicherten Person,
- Geschlecht der versicherten Person,
- Laufzeit des Vertrages,
- Art und Höhe der vereinbarten Versicherungsleistungen.

Durch Beruf, Hobby und den Gesundheitszustand der versicherten Person kann sich der Beitrag noch individuell verändern.

Auch die Prämienkalkulation des Versicherers folgt dem **Äquivalenzprinzip**, d. h., dass die Prämie der Leistung des Versicherers entspricht.

Die Prämie zu einer gemischten Lebensversicherung setzt sich aus **Risikoanteil, Sparanteil und Kostenanteil** zusammen:

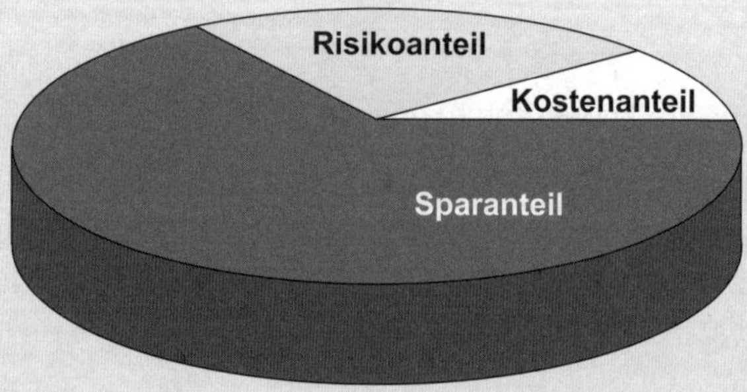

Abbildung: Zusammensetzung eines Beitrages zur gemischten Lebensversicherung

4.4.1 Sparanteil

Die mit dem Rechnungszins verzinslich angesammelten Sparbeiträge aus der Prämie einer gemischten Lebensversicherung werden als **Deckungskapital** bezeichnet. Das vom Versicherer „riskierte Kapital" ist die Differenz zwischen Versicherungssumme und Deckungskapital. Auch der Rückkaufswert ergibt sich aus dem Deckungskapital, vermindert um den angemessenen **Stornoabzug**. Dieser stellt kein „Strafgeld" für vorzeitige Vertragsbeendigung dar. Er beinhaltet vor allem die noch nicht getilgten Abschlusskosten.

Der Sparanteil einer gemischten Lebensversicherung dient während der Beitragszahlungsdauer zur verzinslichen Ansparung der vereinbarten garantierten Erlebensfallsumme.

Die Höhe des Sparanteils ist abhängig von:

- der Versicherungssumme,
- der Laufzeit des Vertrages sowie
- dem Rechnungszins, d.h. von dem Zinssatz, zu dem der Versicherer die Sparbeiträge des Kunden verzinsen muss.

Seit dem 01.07.2000 lag der Satz bei 3,25 %, vom 01.01.2004 an bei 2,75 %, aktuell bei 2,25 %. Der Rechnungszins wird ab dem 01.01.2012 auf 1,75 % gesenkt. Bei der Senkung des Rechnungszinses muss der Versicherungsnehmer also mehr Prämie bezahlen, da der Sparbeitrag bei gleicher Versicherungssumme höher angesetzt werden muss.

Der Rechnungszins (auch Garantiezins genannt) wird vom Bundesminister der Finanzen in Absprache mit der BaFin und den Aktuaren der Lebensversicherer festgelegt. Grundlage ist die Umlaufrendite von Anleihen der öffentlichen Hand im arithmetischen Mittel der letzten zehn Jahre. Eine Veränderung des Garantiezinses trifft immer nur Verträge, die nach dem Änderungstermin abgeschlossen wurden.

Beispiel für ein Kapital von 2.000,00 EUR innerhalb von 20 Jahren Ansparzeit:

Rechnungszinssatz in %	0	3	3,5
Jahresrate	100,00 EUR	72,28 EUR	68,34 EUR

Das Deckungskapital ist zu Beginn des Vertrages negativ (**„gezillmertes"** Deckungskapital, benannt nach dem Schweizer Versicherungsmathematiker Zillmer). Ein großer Teil der Abschlusskosten wird bereits zum Anfang des Vertrages durch die zweckentfremdete Verwendung der Sparanteile getilgt. So entwickelt sich das Deckungskapital und mit diesem der Rückkaufswert zeitlich verzögert.

Seit dem 01.01.2008 werden die Kosten auf die ersten fünf Jahre der Versicherungslaufzeit verteilt (§ 169 Abs. 3 VVG).

4.4.2 Kostenanteil

Der Kostenanteil in der Lebensversicherungsprämie dient zur Deckung aller beim Abschluss entstehenden Kosten inkl. der Kosten für die Vertragsverwaltung. Im Wesentlichen unterscheidet man drei Kostenarten:

Abschlusskosten	Inkassokosten	Laufende Verwaltungskosten
ausgedrückt in ‰ der Versicherungssumme (40 ‰ nach BaFin): dient der Zahlung von Provisionen, inneren Abschlusskosten (Policierung, Gesundheitsprüfung)	ausgedrückt in ‰ bezogen auf eine Durchschnittsversicherungssumme: dient den Kosten des Beitragsinkassos	ausgedrückt in ‰ des Bruttobeitrages: dient den Kosten der Bestandsführung, Vertragsänderungen, Gewinnermittlung

Abbildung: Kostenarten

Das Problem des Versicherers besteht darin, dass sich sowohl die Verwaltungs- als auch die Inkassokosten während der Laufzeit eines Vertrages verändern können, der einmal kalkulierte Kostenanteil eines bestehenden Vertrages aber konstant bleibt. Dies zwingt den Versicherer zu vorsichtiger Kalkulation, insbesondere in Zeiten ansteigender Kostenentwicklung.

4.4.3 Risikoanteil

Der **Risikoanteil** einer Lebensversicherungsprämie wird beeinflusst von

- der Höhe der Versicherungsleistung,
- dem Alter und dem Geschlecht der versicherten Person,
- der Dauer der Risikotragung durch das VU

und ist so kalkuliert, dass bei einem vorzeitigen Todesfall die Differenz zwischen Versicherungsleistung und dem bis zu diesem Zeitpunkt erreichten Deckungskapital ausgeglichen wird.

Diese Differenz bezeichnet man als **riskiertes Kapital**. Eine sorgfältige Versichertenauslese und die vorsichtige Kalkulation des Sterblichkeitsrisikos sind daher insbesondere nötig, weil es in der Lebensversicherung keine Möglichkeit gibt, Gefahrenerhöhungen (hier Verschlechterung des Gesundheitszustandes) durch erhöhte Beiträge zu kompensieren. Im Gegensatz zu vielen anderen europäischen Versicherungsunternehmen kann ein deutscher Versicherer Risikobeiträge während der Vertragslaufzeit nicht erhöhen.

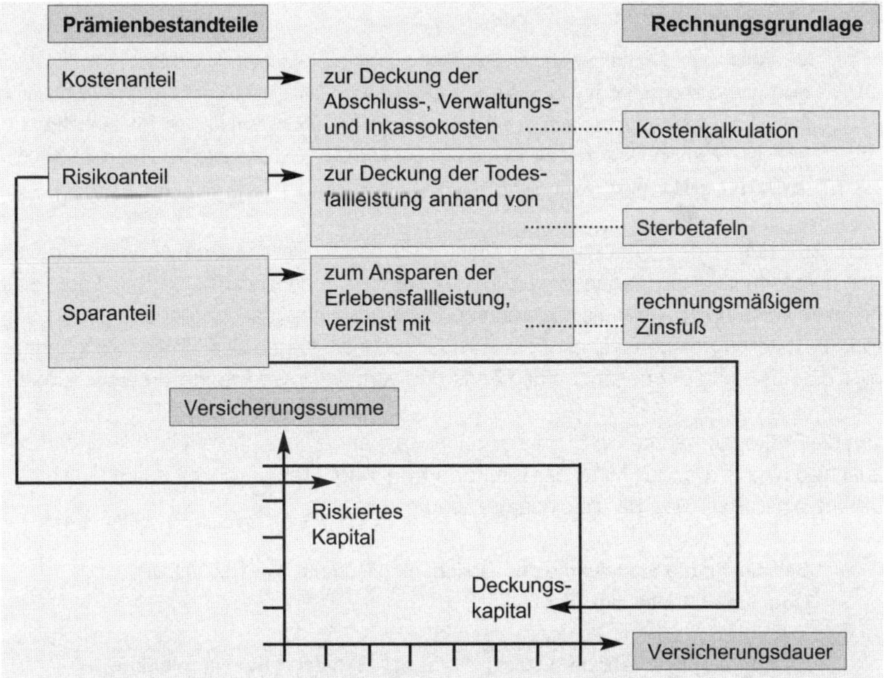

Abbildung: Lebensversicherungsprämie und Deckungskapital

Zur Berechnung des Risikoanteils ist es wichtig zu wissen, wie wahrscheinlich es ist, dass eine versicherte Person zu einem bestimmten Zeitpunkt noch lebt (Sterbewahrscheinlichkeit) und wie hoch sich damit zu diesem Zeitpunkt das riskierte Kapital darstellt. Sterbewahrscheinlichkeiten werden regelmäßig vom Statistischen Bundesamt in Wiesbaden ermittelt und zu **Sterbetafeln** zusammengefasst. Diese sagen aus, wie viele von 100.000 Menschen, getrennt nach Männern und Frauen eines bestimmten Alters, in einem vergangenen Zeitraum gestorben sind. Bei Sterbetafeln handelt es sich also um modellhafte Beobachtungen zur Darstellung des „Abbaus" einer Personengesamtheit. Sie ermöglichen es dem Versicherungsmathematiker, Regelmäßigkeiten in der Sterbewahrscheinlichkeit zu erkennen und diese in der Kalkulation der Risikoprämie zu berücksichtigen. Die Versicherer verwenden heute meist eigene Sterbetafeln.

Hinweis:
Je älter die versicherte Person wird, desto höher wird die Sterbewahrscheinlichkeit; der Risikobeitrag wird somit immer höher.

Auf der anderen Seite nimmt das riskierte Kapital mit zunehmender Beitragszahlung ab. Welcher der beiden Faktoren überwiegt, ist von der Laufzeit und vom Eintrittsalter der versicherten Person abhängig.

Beispiel:
Verändert sich die Sterbewahrscheinlichkeit positiv, so bedeutet das, dass der Risikoanteil einer Lebensversicherung für neu zu kalkulierende Tarife niedriger wird. Da sich damit jedoch auch die durchschnittliche Lebenserwartung erhöht, sinken die Rentenhöhen bei gleichen Prämien, weil hier die Renten länger (im Durchschnitt aller Versicherten) lebenslänglich zu zahlen sind.

Geht aus dem Gesundheitszustand einer versicherten Person eine Abweichung von der durchschnittlichen Lebenserwartung gemäß der Sterbetafel hervor, so kann dies beispielsweise durch einen risikogerechten Beitragszuschlag ausgeglichen werden. Zur Risikofeststellung dienen insbesondere die Gesundheitsfragen des Versicherungsantrages, die Auskünfte der behandelnden Ärzte und vertraglich vereinbarte Untersuchungen.

Um die Risikoübernahme nicht völlig abzulehnen, hat der Versicherer über den Beitragszuschlag hinaus u.a. das Mittel der **Risikobegrenzung**. Dies geschieht durch die Vereinbarung einer Staffelung der Versicherungssumme.

Beispiel für die Staffelung einer Versicherungssumme von 10.000 EUR (sog. fünfer Staffelung):

bei Tod im ... Jahr der Laufzeit	Versicherungsleistung (jeweils ein Fünftel) in EUR
1.	2.000
2.	4.000
3.	6.000
4.	8.000
5.	10.000

4.5 Antragsaufnahme

Die Beispiele richten sich nach dem Angebot des jeweiligen Versicherers.

Bezugsrechte in der Lebensversicherung
Das Bezugsrecht regelt, wer im Versicherungsfall die vereinbarte Leistung erhalten soll. Es bedarf einer schriftlichen Vereinbarung, die dem VU zur Kenntnis gebracht werden muss.

Man unterscheidet die folgenden Bezugsberechtigungen:

Aus Sicht des Dritten → **Bezugsrecht = Begünstigung** ← Aus Sicht des VN

(ist kein Bestandteil des Vertrages, sondern „läuft nebenher")

widerruflich	**unwiderruflich**
• einseitige empfangsbedürftige Willenserklärung des VN (Kenntnis des VU erforderlich) • Bezugsberechtigter erwirbt das Recht auf die Leistung bei Eintritt des Versicherungsfalles (Anwartschaft) • bei Tod des Bezugsberechtigten fällt die Anwartschaft wieder an den VN zurück	• in der Regel schriftl. Vertrag zwischen VN und VU • Bezugsberechtigter erwirbt sofort Recht auf den Wert der Versicherung (Rechtsanspruch) • Widerruf nur mit Zustimmung des Bezugsberechtigten • bei Tod des Bezugsberechtigten geht das Recht auf die Erben über

Abbildung: Arten von Bezugsrechten

Das widerrufliche Bezugsrecht beinhaltet nur eine Anwartschaft auf die Versicherungsleistung; das unwiderrufliche Bezugsrecht stellt eine stärkere Verfügungsbeschränkung dar als das widerrufliche. Der unwiderruflich Begünstigte kann beispielsweise seine Rechte am Vertrag abtreten oder verpfänden. Es besteht die Möglichkeit der Vertragsbeendigung, eine Änderung steht ihm jedoch nicht zu. Der Versicherungsnehmer kann auch die Beitragszahlung einstellen. Wird der Vertrag aber vom Versicherungsnehmer gekündigt, hat der unwiderruflich Begünstigte einen Anspruch auf die Rückvergütung. Abtretungen und Verpfändungen sind dem Versicherungsnehmer nur mit Zustimmung des Begünstigten möglich.

Die Anwendung von unwiderruflichen Bezugsrechten beschränkt sich normalerweise auf den Bereich der Direktversicherung. Im Falle des Bestehens eines unwiderruflichen Bezugsrechts und im Fall der Insolvenz des Versicherungsnehmers gehört die Versicherung zum Vermögen des Begünstigten. Besteht überhaupt kein Bezugsrecht für den Todesfall, fällt die Leistung in den Nachlass des Versicherungsnehmers.

4.6 Versicherungsfall

4.6.1 Arten

Als Versicherungsfall (Leistungsfall) gelten alle Ereignisse, für die ein Versicherer dem Versicherungsnehmer eine Leistung zugesagt hat. Je nach Tarif sind dies

- Tod,
- Unfalltod,
- Erlebensfall,

- Heirat eines zu versorgenden Kindes,
- Berufsunfähigkeit.

Bei der Prüfung der Leistungspflicht sind, neben den Bestimmungen des VVG, folgende Besonderheiten zu beachten:

Recht des Versicherers

bei Vorsatz und Arglist	**bei grober Fahrlässigkeit**	**bei leichter Fahrlässigkeit**
Beweislast für Nichtvorliegen von Vorsatz/Arglist trägt der Versicherungsnehmer	Beweislast für Nichtvorliegen von grober Fahrlässigkeit trägt der Versicherungsnehmer	
Rücktritt möglich	Rücktritt möglich	Rücktritt **nicht** möglich, allerdings kann der Versicherer kündigen
ohne Einschränkung	• Recht ausgeschlossen, wenn Versicherer den Vertrag auch zu anderen Bedingungen abgeschlossen hätte • Recht ausgeschlossen, wenn Versicherer nicht in Textform auf die Rechtsfolgen hingewiesen hat	
Rücktrittsrecht besteht für max. fünf Jahre (bei Arglist zehn Jahre) nach Vertragsabschluss		

Abbildung: Recht des Versicherers

Als Besonderheit bei der Lebensversicherung ist hier noch zu berücksichtigen, dass bei einem erfolgreichen Rücktritt bzw. einer erfolgreichen Anfechtung der volle Rückkaufswert durch den Versicherer zu zahlen ist. Bei fondsgebundenen Verträgen ist der Zeitwert als Rückkaufswert anzusehen (§ 169 Abs. 4 VVG).

- Handelt es sich um einen **Unfalltod**?
  In diesem Fall ist dies dem Versicherer innerhalb von 48 Stunden anzuzeigen, damit ggf. eine Obduktion verlangt werden kann.

- Handelt es sich um **Selbsttötung**?
  In den allgemeinen Lebensversicherungsbedingungen (ALB) ist geregelt, dass der Versicherer nach einer Ausschlusszeit von drei Jahren in vereinbarter Höhe leistet. Während dieser Zeit wird eine Leistung nur fällig, wenn die Tat, die zum Tod führte, in einem „die freie Willensbestimmung ausschließenden Zustand krankhafter Störung der Geistestätigkeit" begangen wurde.

4.6.2 Meldung des Versicherungsfalles

Derjenige, der die Leistung aus einem Lebensversicherungsvertrag beansprucht, muss auf eigene Kosten folgende Unterlagen beibringen:

- Nachweis der letzten Beitragszahlung,
- Sterbeurkunde, Heiratsurkunde (bei Aussteuerversicherung),
- ärztliche oder amtliche Zeugnisse über die Todesursache sowie über Beginn und Verlauf der Krankheit, die zum Tode führte,
- Versicherungsschein.

4.7 Besonderheiten

4.7.1 Überschussbeteiligung

Die Ablaufleistung einer kapitalbildenden Lebensversicherung setzt sich zusammen aus der Versicherungssumme und den erzielten Überschüssen. Allerdings ist nur die Höhe der Versicherungssumme dem Kunden garantiert. Darüber hinaus entstehende außerrechnungsmäßige Zinsen (Überzinsen) dürfen nicht verbindlich zugesagt werden.

4.7.2 Überschussentstehung

Alle Überschüsse entstehen aus der vorsichtigen Kalkulation der drei verschiedenen Prämienanteile, letztendlich also durch die Beitragszahlung des Kunden. Das Versicherungsaufsichtsgesetz schreibt vor, dass mindestens 90 % der vom Lebensversicherungsunternehmen erzielten Überschüsse an den Versicherungsnehmer zurückfließen müssen (vgl. § 4 Verordnung über die Mindestbeitragsrückerstattung in der Lebensversicherung – MindZV).

Darüber hinaus hat der Versicherungsnehmer einen Rechtsanspruch auf Beteiligung an den sog. „stillen Reserven“ und zwar mindestens zur Hälfte. Diese Beteiligung kann der Versicherer nur durch ausdrückliche Vereinbarung ausschließen. **Stille Reserven** entstehen z. B. durch Immobilien, die noch mit dem damaligen Kaufpreis in der Bilanz erfasst sind, die aber inzwischen deutlich mehr am Markt wert sind. Dieser höhere Wert ist ein Vermögenszuwachs, der in der Bilanz nicht direkt ersichtlich ist – daher „still“ (§ 153 VVG).

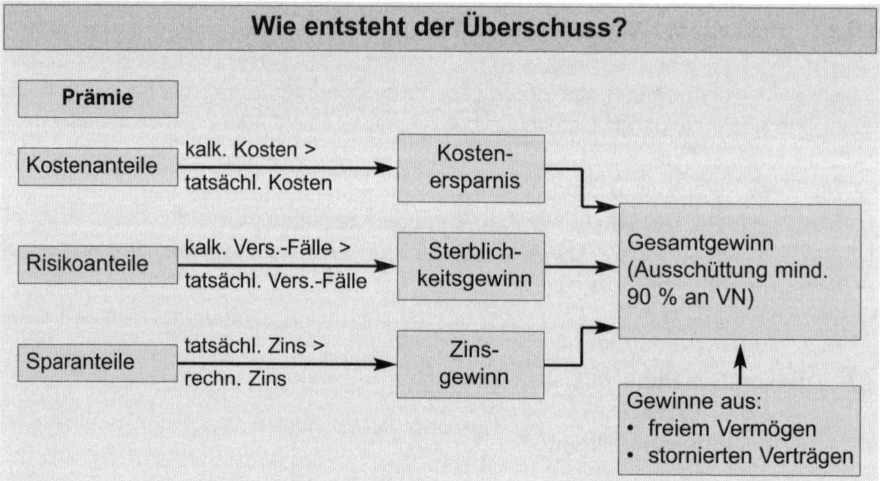

Abbildung: Überschussentstehung

4.7.3 Überschussverteilung

Grundsätzlich soll der entstandene Gesamtüberschuss so zeitnah und entstehungsgerecht wie möglich auf alle bestehenden Verträge verteilt werden. Deshalb wird heute als gängigstes Modell das sog. **„natürliche Gewinnsystem“** zur Gewinnverteilung benutzt.

Überschussquelle	Verteilung auf die Versicherungsnehmer im Verhältnis ...
Sterblichkeitsgewinn	... der Risikobeiträge eines Vertrages zur Summe aller Risikobeiträge
Zinsgewinn	... des Deckungskapitals eines Vertrages zum Bilanzdeckungskapital (Summe aller einzelnen Deckungskapitalien)
Kostengewinn	... des eingezahlten Beitrages zu den Gesamtbeiträgen

Abbildung: Überschussverteilung

Bilanztechnisch erfolgt die Verteilung der Gewinne über die **Direktgutschrift** und die **Rückstellung für Beitragsrückerstattung (RfB)**. Da zwischen Gewinnentstehung und Gewinnverteilung auf die einzelnen Verträge zumeist ein Zeitraum von bis zu zwei Jahren vergehen kann, wird ein Teil der Gewinne zulasten des laufenden Geschäftsjahres im Wege der Direktgutschrift (seit dem 29.07.1994 nicht mehr zwingend vorgeschrieben, aber meistens praktiziert) den Verträgen gutgeschrieben. Es handelt sich also um eine sofortige **„Zinsausschüttung“** zuzüglich zum garantierten Rechnungszins. Die Ausschüttung erfolgt im Jahr nach der Gewinnentstehung. Angereichert wird die Versicherungsleistung bei regulärer Beendigung des Vertrages durch den Schlussüberschussanteil. Dieser setzt sich im Wesentlichen aus noch nicht zugeteilten Überschüssen aus der RfB zusammen.

4.7.4 Gewinnverwendungssysteme

Für die Verwendung der entstandenen Gewinne gibt es folgende verschiedene Methoden:

- **Prämienverrechnung (oder Sofortrabatte):**
  Gewinne, die entstehen, werden mit der zu zahlenden Prämie verrechnet.

- **Verzinsliche Ansammlung:**
  Gewinnanteile werden über die Laufzeit in einem gesonderten Sparkonto angesammelt, verzinst und bei Ablauf zusammen mit der garantierten Versicherungssumme ausgezahlt.

- **Fondsansammlung:**
  Sonderform der verzinslichen Ansammlung, aber nur im Fondsvermögen.

- **Bonus-System:**
  Aus den Gewinnanteilen wird eine zusätzliche garantierte Versicherungssumme unter Berücksichtigung des erhöhten Eintrittsalters und der Restlaufzeit gebildet.

Für welches der verschiedenen Systeme sich der Kunde entscheidet, wird bereits bei Vertragsschluss festgelegt.

4.7.5 Deckungsrückstellung und Deckungsstock

In der Bilanz des Lebensversicherers findet sich auf der Passivseite die **Deckungsrückstellung**, die Verbindlichkeiten gegenüber den Versicherungsnehmern darstellt. Die Berechnung der Deckungsrückstellung erfolgt durch einen mathematischen Sachverständigen. Unter dem **Deckungsstock** versteht man die in der folgenden Abbildung „Deckungsstock und Deckungsrückstellung" dargestellten Vermögenswerte. Die Überwachung der Vermögensanlage erfolgt durch einen unabhängigen Treuhänder. Durch diese Verfahrensweise wird erreicht, dass durch betriebsunabhängige Personen die Aktiva des Versicherers und somit der Sparerfolg des Kunden richtig ermittelt und treuhänderisch verwaltet wird. Das Deckungsstockvermögen muss getrennt von den übrigen gebundenen und ungebundenen Vermögenswerten verwaltet werden. Es ist für die Erfüllung der Zahlungsansprüche der VN reserviert und dem Zugriff anderer Gläubiger entzogen (vgl. §§ 66, 77 VAG).

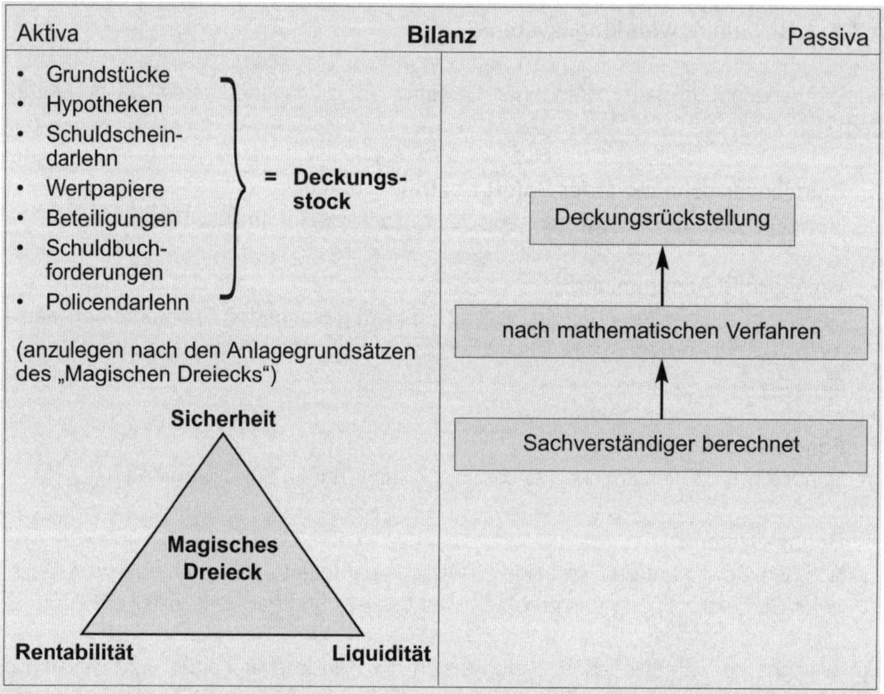

Abbildung: Deckungsstock und Deckungsrückstellung

4.7.6 Anlagegrundsätze

Die Qualität der deutschen Lebensversicherung wird u. a. in hohem Maße von den Anlagegrundsätzen im VAG beeinflusst. Die Versicherer sind danach gehalten, die Gelder der Kunden unter bestmöglicher Einhaltung des „magischen Dreiecks“ und unter Wahrung des Grundsatzes von Mischung und Streuung anzulegen.

4.7.7 Vertragserhaltung

Überwindung von Zahlungsschwierigkeiten

Der Abschluss einer kapitalbildenden Lebensversicherung bringt für den Versicherungsnehmer langjährige Verpflichtungen mit sich. Die Aufgabe der Lebensversicherer ist es u. a., die Verwaltung von Versicherungsverträgen so zu gestalten, dass dem Kunden auch bei finanziellen Engpässen geholfen werden kann. Die von den Versicherungsunternehmen angebotenen Möglichkeiten zur Beseitigung von Zahlungsschwierigkeiten hängen vor allem davon ab, ob finanzielle Schwierigkeiten des Versicherungsnehmers kurzfristiger oder langfristiger Natur sind.

Man unterscheidet:

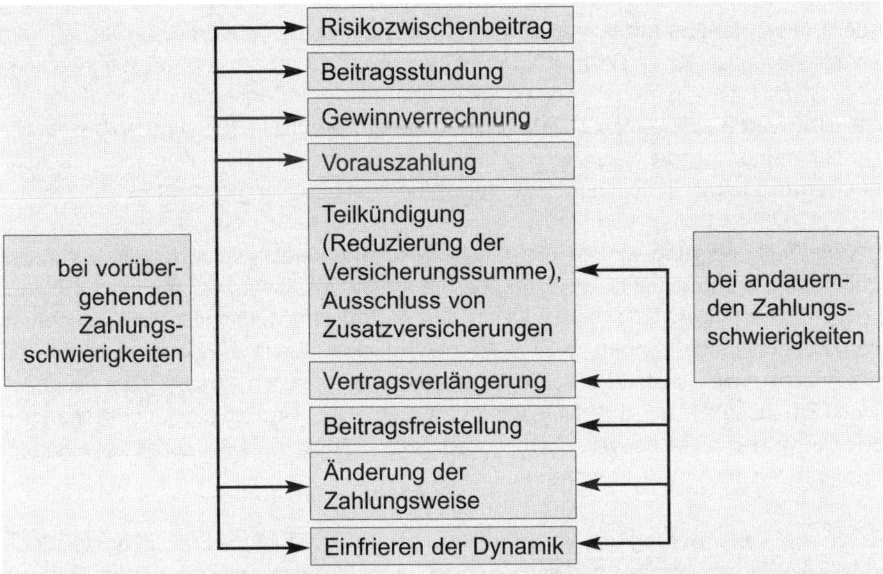

Abbildung: Verfahrensweise bei Zahlungsschwierigkeiten des Versicherungsnehmers

Unter Umständen kann dem Kunden schon geholfen werden, wenn die hohe Belastung eines halbjährlich oder jährlich zu zahlenden Beitrages auf monatliche **Zahlungsweise** umgestellt wird, da kleinere Raten leichter aufzubringen sind.

Beim **Risikozwischenbeitrag** bezahlt der Kunde nur den Risiko- und Verwaltungskostenanteil seiner Prämie, sodass der Hauptanteil der Gesamtprämie, nämlich der Sparanteil, für einen zu vereinbarenden Zeitraum (i. d. R. bis zu max. einem Jahr) ausgesetzt wird. Die nicht gezahlten Sparanteile können später in einem Betrag oder als Zuschlag auf die zukünftigen Prämien nachgezahlt werden. Ebenso ist es möglich, die Zahlung der fehlenden Sparanteile nachzuholen, indem man den Versicherungsablauf um die unbezahlte Zeitstrecke hinausschiebt.

Durch die **Stundung** der Gesamtprämie braucht der Versicherungsnehmer für einen kürzeren Zeitraum (z. B. sechs Monate) überhaupt keine Beiträge zu bezahlen, behält aber ebenso wie bei der Zahlung des Risikozwischenbeitrages seinen vollen Versicherungsschutz. Die Handhabung der Nachzahlung der gestundeten Beiträge erfolgt auf dem gleichen Wege wie beim Risikozwischenbeitrag.

Bei der **Gewinnverrechnung** werden bereits vorhandene Überschüsse aus dem Vertrag dazu verwendet, etwaige Beitragsrückstände auszugleichen. Diese Möglichkeit besteht jedoch erst dann, wenn ein positives Deckungskapital vorhanden ist.

Der Versicherungsnehmer kann auch eine **Vorauszahlung** erhalten, und zwar bis zur Höhe des angesammelten Deckungskapitals. Diese Möglichkeit wird auch als **Beleihung** oder **Policendarlehn** bezeichnet und setzt voraus, dass der entnommene Beitrag vom Versicherungsnehmer verzinst wird. Die Tilgung dieser „Vorabzahlung“ kann entweder in einer Summe oder in Teilbeträgen erfolgen. Ebenso ist die Tilgung durch die Erhöhung der laufenden Beiträge möglich. Wird die Vorauszahlung nicht zurückgezahlt, wird das Darlehn später von der Versicherungsleistung abgezogen. Ein Rechtsanspruch seitens des Versicherungsnehmers auf Gewährung einer Vorauszahlung besteht nicht.

Bei der **Teilkündigung** wird die Versicherungssumme herabgesetzt, wodurch sich der Beitrag reduziert. Diese Herabsetzung der Versicherungssumme hat natürlich auch zur Folge, dass sich der Versicherungsschutz für den Todesfall vermindert. Der **Ausschluss von Zusatzversicherungen** (z.B. BUZ) bewirkt ebenfalls eine Beitragssenkung und beeinträchtigt die Qualität des Versicherungsschutzes erheblich. Wie bei jeder nachträglichen Erhöhung des Versicherungsschutzes wären auch hier die Gesundheitsfragen neu zu beantworten, sollte der Versicherungsnehmer den Ausschluss der Zusatzversicherung wieder rückgängig machen wollen.

Durch eine **Verlängerung des Vertrages** wird bewirkt, dass für die Erreichung des Sparziels, also die garantierte Erlebensfallsumme, mehr Zeit zur Verfügung steht. Dadurch vermindert sich der Sparbeitrag einer Lebensversicherung und führt somit zur Gesamtbeitragsreduzierung. Obwohl die Höhe des Versicherungsschutzes beibehalten wird, darf die Verlängerung eines von vornherein langfristigen Vertrages jedoch als unpopuläre Maßnahme angesehen werden.

Die **Beitragsfreistellung** einer Lebensversicherung erfolgt immer dann, wenn für einen andauernden Zeitraum gar keine Beiträge mehr gezahlt werden. Der Vertrag wird nach erfolgtem Mahnverfahren gemäß § 38 VVG oder auf Antrag beitragsfrei gestellt. Die Höhe der „beitragsfreien Versicherungssumme“ richtet sich nach dem bis dahin vorhandenen Deckungskapital. Dieses wird unter Zugrundelegung der Restlaufzeit wie ein Einmalbeitrag behandelt und ergibt, wiederum mit dem Rechnungszins verzinslich angesammelt, den „neuen“ Wert der Versicherung, der auch weiterhin an der Gewinnbeteiligung teilnimmt. Reicht das vorhandene Deckungskapital zur Bildung einer beitragsfreien Versicherungssumme nicht aus, erlischt der Vertrag. Der Rückkaufswert wird ausgezahlt.

Der **Rückkauf**, d.h. die Kündigung des Vertrages (Rückkauf und Kündigung sind identisch!), sollte immer das letzte Mittel sein, eine Lebensversicherung und somit die Beitragszahlung zu beenden. Bei der Auflösung des Vertrages steht dem Versicherungsnehmer der Rückkaufswert zu, d.h. das vorhandene Deckungskapital abzüglich eines angemessenen Abschlags. Der Rückkaufswert erreicht, insbesondere in den ersten Versicherungsjahren, jedoch nicht die Summe der eingezahlten Beiträge, da diese reduziert werden um

- die Tilgung der Abschlusskosten (bei gezillmertem Deckungskapital),
- die sich verbrauchenden Risikoprämien und
- den sog. „Stornoabzug“.

Bei einer Kündigung des Vertrages innerhalb der ersten zwölf Jahre der Laufzeit wird ggf. noch die 25 %ige Abgeltungsteuer auf die rechnungsmäßigen und außerrechnungsmäßigen Zinsen fällig.

Die Qualität einer gemischten Kapitallebensversicherung sollte jedoch nicht an der Höhe ihrer Rückkaufswerte gemessen werden, also dem Zustand des Vertragsbruchs. Entscheidend sind vielmehr garantierte Versicherungssumme und Ablaufleistung. Auch Lebensversicherungsverträge werden abgeschlossen, um eingehalten zu werden – von beiden Vertragspartnern.

4.7.8 Steuerliche Behandlung

Bei der steuerlichen Betrachtung der Lebens- und Rentenversicherungen ist seit dem Alterseinkünftegesetz zwischen Alt- und Neuverträgen zu unterscheiden.

Regelungen für Altverträge, Abschluss und Beitragszahlung vor dem 01.01.2005
Als beschränkt abzugsfähige Sonderausgaben (Vorsorgeaufwendungen) sind nach § 10 i. d. F. bis 31.12.2004 EStG **Beiträge** zu folgenden Lebensversicherungen abzugsfähig:

- Risikolebensversicherungen,
- Kapitalversicherungen mit laufender Beitragszahlung (mindestens fünf Jahre lang), wenn der Vertrag eine Mindestlaufzeit von zwölf Jahren aufweist und der Todesfallschutz wenigstens 60 % der Beitragssumme (für Verträge ab 01.04.1996) beträgt,
- Rentenversicherungen ohne Kapitalwahlrecht,
- Rentenversicherungen mit Kapitalwahlrecht mit laufender Beitragszahlung, wenn das Wahlrecht frühestens nach zwölf Jahren ausgeübt werden kann.

Für die Steuerförderung von Risikolebensversicherungen und von Rentenversicherungen ohne Kapitalwahlrecht spielen Laufzeit und Beitragszahlungsart keine Rolle. Beiträge zu fondsgebundenen Lebensversicherungen sowie Kapitalversicherungen mit Laufzeiten unter zwölf Jahren und gegen Einmalbeitrag sind keine Vorsorgeaufwendungen. Nach dem Haushaltsbegleitgesetz 2004 können Beiträge zu Rentenversicherungen mit Kapitalwahlrecht und Kapitallebensversicherungen nur noch mit 88 % im Rahmen der Höchstbetragsberechnung angesetzt werden.

Grenze der Abzugsfähigkeit von Vorsorgeaufwendungen
Werden keine höheren unbeschränkt abzugsfähigen Sonderausgaben nachgewiesen, so wird für diese ein Pauschbetrag von 36/72 EUR (Alleinstehende/Verheiratete) abgezogen (Sonderausgaben-Pauschbetrag). Die Höchstbeträge, bis zu denen Vorsorgeaufwendungen abgezogen werden können, betragen 1.334 EUR für Alleinstehende und 2.668 EUR für Verheiratete. Für Beiträge zu einer zusätzlichen freiwilligen Pflegeversicherung wird für Steuerpflichtige ein zusätzlicher Höchstbetrag von 184 EUR gewährt, die nach dem 31.12.1957 geboren sind. Zusätzlich zu diesen Höchstbeträgen können Versicherungsbeiträge jährlich bis zu 3.068/6.136 EUR (Alleinstehende/Verheiratete) abgezogen werden (sogenannter **Vorwegabzug**).

Der Vorwegabzug wird bei Steuerpflichtigen, die z. B. aufgrund ihrer Beschäftigung bei ihrer Alters-, Kranken- und Arbeitslosenvorsorge durch steuerfreie Leistungen Dritter entlastet werden, in einem pauschalierten Verfahren gekürzt. Die Aufwendungen, die über diese Höchstbeträge hinausgehen, können zur Hälfte, höchstens jedoch mit 667 EUR (bei Alleinstehenden)/1.334 EUR (bei Verheirateten), abgezogen werden.

Hat der Steuerpflichtige Arbeitslohn bezogen, so wird für Versorgungsaufwendungen eine Vorsorgepauschale abgezogen, wenn er keine Vorsorgeaufwendungen nachweist, die zu einem höheren Abzug führen.

Begünstigte Vorsorgeaufwendungen pro Jahr in EUR

Familienstand	**Vorwegabzug**	**voll absetzbar**	**zusätzlich absetzbar**	**max. begünstigte Aufwendungen** einschl. Vorwegabzug
Alleinstehende	3.068	1.334	677	5.069
Verheiratete	6.136	2.668	1.334	10.138

Abbildung: Begünstigte Vorsorgeaufwendungen für Alleinstehende und Verheiratete

Als weitere Vorsorgeaufwendungen sind Beiträge zu Kranken-, Unfall-, Haftpflichtversicherungen und zu den gesetzlichen Sozialversicherungen abzugsfähig.

Regelung für Neuverträge mit Abschluss ab 01.01.2005
Die Beiträge zu Neuverträgen, die bisher Vorsorgeaufwendungen waren, erhalten diese Förderung nicht mehr. Dafür wurde die **Freistellung von Altersvorsorgeaufwendungen** in der Ansparphase schrittweise eingeführt. Das betrifft folgende Beiträge:

- zur GRV,
- zur landwirtschaftlichen Alterskasse,
- zu berufsständischen Versorgungseinrichtungen,
- zu privaten Leibrenten.

Die Versicherung darf nicht vor Vollendung des 60. Lebensjahres ausgezahlt werden und muss als lebenslange monatliche Leibrente geleistet werden.

Die Ansprüche dürfen

- nicht vererbbar,
- nicht übertragbar,
- nicht beleihbar,
- nicht veräußerbar und
- nicht kapitalisierbar sein.

Die Steuerfreistellung als Sonderausgaben beginnt in 2005 mit 60 % der Aufwendungen, maximal jedoch 12.000 EUR, und erreicht in jährlichen Schritten von 2 % von 2025 an die vollständige Steuerfreiheit bis zum Höchstbetrag von 20.000 EUR.

Beiträge zu privaten BU-/EU-Versicherungen, Kranken-, Pflege-, Unfall- und Haftpflichtversicherungen sowie zu reinen Risikoversicherungen bleiben Vorsorgeaufwendungen und können mit maximal 2.800 EUR abgesetzt werden, wenn sie vollständig allein getragen werden. Ansonsten sind sie abzugsfähig bis 1.900 EUR.

Daneben werden Altbeiträge zu Kapitallebensversicherungen und Rentenversicherungen, die bisher als Sonderausgaben begünstigt waren, auch weiterhin als sonstige Vorsorgeaufwendungen anerkannt. Für Altverträge sind die **Leistungen** einkommensteuerfrei auszuzahlen, wenn deren Beiträge Vorsorgeaufwendungen waren. Das gilt auch für Abläufe von fondsgebundenen Lebens-/Rentenversicherungen bei Mindestlaufzeiten von zwölf Jahren und dem Mindesttodesfallschutz von 60 % der Beitragssumme.

Bei vorzeitiger Kündigung wird auf die Erträge eine Abgeltungsteuer in Höhe von 25 % zuzüglich Solidaritätszuschlag einbehalten.

Die Ertragsleistungen aus Kapitalversicherungen, die als Neuverträge nach dem 01.01.2005 abgeschlossen wurden, sind prinzipiell **steuerpflichtig**. Erfolgt die Auszahlung frühestens nach zwölf Jahren und ab dem 60. Lebensjahr, so sind die Zinsen nur zur Hälfte zu versteuern.

Rentenleistungen für Altverträge und schon laufende Rentenzahlungen sowie für Renten aus privaten Neuverträgen (die aus einem Kapital entspringen, das aus vollständig versteuertem Einkommen gebildet wurde) werden seit 01.01.2005 mit dem Ertragsanteil versteuert.

Rentenbeginn	Ertragsanteil gem. § 22 EStG	
	bisher	neu
60 Jahre	32 %	22 %
65 Jahre	27 %	18 %

Abbildung: Neue Ertragsanteile nach § 22 EStG

Der Sonderausgabenabzug für Altverträge wird schrittweise abgebaut.

Aufgrund der Neuregelung des Sonderausgabenabzugs durch das Alterseinkünftegesetz wird der **Vorwegabzug** über die Jahre seine Bedeutung verlieren. Ab 2020 wird er abgeschafft. Im Rahmen einer Günstigerprüfung werden die sich nach dem neuem Recht ergebenden Sonderausgabenabzugsbeträge für Vorsorgeaufwendungen (Altersvorsorgeaufwendungen und sonstige Vorsorgeaufwendungen) mit den Werten verglichen, die sich nach altem Recht (bis 2004) ergeben würden. Es werden allerdings nur diejenigen

Aufwendungen in die Günstigerprüfung einbezogen, die nach geltendem Recht den Vorsorgeaufwendungen zuzuordnen sind. Im Rahmen dieser Günstigerprüfung ergibt sich folgende Entwicklung des Vorwegabzugs:

Jahr	Vorwegabzug
2005–2010	3.068 EUR
2011	2.700 EUR
2012	2.400 EUR
2013	2.100 EUR
2014	1.800 EUR
2015	1.500 EUR
2016	1.200 EUR
2017	900 EUR
2018	600 EUR
2019	300 EUR
2020	0 EUR

Abbildung: Entwicklung des Vorwegabzugs

5 Unfallversicherung

5.1 Einführung

5.1.1 Markt und Chancen

Die Sparte der privaten Unfallversicherung konnte im Jahr 2009 eine Beitragsprämie von 6,389 Mrd. EUR verbuchen. Ihre Schadenquote lag 2009 bei rund 58,2 %, womit sie zu den ertragreicheren Zweigen zu zählen ist.

Beträge und Leistungen in der Privaten Unfallversicherung[1)]

Jahr	Anzahl der Versicherungsunternehmen	Beiträge[2)]		Leistungen[3)]		Schadenquote[4)]
		Mio. EUR	Veränderung gegenüber Vorjahr in %	Mio. EUR	Veränderung gegenüber Vorjahr in %	in %
1950	63	29	13,7	°	°	°
1960	91	124	12,2	62	11,7	57,3
1970	99	456	16,5	214	20,3	54,8
1975	107	828	11,7	392	13,3	53,6
1980	125	1.471	12,0	691	12,1	53,8
1985	129	2.261	7,6	1.028	8,4	52,5
1990	147	3.140	7,3	1.420	6,1	52,6
1995	165	4.662	5,6	2.166	8,5	54,1
2000	156	5.404	2,0	2.460	– 2,0	55,2
2001	157	5.485	1,5	2.452	– 0,4	54,4
2002	153	5.604	2,2	2.392	– 2,4	52,4
2003	152	5.808	3,6	2.546	6,4	54,5
2004	148	5.969	2,8	2.586	1,6	54,6
2005	145	6.034	1,1	2.661	2,9	56,1
2006	142	6.237	3,4	2.795	5,0	57,4
2007	142	6.312	1,2	2.813	0,7	56,9
2008	142	6.359	0,7	2.856	1,5	57,1
2009	135	6.389	0,5	2.928	2,5	58,2

1) inländisches Direktgeschäft, 2) gebuchte Brutto-Beiträge, 3) Brutto-Aufwendungen für Versicherungsfälle des Geschäftsjahres, 4) Brutto-Aufwendungen für Versicherungsfälle des Geschäftsjahres in Relation zu den verdienten Brutto-Risikobeiträgen. (Quelle: GDV)

Abbildung: Beiträge und Leistungen der Unfallversicherung

5.1.2 Bedarf

Unfälle bedrohen das tägliche Leben eines jeden. So haben pro Jahr rund 8,5 Mio. Menschen eine Unfallverletzung, rund 5 Mio. davon in der Freizeit oder zu Hause. Knapp 1,5 Mio. Unfälle betreffen Kinder unter 15 Jahren, mehr als 1,5 Mio. Hausfrauen verunglücken jährlich. In Deutschland sind pro Jahr etwa 30.000 Unfalltote zu beklagen. Schwere und Dauer eines Unfalls sind nicht vorhersehbar und mit vielfältigen wirtschaftlichen Folgen verbunden:

- Bei schweren Unfällen sind Wohnungs- und Hausumbauten erforderlich, das Krankengeld der GKV endet nach 78 Wochen, ein Rentenantrag ist zu stellen,
- schon nach sechs Wochen hört die Lohnfortzahlung des Arbeitgebers auf,
- das gesetzliche Krankengeld ist erheblich niedriger als der Nettolohn,
- es fallen zusätzliche Kosten wie Selbstbeteiligungen im Krankenhaus usw. an.

Zentrale Aufgabe der Unfallversicherung ist es, Einkommensverluste und Einbußen an Lebensqualität zu mildern, das Leben nach einem Unfall so lebenswert wie möglich zu gestalten und den Lebensstandard zu sichern.

5.1.3 Zielgruppen

Benötigt wird die Unfallversicherung praktisch von allen Bevölkerungsgruppen:

- Alleinstehende,
- Familienernährer und Haushaltsversorger,
- Arbeitnehmer,
- Selbstständige und Freiberufler,
- Autofahrer und Radfahrer,
- Sportler,
- Heimwerker,
- Kinder,
- Auszubildende,
- spezielle Berufsgruppen mit erhöhtem Risiko.

5.2 Gesetzliche Unfallversicherung (GUV)

Träger der Gesetzlichen Unfallversicherung sind die sich selbst verwaltenden Berufsgenossenschaften sowie

- die Unfallkasse des Bundes,
- die Eisenbahn-Unfallkasse,
- die Unfallkasse Post und Telekom,
- die Unfallkassen der Länder,
- die Gemeindeunfallversicherungsverbände und Unfallkassen der Gemeinden,
- die Feuerwehr-Unfallkasse und
- die gemeinsamen Unfallkassen für den Landes- und kommunalen Bereich.

Die Gesetzliche Unfallversicherung gliedert sich in die	Allgemeine Unfallversicherung	Landwirtschaftliche Unfallversicherung	Seeunfall-versicherung
Träger	Gewerbliche Berufsgenossenschaften	Landwirtschaftliche Berufsgenossenschaften	See-Berufsgenossenschaften
Mitgliedsunternehmen	Alle Betriebe der gewerbl. Wirtschaft und der öffentl. Verwaltung	Alle landwirtschaftl. Betriebe, Betriebe des Gartenbaus	Alle Unternehmen der Seeschifffahrt und Seefischerei

Abbildung: Gliederung der Gesetzlichen Unfallversicherung

Angehöriger der Unfallversicherung wird man als Pflicht- oder freiwillig Versicherter:

Pflichtversicherter ...	Freiwillig Versicherter ...
wird man ohne Rücksicht auf den eigenen Willen oder den des Arbeitgebers. Es handelt sich um eine Zwangsversicherung. Insbesondere für • alle Arbeitnehmer, • Unternehmer (Arbeitgeber), in Abhängigkeit von der Betriebsgröße und dem Gewerbezweig der Unternehmung. Beispiel: selbst Küstenschiffer und Küstenfischer	wird man als nicht versicherungspflichtiger Unternehmer, Selbstständiger oder Freiberufler **mit freiwilliger Beantragung.**

Abbildung: Angehörige der Unfallversicherung

Durch die GUV sind unter anderem die nachfolgenden Personen geschützt (§ 2 SGB VII):

Alle Arbeitnehmer:	während der beruflichen Tätigkeit sowie auf dem Weg zur und von der Arbeit
Selbstständige:	während der Arbeit
Hilfeleistende:	während einer Rettungs- oder Hilfeleistung
Kinder:	während des Kindergartenbesuchs sowie auf dem Weg zum und vom Kindergarten
Schüler, Studenten:	während des (Hoch-)Schulbesuchs sowie auf dem Weg zur und von der (Hoch-)Schule

Abbildung: In der GUV versicherte Personen

Für die sogenannten **Wegeunfälle** kommt die kollektive Unfallversicherung nur auf, wenn sich der Unfall auf dem (zeitlich) kürzesten Weg zwischen Arbeitsstätte/Schule und der Wohnung des Versicherten ereignet. Dies gilt, mit Ausnahme von Trunkenheit, verschuldensunabhängig. Der „Weg“ beginnt, sofern sich die Person „im Freien“ befindet und endet an der Haustür (nicht Wohnungstür oder Treppenhaus!). Für den gesamten Privatbereich besteht also kein Versicherungsschutz. Man spricht insoweit auch von einer sog. **Ausschnittdeckung**. Die Meldung eines Unfalls muss umgehend dem Arbeitgeber oder der Schule gegenüber erfolgen. Von dort wird der zuständige Versicherungsträger unterrichtet. Auch eine Unterbrechung des Weges ist grundsätzlich denkbar. Soweit die Unterbrechung nicht länger als zwei Stunden dauert, wird von der Rechtsprechung kein Verlust des Anspruchs auf eine Leistung aus der GUV bei einem Wegeunfall gesehen.

Neben den Berufs- und Wegeunfällen ist die **Berufskrankheit** das dritte Ereignis, das einen Anspruch auf Leistung auslösen kann. Die als Berufskrankheiten anerkannten Krankheiten sind in einem Katalog zusammengestellt, der über die Berufsgenossenschaft bezogen werden kann.

Beispiel:
Die bekannteste Berufskrankheit ist die „Staublunge“, die aus einer besonders gesundheitsschädigenden Tätigkeit, dem Bergbau, resultiert.

In der GUV sind folgende **Leistungen** geregelt:

- **Heilbehandlung** (= Beseitigung oder Reduzierung) von Unfallfolgen und Beschwerden aufgrund einer Berufskrankheit. Die Heilbehandlung umfasst neben ärztlicher Behandlung auch

  - Versorgung mit Arznei- und Verbandmitteln,
  - Krankengymnastik,
  - Ausstattung mit Körperersatzstücken,
  - orthopädische Hilfsmittel,
  - Pflegemaßnahmen,
  - Therapien,
  - Kur- und Sanatoriumsaufenthalte.

- **Berufshilfe** (Leistungen zur beruflichen Rehabilitation)
  Ziel ist es, den Verletzten wieder ins Berufsleben zu integrieren. Ist dies nicht möglich, werden die Kosten für eine Ausbildung in einem anderen Beruf übernommen und für diese Zeit wird Übergangsgeld bezahlt.
- **Verletztengeld**
  Während der Heilbehandlung erhalten Versicherte Verletztengeld, solange sie infolge des Versicherungsfalles arbeitsunfähig sind (nach der Lohnfortzahlung), entsprechend den Vorschriften der Krankengeldzahlung.
- **Übergangsgeld**
  Zahlung eines Übergangsgeldes für die Dauer des Bezugs von berufsfördernden

Leistungen, sofern kein Krankengeld oder Arbeitsverdienst gezahlt wird. Die Höhe entspricht dem des Krankengeldes.

- **Verletztenrente** (ebenso Rente wegen Verlust der Erwerbsfähigkeit durch Berufskrankheit)
  Sie wird gezahlt, wenn die Erwerbsfähigkeit dauerhaft um mindestens 20 % gemindert ist und länger als 26 Wochen andauert (im Gegensatz zur privaten Unfallversicherung, bei der die Beeinträchtigung in Prozent der Invalidität ausgedrückt wird).
  Die Verletztenrente berechnet sich aus dem Jahresarbeitsverdienst (JAV). Bei einer 100 %igen Minderung der Erwerbsfähigkeit (MdE) erhält der Versicherte max. 2/3 des Jahresarbeitsverdienstes der letzten zwölf Monate. Ist der Prozentsatz für die Minderung der Erwerbsfähigkeit geringer als 100 %, so wird der entsprechende Satz aus den 2/3 JAV berechnet.

Beispiel:

Herr Marx hat eine 60 %ige Erwerbsminderung, die aus einem Arbeitsunfall resultierte. Nun hofft Herr Marx, von der Gesetzlichen Unfallversicherung eine Rente zu erhalten. Der Jahresarbeitsverdienst von Herrn Marx betrug insgesamt 36.000 EUR.

Mit folgender Berechnung können Sie die Versichertenrente der GUV ermitteln, die Herr Marx monatlich erhalten wird:

36.000 (JAV) > 2/3 = 24.000 × 60 % = 14.400 : 12 = 1.200 EUR

Die Verletztenrente für Kinder, Schüler und Studenten, die über kein eigenes Einkommen verfügen, berechnet sich aus 2/3 der jeweils geltenden Bezugsgröße des § 18 SGB IV. Diese Bezugsgröße ist in den alten und neuen Bundesländern unterschiedlich hoch. Berechnet werden die monatlichen Rentenleistungen (bei 100 % Invalidität) wie folgt:

- bis zum 6. Lebensjahr: 25,00 % von 2/3 der Bezugsgröße geteilt durch 12
- bis zum 14. Lebensjahr: 33,33 % von 2/3 der Bezugsgröße geteilt durch 12
- bis zum 18. Lebensjahr: 40,00 % von 2/3 der Bezugsgröße geteilt durch 12
- ab dem 18. Lebensjahr: 60,00 % von 2/3 der Bezugsgröße geteilt durch 12

- **Sterbegeld** und **Hinterbliebenenrente**
  Führt der Unfall oder die Berufskrankheit zum Tode, werden eine Beihilfe zu den Beerdigungskosten und eine Rente an die Hinterbliebenen gezahlt. Bei den Hinterbliebenenrenten gibt es wie bei der gesetzlichen Rentenversicherung sowohl eine Halb- bzw. Vollwaisenrente als auch eine einfache (kleine) bzw. eine erhöhte (große) Witwen-/Witwerrente. Die Leistungen für die Witwen-/Witwerrente bemessen sich nach 30 (kleine) bzw. 40 (große) vom Hundert des Jahresarbeitsverdienstes des Verstorbenen, die Waisenrenten nach 20 (Halbwaisenrente) bzw. 30 (Vollwaisenrente) vom Hundert des Jahresarbeitsverdienstes. Ebenfalls wie in der gesetzlichen Rentenversicherung werden in den ersten drei Monaten nach dem Tod des Versicherten die volle Versichertenrente – also 2/3 des Jahresarbeitsverdienstes – gezahlt. Eine höhere Leistung als 80 vom Hundert des Jahresarbeitsverdienstes ist bei Hinterbliebenenrenten gemäß § 70 SGB VII als Gesamtleistung nicht möglich. Auch gibt es für die Versichertenrente (Verletztenrente) eine Mindestversorgung

basierend auf einem Mindestjahresarbeitsverdienstes und eine Höchstversorgung basierend auf einem maximal zu berücksichtigenden Einkommen.

Neben der finanziellen Sicherstellung und der Rehabilitation hat die GUV als Hauptaufgabe die **Unfallverhütung**. Dazu erlassen die Berufsgenossenschaften Unfallverhütungsvorschriften, deren Einhaltung durch technische Aufsichtsbeamte überwacht wird.

5.3 Leistungsumfang der privaten Unfallversicherung

5.3.1 Unfallbegriff und Geltungsbereich

Merkmale des Unfallbegriffs

Zwischen dem Unfallbegriff gemäß den allgemeinen Unfallversicherungsbedingungen der privaten Unfallversicherung (AUB) und dem üblichen Sprachgebrauch gibt es deutliche Unterschiede.

Nach den AUB versteht man einen Unfall (im engeren Sinne, Ziffer 1.3 AUB) als plötzliches, von außen auf den Körper wirkendes Ereignis, das eine **unfreiwillige Gesundheitsschädigung** nach sich zieht.

> ***Hinweis:***
> *Als Eselsbrücke kann man sich den Begriff „Pauke" einprägen. Er enthält die Anfangsbuchstaben der wesentlichen Merkmale für den Unfallbegriff im engeren Sinne.*

- **Plötzlichkeit**
  Ein plötzliches Ereignis tritt während eines relativ kurzen Zeitraums ein, im Gegensatz zum „Allmählichkeitsereignis". Charakteristisch für den Begriff der Plötzlichkeit ist immer

  - das Unerwartete,
  - das Unabwendbare und
  - das Unentrinnbare eines solchen Vorfalls.

  > **Beispiel:**
  > Das Einatmen umweltbelasteter Luft über einen längeren Zeitraum stellt kein plötzliches Ereignis im Sinne der Unfallversicherungsbedingungen dar. Anders verhält es sich, wenn giftige Dämpfe, z.B. bei einem Grubenunglück, eingeatmet werden, da das Ereignis als solches „unentrinnbar" ist.

- **Von außen auf den Körper wirkend**
  Hierbei kann es sich um Ereignisse handeln, die auf mechanische, chemische oder elektrische Vorgänge zurückzuführen sind, aber auch um die Anwendung von physischer Gewalt. Davon klar abzugrenzen sind generell alle Krankheiten, d.h. Vorgänge, die auf „innere" Veränderungen oder Störungen des Organismus zurückzuführen sind (Herzinfarkte, Schlaganfälle u.Ä.).

- **Ereignis**
  Als Unfallereignis versteht man einen Vorgang, der entweder auf menschlichem Handeln beruht oder als Naturereignis verstanden werden kann.
- **Unfreiwilligkeit**
  Die Unfreiwilligkeit schließt insbesondere Unfallereignisse aus, die auf das vorsätzliche Herbeiführen des Versicherungsfalles zurückzuführen sind (Selbsttötung, Selbstverstümmelung). Das bedeutet, dass die eingetretene Gesundheitsschädigung unfreiwillig gewesen sein muss. Notwehr und Nothilfe werden als unfreiwillige Ereignisse angesehen. Grob fahrlässige Handlungen führen nicht zur Versagung des Versicherungsschutzes, da sicher die körperliche Schädigung ungewollt bleibt.
- **Gesundheitsschädigung**
  Im Bereich der privaten Unfallversicherung versteht man unter einer Gesundheitsschädigung eine Beeinträchtigung der körperlichen Unversehrtheit. Der Versicherte muss den Unfall unmittelbar erleiden, auf seinen Körper muss das Ereignis einwirken. Sachschäden, z. B. eine durch ein Unfallereignis zerstörte Brille, werden nicht ersetzt.

Erweiterung des Unfallbegriffs nach Ziffer 1.4 AUB
Es liegt auch dann ein Unfall vor, wenn durch erhöhte Kraftanstrengung an Gliedmaßen oder Wirbelsäule

- ein Gelenk verrenkt wird oder
- Muskeln, Sehnen, Bänder oder Kapseln gezerrt oder zerrissen werden.

Bei dieser erhöhten Kraftanstrengung geht es nicht um alltägliche Bewegungsabläufe.

Der Unfallschaden ist hier immer abzugrenzen von Verschleißerscheinungen. Bandscheiben- und Meniskusschäden durch erhöhte Kraftanstrengung sind nicht versichert, da Bandscheiben und Meniskus automatisch Knorpel darstellen.

Geltungsbereich des Versicherungsschutzes
Private Unfallversicherungen gelten standardmäßig weltweit 24 Stunden am Tag. Ausschnittdeckungen sind möglich.

5.3.2 Leistungsarten

Die Leistungsarten der privaten Unfallversicherung unterscheiden sich wesentlich von denen der Gesetzlichen Unfallversicherung und sind mit diesen nicht zu vergleichen. Die private Versicherungswirtschaft hat verschiedenartigste umfangreiche Leistungspakete entwickelt, um die finanziellen Folgen eines Unfalls für den Versicherten zu mildern. Je nach Wunsch und im Rahmen der gültigen Tarifbestimmungen können der Umfang und die Höhe des Versicherungsschutzes frei gewählt werden.

Invaliditätsleistung
Unverzichtbares Kernstück der Unfallversicherung ist die Invaliditätsleistung. Ist die körperliche oder geistige Leistungsfähigkeit durch einen Unfall beeinträchtigt, soll zum Zwecke der **Existenzsicherung** ein finanzieller Ausgleich geschaffen werden. Dieser

Ausgleich wird in der Regel durch die Vereinbarung eines Invaliditätskapitals (Versicherungssumme) erreicht, das als Basis für eine entsprechende Entschädigung dient. Viele Versicherer bieten auch die Zahlung von Invaliditätsrenten an.

Die **Invaliditätsentschädigung** ist von folgenden Faktoren abhängig:

- Eintritt einer dauerhaften Beeinträchtigung der körperlichen oder geistigen Leistungsfähigkeit (Invalidität) aufgrund eines Unfallereignisses.
- Die Invalidität muss, vom Unfalltag an gerechnet, innerhalb eines Jahres eingetreten sein und spätestens vor Ablauf von weiteren drei Monaten ärztlich festgestellt und geltend gemacht worden sein.

Vor Abschluss eines Heilverfahrens kann eine Invaliditätsleistung innerhalb eines Jahres erfolgen, wenn eine Todesfallsumme vereinbart ist. Die Höhe der Leistung ist abhängig vom Grad der Invalidität. Zur Bemessung des Invaliditätsgrades dienen unterschiedlichste **Gliedertaxen**.

Beispiele:

- **Arm:**
  - im Schultergelenk 70 %
  - bis oberhalb des Ellenbogengelenks 65 %
  - bis unterhalb des Ellenbogengelenks 60 %
  - Hand 55 %
  - Daumen 20 %
  - Zeigefinger 10 %
  - anderer Finger 5 %
- **Bein:**
  - über Mitte des Oberschenkel 70 %
  - bis Mitte des Oberschenkels 60 %
  - bis unterhalb des Knies 50 %
  - bis Mitte des Unterschenkels 45 %
  - Fuß 40 %
- **Auge:**
  - ein Auge 50 %
- **Gehör:**
  - auf einem Ohr 30 %
- **Geruch** 10 %
- **Geschmack** 5 %

Bei Verlust oder Funktionsunfähigkeit von Sinnesorganen und Körperteilen sieht die Standard-Gliedertaxe der AUB folgende festen Sätze vor: Sind aufgrund eines Unfalls Sinnesorgane oder Körperteile in ihrer Gebrauchsfähigkeit eingeschränkt, wird die Entschädigung nur anteilig (nach dem Prozentsatz der Beeinträchtigung) gewährt.

Beispiel:

Durch einen Skiunfall erleidet der Kunde Müller schwere Verletzungen. Der rechte Fuß kann nicht gerettet, sondern muss amputiert werden. Darüber hinaus bleibt eine Gebrauchsunfähigkeit von 40 % der rechten Hand zurück. Das vertraglich vereinbarte Invaliditätskapital beträgt 100.000 EUR.

Der Invaliditätsanspruch gemäß Gliedertaxe berechnet sich wie folgt:

Verlust eines Fußes im Fußgelenk:	40 %	= 40.000 EUR
Hand im Handgelenk 55 % hiervon 40 %:	22 %	= 22.000 EUR
insgesamt:	62 %	= 62.000 EUR

Wird durch einen Unfall eine körperliche oder geistige Funktion betroffen, die bereits vorher dauernd beeinträchtigt war, so ist diese Vorinvalidität unter Anwendung der Gliedertaxe von der Leistung abzuziehen. Bei Mehrfachschädigungen ist die Gesamtleistung allerdings auf 100 % begrenzt. Man findet heute je nach Zielgruppe sehr unterschiedliche Gliedertaxen bei den am Markt angebotenen Unfallversicherungsprodukten (z. B. besondere Gliedertaxe für Ärzte). Haben Krankheiten oder Gebrechen bei der durch ein Unfallereignis hervorgerufenen Gesundheitsschädigung mitgewirkt, so wird die Leistung entsprechend dem Mitwirkungsanteil der Krankheit oder des Gebrechens gekürzt, wenn dieser Anteil mindestens 25 % beträgt.

Übergangsleistung

Besteht nach Ablauf von sechs Monaten seit Eintritt des Unfalls noch eine unfallbedingte Beeinträchtigung der normalen körperlichen und geistigen Leistungsfähigkeit von mehr als 50 %, so wird die im Vertrag vereinbarte **Übergangsentschädigung** gezahlt. Voraussetzung hierfür ist, dass weder Krankheiten noch Gebrechen den Gesundheitszustand beeinträchtigt haben. Außerdem muss die Beeinträchtigung bis dahin ununterbrochen bestanden haben.

Tagegeld

Kommt es durch den Unfall zu einer Arbeitsunfähigkeit oder zu ärztlicher Behandlung, wird ein Tagegeld gezahlt. Das Tagegeld wird für die Dauer der ärztlichen Behandlung, längstens jedoch für ein Jahr vom Unfalltage an gerechnet.

Krankenhaustagegeld

Kommt es bedingt durch einen Unfall zu einer vollstationären Behandlung in einem Krankenhaus, wird – je nach vereinbarter Höhe – für jeden Tag des Aufenthaltes ein Krankenhaustagegeld gezahlt. Sowohl der Tag der Aufnahme als auch der Tag der Entlassung werden mitgezählt. In der Regel ist die Leistung auf zwei Jahre begrenzt. Durch Krankenhaustagegeldleistungen können Mehraufwendungen und Zuzahlungen im Krankenhaus aufgefangen werden.

Genesungsgeld
Nach der Entlassung aus dem Krankenhaus wird – sofern vereinbart – für die gleiche Anzahl von Tagen des unfallbedingten Krankenhausaufenthaltes ein Genesungsgeld gezahlt. Die Höhe des Genesungsgeldes entspricht der des Krankenhaustagegeldes und wird für 100 Tage erbracht. Die Versicherer bieten hier verschiedenste Tarifvarianten an.

Todesfallleistung
Führt ein Unfall zum Tode, so wird die vereinbarte Todesfallleistung erbracht, wenn der Tod unfallbedingt innerhalb eines Jahres seit dem Unfallereignis eingetreten ist. Auch Mord ist im Sinne der AUB ein Unfallereignis. Invaliditätsleistungen und Todesfallleistungen werden also niemals zugleich gezahlt, immer entweder oder.

Unfallrente 50/90
Hierbei handelt es sich um eine besondere Form der Invaliditätsleistung. Die Leistungsvoraussetzungen sind identisch mit denen der Invaliditätsleistung. Als Besonderheit erhalten die Hinterbliebenen des Versicherten, soweit dieser später als ein Jahr nach dem Unfall verstirbt und ein Anspruch auf Unfallrente bereits entstanden war, eine einmalige Kapitalleistung in Höhe von zwölf Monatsrenten. Dies gilt auch bei Tod innerhalb eines Jahres nach dem Unfall, wenn die Unfallursache eine unfallfremde war. Ein Anspruch auf die Unfallrente besteht rückwirkend ab dem Unfalltage an, soweit ein Invaliditätsgrad von mindesten 50 % erreicht wird, ohne zeitliche Begrenzung ein Leben lang. Bei einem Invaliditätsgrad von 50 % wird die versicherte Rente einfach gezahlt, bei einem Invaliditätsgrad von 90 % doppelt.

Oberschenkelhalsbruch
Maßgeblich für die Gewährung dieser Leistung ist die Diagnose eines Oberschenkelhalsbruches unabhängig, ob durch einen Unfall verursacht oder anderweitig zustande gekommen.

Kurkostenbeihilfe
Versicherbar sind Mehrkosten für eine unfallbedingte Kur, die weder vom gesetzlichen noch vom privaten Krankenversicherer ersetzt werden können.

Kosmetische Operationen
Ist aufgrund eines Unfalls die Körperoberfläche derart beschädigt, dass das äußere Erscheinungsbild dauernd beeinträchtigt ist, wird bis zur vereinbarten Versicherungssumme Kostenersatz gewährt für:

- kosmetische Operationen und klinische Behandlungen,
- Arzthonorare und Medikamente,
- Unterbringung und Verpflegung.

Der Kostenersatzanspruch besteht bis zum Ablauf von drei Jahren nach Eintritt des Unfalls.

Bergungskosten
Bis zur vereinbarten Versicherungssumme werden Kosten übernommen für Suchaktionen und den Transport nach einer Rettung, auch wenn nur die Vermutung eines Unfalls bestand.

5.3.3 Ausschlüsse

Wie in allen anderen Versicherungszweigen gibt es auch in der privaten Unfallversicherung Ausschlüsse vom Versicherungsschutz. Darunter fallen, auch wenn die Merkmale des Unfallbegriffs erfüllt wurden, unter anderem

- kriegerische Ereignisse und innere Unruhen (dies ist insbesondere bei Auslandsreisen von Bedeutung; bei „überraschenden" Unruhen oder kriegerischen Ereignissen im Ausland hat der Versicherte sieben Tage Zeit, um das Land zu verlassen, nach Ablauf dieser Frist verliert er seinen Versicherungsschutz),
- Schäden durch Kernenergie,
- versuchte oder ausgeübte Straftaten,
- Rennen mit Motorfahrzeugen, bei denen es auf die Erzielung einer Höchstgeschwindigkeit ankommt,
- Luftfahrzeugführer (auch Luftsportgeräteführer), soweit er nach deutschem Recht dafür eine Erlaubnis benötigt und als Drachenflieger, Paraglider sowie als sonstiges Besatzungsmitglied eines Luftfahrzeuges eingestuft wird – über den Deutschen Luftpool wird auch hierfür Versicherungsschutz angeboten,
- Geistes- oder Bewusstseinsstörungen, auch aufgrund von Alkohol- oder sonstiger berauschender Mittel.

Darüber hinaus sind vom Versicherungsschutz beispielsweise folgende **Gesundheitsschädigungen ausgenommen**:

- Schäden an Bandscheiben sowie Blutungen aus inneren Organen und Gehirnblutungen,
- Strahlenschäden,
- Vergiftungen durch das Einführen fester oder flüssiger Stoffe durch den Schlund (in der Kinderunfallversicherung gilt dieser Ausschluss nicht bis zu zehn Jahren),
- Bauch- und Unterleibsbrüche (soweit nicht durch von außen einwirkende Gewalt zustande gekommen),
- krankhafte Störungen als Folge psychischer Reaktionen (auch wenn diese unfallbedingt sind, z. B. Phantomschmerzen),
- Infektionen und Schädigung aufgrund von Heilmaßnahmen, sofern diese nicht direkt auf die Folgen eines Unfalls zurückzuführen sind.

Hinweis:
Beim Sachverhalt „Infektionen" lohnt es sich, einen Blick in das Bedingungswerk „Proximus 2" zu werfen - Ziffer 5.2.4 ff AUB. Hier heißt es unter anderem:

„Infektionen durch Insektenstiche oder -bisse sind ausgeschlossen, wenn die Krankheitserreger hierdurch sofort oder später in den Körper gelangen. Infektionen durch Tollwut oder Wundstarrkrampf-Erreger sind jedoch im Versicherungsschutz enthalten."

Im Gegensatz dazu sind jedoch Unfälle versichert, die durch erhöhte Kraftanstrengung hervorgerufen werden und die Wirbelsäule oder Gelenke verrenken oder Muskeln, Sehnen, Bänder und Kapseln zerren oder zerreißen. Bandscheiben und Meniskus fallen anatomisch nicht hierunter (Unfall im weiteren Sinne). Zahlreiche Ausschlüsse der AUB lassen sich bei qualitativ guten Versicherern wieder einschließen.

5.3.4 Besonderheiten Kinderunfallversicherung

Diese kann für Kinder bis zur Vollendung des 16. Lebensjahres nach dem Kindertarif abgeschlossen werden. Sie wird zu den vereinbarten Summen und zum vereinbarten Beitrag bis zum Ende des Versicherungsjahres fortgeführt, in dem das Kind das 18. Lebensjahr vollendet. Danach kann der VN entweder den Erwachsenentarif gegen Mehrbeitrag wählen oder die Leistungen bei gleichbleibendem Beitrag herabsetzen.

Bei Kindern, die das zehnte Lebensjahr noch nicht vollendet haben, sind **Vergiftungen** infolge versehentlicher Einnahme schädlicher Stoffe ausdrücklich mitversichert. Ausgeschlossen bleiben Nahrungsmittelvergiftungen.

Stirbt der VN, kann die Versicherung bis zum Ablauf des Versicherungsjahres **beitragsfrei** fortgeführt werden, in dem das versicherte Kind das 18. Lebensjahr vollendet. Der VN darf jedoch bei Vertragsbeginn das 50. Lebensjahr noch nicht beendet haben (vgl. Ziff. 11.7 AUB).

5.3.5 Versicherungssumme

Bedarfsgerechte Versicherungssumme
Um das Ziel der Unfallversicherung erreichen zu können, müssen vor allem hohe Versicherungssummen in den Leistungsarten Invalidität und Unfalltod versichert werden. Da die Unfallversicherung eine Summenversicherung ist, sind die Versicherungssummen nach den tariflichen Vorgaben des Versicherers frei vereinbar. Dabei gelten einige anerkannte Orientierungen bezüglich der Höhe der Invaliditätssummen:

- vierfaches Bruttojahreseinkommen bei Versicherten um 50 Jahre,
- fünffaches Bruttojahreseinkommen bei Versicherten um 40 Jahre,
- sechsfaches Bruttojahreseinkommen bei Versicherten um 30 Jahre.

Kapitalisierung
Oft soll die Versicherungsleistung so hoch sein, dass daraus eine monatliche Rente gezahlt werden kann. Vorgegeben durch den VN ist meist die Rente (z. B. Differenz zwischen gesetzlicher Erwerbsminderungsrente und Nettoeinkommen).

Beispiel:
Ein Kunde möchte im Fall des Falles 1.000 EUR Monatsrente beziehen.

Angenommene Verzinsung	Kapitalisierung mit ...	Notwendige Versicherungssumme
6 %	200	200.000 EUR

5%	240	240.000 EUR
4%	300	300.000 EUR

Es kann auch die Differenz zwischen den Ansprüchen auf gesetzliche Erwerbsminderungsrente und dem aktuellen Nettoeinkommen zugrunde gelegt werden.

Hinweis:
Die Unfallversicherung, auch mit Unfallrente, ist kein Ersatz für private Berufsunfähigkeitsversorgungen. Es sollten beide Versicherungen abgeschlossen werden, denn nur ca. 10% der Berufsunfähigkeiten sind unfallbedingt.

5.3.6 Anpassung

Auch Unfallversicherungen können mit einer Dynamisierung der vereinbarten Versicherungssummen abgeschlossen werden (wie in der Lebensversicherung). Damit soll vor allem der Inflationsausgleich erreicht werden. Änderungen im Familienstand, in den Einkommensverhältnissen, das Ende der Kinderversicherung sowie der Wechsel der Gefahrengruppe müssen aber zu einer beantragten ausdrücklichen Summenerhöhung führen.

5.3.7 Besonderheiten bei höheren Invaliditätsgraden – Mehrleistung

Geringfügige Invaliditätsgrade erfordern nicht notwendigerweise einen großen Geldbedarf. Wichtiger erscheint es, bei höherer Invalidität eine überproportional hohe Leistung zu versichern. Diesem Umstand wird durch die sogenannte „Mehrleistung" Rechnung getragen. Ab Erreichen eines bestimmten Invaliditätsgrades wird die Entschädigungsleistung erhöht, beispielsweise verdoppelt bzw. verdreifacht.

Beispiel:
100.000 EUR Invaliditätskapital ab 70% Invalidität = dreifache Kapitalleistung
Durch einen Unfall verliert der Kunde Schulze sein rechtes Augenlicht (50%) und sein rechtes Ohr (30%). Unter Anwendung der Mehrleistung erhält der VN bei 80% Invalidität folgende **Entschädigung**:
Invaliditätskapital Grundsumme beträgt 100.000 EUR.
Ab 70% wird diese Grundsumme auf 300.000 EUR verdreifacht. Hiervon werden 80% = 240.000 EUR an den VN überwiesen.
Durch diese stufenweise Anhebung der Leistungen bei steigenden Invaliditätsgraden wird erreicht, dass die massiven finanziellen Ausfälle von Schwerverletzten aufgefangen werden.

Progression
Ähnlich wie die Mehrleistung soll die Anwendung einer Progressionsstaffel auf die Invaliditätsleistung besonders hohe Auszahlungen bei größeren Invaliditätsgraden ermöglichen.

Progressionsstaffeln und deren Faktoren			
Progr. Staffel	**Phase I 0–25 % Invalidität**	**Phase II > 25 %–50 % Invalidität**	**Phase III max. > 50 %–100 % Invalidität**
U 225	Faktor 1	Faktor 2	Faktor 3
U 350	Faktor 1	Faktor 3	Faktor 5
U 500	Faktor 1	Faktor 5	Faktor 7

Abbildung: Progressionsstaffeln und deren Faktoren

Im Rahmen der Progressionsstaffeln sind noch viele andere Staffeln denkbar.

Beispiel:

100.000 EUR Invaliditätsgrundsumme

Invalidität mit 350 % Progressionsstaffel

Der vorliegende Invaliditätsgrad wird in der Leistungsberechnung aufgespaltet. Die Invalidität beträgt wie im vorhergehenden Beispiel 80 %. Daraus ergibt sich folgende Leistung:

Invalidität	**Leistung**	**80 % Invalidität**
0–25%	einfach	1 × 25 %
> 26–50%	dreifach	3 × 25 %
> 51–100%	fünffach	5 × 30 %
		= 250 % Invaliditätsleistung, bezogen auf die Grundsumme, also Auszahlung 250.000 EUR.

5.3.8 Tarifaufbau und -anwendung

Gefahrengruppen und andere Risikomerkmale

Zur Bemessung der Beitragshöhe spielt, neben dem Leistungsumfang, vor allem die berufliche Tätigkeit des Versicherten eine Rolle. Es erfolgt eine Aufteilung in Gefahrengruppen (die bei verschiedenen VU variieren):

Gefahrengruppe A	Gefahrengruppe B
Personen mit kaufmännischer oder verwaltender Tätigkeit im Innen- oder Außendienst: leitend oder aufsichtführend im Betrieb, im Gesundheitswesen, in der Schönheitspflege, Fotografen, Künstler, Optiker, Rechtsanwälte, Reporter, Schneider, Studenten, Uhrmacher, in Ladengeschäft Tätige, im Labor Tätige (außer beim Umgang mit gefährlichen Stoffen), alle weiblichen Personen	Personen mit körperlicher oder handwerklicher Tätigkeit (wenn auch nur gelegentlich): Tätige auf Bauten/Gerüsten oder unter Tage, Tänzer, Tierärzte, Turn-, Sport- und Tanzlehrer, im Außendienst tätige Angehörige der Forst-, Steuer-, Zollverwaltung, Berufskraftfahrer, in der Landwirtschaft tätige Personen, Tätige im Umgang mit ätzenden, giftigen, explosiven oder leicht entzündlichen Stoffen

Abbildung: Gefahrengruppen

Sollte sich während der Vertragslaufzeit ein Berufswechsel von „A“ nach „B“ ergeben, so ist dieser dem Versicherer unverzüglich anzuzeigen (gilt nicht für die Ableistung militärischer Reserveübungen).

Verfahrensweise beim Wechsel der Berufsgruppe:

Bisher	Jetzt	Folge
B	A	Ab Zugang der Erklärung gelten die höheren Versicherungssummen spätestens jedoch nach Ablauf eines Monats ab der Änderung der Tätigkeit.
A	B	Die niedrigeren Versicherungssummen gelten nach Ablauf eines Monats nach der Änderung der Tätigkeit.

Abbildung: Wechsel der Berufsgruppe in der privaten Unfallversicherung

Unterbleibt die Anzeige und tritt der Versicherungsfall ein, verwirkt dies nicht den Versicherungsschutz. Die Regulierung erfolgt dann auf der Basis der verminderten bzw. erhöhten Versicherungssummen.

Auf Wunsch des Versicherungsnehmers kann der Vertrag auch mit den bisherigen Versicherungssummen bei erhöhtem oder gesenktem Beitrag weitergeführt werden. Hierfür ist eine entsprechende Erklärung des Versicherungsnehmers notwendig. Der geänderte Beitrag gilt dann ab Zugang der Erklärung bei dem Versicherer.

Angehörige besonders gefährdeter Berufsgruppen können – abweichend vom Bedingungswerk Proximus 2 – in der Praxis oftmals gegen entsprechende Beitragszuschläge auf den Tarifbeitrag versichert werden.

Begriff	Altersgrenze	Anwendungsbereich
Einzelunfall-versicherung	von der Geburt bis zum 65. Lebensjahr	Grundform der Unfallversicherung; Versicherungsschutz für einzelne Personen
Kinderunfall-versicherung	von der Geburt bis zum 14. Lebensjahr	spezieller Tarif für Kinder
Familienunfall-versicherung	von der Geburt bis zum 65. Lebensjahr	Versicherungsschutz für alle Familienmitglieder mit der Möglichkeit von Beitragsnachlässen
Gruppenunfall-versicherung	von der Geburt bis zum 65. Lebensjahr (danach mit Leistungseinschränkung)	mindestens drei Personen werden durch einen Vertrag versichert (z. B. über Arbeitgeber, Verein, Veranstalter); Gewährung von Rabatten auf Einzeltarife, ggf. gestaffelt nach Anzahl der versicherten Personen
Luftfahrtunfall-versicherung	nach Vereinbarung	Versicherungsschutz für Luftfahrten, sofern nicht durch Einzelunfallversicherung versicherbar (auch Fallschirmspringen u. Ä.)
Unfallversicherung mit Prämienrückgewähr	von der Geburt bis zum 14. Lebensjahr bzw. 65. Lebensjahr	Verbindung von Unfall- und Kapitallebensversicherung; Sparbeiträge werden verzinslich angesammelt und bei Ablauf ausgezahlt

Abbildung: Versicherungsformen der privaten Unfallversicherung

Beitragsermittlung
Die Beitragsermittlung hängt vom Versicherer, der Tarifart und dem Leistungsumfang ab. Die gewünschten Versicherungssummen werden jeweils mit dem Prämiensatz für die entsprechende Leistungsart multipliziert. Die ermittelten Beiträge je Leistungsart ergeben den Gesamtbeitrag zuzüglich der gesetzlichen Versicherungsteuer von 19 %.

5.3.9 Antragsaufnahme

Versicherbare und nicht versicherbare Personen
Entsprechend den AUB sind grundsätzlich alle Personen privat unfallversicherbar in Abhängigkeit von tariflichen Einschränkungen.

Aufbau und Inhalt der Anträge
Aufbau und Inhalt der Anträge entsprechen den Beispielen der einzelnen Versicherer.

5.3.10 Versicherungsfall

Besondere Obliegenheiten des Versicherten
Um den Versicherungsschutz nicht zu gefährden, werden dem Versicherungsnehmer z. B. folgende Handlungsweisen auferlegt, vgl. Ziffer 7 AUB:

- Der Unfall muss unverzüglich (bei Tod durch Unfall innerhalb von 48 Stunden) gemeldet werden.
- Die versicherte Person hat einen Arzt zurate zu ziehen und dessen Anordnungen Folge zu leisten, um die Unfallfolgen zu mildern.
- Auf Anordnung des Versicherers muss sich die versicherte Person untersuchen lassen und die Ärzte von der Schweigepflicht entbinden.

Bei vorsätzlicher Obliegenheitsverletzung besteht kein Versicherungsschutz. Dies gilt auch für grob fahrlässig verletzte Obliegenheiten, es sei denn, es besteht kein ursächlicher Zusammenhang zwischen verletzter Obliegenheit und dem Unfallhergang bzw. der Leistungsfeststellung.

5.3.11 Steuerliche Behandlung der Beiträge und Leistungen

Auf die Beiträge werden 19 % Versicherungsteuer fällig, bei Tarifen mit Prämienrückgewähr nur 3,8 %.

Grundsätzlich kann der Beitragszahler die Beiträge für die private Unfallversicherung als Sonderausgaben im Rahmen der geltenden Höchstbeträge als Vorsorgeaufwendungen geltend machen. Seit 1997 sind 50 % der Beiträge als Werbungskosten absetzbar, da private Unfallversicherungen auch Schutz vor Unfällen im Berufsleben bieten. Kapitalzahlungen aus Unfallversicherungen sind einkommensteuerrechtlich nicht relevant.

Rentenleistungen unterliegen wieder der Ertragsanteilbesteuerung. Todesfallleistungen sind erbschaftsteuerpflichtig.

5.3.12 Vergleich zwischen gesetzlicher und privater Unfallversicherung

	Gesetzliche Unfallversicherung	**Private Unfallversicherung**
Versicherte Personen:	pflichtversicherte Personen mit einem Arbeits-, Dienst- oder Ausbildungsverhältnis, Kinder (in erlaubnispflichtigen Tageseinrichtungen), Schüler, Studenten, Beamte im Rahmen der beamtenrechtlichen Versorgungsvorschriften	grundsätzlich jeder, insbesondere auch nicht Versicherungspflichtige, wie z. B. • Hausfrauen • Unternehmer und Freiberufler • Kinder
Versicherte Ereignisse:	Arbeitsunfälle, Wegeunfälle, Berufskrankheiten	Berufliche und außerberufliche Unfälle (rund um die Uhr), 24-Stunden-Deckung
Geltungsbereich:	Bundesrepublik Deutschland und berufsbedingte Auslandsaufenthalte	Weltweite Geltung
Höhe des Versicherungsschutzes:	abhängig vom Jahresarbeitsverdienst der letzten zwölf Monate	Individuell zu gestalten, persönliche Bedarfsdeckung

Abbildung: Gesetzliche und private Unfallversicherung

6 Krankenversicherung

6.1 Versicherungssysteme im Bereich der Krankenversicherung

In Deutschland spricht man von einem **dualen Gesundheitssystem**. 90 % der Bevölkerung werden durch die Gesetzliche Krankenversicherung versorgt, ungefähr 10 % (über 8,8 Mio. Personen in 2009) sind vollständig privat versichert. Beide Systeme existieren nebeneinander. Darüber hinaus waren 2009 über 21,5 Mio. Personen privat zusatzversichert.w

Anzahl der privat Krankenversicherten

Zahl der Personen (Doppelzählungen möglich), jeweils Jahresende

	2007	2008	2009
Vollversicherte	8.549.000	8.639.300	8.810.900
Mit Krankenhauswahlleistungen	7.214.900	7.217.600	7.300.200
Mit Krankentagegeld	2.029.400	2.028.500	2.055.300
Pflegeversicherung	9.320.000	9.373.900	9.534.100
Zusatzversicherungen	20.009.400	20.983.200	21.478.400
Tarife für Versicherte mit GKV-Schutz	14.381.600	15.394.100	16.118.400
Ambulante Tarife	6.347.100	6.627.800	6.761.700
Tarife für Wahlleistungen im KH	5.167.600	5.382.700	5.565.400
Zahntarife	10.794.300	11.769.700	12.382.200
Krankentagegeld	3.371.300	3.404.000	3.450.800
Krankenhaustagegeld	8.648.100	8.545.700	8.449.900
Pflegezusatzversicherung	1.174.000	1.316.200	1.500.500
Auslandsreise-Krankenversicherung	22.512.900	23.762.900	24.770.900
Spezielle Ausschnittsversicherungen	8.465.600	9.980.800	9.906.200

(Quelle: GDV-Jahrbuch 2010)

Abbildung: Anzahl der privat Krankenversicherten

Wechsel der Kassen

Personenwechsel zwischen Privater Krankenversicherung und Gesetzlicher Krankenversicherung

Jahr	Übertritte zu PKV in 1.000	Abgänge zur GKV in 1.000	Differenz in 1.000
1970	130	226	–96
1975	170	152	18
1980	217	109	108
1985	243	98	145
1990	310	112	198
1995	271	186	85
1996	247	181	66
1997	316	144	172
1998	328	155	173
1999	325	149	176
2000	325	149	176
2001	361	148	213
2002	362	130	232
2003	338	130	208
2004	298	131	167
2005	275	154	121
2006	285	144	141
2007	234	155	79
2008	245	151	94
2009	288	147	141

(Quelle: PKV-Verband)

Abbildung: Wechsel der Kassen

6.2 Gesetzliche Krankenversicherung (GKV)

Träger der Gesetzlichen Krankenversicherung sind die Krankenkassen.

Träger der GKV

Allgemeine Ortskrankenkassen	Betriebskrankenkassen	Landwirtschaftliche Krankenkassen
Ersatzkassen	Innungs-krankenkassen	Knappschaft

Abbildung: Träger der Krankenversicherung

Die Mitgliedschaft in einer Gesetzlichen Krankenkasse kann unterschiedlich zustande kommen: Als **Pflichtversicherter kraft Gesetzes** und als **freiwillig Versicherter**.

Pflichtversicherte kraft Gesetzes	**Freiwillig Versicherte**
z. B.: Arbeiter, Angestellte, Rentner, Arbeitslose, Studenten, Landwirte, Bergleute, Künstler	z. B.: Selbstständige, Freiberufler, Arbeitnehmer, erstmalig über JAEG (Vorversicherungszeit in GKV: zwölf Monate unmitelbar vor Ausscheiden aus Versicherungspflicht oder in letzten fünf Jahren 24 Monate)

Abbildung: Pflichtversicherte und freiwillig Versicherte

6.2.1 Familienversicherung der GKV

Über die Pflichtversicherung der o. a. Personen hinaus kennt die GKV den Begriff der Familienversicherung. Darunter versteht man die Mitversicherung des Ehegatten sowie der Kinder. Diese sind beim GKV-Mitglied kostenfrei mitversichert, wenn sie folgende Voraussetzungen erfüllen:

- Wohnsitz in der Bundesrepublik Deutschland,
- nicht selbst versicherungspflichtig und nicht selbst freiwillig versichert,
- nicht versicherungsfrei und nicht von der Versicherungspflicht befreit,
- keine hauptberuflich selbstständige Tätigkeit,
- kein Gesamteinkommen von monatlich mehr als 1/7 der Bezugsgröße in der Sozialversicherung (2011: 365 EUR).

Die Familienversicherung der Kinder ist dann unter folgenden zusätzlichen Voraussetzungen möglich:

- Mitversicherung bis zur Vollendung des 18. Lebensjahres (die Mitversicherung erlischt also am 18. Geburtstag),

- Mitversicherung bis zur Vollendung des 23. Lebensjahres, wenn das Kind nicht erwerbstätig ist,
- Mitversicherung bis zur Vollendung des 25. Lebensjahres, wenn es sich in der Schul- oder Berufsausbildung befindet (auch Studium) oder ein freiwilliges soziales Jahr ableistet.

Kinder sind jedoch nicht versichert, wenn ein Elternteil privat vollversichert ist, dessen Gesamteinkommen die Jahresarbeitsentgeltgrenze übersteigt und höher ist als das Gesamteinkommen des anderen Elternteils, welches Mitglied in einer gesetzlichen Krankenkasse ist. Diese Regelung gilt sowohl für Arbeitnehmer als auch für Selbstständige, Freiberufler und Beamte.

Das Mitglied der Gesetzlichen Krankenversicherung hat die familienversicherten Personen und alle notwendigen Angaben zu diesen sowie Änderungen dieser Angaben an die zuständige Krankenkasse zu melden. Dazu gehören auch die Einkommensverhältnisse (Erträge aus Vermietung und Verpachtung, Zinserträge etc.).

Zum regelmäßigen **Jahresarbeitsentgelt** gehören alle Bezüge, die Arbeitsentgelt im Sinne der Sozialversicherung darstellen und mindestens einmal jährlich regelmäßig gezahlt werden. Im Einzelnen sind dies:

- Grundgehalt,
- Gewinnanteile, Provisionen, Leistungsprämien, Tantiemen, Erfolgsbeteiligungen,
- Sachbezüge,
- Schichtzulagen,
- Urlaubs- und Weihnachtsgeld,
- vermögenswirksame Leistungen,
- pauschale Überstunden.

Grundsätzlich ist auf die Regelmäßigkeit der Einkünfte abzustellen.

Seit dem 01.01.2003 fallen die Jahresarbeitsentgeltgrenze (JAEG) und die Beitragsbemessungsgrenze (BBG) in der GKV nicht mehr zusammen. Für Personen, für die am 31.12.2002 eine Private Krankenvollversicherung bestand, gilt weiterhin die Beitragsbemessungsgrenze als Versicherungspflichtgrenze. Für alle anderen gilt die Jahresarbeitsentgeltgrenze. Diese beträgt in 2011 monatlich 4.125,00 EUR, die monatliche Beitragsbemessungsgrenze 3.712,50 EUR. Pflicht- und freiwillige Versicherung gehen der Familienversicherung vor (außer bei Studenten, Praktikanten).

Grundsätzlich haben freiwillig Versicherte die Möglichkeit zu wählen, ob sie weiterhin in der GKV bleiben oder in eine Private Krankenversicherung (PKV) wechseln wollen. Einige Personengruppen, die von der Versicherungspflicht erfasst werden, können sich von ihr auf Antrag befreien lassen. Der Antrag auf Befreiung muss bei der zuständigen Krankenkasse innerhalb von drei Monaten nach Eintritt der Versicherungspflicht gestellt werden. Für Arbeitnehmer, die durch Unterschreiten der Jahresarbeitsentgeltgrenze, zugleich

Versicherungspflichtgrenze, wieder versicherungspflichtig werden, gilt diese Befreiung ebenso unwiderruflich für alle zukünftigen Arbeitsverhältnisse.

Seit dem 01.07.2000 können Personen, die das 55. Lebensjahr vollendet haben, nicht mehr krankenversicherungspflichtig werden, wenn sie in den letzten fünf Jahren nicht GKV-versichert waren. Diese Regelung gilt für Personen, die mindestens die Hälfte dieser Zeit versicherungsfrei, von der Versicherungspflicht befreit oder hauptberuflich selbstständig und nicht versicherungspflichtig waren. Werden diese Voraussetzungen auch vom Ehegatten erfüllt, so ist diese Vorschrift ebenso auf diesen anzuwenden.

Privat krankenversicherte Arbeitslose, die Leistungen vom Arbeitsamt beziehen, können sich ebenfalls von der Versicherungspflicht befreien lassen, wenn sie in den letzten fünf Jahren nicht GKV-versichert waren. Die Agentur für Arbeit zahlt dann einen Zuschuss zu den PKV-Beiträgen in der Höhe, wie Zuschüsse zu einer Gesetzlichen Krankenversicherung geleistet würden.

Der Versicherungsschutz in der GKV beginnt für Pflichtversicherte mit dem Tag der Aufnahme der versicherungspflichtigen Beschäftigung, für freiwillig Versicherte mit dem Tag des Beitritts.

6.2.2 Kassenwahl und Kassenwechsel

Der Versicherte hat die **Wahlmöglichkeit**, statt der AOK einer Ersatz-, Betriebs- oder Innungskrankenkasse beizutreten. Seit dem 01.01.1996 kann die Krankenkasse generell frei gewählt, also auch gewechselt werden. Bei Pflichtversicherten von AOKs oder EKKs besteht seitens der Krankenkassen Kontrahierungszwang.

Versicherungspflichtige und freiwillig Versicherte sind mindestens 18 Monate an ihre Krankenkassenwahl gebunden. Eine Kündigung der Mitgliedschaft ist zum Ablauf des übernächsten Kalendermonats möglich, gerechnet von dem Monat, in dem das Mitglied die Kündigung erklärt (Kündigungsfrist also zwei volle Monate). Die Krankenkassen müssen spätestens innerhalb von zwei Wochen eine Kündigungsbestätigung ausstellen. Wirksam wird die Kündigung jedoch nur, wenn innerhalb der Kündigungsfrist eine Mitgliedschaft bei einer anderen Kasse durch Bescheinigung nachgewiesen wird. Die Bindefrist gilt bei freiwillig Versicherten nicht, wenn das Mitglied aus der GKV (Wechsel zur PKV) ausscheidet oder die Voraussetzungen der Familienversicherung erfüllt werden.

Bei einer Beitragsatzerhöhung haben alle Versicherten ein Sonderkündigungsrecht, Ausübungsfrist ist der Zugang der Kündigung bei der Kasse bis zum Wirksamwerden der Erhöhung, Wirkungsfrist bis zum Ablauf des übernächsten Kalendermonats nach dem Inkrafttreten der Erhöhung. Versicherungspflichtige haben einen Anspruch auf Leistung längstens für einen Monat nach der Beendigung der Mitgliedschaft, vorausgesetzt, sie sind nicht erwerbstätig. Ansonsten erlischt der Leistungsanspruch mit dem Ende der Mitgliedschaft.

Kennzeichnend für alle Krankenkassen ist das **Wirtschaftlichkeitsgebot** des § 12 Abs. 1 SGB V:

- Die Leistungen müssen ausreichend, zweckmäßig und wirtschaftlich sein; sie dürfen das Maß des Notwendigen nicht überschreiten (Wiederherstellung von Gesundheit und Arbeitskraft).
- Leistungen, die nicht notwendig oder unwirtschaftlich sind, können Versicherte nicht beanspruchen, dürfen die Leistungserbringer nicht bewirken und die Krankenkassen nicht bewilligen

Aufgrund des Sachleistungsprinzips in der GKV hat der Versicherte Anspruch darauf, dass ihm die Leistungen von der Krankenkasse zur Verfügung gestellt (z. B. Vertragsärzte, Mehrbettzimmer) oder Zuschüsse gezahlt werden (z. B. Zahnersatz, Sehhilfen etc.).

Die Abrechnung ärztlicher Leistungen bleibt anonym, da die Behandlung unter Vorlage einer Versichertenkarte erfolgt. Diese stellt die Grundlage der Abrechnung zwischen Arzt und Krankenkasse dar. Seit dem 01.01.2004 ist es auch für GKV-Versicherte möglich, dass Kostenerstattungsprinzip zu wählen. Diese Wahlmöglichkeit kann man auch auf den ambulanten Bereich beschränken.

Der Arzt würde nach der Gebührenordnung abrechnen, die Erstattung der Kasse erfolgt aber nur in der Höhe der Kosten, die beim **Sachleistungsprinzip** angefallen wären. So kann ein Differenzbetrag entstehen, den der Patient selbst tragen oder über Zusatzversicherungen absichern müsste. Über die Wahlmöglichkeit besteht eine Beratungspflicht durch die Krankenkasse.

Das **Solidarprinzip** wird in der GKV besonders deutlich: Bei gleichem Einkommen zahlt ein alleinstehender Versicherter den gleichen Beitrag wie ein Versicherter, dessen Familienangehörige aufgrund des Anspruchs auf Familienhilfe beitragsfrei in dessen Kasse mitversichert sind.

6.2.3 Umfassende Änderungen der Zuzahlungs- und Finanzierungsregelungen durch die Gesundheitsreform 2004

Prozentuale Zuzahlung

Grundsätzlich wird bei allen Leistungen eine Zuzahlung von 10 % der Kosten erhoben. Höchstens allerdings 10 EUR, mindestens 5 EUR. Wenn die Kosten unter 5 EUR liegen, wird der tatsächliche Preis gezahlt.

Belastungsgrenzen

Alle Zuzahlungen werden für das Erreichen der Belastungsgrenze berücksichtigt. Die jährliche Eigenbeteiligung der Versicherten darf 2 % der Bruttoeinnahmen nicht überschreiten. Für chronisch kranke Menschen gilt eine Grenze von 1 % der Bruttoeinnahmen. Auf Familien wird durch Kinderfreibeträge zusätzlich Rücksicht genommen. Bei Beziehern von Sozialhilfe gilt der Regelsatz des Haushaltsvorstandes als Berechnungsgrundlage für die Belastungsgrenze.

Befreiung für Kinder und Jugendliche

Kinder und Jugendliche bis zum vollendeten 18. Lebensjahr sind generell von allen Zuzahlungen befreit.

Bonusregelung

Wer aktiv Vorsorge betreibt und an qualitätsgesicherten Präventionsmaßnahmen teilnimmt, kann von seiner Krankenkasse einen finanziellen Bonus bekommen. Das kann eine teilweise Befreiung von den Zuzahlungen oder auch eine Ermäßigung des Beitrages sein. Das gilt auch für Versicherte, die an einem Hausarztsystem, an einem Chronikerprogramm oder an einer integrierten Versorgung teilnehmen.

Was sich geändert hat	Wie es sich geändert hat	Ausnahmen und Anmerkungen
Zuzahlungen		
... beim Arztbesuch	Praxisgebühr von 10 EUR pro Quartal beim Arzt oder Zahnarzt.	Überweisungen: Wer von einem Arzt zu einem anderen Arzt überwiesen wird, zahlt dort keine Praxisgebühr mehr, wenn der zweite Arztbesuch in dasselbe Quartal fällt. Vorsorge: Jährliche Kontrollbesuche beim Zahnarzt, Vorsorge und Früherkennungstermine und Schutzimpfungen sind von der Praxisgebühr ausgenommen.
... bei Arzneimitteln und Verbandsmitteln	Zuzahlung von 10 % des Preises, jedoch mindestens 5 EUR und maximal 10 EUR pro Arzneimittel. In jedem Fall nicht mehr als die Kosten des Mittels.	
... bei Heilmitteln und häuslicher Krankenpflege	Zuzahlung von 10 % der Kosten des Mittels zuzüglich 10 EUR je Verordnung (bei häuslicher Krankenpflege auf 28 Tage pro Kalenderjahr begrenzt).	Beispiel: Wenn z. B. auf einem Rezept sechs Massagen verordnet werden, beträgt die Zuzahlung 10 EUR für diese Verordnung und zusätzlich 10 % der Kosten pro Massage.
... bei Hilfsmitteln	Zuzahlung von 10 % für jedes Hilfsmittel (z. B. Hörgeräte, Rollstuhl), jedoch mindestens 5 EUR und maximal 10 EUR. In jedem Fall nicht mehr als die Kosten des Mittels.	Ausnahme: Hilfsmittel, die zum Verbrauch bestimmt sind (z. B. Ernährungssonden, Windeln bei Inkontinenz): Zuzahlung von 10 % je Verbrauchseinheit, aber maximal 10 EUR pro Monat.
... bei einer Soziotherapie, bei Inanspruchnahme einer Haushaltshilfe	Zuzahlung von 10 % der kalendertäglichen Kosten, jedoch mindestens 5 EUR und höchstens 10 EUR.	
... bei der stationären Vorsorge und Rehabilitation	Zuzahlung von 10 EUR pro Tag, bei Anschlussheilbehandlungen begrenzt auf 28 Tage.	
... bei der medizinischen Rehabilitation für Mütter und Väter	Zuzahlung von 10 EUR pro Tag.	
... im Krankenhaus	Zuzahlung von 10 EUR pro Tag, aber begrenzt auf maximal 28 Tage pro Kalenderjahr.	

Leistungen der Krankenkasse		
... Sterbegeld ... Entbindungsgeld	Im Zuge der Gesundheitsreform wurde das Sterbegeld ab dem 01.01.2004 als versicherungsfremde Leistung aus dem Leistungskatalog der GKV herausgenommen. Im Zuge der Gesundheitsreform wurde das Entbindungsgeld mit Wirkung vom 01.01.2004 aus dem Leistungskatalog der GKV herausgenommen.	
... Sterilisation	Sofern eine Sterilisation der persönlichen Lebensplanung dient, muss diese Leistung künftig vom Versicherten selbst finanziert werden.	Ausnahme: Wenn die Sterilisation medizinisch notwendig ist, werden diese Kosten auch weiterhin von der Krankenkasse übernommen.
... künstliche Befruchtung	Reduzierung von vier auf drei Versuche, die von der Krankenkasse zu jeweils 50 % bezahlt werden. Altersbegrenzung für Frauen zwischen 25 und 40 Jahren, für Männer bis zu 50 Jahren.	
... Sehhilfen/Brillen	Mit der Gesundheitsreform ist der Leistungsanspruch bei der Versorgung mit Sehhilfen seit dem 01.01.2004 auf Kinder und Jugendliche bis zur Vollendung des 18. Lebensjahres sowie auf schwer sehbeeinträchtigte Versicherte begrenzt worden. Nicht unter die Leistungsbegrenzung fallen therapeutische Sehhilfen zur Behandlung von Augenverletzungen oder Augenerkrankungen. Über die genannten Personenkreise hinaus, tragen gesetzlich Versicherte sämtliche Kosten für Sehhilfen selbst.	Ausnahme: Ein Leistungsanspruch besteht auch weiterhin für Kinder und Jugendliche bis zum vollendeten 18. Lebensjahr sowie für schwer sehbeeinträchtigte Menschen.
... Fahrtkosten	Fahrtkosten zur ambulanten Behandlung werden grundsätzlich nicht mehr von der Krankenkasse übernommen.	Ausnahme: Wenn es zwingende medizinische Gründe gibt, kann die Krankenkasse in besonderen Fällen eine Genehmigung erteilen und die Fahrtkosten übernehmen.

... Arzneimittel	Nicht verschreibungspflichtige Arzneimittel werden von den Krankenkassen grundsätzlich nicht mehr erstattet. Arzneimittel, die überwiegend der Verbesserung der privaten Lebensführung dienen (z. B. Viagra), werden nicht mehr erstattet.	Ausnahme: Verordnung für Kinder bis zum 12. Lebensjahr, für Jugendliche mit Entwicklungsstörungen und bei der Behandlung schwerwiegender Erkrankungen, wenn solche Arzneimittel zum Therapiestandard gehören.
... Mutterschaftsgeld ... Empfängnisverhütung ... Schwangerschaftsabbruch ... Krankengeld bei Erkrankung eines Kindes	Werden zukünftig über Steuern finanziert. Für den Versicherten ändert sich nichts, da diese Leistungen auch weiterhin über die Krankenkasse abgerechnet werden.	
... beim Zahnersatz	Der Zahnersatz bleibt im Gesamtleistungskatalog der gesetzlichen Krankenversicherung. Bis Ende 2004 galt der Versicherungsschutz in der alten Form. Seit 2005 wird Zahnersatz als obligatorische Satzungsleistung von den gesetzlichen Krankenkassen angeboten. Allerdings leisten die Krankenkassen nur noch befundbezogene Festzuschüsse.	Das bedeutet konkret: Gesetzlich Versicherte zahlen seit 01.07.2005 für die Absicherung des Zahnersatzes einen zusätzlichen einkommensabhängigen Beitrag in Höhe von 0,4 %. Das gilt nicht für Kinder und Bezieher von Arbeitslosengeld II. Für GKV-Versicherte können nur ergänzende private Zahnzusatzversicherungen abgeschlossen werden. Beitrag in Höhe von 0,4 % (ist im vom Arbeitnehmer selbst zu tragenden Anteil von 0,9 % bereits enthalten)
... Sonstiges	Seit 01.07.2005 wird von den Versicherten nochmals ein Sonderbeitrag in Höhe von 0,9 % erhoben.	

(Quelle: BMGS)

Abbildung: Änderungen durch die Gesundheitsreform 2004

Einführung einer allgemeinen Versicherungspflicht

Nachdem die Versicherungspflicht für alle gesetzlich Krankenversicherten in Deutschland bereits zum 01.04.2007 eingeführt wurde, besteht seit dem 01.01.2009 auch die Versicherungspflicht für alle diejenigen Personen, die der GKV nicht zuzuordnen sind. Alle Personen, die der PKV zuzuordnen sind, müssen aufgrund der bestehenden Versicherungspflicht seitdem eine Private Krankenvollversicherung nachweisen. Eine Krankenversicherung, die der Versicherungspflicht genügt, muss mindestens Leistungen für den ambulanten und stationären Bereich umfassen. Leistungen für den Zahnbereich sind nicht vom Gesetzgeber gefordert. Verschiedene Selbstbehalte sind möglich, allerdings maximal bis zu 5.000 EUR.

Seit Einführung der Versicherungspflicht in der PKV zum 01.01.2009 sind alle privaten Krankenversicherer verpflichtet, den neuen sogenannten Basistarif anbieten zu müssen, dessen Leistungen denen der GKV entsprechen. Die am Markt angebotenen Basistarife enthalten selbstverständlich auch Leistungen für den Zahnbereich, obwohl dies die Versicherungspflicht nicht erfordert.

Sollte der Versicherungsnehmer den Beitrag für seinen Basistarif (max. Höchstbeitrag der GKV) nicht zahlen können und sich durch die Beitragszahlungspflicht eine Sozialhilfebedürftigkeit ergeben, ist der Beitrag um die Hälfte zu ermäßigen. Ergibt sich dann immer noch eine Hilfebedürftigkeit, wird der Beitrag vom Sozialhilfeträger übernommen.

Im neu eingerichteten Basistarif besteht **Kontrahierungszwang**, sofern die Zugangsvoraussetzungen erfüllt sind.

Folgende Personen dürfen bzw. durften in den Basistarif einer jeden Versicherers wechseln:

- Nichtversicherte, die der PKV zuzuordnen sind;
- freiwillig GKV-Versicherte innerhalb von sechs Monaten nach Einführung des Basistarifs bzw. innerhalb von sechs Monaten nach Ende der Versicherungspflicht;
- alle Bestandsversicherten zeitlich begrenzt bis 30.06.2009.

Aufgrund der Versicherungspflicht ist auch die Kündigung einer Krankenversicherung nur dann noch möglich, wenn der GKV oder der PKV der Abschluss einer neuen Versicherung, die der Versicherungspflicht genügt, nachgewiesen wird. Auch eine Kündigung des Versicherungsvertrages wegen Nichtzahlung der Prämie ist nicht mehr möglich. Bei entsprechenden Zahlungsrückständen wird der Krankenversicherer den Tarif zunächst ruhend stellen. In dieser Phase werden lediglich noch Leistungen für akute Behandlungen und Schmerzzustände sowie bei Schwangerschaft und Mutterschaft gezahlt. Besteht nach einem Jahr immer noch ein Beitragsrückstand, wird der Krankenversicherer den Tarif in den Basistarif umstellen. Soweit hier die Zahlung ebenfalls nicht möglich ist, kann die Hälfte des Beitrages durch den Träger der Sozialhilfe übernommen werden (s. o.).

Eine Besonderheit besteht seit Einführung der Versicherungspflicht in der Unterscheidung von „Bestandskunden“ und „Neukunden.“

Als Bestandsversicherte (auch „Altkunden“ genannt) gelten alle Personen, die bereits vor dem 01.01.2009, also vor Einführung der Versicherungspflicht in der PKV, privat krankenvollversichert waren. Nur diese Personen (Bestandsversicherte), also alle, deren private Krankenversicherungsverträge bereits vor dem 01.01.2009 begonnen haben, können unter bestimmten Zugangsvoraussetzungen in den (neben dem Basistarif existierenden) sogenannten **Standardtarif** wechseln (§ 19 Abs. 1 MB/KK).

Alternativ besteht für diese Personen jedoch auch ein Wechselrecht in den Basistarif (§ 20 MB/KK). Seit 01.07.2009 können die Bestandsversicherten - Mitnahme ihrer vollen

Alterungsrückstellungen nur innerhalb ihres bisherigen Versicherers - unter bestimmten Voraussetzungen in den Basistarif wechseln. Möglich ist dies ab dem 55. Lebensjahr oder bei Bestehen eines Rentenanspruchs oder in finanzieller Not. Für sogenannte Neukunden (Versicherungsbeginn seit dem 01.01.2009) ist ein Wechsel in den Standardtarif dagegen nicht möglich, denn für Neukunden gilt: „Personen, die nach dem 01.01.2009 einen neuen PKV-Vertrag abgeschlossen haben und die Zugangsvoraussetzungen erfüllen, können (ausschließlich) in den Basistarif jedes beliebigen Versicherers wechseln." (nicht in den Standardtarif).

Beim Tarifwechsel in den Basistarif innerhalb der bisherigen Gesellschaft bleiben die Rückstellungen in voller Höhe erhalten. Beim Wechsel zu einem anderen (beliebigen) Versicherer werden die Rückstellungen mitgenommen, allerdings nur in der Höhe, die dem Basistarif entsprechen.

> ***Hinweis:***
> *Zu beachten sind die unterschiedlichen Zugangsvoraussetzungen (Bestands- und Neukunde) sowie die gleichfalls voneinander abweichende Beitragskalkulation von Basis- und Standardtarif.*

Krankengeld

Das Krankengeld für freiwillig versicherte Selbstständige und Freiberufler ist zum 01.01.2009 weggefallen, wurde jedoch zum 01.07.2009 wieder eingeführt, allerdings dann erst wie bei Arbeitnehmern ab dem 43. Tag.

Versicherungswechsel

Der Wechsel von der GKV in die PKV war nur noch möglich, wenn das Jahresarbeitsentgelt die Jahresarbeitsentgeltgrenze überstieg und sie in drei aufeinanderfolgenden Kalenderjahren überstiegen hat. Diese Regelung ist zum 01.01.2011 wieder gefallen. Somit können seit 01.01.2011 wieder all diejenigen GKV-Versicherten in die PKV wechseln, die erstmalig die Jahresarbeitsentgeltgrenze überschreiten. Für sie endet die Versicherungspflicht in der GKV dann zum Ende des Jahres, in dem sie die JAEG überschritten haben (vgl. § 6 Abs. 4 SGB V).

Seit 01.01.2009 ist der Wechsel zwischen PKV-Unternehmen durch die Portabilität der Alterungsrückstellungen in Höhe des Basistarifs erleichtert. Zuvor war eine Mitnahme der Alterungsrückstellungen bei einem Versicherungswechsel zwischen privaten Versicherern nicht möglich.

Neue Wahltarife

Es wird unterschieden zwischen Wahltarifen, die die gesetzlichen Krankenkassen anbieten müssen, und Tarifen, die die Kassen anbieten können. Zu den Pflichttarifen gehören strukturierte Behandlungsprogramme bei chronischen Krankheiten (DMP) und die sogenannte hausarztzentrierte Versorgung. Zu den freiwilligen Tarifen der Kassen gehören Selbstbehalttarife, Tarife für die Nichtinanspruchnahme von Leistungen, Kostenerstattungstarife und Tarife für zusätzliche Leistungsabsicherung. Hier können Selbstbehalte,

Zuzahlungen und Beitragserstattungen vereinbart werden – dies im Rahmen festgelegter Höchstgrenzen.

> ***Hinweis:***
> *Bei der Wahl dieser Tarife gilt eine Mindestbindungsfrist von drei Jahren.*

Zu Pflichtleistungen der Krankenkassen gehören außerdem seit April 2007 Mutter-/Vater-Kind-Kuren, empfohlene Impfungen, geriatrische Rehabilitationen und Leistungen der häuslichen Krankenpflege – auch in Wohngemeinschaften oder in Heimen.

Gesundheitsfonds

Seit dem 01.01.2009 werden die Beiträge der Versicherten und der Arbeitgeber zwar noch an die Krankenkassen gezahlt, von diesen aber an den Gesundheitsfonds weitergeleitet. Seit diesem Zeitpunkt gilt ein einheitlich von der Bundesregierung festgelegter Beitragssatz für alle Kassen. Dieser liegt seit 01.01.2011 bei 15,5 %. Die Krankenkassen erhalten aus dem Gesundheitsfonds Zuweisungen. Wenn sie damit nicht auskommen, können sie einen Zusatzbeitrag von den Versicherten erheben, den diese allein, also ohne Arbeitgeberbeteiligung, zahlen müssen. Dieser Zusatzbeitrag darf 1 % der beitragspflichtigen Einnahmen nicht übersteigen; ein pauschaler Beitrag von max. 8 EUR kann aber ohne Einkommensprüfung erhoben werden. Dann hat der Versicherte allerdings ein Sonderkündigungsrecht.

Die privaten Krankenversicherer hatten gegen einige Punkte der Gesundheitsreform 2007 verfassungsrechtliche Bedenken – insbesondere traf dies auf die Einführung des Basistarifs zu, der die PKV verpflichtet, jeden Antragsteller ohne Risikozuschlag und somit auch ohne Gesundheitsprüfung aufzunehmen, der nicht der GKV zugeordnet werden kann. Mit Urteil des Bundesverfassungsgerichts (BVerfG) vom 10.06.2009 wurde allerdings die Verfassungsmäßigkeit sämtlicher Änderungen und somit auch der Einführung des Basistarifs bestätigt. Verfassungswidrige Auswirkungen aufgrund der veränderten Rahmenbedingungen durch die Gesundheitsreform 2007 konnten von den privaten Krankenversicherern nicht belegt werden und wurden vom BVerfG auch **derzeit** nicht gesehen. Es kann allerdings davon ausgegangen werden, dass zukünftig weitere Reformen im Gesundheitsbereich insbesondere von der PKV sehr kritisch beobachtet und ggf. zu erneuten Verfassungsbeschwerden führen werden. Die dann notwendigen weiteren Entscheidungen des BVerfG bleiben abzuwarten.

6.3 Leistungsumfang der Privaten Krankenversicherung (inklusive Bedarf und Zielgruppen)

Gliederung der Gesamtaufwendungen in der Privaten Krankenversicherung
Ab 1995 einschließlich Pflegeversicherung (Bruttobetrag)

Jahr	Aufwendungen für Versicherungsfälle[1] Mrd. EUR	Aufwendungen für Beitragsrückerstattung[2] Mrd. EUR	Zuführungen zur Alterungsrückerstellung Mrd. EUR	Gesamtaufwendungen[3] Mrd. EUR
1980	3,681	0,277	0,608	4,567
1985	4,835	0,846	1,025	6,706
1990	7,324	0,584	1,595	9,503
1995	10,981	2,038	3,785	16,804
2000	13,815	2,861	7,410	24,087
2003	16,041	2,381	8,824	27,246
2004	16,655	3,234	8,673	28,562
2005	17,451	3,444	9,559	30,455
2006	17,839	3,662	10,062	31,758
2007	18,898	3,686	10,213	33,006
2008	20,169	2,493	10,734	33,648
2009	21,121	2,914	10,945	35,191

1) einschl. Schadenregulierungsaufwendungen und Zuführung zur Schadenrückstellung, 2) Zuführung zu den Rückstellungen für erfolgsabhängige und erfolgsunabhängige Beitragsrückerstattung, 3) selbst abgeschlossenes deutsches Geschäft; abgegrenzte Werte.
(Quelle: GDV-Jahrbuch 2010)

Abbildung: Gliederung der Gesamtaufwendungen in der PKV

6.3.1 Versicherter Personenkreis

Zunächst besteht für jedermann die Möglichkeit, sich privat gegen Krankheitsrisiken zu versichern. Diejenigen Personen, die in der Gesetzlichen Krankenversicherung versicherungspflichtig sind, haben jedoch lediglich die Möglichkeit, mithilfe von Zusatzversicherungen den Leistungsumfang ihrer GKV zu verbessern. Wie bereits beschrieben, sind über 90 % der Bevölkerung gesetzlich krankenvollversichert und verteilen sich in die Gruppen der Pflichtversicherten, freiwillig Versicherten und Familienversicherten.

In der GKV nicht versicherungspflichtig sind insbesondere:

- Selbstständige und Freiberufler,
- Arbeitnehmer, deren regelmäßiges Jahresarbeitsentgelt die Jahresarbeitsentgeltgrenze übersteigt,
- Beamte.

Letztgenannte erhalten von ihrem Dienstherren aufgrund seiner Fürsorgepflicht eine Beihilfe für die Kosten medizinisch notwendiger Heilbehandlung. Die Höhe der Beihilfe wird in Prozentsätzen ausgedrückt und ist in den Bundesbeihilfevorschriften bzw. in den Beihilfeverordnungen des jeweiligen Bundeslandes geregelt.

Die Beihilfe ist personenbezogen und wird in prozentual unterschiedlicher Höhe gewährt (Beihilfesätze – Bund):

- 50 % für den Beihilfeberechtigten,
- 70 % für den Beihilfeberechtigten mit zwei oder mehr berücksichtigungsfähigen Kindern,
- 70 % für den Versorgungsempfänger,
- 70 % für den berücksichtigungsfähigen Ehegatten,
- 80 % für jedes berücksichtigungsfähige Kind.

Sind mehrere Personen zugleich beihilfeberechtigt („Beamtenehepaar"), ist nur einer von beiden zu 70 % beihilfeberechtigt, vorausgesetzt, es sind mindestens zwei Kinder vorhanden. Die Wahl ist unwiderruflich.

Beihilfesätze beziehen sich immer auf die beihilfefähigen Aufwendungen. Hier hat es in den letzten Jahren drastische Einschnitte, parallel mit der GKV, gegeben. Für alle drei Personengruppen besteht die Wahl, den Versicherungsschutz über eine private oder freiwillige Gesetzliche Krankenversicherung abzuschließen. Arbeitnehmer, die substitutiv privat krankenvollversichert sind (ebenso privat pflegeversichert), erhalten von ihrem Arbeitgeber einen Nettolohnzuschuss in Höhe von 50 % der privaten Versicherungsbeiträge, seit dem 01.01.2011 jedoch maximal 271,01 EUR (PKV) bzw. 36,20 EUR (PPV).

6.3.2 Leistungsumfang entsprechend Bedarf und Zielgruppen

6.3.2.1 Versicherungsformen der Privaten Krankenversicherung

Die Hauptaufgabe der Privaten Krankenversicherung ist es, **Kostenersatz** für die Erhaltung und Wiederherstellung der Gesundheit zu gewähren, mit anderen Worten, die Kosten von medizinisch notwendigen Heilbehandlungen in der **Krankheitskostenversicherung** zu übernehmen. In diesem Fall spricht man von der **Deckung eines konkreten Bedarfs**. Insofern gehört die PKV zur Schadenversicherung.

Darüber hinaus gibt es in der PKV die **Deckung von abstraktem Bedarf in der Krankentagegeld- und Krankenhaustagegeldversicherung**. Hierbei handelt es sich um die Versicherung von Einkommensverlusten durch eine Krankheit. Im Gegensatz zur Krankheitskostenversicherung ist die Vorlage von Rechnungen hierbei nicht notwendig. Tagegeldversicherungen haben die Zahlung einer (abstrakt) vereinbarten Geldsumme zum Gegenstand. Sie sind **Summenversicherungen**. Die drei Leistungsarten stellen einzelne, unabhängige Zweige dar, deren Zusammenstellung vom Versicherungsnehmer wählbar ist.

Man unterscheidet in der Krankheitskostenversicherung weiter nach folgenden Versicherungsformen:

1. Krankheitskostenvollversicherung:	2. Krankheitskostenteilversicherung:
ambulante, stationäre und zahnärztliche Behandlung alternativ zur GKV und bei Arbeitnehmern diese ersetzend (substitutive PKV)	ambulante, stationäre und zahnärztliche Behandlung als selbstständige Bestandteile eines Vertrages in Form von Zusatzversicherungen zur GKV: z. B. stationär: Behandlung als Privatpatient im Krankenhaus/Unterbringung im Ein- oder Zweibettzimmer

6.3.2.2 Krankheitskostenvolltarife

Diese Tarife sind insbesondere auf den Bedarf der nicht versicherungspflichtigen Personen zugeschnitten. Zur Herabsetzung des Beitrages können verschiedene Formen der **Selbstbeteiligung** angeboten werden. Weit verbreitet sind Tarife mit einer **Abzugsfranchise**. Da hier alle Versicherungsfälle eines Jahres zusammengefasst werden, spricht man auch von einer **Zeitfranchise**. Der VN hat einen bestimmten Betrag (beispielsweise 250 EUR jährlich) allein zu tragen. Kosten, die darüber hinausgehen, werden vom Versicherer voll übernommen. Beim **Prozentualsystem** trägt der VN einen prozentualen Anteil der Kosten selbst (z. B. 20 % der Zahnersatzkosten). Die prozentuale Selbstbeteiligung kann sich auf den gesamten Tarif, aber auch auf eine einzelne Leistungsart beziehen. Ist der Betrag der Selbstbeteiligung nach oben hin begrenzt, spricht man von einem **Prozentual-Maximalsystem**.

Beispiel:
25 % der Zahnbehandlungskosten, jedoch max. 500 EUR.

Die Leistungsarten der Krankheitskostentarife werden in drei Bereiche aufgeteilt:

Ambulante Behandlung
- Ärztliche Untersuchungen, Beratungen, Behandlungen, Besuche, ambulante Operationen,
- ärztlich verordnete Arzneien, Verbandsmittel,
- ärztlich verordnete Heilmittel (Bäder, Massagen, Wärmebehandlungen),
- ärztlich verordnete Hilfsmittel (Seh-, Gehhilfen, Hör-, Sprechgeräte etc.),
- Vorsorgeuntersuchungen,
- psychotherapeutische Behandlungen.

Stationäre Behandlung im Krankenhaus
- **Regelleistungen:**
  Unterbringung im Mehrbettzimmer, ärztliche Behandlung sowie Operationskosten, Arzneien, Transplantate, Verbandsmaterial und Transporte
- **Wahlleistungen:**
  Unterbringung im Ein- oder Zweibettzimmer, Behandlung durch einen leitenden Oberarzt oder einen Belegarzt (gesondert berechenbare Kosten)

Zahnärztliche Behandlung
- Zahnbehandlungen,
- Zahnersatz und
- kieferorthopädische Behandlung.

6.3.2.3 Zusatzversicherungen für GKV-Versicherte

Krankheitskostentarife
Im Rahmen der Krankheitskostenteilversicherung bieten die Privaten Krankenversicherer Zusatzversicherungen an. So kann ein Mitglied einer Gesetzlichen Krankenversicherung den Teil der Kosten einer stationären Behandlung im Krankenhaus versichern, für den die GKV die Kosten nicht übernimmt (Behandlung durch den leitenden Oberarzt, Unterbringung in einem Ein- oder Zweibettzimmer). Hierbei spricht man von sogenannten **Wahlleistungen**.

Schließlich ist es für den GKV-Versicherten zweckmäßig, ambulante Ergänzungstarife abzuschließen, die dann verbesserte Leistungen, z. B.

- bei Zahnersatz,
- für Brillen und Kontaktlinsen sowie
- Heil- und Hilfsmittel (wie Massagen, Bäder, Krankengymnastik etc.)

ermöglichen.

Generell gilt: Leistungen aus Zusatztarifen erfolgen nur nach nachweislicher Vorleistung der GKV. Die Leistungen beider Versicherungsträger dürfen zusammen maximal den tatsächlichen Kosten entsprechen.

Beihilfetarife

Beihilfetarife sind speziell für Beamte entwickelte Tarife, die die Differenz zwischen Beihilfeleistungen und den tatsächlichen Kosten versichern. Es handelt sich um Quotentarife, d. h., die Erstattung erfolgt prozentual gemäß der vereinbarten Quote.

Beihilfesatz + Quotentarif PKV = max. 100 % der Krankheitskosten

Da Beamte nicht in der GKV versicherungspflichtig sind, können sie entscheiden, ob sie die Restkosten, die vom Dienstherren im Rahmen seiner Fürsorgepflicht nicht erstattet werden, privat versichern oder selbst tragen.

Private studentische Krankenversicherung (PSKV)

Versicherbar in der PSKV sind immatrikulierte Studenten im Rahmen der Krankheitskostenversicherung zu besonders günstigen Beiträgen. Die PSKV ersetzt die Mitgliedschaft in einer Gesetzlichen Krankenversicherung. Dieser Tarif ist branchenübergreifend und bei allen Versicherern gleich hoch.

Standardtarif

Ältere Versicherte können nach zehn Jahren Vorversicherungszeit ab dem 55. Lebensjahr den Wechsel in diesen Tarif verlangen. Der Tarif garantiert, dass kein höherer Beitrag als der durchschnittliche Höchstbeitrag zur GKV zu zahlen ist. Die Leistungen entsprechen denen in der GKV. Im Zuge der Gesundheitsreform 2007 wurde dieser Tarif modifiziert und ist zum 01.01.2009 im neuen Basistarif aufgegangen. Lediglich für Versicherte, die bereits im Standarttarif versichert sind bzw. vor dem 31.12.2008 privat krankenversichert waren, ist der Standardtarif über den 01.01.2009 hinaus erhalten geblieben.

Seit 01.07.2007 bestand für den Standardtarif ein Beitrittsrecht für Personen ohne Versicherungsschutz, die der Privaten Krankenversicherung zuzuordnen waren, in der Regel Selbstständige. Es gab keine Leistungsausschlüsse und keine Risikozuschläge. Die Beitragskalkulation erfolgte nur nach Eintrittsalter und Geschlecht.

Basistarif

Diese Abweichung vom Äquivalenzprinzip (= risikogerechte Prämienkalkulation) gilt auch für den neuen Basistarif, der aus dem Standardtarif hervorgeht. Seit 01.01.2009 können freiwillig Versicherte und ehemals privat Versicherte in den Basistarif wechseln. Aufgrund der Pflichtversicherung ab 01.01.2009 müssen alle PKV-Unternehmen inzwischen einen Basistarif anbieten. Die Leistungen entsprechen denen der GKV, der Beitrag darf nicht höher als der Höchstbeitrag von gesetzlich Krankenversicherten sein, derzeit rund 500 EUR. Bedürftige zahlen ggf. die Hälfte und können unter besonderen Umständen Zuschüsse erhalten.

Krankenhaustagegeldversicherung
Der Anlass für den Abschluss einer Krankenhaustagegeldversicherung kann sehr unterschiedlich sein. Als mögliche Gründe können beispielsweise Aufwendungen für eine Haushaltshilfe, Fahrtkosten oder Mehraufwendungen während eines Krankenhausaufenthaltes eine Rolle spielen. Die Vorteile einer Krankenhaustagegeldversicherung sind:

- steuerfreie Zahlung einer Geldsumme für jeden Tag des Krankenhausaufenthalts,
- keine Verrechnung mit anderen Leistungen,
- zeitlich unbegrenzte Zahlung.

Die Zahlung erfolgt für jeden Tag eines krankheitsbedingten vollstationären Krankenhausaufenthaltes. Einlieferung- und Entlassungstag werden als je eigener Tag gewertet.

Krankentagegeldversicherung
Die Krankentagegeldversicherung dient zum Schutz vor Verdienstausfällen bei Arbeitsunfähigkeit wegen Krankheit oder Unfall. Grundsätzlich kann jeder Arbeitnehmer bzw. jeder Selbstständige oder Freiberufler eine solche Versicherung abschließen. Es gelten jedoch besondere Einschränkungen:

- Das Krankentagegeld darf zusammen mit sonstigen Krankentage- und Krankengeldern das auf den Kalendertag umgerechnete, aus der beruflichen Tätigkeit herrührende Nettoeinkommen nicht übersteigen (Berechnungsgrundlage ist der Durchschnittsverdienst der letzten zwölf Monate).
- Für Arbeitnehmer, die gesetzlich oder privat krankenversichert sind, gelten 42 Karenztage, da bis dahin die Lohnfortzahlung des Arbeitgebers andauert. Der Versicherer zahlt das vereinbarte Krankentagegeld also ab dem 43. Tag der nachgewiesenen Arbeitsunfähigkeit für jeden Tag der Krankheit.

Insofern sind die Krankentagegeldversicherungen Summenversicherungen mit Elementen der Schadenversicherung (Bereicherungsverbot). Je später das Versicherungsunternehmen aufgrund der vereinbarten Karenztage leisten muss, desto niedriger ist der Beitrag.

Nach Bewilligung der Lohn- und Gehaltsfortzahlung durch den Arbeitgeber (es ist damit zu rechnen, dass die volle, sechswöchige Lohnfortzahlung in absehbarer Zeit gekürzt wird), ergibt sich für den GKV-Versicherten eine Versorgungslücke, da vom Krankengeld der Krankenkasse die Arbeitnehmer-Beiträge zur Renten-, Arbeitslosen- und Pflegepflichtversicherung gleich einbehalten werden. Das Krankengeld wird im Fall der Arbeitsunfähigkeit auf 70 % des Bruttogehalts, maximal aber auf 90 % des Nettogehalts herabgesetzt.

Beispiel:

monatl. Arbeitsentgelt (brutto):	3.000,00 EUR
monatl. Arbeitsentgelt (netto):	1.650,00 EUR
70 % des Bruttos:	2.100,00 EUR
90 % des Nettos:	1.485,00 EUR
abzüglich Arbeitgeberanteil zur RV, AV und PV (in 2011, 12,425 %):	184,51 EUR
Versorgungslücke (tägl.):	11,65 EUR
zu versicherndes Krankentagegeld (tägl.):	11,00 EUR

Ab der 7. Woche der Arbeitsunfähigkeit zahlt die GKV Krankengeld wegen derselben Krankheit, jedoch nur für max. insgesamt 78 Wochen. (Die Zeit der Lohnfortzahlung wird angerechnet.) Danach erfolgt keine Leistung mehr aus der GKV. Dieser Prozess wird als Aussteuerung bezeichnet und erfolgt in der PKV nicht.

Für die Berufsgruppe der Selbstständigen und Freiberufler können andere Karenztage vereinbart werden. Die Dauer der Karenzzeit (z. B. drei, sieben, 14, 21 oder 28 Tage) und die Höhe des Tagegeldes hängen insbesondere von dem Berufszweig des Versicherten ab und werden von den Krankenversicherern verschieden angeboten. Die Vereinbarung der unterschiedlichen Karenztage dient hier insbesondere zur Begrenzung des subjektiven Risikos. Sinnvoll sind hier mehrere oder gestaffelte Verträge.

Auslandsreisekrankenversicherung
Für GKV-Versicherte besteht Versicherungsschutz (ohne Rücktransport) bei Auslandsaufenthalten nur innerhalb der EU bzw. bei Bestehen eines Sozialversicherungsabkommens.

Für alle übrigen Länder besteht kein Versicherungsschutz. Der private Krankenversicherer bietet daher für berufliche oder private Auslandsaufenthalte Kostenersatz im Zusammenhang mit akuten Erkrankungen für

- ambulante und
- stationäre Behandlungen sowie
- schmerzstillende Zahnbehandlung,
- Mehrkosten für medizinisch notwendige Rückführungen aus dem Ausland und
- Bestattungs- oder Überführungskosten

sowie bei Rechnungen aus Ländern mit Sozialversicherungsabkommen die möglicherweise verbleibenden Restkosten.

Kurtagegelder
Im Gegensatz zur Gesetzlichen Krankenversicherung gehört der Kostenersatz von Kur- und Sanatoriumsaufenthalten nicht zum Leistungsbereich der Privaten Krankheitskostenvollversicherung. Hierfür wurden spezielle Kurkostentarife entwickelt, die entweder

in Form von Tagegeldern oder als Zuschüsse bis zu einem bestimmten Höchstbetrag angeboten werden.

Ein Kurtagegeld ist wichtig für Selbstständige, da diese in der Regel keine Ansprüche aus der Gesetzlichen Rentenversicherung haben.

Anwartschaftsversicherung
Mit dem Abschluss einer Anwartschaftsversicherung erwirbt oder erhält sich der Versicherte das Recht auf eine Private Krankenversicherung, wenn diese für eine absehbare Zeit nicht benötigt wird, und zwar

- entweder von Personen mit Anspruch auf Freie Heilfürsorge, die nach Eintritt in den Ruhestand Anspruch auf Beihilfe haben, oder als
- Umwandlung eines bestehenden Vertrages bei Eintritt von
  - Versicherungspflicht,
  - Anspruch auf Familienversicherung,
  - einem längeren Auslandsaufenthalt oder
  - zur Überbrückung eines unbezahlten Zeitraums (auch bei Arbeitslosigkeit).

Bei Umstellung der Anwartschaftsversicherung auf die entsprechenden Tarife entfällt die erneute Gesundheitsprüfung (kleine Anwartschaftsversicherung). Während der Anwartschaft eventuell eingetretene Krankheiten sind mitversichert. Bei der großen Anwartschaftsversicherung gilt zusätzlich das ursprüngliche Eintrittsalter; erneute Wartezeiten entstehen nicht. Da hier Alterungsrückstellungen gebildet werden müssen, ist ihr Beitrag entsprechend höher.

6.3.3 Leistungseinschränkungen (Ausschlüsse)

In der PKV besteht bedingungsgemäß kein Versicherungsschutz

- für Krankheiten, Unfälle bzw. Folgen, die durch Kriegsereignisse verursacht wurden,
- für vorsätzlich herbeigeführte Versicherungsfälle,
- für Behandlung durch Ehegatten, Eltern, Kinder (außer Sachkosten),
- in der Krankentagegeldversicherung für Arbeitsunfähigkeit wegen Schwangerschaft sowie deren Abbruch, Fehlgeburt und Entbindung.

6.3.4 Individuelle Bedarfsermittlung in Abgrenzung zur GKV

Grundsätzlich ergibt sich für Nicht-GKV-Versicherte ein Bedarf nach umfassender Versorgung im Falle von Krankheit und Arbeitsunfähigkeit. Im Krankheitsfall können unkalkulierbare Kosten entstehen. Die Private Krankenversicherung kann diese hohen wirtschaftlichen Risiken in sichere und kalkulierbare Kosten verwandeln, denn

- besonders Krankenhausaufenthalte mit Operationen sind kaum aus Ersparnissen zu bezahlen,
- vor allem der Zahnersatz in guter Qualität ist sehr teuer,

- gerade der Selbstständige trägt das Risiko des Einkommensausfalls bei Arbeitsunfähigkeit in besonderem Maße und allein.

Nicht in der GKV Versicherte (Selbstständige und versicherungsfreie Arbeitnehmer) müssen deswegen Private Krankenversicherungen im ambulanten und stationären Bereich sowie für Zahnbehandlungen und -ersatz abschließen. Außerdem benötigen sie Krankentagegeldversicherungen für den Eintritt von Arbeitsunfähigkeit.

GKV-Versicherten, die lediglich eine Grundversorgung erhalten, ist der Abschluss von privaten Ergänzungsversicherungen in allen Bereichen zu empfehlen, damit sie auch an der allgemein höheren Leistungsqualität der privaten Tarife Anteil haben.

6.3.5 Beiträge in der PKV

Die Beiträge in der PKV werden nach dem **Äquivalenzprinzip** berechnet. Jeder Versicherte zahlt einen individuell kalkulierten Beitrag. Dieser ist abhängig

- vom Umfang des Versicherungsschutzes, der bedarfsgerecht zusammengestellt werden kann,
- vom Geschlecht,
- vom Lebensalter bei Versicherungsbeginn (Eintrittsalter),
- von Vorerkrankungen und dem Gesundheitszustand bei Abschluss der Versicherung,
- von Selbstbehalten, die den Beitrag senken können.

Obwohl das Krankheitsrisiko mit zunehmendem Alter stark zunimmt, erhöht sich der Beitrag hierdurch nicht. Die Kalkulation des Versicherers beruht auf dem **Grundsatz der gleichbleibenden Prämien**. Aus diesem Grunde zahlt der „jüngere" Versicherte, gemessen an seinem tatsächlichen Risiko, einen „überhöhten" Beitrag. In späteren Jahren wird der erhöhte Kostenbedarf durch die mit diesem überhöhten Beitrag gebildete **Alterungsrückstellung** aufgefangen. Seit dem 01.01.2000 wird aus dem gesetzlichen Zuschlag (GZ) zum Tarifbeitrag eine zusätzliche Alterungsrückstellung gebildet (§ 12a VAG).

Beitragseinnahmen in der Privaten Krankenversicherung Beitragseinnahmen nach Versicherungsarten in Mrd. EUR sowie Anteile in %						
Versicherungsarten	2007		2008		2009	
	Mrd. EUR	v. H.	Mrd. EUR	v. H.	Mrd. EUR	v. H.
Krankheits-vollversicherung[1)]	21,209	72,0	21,790	71,8	22,564	71,7
Pflegeversicherung	1,883	6,4	1,970	6,5	2,074	6,6
Zusatzversicherung zum GKV-Schutz[2)]	3,724	12,6	3,931	13,0	4,121	13,1
Krankentaggeld-versicherung[3)]	1,040	3,5	1,001	3,3	1,010	3,2
Krankenhaustagegeld-versicherung	0,699	2,4	0,645	2,1	0,629	2,0
Pflegezusatz-versicherung	0,260	0,9	0,322	1,1	0,379	1,2
Besondere Versicherungsarten[4)]	0,646	2,2	0,672	2,2	0,690	2,2
PKV insgesamt	**29,461**	**100,0**	**30,331**	**100,0**	**31,463**	**100,0**

1) Vollversicherung, 2) Krankenhauszusaztversicherung, Ergänzungstarife, u. a., 3) Verdienstausfallversicherung, 4) Auslandsreisekrankenversicherung, spezielle Ausschnittsversicherung (wird erst seit 2005 gesondert erfasst), Beihilfeablöseversicherung, Restschuld- und Lohnfortzahlungsversicherung.
(Quelle: GDV-Jahrbuch 2010)

Abbildung: Beitragseinnahmen in der Privaten Krankenversicherung

6.3.6 Beitragsanpassung

Gesetzliche und Private Krankenversicherung stehen gleichermaßen vor der Aufgabe, die Leistungen für die Versicherten mittels der Beiträge zu finanzieren. Wenn die Kosten im Gesundheitswesen steigen, sich also die ursprünglichen Kalkulationsgrundlagen ändern, führt das zwangsläufig zu Beitragserhöhungen, die jedoch in der PKV von einem unabhängigen Treuhänder genehmigt werden müssen. Gründe für die Beitragserhöhungen können sein:

- medizinischer Fortschritt,
- inflationäre Kostensteigerungen im Gesundheitswesen,
- steigende Lebenserwartung,
- übermäßige Inanspruchnahme von Leistungen (z. B. „Vorratsmentalität“ bei Medikamenten).

Um die Beitragserhöhungen, insbesondere für ältere Versicherte, im Rahmen zu halten, wurden hierfür in der Vergangenheit immer wieder erhebliche Mittel aus der Rückstellung für Beitragsrückerstattungen (RfB) verwendet.

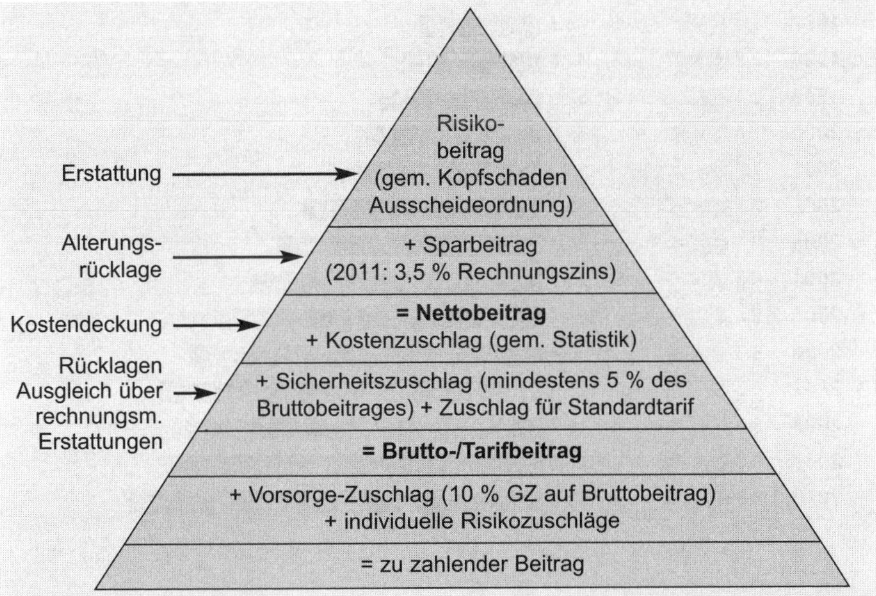

Abbildung: Aufbau eines Krankenversicherungsbeitrages

Durch die vorsichtige Kalkulation des Versicherers entstehen in den einzelnen Beitragsteilen Gewinne. Diese können teilweise zur Finanzierung der Alterungsrückstellung verwendet werden. Entstehen die Gewinne aus der Nichtinanspruchnahme des Versicherungsvertrages, kann der Versicherungsnehmer in Form einer Beitragsrückerstattung am Überschuss beteiligt werden. Dies geschieht durch die Rückzahlung von Monatsbeiträgen oder auch durch die Milderung der Steigerung des Versicherungsbeitrages für die Zukunft.

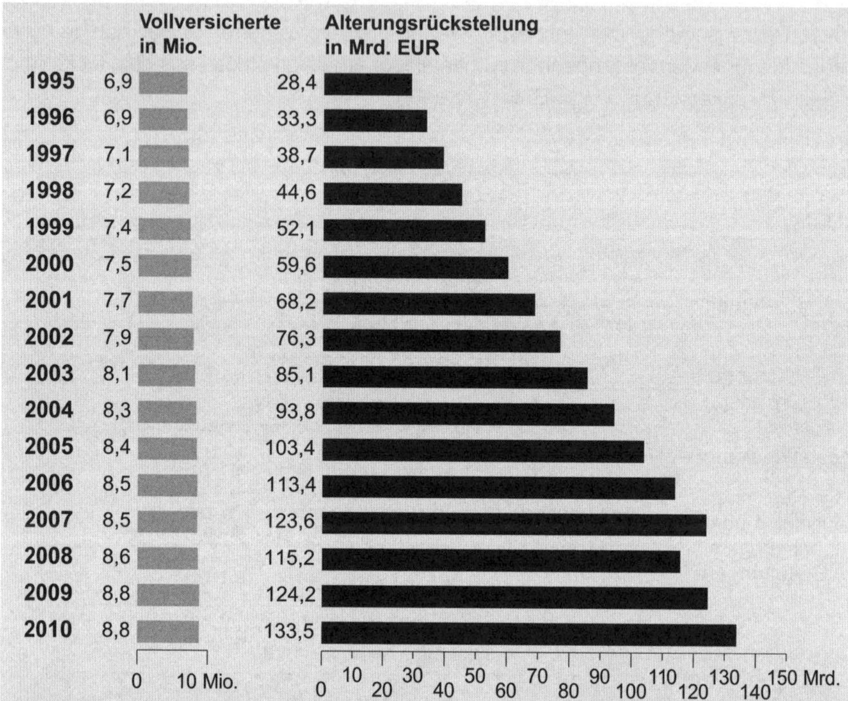

(Quelle: GDV-Jahrbuch 2010)

Abbildung: Entlastung im Alter

Gesetzlicher Beitragszuschlag/Vorsorgezuschlag
Er stellt eine zusätzliche, vom Gesetzgeber angeordnete, Alterungsrückstellung dar, um die Beiträge ab einem Alter von 65 stabiler zu halten. Zu erheben ist er für alle Krankheitskostentarife in der substitutiven (die GKV vollständig ersetzenden) PKV.

Neugeschäft (§ 12 Abs. 4a VAG)	Altbestand (§ 12e VAG)
• Alle Verträge, die nach dem 31.12.1999 abgeschlossen wurden. • 10 % Zuschlag auf den Bruttobeitrag (ohne Risikozuschläge). • Der Zuschlag wird auch für nach dem 01.01.2000 innerhalb der PKV wechselnde Personen erhoben sowie bei Nachversicherungen von Personen nach diesem Termin bzw. Umstellungen von Teil- in Vollversicherungen.	• Alle Verträge, die am 01.01.2000 bereits bestanden. • Seit 01.01.2000 stieg der Bruttobeitrag um jährlich 2 %, bis im Jahr 2005 der volle Vorsorgezuschlag von 10 % erreicht war. • Den Versicherten stand ein Widerspruchsrecht zu. Sie konnten innerhalb von drei Monaten nach Zugang der Mitteilung auf Dauer dem Zuschlag widersprechen. Das Widerspruchsrecht galt einmalig bis zum 31.03.2001.

Abbildung: Gesetzlicher Beitragszuschlag

Ermittlung des Arbeitgeberzuschusses

Nach § 257 Abs. 2 SGB V ist jeder Arbeitgeber verpflichtet, die Hälfte der Beiträge zur GKV seiner Arbeitnehmer zu tragen. Freiwillig oder privat versicherte Arbeitnehmer erhalten ebenfalls einen Arbeitgeberzuschuss. Dieser beträgt die Hälfte des Beitrages, der bei Anwendung des um 0,9 Beitragssatzpunkte verminderten allgemeinen Beitragssatzes der Gesetzlichen Krankenversicherung zu zahlen wäre.

Der Zuschuss bezieht sich auf das beitragspflichtige Arbeitsentgelt bis maximal zur geltenden Beitragsbemessungsgrenze.

Es gilt zur Berechnung des Zuschusses die Formel:

$$\frac{\text{BBG} \times (\text{Beitragssatz} - 0{,}9)}{2}$$

Grundlage für die Berechnung ist der Beitragssatz vom 01.01. des Vorjahres. Damit beträgt der maximale Arbeitgeberzuschuss seit 01.01.2011 für die PKV monatlich 271,01 EUR und für die Pflegeversicherung 36,20 EUR.

Der entscheidende Vorteil für privat versicherte Arbeitnehmer liegt darin, dass sie die qualitativ bessere private Versorgung nicht zusätzlich, wie die GKV-Versicherten, zu finanzieren haben, der Arbeitgeber beteiligt sich. Der Arbeitgeberzuschuss wird nur dann an Arbeitnehmer gewährt, wenn eine Qualitätsbescheinigung des PKV-Versicherers vorgelegt wird, in der die Grundsätze der substitutiven Krankenversicherung bestätigt werden.

6.3.7 Beginn und Ende des Versicherungsschutzes

Besonderheit des materiellen Beginns in der PKV

Der Versicherungsschutz beginnt nach Vertragsabschluss, der durch die Zusendung der Police oder durch eine Annahmebestätigung bzw. durch separate Vertragserklärung des Kunden dokumentiert wird (formeller Beginn). Er beginnt jedoch nicht vor dem in der Police genannten Zeitpunkt (technischer Beginn). Dieser ist in der Krankenversicherung i. d. R. auch der materielle Beginn. Wenn Wartezeiten greifen, gibt es für diese besonderen tariflichen Bedingungen erst nach Ablauf der Wartezeit Versicherungsschutz. Im Rahmen einer Vollversicherung können die Wartezeiten bei Übertritt aus der GKV nach besonderen Bedingungen entfallen.

Beispiel:

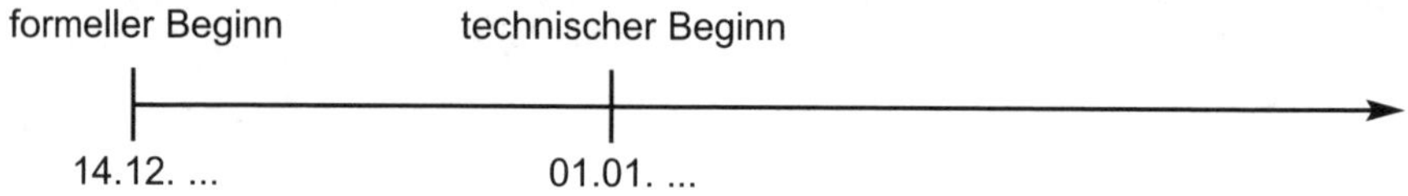

Tritt der Versicherungsfall am 10.12. ein, also vor dem formellen Versicherungsbeginn, so besteht kein Leistungsanspruch. Tritt der Versicherungsfall am 20.12. ein, so besteht ab dem 01.01. ein Leistungsanspruch gegen den Versicherer.

Der Versicherungsfall beginnt mit der medizinisch notwendigen Heilbehandlung und endet, wenn die Behandlungsbedürftigkeit abgeschlossen ist. Tritt eine weitere Erkrankung ein, die nicht von der vorherigen beeinflusst wurde, so handelt es sich um einen neuen Versicherungsfall. In der Krankenversicherung handelt es sich normalerweise um **gedehnte Versicherungsfälle**, d. h., der Versicherungsfall währt für einen längeren Zeitraum.

Beispiel:

Erkrankung an einer Magen-Darm-Infektion

01.02. ... Zeitpunkt der Ansteckung	= Objektiver Krankheitsbeginn	
06.02. ... Beschwerden	= Subjektiver Krankheitsbeginn	
07.02. ... Arztbesuch mit Diagnose und Therapie	= Beginn des Versicherungsfalles	gedehnter Versicherungsfall
17.02. ... Abschlussbehandlung, Beendigung der Therapie und Feststellung der Arbeitsfähigkeit	= Ende des Versicherungsfalles	

Für Versicherungsfälle, die während des qualifizierten Zahlungsverzugs (des § 38 VVG) eintreten, ist der Versicherer leistungsfrei. Beginnt der Versicherungsfall vorher, ist der Versicherer hingegen für die gesamte Zeit leistungspflichtig (auch während des qualifizierten Verzugs). Generell endet der Versicherungsschutz jedoch mit Beendigung des Versicherungsvertrages.

Kündigung wegen Nichtzahlung/Rücktritt

Kann ein Kunde den Beitrag für seinen Basistarif nicht zahlen, dann verliert er seinen Versicherungsschutz nicht sofort, wenn allein durch die Zahlung dieses (Basis-)Beitrages Hilfebedürftigkeit entsteht. Dann reduziert sich der zu zahlende Betrag auf die Hälfte. Entsteht dann immer noch durch die Zahlung des Beitrages Hilfebedürftigkeit, beteiligt sich der Sozialhilfeempfänger.

> ***Hinweis:***
> *Es gilt im Basistarif eine gesamtschuldnerische Haftung des VN und des VU gegenüber den Leistungserbringern!*

Wartezeiten

Ab Versicherungsbeginn gelten bei vielen PKV-Versicherern immer noch Wartezeiten. Diese rechnen ab dem technischen Versicherungsbeginn. Die allgemeine Wartezeit beträgt drei Monate. Sie entfällt:

- bei Unfällen und
- für den Ehegatten einer mindestens seit drei Monaten versicherten Person, sofern eine gleichartige Versicherung innerhalb zweier Monate nach Eheschließung beantragt wird (Ehegattennachversicherung).

Die besondere Wartezeit beträgt acht Monate und gilt in der Krankheitskosten- und Krankenhaustagegeldversicherung für Entbindung, Psychotherapie, Zahnersatz und Kieferorthopädie. Personen, die aus einer GKV überwechseln, werden die Vorversicherungszeiten auf alle Wartezeiten angerechnet, wenn

- die Versicherung spätestens zwei Monate nach Beendigung der GKV-Mitgliedschaft beantragt wurde,
- sie im unmittelbaren Anschluss steht (evtl. Rückdatierung nötig), sog. nahtloser Übergang.

Beim Wechsel PKV zu PKV ist eine ähnliche Regelung freiwillig durch die beteiligten Versicherer möglich. Daneben sehen die Tarifbedingungen folgende Varianten vor:

- Durch eine ärztliche Untersuchung können die Wartezeiten in allen Tarifen erlassen werden. Ausnahme: Leistungen für Zahnersatz, Zahn- und Kieferregulierung.
- Bei Unfällen entfallen auch die letztgenannten Wartezeiten.
- Im Rahmen der Kindernachversicherung (oft auch Neugeborenennachversicherung nach § 198 VVG) beginnt der Versicherungsschutz ohne Wartezeiten unmittelbar nach der Geburt, wenn die Geburt innerhalb von zwei Monaten nachgemeldet wird.

Das Neugeborene wird ohne Zuschläge oder Ausschlüsse (bei angeborenen Krankheiten/Leiden) zum Tarif versichert. Es besteht gesetzlicher Kontrahierungszwang beim VU.

Die Wartezeiten dienen zur Minimierung des subjektiven Risikos, also zur Vermeidung von Leistungsfällen, deren Entstehung bereits bei Vertragsbeginn einsetzte. Die Wartezeiten stellen also generell eine leistungsfreie Zeit dar.

Beispiel:

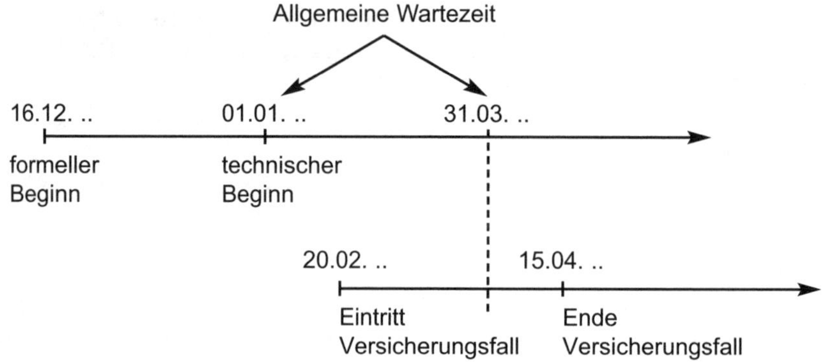

Die Leistungspflicht des Versicherers beginnt erst am 01.04. .. und endet am 15.04. ..

Weiterversicherungsmöglichkeit in der PKV bei Eintritt der Versicherungspflicht

Betroffen sind privat versicherte Arbeitnehmer, die im nächsten Jahr wieder die JAEG unterschreiten werden sowie solche mit Teilzeit-Beschäftigung bzw. Arbeitnehmer, die arbeitslos werden.

Weiterversicherungsmöglichkeit und Krankenversicherung der Rentner (KVdR)

An jeden GKV- oder privat versicherten Rentner zahlt der GRV-Rententräger bezogen auf die Rentenleistungen einen Zuschuss in Höhe der Hälfte des allgemeinen durchschnittlichen Beitragssatzes der gesetzlichen Kassen (abzüglich des bereits unter Kapitel 6.3.6 erwähnten Anteils in Höhe von 0,9 Prozentpunkten, die der „Rentner“ allein aufzubringen hat).

Jeder Rentner muss also die Hälfte des Beitrages zur KVdR und seinen zusätzlichen Anteil in Höhe von 0,9 % leisten. Der „Rest“ (Hälfte abzgl. 0,9 %) kommt vom Rententräger.

Es gilt die Formel:

$$\frac{\text{Rente} \times (\text{Beitragssatz} - 0{,}9)}{2}$$

Privat versicherte Rentner wollen diesen Versicherungsschutz gerade im Alter sicher aufrechterhalten, was durch die Alterungsrückstellungen in der Regel gelingen sollte.

Ist der Beitrag dennoch zu hoch, weil die Alterseinkommen zu gering sind, so gibt es Möglichkeiten der Tarifreduktionen. Außerdem fallen ja schon Aufwendungen für Krankentagegelder fort. Weiterhin gibt es in der substitutiven PKV seit 01.07.1994 die Möglichkeit der Umstellung auf den Standardtarif bzw. den Basistarif (Gemeinschaftstarif aller PKV-Versicherer mit Mindestleistungen wie GKV, verbunden mit einer Beitragsgarantie auf den Höchstbeitrag der GKV).

Vertragserhaltungsmaßnahmen
Aufgrund der großen wirtschaftlichen Bedeutung des Krankenversicherungsschutzes sollte eine PKV nicht aufgegeben werden. Bei Zahlungsschwierigkeiten gibt es verschiedene Handlungsmöglichkeiten:

- **Tarifumstellung:** Durch Herabsetzung der versicherten Leistungen sinkt auch der Beitrag.
- **Anwartschaftsversicherungen:** Aufrechterhaltung der erworbenen Rechte (Eintrittsalter und/oder Gesundheitsprüfung).
- **Ruhensversicherung:** Bei Arbeitslosigkeit kann der Vertrag bis zu drei Jahren ruhen, erst ab dem siebten Monat sind Anwartschaftsbeiträge zu zahlen, Nachbeiträge sind möglich. Ruhensvereinbarungen sind auch möglich bei wirtschaftlicher Notlage oder längerem Auslandsaufenthalt.

6.3.8 Beendigungsmöglichkeiten der PKV

Kündigung der PKV durch den Versicherten
Grundsätzlich beträgt die Kündigungsfrist seitens des Versicherungsnehmers drei Monate zum Ende des Versicherungsjahres (ordentliche Kündigung). Für die Krankheitskostenvoll- und Krankenhaustagegeldversicherung ist dies zum Ende des zweiten Versicherungsjahres möglich. Krankentagegeldversicherungen können bereits zum Ende des ersten Versicherungsjahres gekündigt werden.

Eine **außerordentliche Kündigung** seitens des Versicherungsnehmers ist z. B. möglich bei:

- Eintritt von Versicherungspflicht: Hier wird die Kündigung nicht erst mit dem Nachweis des Eintritts der Sozialversicherungspflicht, sondern bereits mit deren Eintritt wirksam. Die Kündigung muss innerhalb von drei Monaten nach Eintritt der Versicherungspflicht erfolgen. Kündigt der Versicherungsnehmer später, wird die Kündigung erst zum Ende des Monats wirksam, in dem der Versicherungsnehmer den Eintritt der Versicherungspflicht nachweist.
- Eintritt von Familienversicherung,
- Beitragsanpassung wegen Erreichen eines neuen Lebensalters (Kinder- und Jugendlichen-Umstufung),
- Prämienerhöhung oder Leistungsminderung.

Erhöht der Versicherer die Prämie oder vermindert er die Leistung, kann der Versicherungsnehmer hinsichtlich der betroffenen versicherten Person innerhalb eines Monats nach Zugang der Änderungsmitteilung mit Wirkung für den Zeitpunkt kündigen, zu dem die Prämienerhöhung oder die Leistungsminderung wirksam werden soll.

Aufgrund der seit 01.01.2009 geltenden Versicherungspflicht ist eine Kündigung seitens des Versicherungsnehmers nur möglich, wenn er nachweist, eine neue Krankenversicherung abgeschlossen zu haben, die der Versicherungspflicht entspricht (siehe hierzu auch Kapitel 6.2 Gesetzliche Krankenversicherung).

Kündigung durch den Versicherer

Die Unternehmen der PKV verzichten bei substitutiven Krankenvollversicherungen auf das ordentliche Kündigungsrecht (ist Teil der Qualitätsbescheinigung zur Erlangung des Arbeitgeberzuschusses). Allerdings existieren Ausnahmen:

- Besteht lediglich eine Krankenhaustagegeldversicherung, kann der Krankenversicherer zum Ende des 3. Versicherungsjahres mit einer Frist von drei Monaten kündigen.
- Besteht nur eine Krankentagegeldversicherung, für die kein Anspruch auf Arbeitgeberzuschuss besteht, kann zum Ende eines jeden der ersten drei Versicherungsjahre mit einer Frist von drei Monaten zum Ende des Versicherungsjahres gekündigt werden.
- Besteht eine Krankentagegeldversicherung in Verbindung mit einer Vollversicherung, entfällt das ordentliche Kündigungsrecht.

Auch in den Fällen der **Nichtzahlung der Versicherungsbeiträge** steht dem Versicherer kein endgültiges Kündigungsrecht mehr zu. Aufgrund der Versicherungspflicht seit 01.01.2009 hat er lediglich die Möglichkeit, den Vertrag ruhend zu stellen und ggf. nach einem Jahr im Basistarif fortzuführen. Die Beitragszahlung erfolgt in letzter Konsequenz durch den Sozialhilfeträger in Höhe des halben Beitragssatzes für den Basistarif (vgl. hierzu auch Kapitel 6.2 Gesetzliche Krankenversicherung).

Häufigster Beendigungsgrund für den Versicherer wird der Rücktritt wegen Verletzung der vorvertraglichen Anzeigepflicht sein. Oft unterbreitet der Versicherer dann ein Änderungsangebot.

Sonstige Beendigungsgründe sind der **Tod des Versicherungsnehmers oder einer versicherten Person**. Dabei können die Mitversicherten das Vertragsverhältnis durch Erklärung binnen zwei Monaten nach dem Tode fortsetzen. Auch der **dauerhafte Wegzug** aus dem Tätigkeitsgebiet des Versicherers führt zur Vertragsbeendigung. Denn der Geltungsbereich für die Krankheitskostenvollversicherung liegt üblicherweise in Europa bei vorübergehendem Aufenthalt im außereuropäischen Ausland mindestens einen Monat (siehe Kapitel 6.3.2.3 Auslandsreisekrankenversicherung). Dies kann aber tariflich beliebig vereinbart werden.

Die Krankentagegeldversicherung besitzt nur in Deutschland Deckung, im europäischen Ausland nur bei akuten Krankheiten/Unfällen (stationäre Heilbehandlung im öffentlichen Krankenhaus).

6.3.9 Versicherungsfall

Bedingungsgemäß verlangt der Versicherer für die Kostenerstattung den Nachweis von Heilbehandlungskosten durch Belege. Letztere müssen bestimmten Anforderungen genügen:

- Name der behandelten Person,
- Diagnose,
- angewandte Gebührenordnung,
- Gebühren- und Steigerungssätze,
- Datum der Leistungserbringung.

Es sind nur Originalbelege einzureichen. Rechnungen, die als Währung nicht den Euro ausweisen, werden zum Devisenkurs des Eingangstages der Belege beim Versicherer umgerechnet. Leistungsansprüche sind nur begründet, wenn

- Ärzte und Zahnärzte niedergelassen und approbiert sind,
- Arzneien, Verbands-, Heil- und Hilfsmittel vom Arzt verordnet wurden und ausschließlich über eine Apotheke bezogen werden.

Rechnungen von Krankenhäusern werden übernommen, wenn diese eine ständige ärztliche Leitung besitzen, ausreichende diagnostische und therapeutische Möglichkeiten besitzen und Krankenakten führen.

Die Leistungen der Heilbehandler werden nach den Gebührenordnungen (GOÄ, GOZ, GebüH) erstattet. Jede einzelne Leistung des Verzeichnisses besitzt einen Punktwert, woraus sich der Preis der Leistung ergibt. Nach Zeitaufwand und Schwierigkeit dürfen Vielfache des Satzes angesetzt werden. Abweichende Honorarvereinbarungen sind vor der Behandlung zu vereinbaren. Der Versicherer wird bei Privattarifen in der Regel bis zum Schwellenwert erstatten, mit Begründung bis zum 3,5-fachen Satz. „Luxustarife" kennen höhere Erstattungssätze.

Erstattung für	Regelspanne (ohne Begründung)		Schwellenwert (Regelhöchstsatz)	bis Höchstsatz (mit Begründung)		Honorarvereinbarung
1. persönliche ärztliche Leistungen	1-facher Satz	bis	2,3-fach	bis	3,5-fach	ja
2. medizinisch-technische Leistungen	1-facher Satz	bis	1,8-fach	bis	2,5-fach	nein
3. Laborleistungen	1-facher Satz	bis	1,15-fach	bis	1,3-fach	nein

Abbildung: Leistungserstattung

Abwicklung im Leistungsfall

Der Sachbearbeiter prüft die eingereichten Belege des Versicherten im Zusammenhang mit dem Zustand des Vertrages selbst:

- versicherte Personen,
- Versicherungsbeginn,
- Wartezeiten,
- Karenzzeiten,
- Verletzung der vorvertraglichen Anzeigepflicht (bei Neudiagnosen in den ersten drei Versicherungsjahren standardmäßig),
- Leistungsausschlüsse,
- Zahlungsverzug (z. B. qualifiziertes Mahnverfahren bei Folgeprämienverzug).

Ist die Leistungspflicht dem Grunde nach gegeben, bestimmt sich die Erstattungshöhe nach dem individuellen Tarif unter Beachtung der abzuziehenden Selbstbeteiligungen.

6.3.10 Steuerliche Behandlung

Die Arbeitgeberanteile der **Beiträge** sind steuerfreie Zuschüsse für den Arbeitnehmer. Die Eigenanteile an den Beiträgen zu allen Gesetzlichen oder Privaten Krankenversicherungen sind wieder abzugsfähige Vorsorgeaufwendungen mit den oben beschriebenen Regelungen seit dem 01.01.2005. Alle **Leistungen** aus der Gesetzlichen und Privaten Krankenversicherung, einschließlich der Tagegelder, sind **steuerfrei**. Eigenanteile oder Selbstbeteiligungen können im Rahmen der außergewöhnlichen Belastungen ab einer bestimmten Höhe abgesetzt werden.

6.3.11 Das Bürgerentlastungsgesetz

Mit der Einführung des Bürgerentlastungsgesetzes zum 01.01.2010 kann nun jeder, der Kranken- und Pflegeversicherungsbeiträge zahlt, diese grundsätzlich steuerlich geltend machen. Die steuerliche Berücksichtigungsfähigkeit bezieht sich nicht nur auf die Beiträge für den Steuerpflichtigen selbst, sondern auch auf die für seinen Ehegatten und die unterhaltsberechtigten Kinder.

Grundsätzlich können seit 01.01.2010 Beiträge wie folgt steuerlich geltend gemacht werden:

- bei Selbstständigen bis zu 2.800 EUR,
- bei Arbeitnehmern bis zu 1.900 EUR,
- mindestens allerdings die Beiträge, die für ein GKV-gleiches Absicherungsniveau aufgewendet werden.

An dieser Stelle ist es wichtig festzustellen, dass die steuerliche Abzugfähigkeit lediglich für Beiträge gewährt wird, die der Absicherung des GKV-Leistungsniveaus dienen, sog. Grundleistungen. Demnach sind also Mehrleistungen (z. B. Zwei-Bett-Zimmer, Chefarzt usw.) nicht in Ansatz zu bringen.

Der Arbeitgeberzuschuss und etwaige Beitragsrückerstattungen werden von den gezahlten Beiträgen abgezogen und führen somit zu einer Reduzierung der steuerlich absetzbaren Aufwendungen.

Selbstbeteiligungen, soweit solche für die Krankenversicherung vereinbart sind, führen in der Regel zu einem niedrigeren Beitrag. Somit werden auch hier die steuerlich zu berücksichtigenden Aufwendungen verringert. Eine steuerliche Auswirkung der Selbstbehalte, soweit sie denn anfallen, ist allerdings meist nicht zu erwarten, da diese immer im Rahmen der außergewöhnlichen Belastungen geltend gemacht werden und diese erst bei Überschreiten des zumutbaren Eigenanteils steuerlich wirksam werden.

Die steuerliche Berücksichtigung der Beiträge erfolgt direkt im Rahmen des Lohnsteuerabzugsverfahrens, soweit dem Arbeitgeber eine entsprechende Bescheinigung des Krankenversicherers über die Abzugsfähigkeit der Kranken- und Pflegeversicherungsbeiträge vorgelegt wurde.

6.3.12 Abgrenzung GKV und PKV

	GKV	PKV
Träger:	Rechtsfähige Körperschaften des öffentlichen Rechts mit Selbstverwaltung: • Allgemeine Ortskrankenkassen • Betriebskrankenkassen • Innungskassen • Landwirtschaftliche Krankenkassen • Knappschaften	Wirtschaftsunternehmen in Form von: • AG • WaG • öffentlich.-rechtl. Versicherungsanstalten
Zustandekommen des Versicherungsverhältnisses:	kraft Gesetzes Pflichtversicherung oder freiwillig (Einkommen über JAEG-Versicherungspflichtgrenze) oder Familienversicherung	freiwillig durch Vertrag
Personenkreis:	AN unter der JAEG, Auszubildende, Arbeitslose, Rentner usw., freiwillig Versicherte	Selbstständige, Freiberufler, AN über JAEG, Beamte
Beitragshöhe:	Einkommensabhängig gemäß Prozentsatz der jeweiligen Kasse bis zur BBG	Gemäß Äquivalenzprinzip
Leistungen:	• Verpflichtung der Ärzte zur wirtschaftlichen Behandlungs- und Versorgungsweise • Regelleistungen (Krankenhaus) • Zuschüsse oder Selbstbeteiligung (Brillen, Zahnersatz, Medikamente etc.) • Einheitliches Sachleistungsprinzip	• frei zusammenstellbar • Privatpatient • Allgemein bessere Leistungen, z. B. Wahlleistungen im Krankenhaus • Geldleistungsprinzip je nach Tarif (Kostenerstattungsprinzip)
Rechtsgrundlagen, Gerichtsbarkeit:	• Sozialgesetzbuch (SGB V) • Reichsversicherungsordnung (RVO) • Satzungen der Kassen • Sozialgerichte • Landessozialgerichte • Bundessozialgericht	• BGB • VAG • VVG • MB/KK (Musterbedingungen für die Krankheitskosten- und Krankenhaustagegeldversicherung) • Klauseln • Amtsgerichte • Landgerichte • Oberlandesgerichte • Bundesgerichtshof

Abbildung: Abgrenzung von GKV und PKV

7 Pflegeversicherung

7.1 Markt und Chancen

7.1.1 Wirtschaftliche Bedeutung

Die Pflegeversicherung hat allgemein die Aufgabe, Pflegekosten für pflegebedürftige Menschen sicherzustellen. Da die Zahl der über 80-Jährigen mit der allgemein steigenden Lebenserwartung rasant zunimmt und diese Menschen in erhöhtem Maße von dem Risiko der Pflegebedürftigkeit bedroht sind, war eine versicherungsmäßige Absicherung schon vor der Einführung der gesetzlichen Pflegepflichtversicherung zum 01.01.1995 dringend geboten. Da die Leistungen der Pflegeversicherung das Risiko nicht in vollem Umfang abdecken können, wächst der **Bedarf nach privaten Pflegezusatzversicherungen**.

Das Pflegeversicherungsgesetz, heute aufgegangen im SGB XI, gilt für beide Teile der gesetzlichen Zwangsversicherung „Pflegeversicherung“: die soziale Pflegeversicherung für GKV-Versicherte und die private Pflegeversicherung für die in der PKV Versicherten.

> ***Hinweis:***
> *Es gilt der Grundsatz: Pflegeversicherung folgt der Krankenversicherung.*

Die Träger der sozialen Pflegeversicherung sind die **Pflegekassen**, eingerichtet bei den jeweiligen Krankenkassen. Die private Pflegeversicherung hingegen wird durch die privaten Krankenversicherer selbst durchgeführt. Wegen des Pflichtcharakters dieser Versicherungssparte schreibt der Gesetzgeber auch der privaten Pflegeversicherung bestimmte Bedingungen vor:

- Kontrahierungszwang,
- kein Ausschluss von Vorerkrankungen (Risikozuschläge sind gestattet),
- keine Unterscheidung der Prämien nach Geschlecht,
- keine längeren Wartezeiten als in der sozialen Pflegeversicherung,
- keine Höchstbeiträge, die den Höchstbeitrag in der sozialen Pflegeversicherung übersteigen (erst bei mindestens fünf Jahren Vorversicherungszeit),
- beitragsfreie Mitversicherung der Kinder des Versicherten (wie Familienversicherung),
- keine Rücktritts- und Kündigungsrechte des Versicherers.

7.1.2 Kriterien der Beitragsermittlung

In der sozialen Pflegeversicherung

Der Beitragssatz beträgt derzeit 1,95 % der beitragspflichtigen Einkommen (max. bis zur Beitragsbemessungsgrenze). Für Beamte, Richter, Versorgungsempfänger und Berufssoldaten gilt der halbe Beitragssatz. Kinderlose Mitglieder der SPV zahlen seit 01.01.2005 einen Beitragszuschlag von 0,25 %, das betrifft nicht Mitglieder, die Kinder haben oder gehabt haben. Ausgenommen sind kinderlose Rentner, die 2005 65 Jahre alt waren, sowie Kinder, Jugendliche bis zum Alter von 23 Jahren und Bezieher von Arbeitslosengeld II, Wehr- und Zivildienstleistende.

Beitragsfreiheit besteht für:

- Familienangehörige für die Dauer der Familienversicherung,
- Mitglieder für die Dauer des Bezugs von Mutterschafts- oder Erziehungsgeld.

In der privaten Pflegeversicherung
Die Beitragsermittlung erfolgt risikogerecht (in Abhängigkeit vom Alter), aber unter den oben beschriebenen Einschränkungen nach dem Kapitaldeckungsverfahren. Risikozuschläge für die Mitversicherung von Vorerkrankungen sind weit verbreitet. Nach SGB XI ist zwischen den privaten Krankenversicherern ein Risikoausgleich durchzuführen mit einer gemeinsamen Beitragskalkulation, dem Führen einer Gemeinschaftsstatistik, der Überwachung der Risikoprüfung und Schadenregulierung der einzelnen Versicherer. Beiträge für Arbeitnehmer sind arbeitgeberzuschussfähig.

7.1.3 Leistungen für den Pflegebedürftigen

Der Leistungsumfang wird durch das SGB XI für beide Arten der Pflegeversicherung gleichermaßen festgesetzt. In der sozialen Pflegeversicherung überwiegt nur das **Sachleistungsprinzip**. In der privaten Pflegeversicherung herrscht das **Kostenerstattungsprinzip**.

Es wird eine finanzielle Grundabsicherung für häusliche, teilstationäre und vollstationäre Pflege zur Verfügung gestellt. Ein wesentliches Ziel der Pflegeversicherung ist die Vermeidung stationärer Pflege. Sofern es möglich ist, sollen Pflegebedürftige in ihrer gewohnten häuslichen Umgebung weiterleben können.

> ***Hinweis:***
> *Als pflegebedürftig gelten Personen, die wegen einer körperlichen, geistigen oder seelischen Krankheit oder Behinderung für die gewöhnlichen und regelmäßig wiederkehrenden Verrichtungen des täglichen Lebens (z.B. Ankleiden, Essen, Trinken, Haarpflege usw.) auf Dauer in erheblichem oder höherem Maße der Hilfe bedürfen.*

Die Leistungen für pflegebedürftige Personen untergliedern sich in drei Pflegestufen (gemäß § 15 SGB XI):

- Pflegestufe I: erheblich Pflegebedürftige,
- Pflegestufe II: Schwerpflegebedürftige,
- Pflegestufe III: Schwerstpflegebedürftige.

Die Pflegestufen unterscheiden sich durch das Maß der benötigten pflegerischen Hilfe. In der sozialen Pflegeversicherung erhalten die Versicherten Grundpflege und hauswirtschaftliche Versorgung (häusliche Pflegehilfe) als Sachleistung durch professionelle Pflegekräfte. Beschafft der Versicherte die Pflegehilfe (z.B. Familienangehöriger) selbst, so wird anstelle der Sachleistung ein Pflegegeld an den Pflegebedürftigen gezahlt, welches er als materielle Anerkennung dem Pflegenden zukommen lassen kann.

Die Leistungen der privaten Pflegeversicherung sind in den Musterbedingungen für die private Pflegeversicherung (MB/PPV) festgelegt. Sie entsprechen inhaltlich denen der sozialen Pflegeversicherung. Statt Sachleistungen wird jedoch Kostenerstattung gewährt. Auch in der verbandseinheitlichen privaten Pflegeversicherung werden die Leistungsansprüche nach den drei Pflegestufen untergliedert.

a) Leistungen bei häuslicher Pflege
Für die häusliche Pflege durch eine Pflegefachkraft (z. B. einen anerkannten ambulanten Pflegedienst) werden die Kosten je Kalendermonat wie folgt von der sozialen Pflegeversicherung übernommen:

- in der Pflegestufe I: Pflegeeinsätze bis zu 440 EUR (ab 2012 450 EUR)
- in der Pflegestufe II: Pflegeeinsätze bis zu 1.040 EUR (ab 2012 1.100 EUR)
- in der Pflegestufe III: Pflegeeinsätze bis zu 1.510 EUR (ab 2012 1.550 EUR)
  in besonderen Härtefällen 1.918 EUR

Werden die Pflegeleistungen nicht durch einen Pflegedienst erbracht, sondern von den Angehörigen des Pflegebedürftigen, werden folgende Zahlungen als Pflegegeld gewährt:

- in Pflegestufe I: bis zu 225 EUR (ab 2012 235 EUR)
- in Pflegestufe II: bis zu 430 EUR (ab 2012 440 EUR)
- in Pflegestufe III: bis zu 685 EUR (ab 2012 700 EUR)

b) Leistungen bei teilstationärer Pflege
Pflegebedürftige haben Anspruch auf teilstationäre Pflege (Unterbringung und Verpflegung nur tagsüber oder nachts) in Einrichtungen der Tages- oder Nachtpflege, wenn häusliche Pflege nicht in ausreichendem Umfang sichergestellt werden kann. Die Pflegekasse übernimmt diese Aufwendungen:

- in der Pflegestufe I: Pflegeeinsätze bis zu 440 EUR (ab 2012 450 EUR)
- in der Pflegestufe II: Pflegeeinsätze bis zu 1.040 EUR (ab 2012 1.100 EUR)
- in der Pflegestufe III: Pflegeeinsätze bis zu 1.510 EUR (ab 2012 1.550 EUR)

c) Leistungen bei vollstationärer Pflege
Ein Anspruch auf vollstationäre Pflege besteht, wenn häusliche oder teilstationäre Pflege nicht möglich ist. Hierfür wurden spezielle Pflegezusatzversicherungen von privaten Krankenversicherern erarbeitet. Die Pflegekasse übernimmt die Aufwendungen für die **medizinische Betreuung**:

- in der Pflegestufe I: Pflegeeinsätze bis zu 1.023 EUR
- in der Pflegestufe II: Pflegeeinsätze bis zu 1.279 EUR
- in der Pflegestufe III: Pflegeeinsätze bis zu 1.510 EUR (ab 2012 1.550 EUR)
  in besonderen Härtefällen 1.825 EUR (ab 2012 1.918 EUR)

Die Aufwendungen für die reine Unterkunft und Verpflegung und für Zusatzleistungen (besonderer Komfort, zusätzliche pflegerisch-betreuende Leistungen) haben die Pflegebedürftigen selbst zu tragen.

Pflegestufen gemäß § 15 SGB XI:

Hilfebereich	**Stufe I Erheblich Pflegebedürftige**	**Stufe II Schwerpflegebedürftige**	**Stufe III Schwerstpflegebedürftige**
a) Körperpflege: • Waschen • Duschen • Baden • Zahnpflege • Kämmen • Rasieren • Darm- oder Blasenentleerung	Hilfebedarf ist erforderlich: mindestens 1 x täglich bei insgesamt zwei Verrichtungen aus den Bereichen a, b oder c.	Hilfebedarf ist erforderlich: mindestens 3 x täglich zu verschiedenen Tageszeiten bei Verrichtungen aus den Bereichen a, b oder c.	Hilfebedarf ist erforderlich: rund um die Uhr, auch nachts, bei Verrichtungen aus den Bereichen a, b oder c.
b) Ernährung: mundgerechtes Zubereiten oder Aufnehmen der Nahrung			
c) Mobilität: • selbstständiges Aufstehen und Zubettgehen • An- und Auskleiden • Gehen • Stehen • Treppensteigen • Verlassen und Wiederaufsuchen der Wohnung			
d) Hauswirtschaftliche Versorgung: • Einkaufen • Kochen • Reinigen der Wohnung • Spülen • Wechseln und Waschen der Wäsche und Kleidung • Beheizen	Hilfebedarf ist zusätzlich mehrfach wöchentlich erforderlich.	Hilfebedarf ist zusätzlich mehrfach wöchentlich erforderlich.	Hilfebedarf ist zusätzlich mehrfach wöchentlich erforderlich.
e) Für Verrichtungen nach a, b, c und d benötigter Zeitaufwand für Familienangehörige oder andere Personen, die als Pflegekraft ausgebildet sind, wöchentlich im Tagesdurchschnitt	Mindestens 90 Minuten, davon mehr als 45 Minuten Grundpflege aus den Bereichen a, b, c.	Mindestens 180 Minuten, davon mehr als 120 Minuten Grundpflege aus den Bereichen a, b, c.	Mindestens 300 Minuten, davon mehr als 240 Minuten Grundpflege aus den Bereichen a, b, c.

(Quelle: P. Sacher: Private Kranken- und Pflegeversicherung)

Abbildung: Pflegestufen

Leistungsarten in der Pflegeversicherung nach § 28 SGB XI:

Hilfebereich	Stufe I	Stufe II	Stufe III
1. Pflegesachleistung (soziale Pflegeversicherung)/Kostenerstattung (private Pflegeversicherung) für häusliche Pflegehilfe je Kalendermonat (§ 36 SGB XI)	bis zu 440 EUR (ab 2012 450 EUR)	bis zu 1.040 EUR (ab 2012 1.100 EUR)	bis zu 1.510 EUR (ab 2012 1.550 EUR) (in Härtefällen bis zu 1.918 EUR)
2. Pflegegeld für selbst beschaffte Pflegehilfen je Kalendermonat (§ 37 SGB XI)	225 EUR (ab 2012 235 EUR)	430 EUR (ab 2012 450 EUR)	685 EUR (ab 2012 700 EUR)
3. Kombinationsleistungen aus 1 und 2 je Kalendermonat (§ 38 SGB XI)			
4. Häusliche Pflege bei Verhinderung der Pflegeperson (§ 39 SGB XI)	bis maximal 1.510 EUR (ab 2012 1.550 EUR) im Kalenderjahr für längstens vier Wochen	bis maximal 1.510 EUR (ab 2012 1.550 EUR) im Kalenderjahr für längstens vier Wochen	bis maximal 1.510 EUR (ab 2012 1.550 EUR) im Kalenderjahr für längstens vier Wochen
5. Pflegehilfsmittel und technische Hilfen (§ 40 SGB XI): • zum Verbrauch bestimmte Hilfsmittel • technische Hilfsmittel • Zuschüsse zur Verbesserung des individuellen Wohnumfelds	bis maximal 31 EUR monatlich in voller Höhe bis zu 2.557 EUR je Maßnahme (angemessener Eigenanteil)	bis maximal 31 EUR monatlich in voller Höhe bis zu 2.557 EUR je Maßnahme (angemessener Eigenanteil)	bis maximal 31 EUR monatlich in voller Höhe bis zu 2.557 EUR je Maßnahme (angemessener Eigenanteil)
6. Tages- und Nachtpflege (teilstationäre Pflege je Kalendermonat § 41 SGB XI) (Bitte beachten sie die Maximalbeiträge bei Kombinationsleistungen aus 1, 2 und 6).	440 EUR (ab 2012 450 EUR)	1.040 EUR (ab 2012 1.100 EUR)	1.510 EUR (ab 2012 1.550 EUR)
7. Kurzzeitpflege (§ 42 SGB IX)	für maximal vier Wochen im Kalenderjahr bis zu 1.510,00 EUR (ab 2012 1.550 EUR)	für maximal vier Wochen im Kalenderjahr bis zu 1.510,00 EUR (ab 2012 1.550 EUR)	für maximal vier Wochen im Kalenderjahr bis zu 1.510,00 EUR (ab 2012 1.550 EUR)
8. Vollstationäre Pflege (§ 43 SGB XI) je Kalendermonat	bis zu 1.023 EUR	bis zu 1.279 EUR	bis zu 1.510,00 EUR (ab 2012 1.550 EUR) in Härtefällen bis zu 1.825,00 EUR (ab 2012 1.918 EUR)

9. Pflege in vollstationären Einrichtungen der Hilfe für behinderte Menschen (§ 43a SGB XI) je Kalendermonat	10 % des Heimentgelts, höchstens 256 EUR	10 % des Heimentgelts, höchstens 256 EUR	10 % des Heimentgelts, höchstens 256 EUR
10. Leistungen zur sozialen Sicherung der Pflegepersonen (§ 44 SGB XI)	A) Beiträge zur gesetzlichen Rentenversicherung und zu privaten Versorgungswerken durch Pflegekassen und PKV B) kostenloser Versicherungsschutz in der Gemeinde-Unfallversicherung C) Arbeitsförderung für Berufsrückkehrer	A) Beiträge zur gesetzlichen Rentenversicherung und zu privaten Versorgungswerken durch Pflegekassen und PKV B) kostenloser Versicherungsschutz in der Gemeinde-Unfallversicherung C) Arbeitsförderung für Berufsrückkehrer	A) Beiträge zur gesetzlichen Rentenversicherung und zu privaten Versorgungswerken durch Pflegekassen und PKV B) kostenloser Versicherungsschutz in der Gemeinde-Unfallversicherung C) Arbeitsförderung für Berufsrückkehrer
11. Pflegekurse für Angehörige und ehrenamtliche Pflegepersonen (§ 45 SGB XI)	unabhängig von konkreter Pflegetätigkeit	unabhängig von konkreter Pflegetätigkeit	unabhängig von konkreter Pflegetätigkeit

(Quelle: P. Sacher: Private Kranken- und Pflegeversicherung)

Abbildung: Leistungsarten in der Pflegeversicherung nach § 28 SGB XI

7.2 Versicherungspflicht in der privaten Pflegeversicherung

Privat Vollversicherte (mit dem Anspruch auf allgemeine Krankenhausleistungen) sind verpflichtet, bei einem Krankenversicherungsunternehmen ihrer Wahl einen Versicherungsvertrag zur Absicherung des Risikos der Pflegebedürftigkeit abzuschließen. Der Vertrag muss für sie selbst und ihre Angehörigen, für die in der sozialen Pflegeversicherung Familienversicherung bestünde, Vertragsleistungen vorsehen, die nach Art und Umfang den Leistungen der sozialen Pflegeversicherung gleichwertig sind. Dabei tritt an die Stelle der Sachleistungen eine der Höhe nach gleiche Kostenerstattung.

Personen, die bei Pflegebedürftigkeit Anspruch auf Beihilfe haben, müssen – falls sie nicht freiwilliges Mitglied der GKV sind – den ihrem Beihilfeanspruch entsprechenden, prozentualen Anteil in der Pflegepflichtversicherung absichern.

8 Haftpflichtversicherung

8.1 Einführung

8.1.1 Markt und Chancen

Die Haftpflichtversicherungen gehören zu den **wichtigsten Bereichen der Individualversicherungen**. Sie schützen das Vermögen des Versicherten vor Schadenersatzansprüchen anderer und sichern zugleich dem Geschädigten die Erfüllung seiner Ersatzleistungen auch dann, wenn der Schädiger wirtschaftlich dazu nicht in der Lage sein sollte. Moderne Gesellschaften sind mit ihrem allseitigen Beziehungsgeflecht in allen Lebensbereichen, und das weltweit, ohne Haftpflichtversicherungen nicht existenzfähig. Somit besitzt der Bereich der Haftpflichtversicherungen eine enorme wirtschaftliche und soziale Bedeutung.

Beiträge und Leistungen in der Allgemeinen Haftpflichtversicherung[1)]

Jahr	Beitragseinnahmen[2)]	Leistungen für Versicherungsfälle[3)]	
	Mrd. EUR	Mrd. EUR	Veränderung gegenüber Vorjahr in %
1980	1,870	1,402	6,4
1990	3,561	2,701	5,7
1995	5,450	4,332	10,7
2000	5,877	4,663	−4,5
2001	5,922	5,046	8,2
2002	6,148	4,647	−7,9
2003	6,306	4,401	−5,3
2004	6,535	4,480	1,8
2005	6,807	4,434	−1,0
2006	6,874	4,468	0,8
2007	6,821	4,419	−1,1
2008	6,826	4,578	3,6
2009	6,836	4,630	1,1

1) inländisches Direktgeschäft, 2) gebuchte Brutto-Beiträge, 3) Brutto-Aufwendungen für Versicherungsfälle des Geschäftsjahres
(Quelle: GDV-Jahrbuch 2010)

Abbildung: Beiträge und Leistungen in der Allgemeinen Haftpflichtversicherung

8.1.2 Haftungsgrundsätze

Gesetzliche Haftpflichtbestimmungen privatrechtlichen Inhalts
Bei den Pflichten zur Haftung handelt es sich um grundsätzliche Rechtsverhältnisse des Zivilrechtes. Die wesentliche Regelung findet sich in § 823 BGB:

> *„Wer vorsätzlich oder fahrlässig das Leben, den Körper, die Gesundheit, die Freiheit, das Eigentum oder ein sonstiges Recht eines anderen widerrechtlich verletzt, ist dem anderen zum Ersatz des daraus entstehenden Schadens verpflichtet."*

Aus dieser Bestimmung ergeben sich **fünf Voraussetzungen**, die zugleich erfüllt sein müssen, um von einem berechtigten Anspruch auf Schadenersatz sprechen zu können:

1. Verschulden
Schuldhaft (deliktisch) handelt, wer einen Schaden verursacht durch ...

Vorsatz	Fahrlässigkeit
Vorsätzlich handelt, wer bewusst oder gewollt einen Schaden herbeiführt.	Fahrlässig handelt, wer die im Verkehr erforderliche Sorgfalt außer Acht lässt.

Dabei versteht man unter „Handeln" gleichermaßen „Tun" und „Unterlassen".

2. Verletzung eines Rechtsgutes
Bei der Aufzählung des § 823 BGB spricht man von absoluten Rechten, die nicht von den Handlungen anderer Personen abhängen. Sonstige Rechte sind auch allgemeine Persönlichkeitsrechte.

3. Widerrechtlichkeit
Widerrechtlichkeit liegt vor, wenn für eine Handlung oder eine Unterlassung keine Rechtfertigung bestand (z. B. Notwehr, Notstand, Selbsthilfe).

4. Ursächlicher Zusammenhang (Kausalität)
Die Folgen eines Schadenereignisses sind nur dann ersatzpflichtig, wenn zwischen der Handlung und dem eingetretenen Schaden ein unmittelbar ursächlicher Zusammenhang besteht (adäquate, juristische Kausalität).

5. Deliktsfähigkeit
Die Deliktsfähigkeit beschreibt, unter welchen Voraussetzungen ein Schaden unter die Verantwortung des Schädigers fällt:

	Personenkreis	Haftungsumfang
deliktsfähig	volljährige Personen	uneingeschränkte Haftung
bedingt deliktsfähig	minderjährige Personen von sieben bis 18 Jahren	uneingeschränkte Haftung nur dann, wenn während der schädigenden Handlung die zur Erkenntnis der Verantwortlichkeit erforderliche Einsicht vorhanden war
deliktsunfähig	Kinder unter sieben Jahren, Geisteskranke/Bewusstlose, Minderjährige bis zum vollendeten 10. Lebensjahr als Teilnehmer am fließenden motorisierten Straßen- und Bahnverkehr (soweit sie nicht vorsätzlich gehandelt haben)	keine Haftung

Abbildung: Deliktsfähigkeit und Haftungsumfang

Der Schädiger ist dem Geschädigten zum Ersatz des Schadens nur dann verpflichtet, wenn der Anspruchsteller das gleichzeitige Eintreffen aller Voraussetzungen beweist. Im Folgenden sollen die drei wesentlichen **Haftungsarten**, Verschuldenshaftung, Gefährdungshaftung und Vertragshaftung (Kontrakthaftung) erläutert werden.

Verschuldenshaftung
Die Verschuldenshaftung, die bereits oben erwähnt wurde, erstreckt sich nicht nur auf die allein schuldhafte Handlung eines Menschen, sondern findet eine Erweiterung auf Aufsichtspersonen, z. B. von Kindern und Jugendlichen.

Aufsichtspflichten können entstehen für:

- Eltern, Lehrer, Vormund, Ausbilder (kraft Gesetz) oder
- Babysitter, Kindermädchen, ärztliches und erzieherisches Personal (kraft Vertrages).

Neben der beschriebenen reinen Verschuldenshaftung spricht man hier von der **Haftung aus vermutetem Verschulden**. Die Haftung des Aufsichtspflichtigen wegen widerrechtlicher Verletzung dieser Pflicht wird unterstellt, also eine Beweiserleichterung für den Geschädigten. Dabei wird die Schädigung durch die Handlung des Beaufsichtigten hervorgerufen. Der Aufsichtspflichtige kann sich aber entlasten (exkulpieren), indem er seine vollständige Sorgfalt nachweist. So haftet ein Geschäftsherr (nach § 831 BGB) grundsätzlich für Schäden, die sein Verrichtungsgehilfe einem Dritten zufügt. Eine Haftungsgrundlage ist gegeben, wenn der Verrichtungsgehilfe im Rahmen der Verrichtung den Schaden durch eine unerlaubte Handlung herbeigeführt hat.

Beispiel:
Dachdeckermeister D. wird von der Hausverwaltung H. beauftragt, das Dach neu zu decken. Der Meister veranlasst seinen Gesellen G., die Arbeiten auszuführen. Anlässlich der Arbeiten beschädigt G. das Mobiliar des Mieters M. Für den durch G. verursachten Schaden haftet D. gegenüber dem Geschädigten M., wenn

a) der Verrichtungsgehilfe mit der Arbeit beauftragt wurde,
b) der Verrichtungsgehilfe dem Geschäftsherren gegenüber weisungsgebunden ist (als AN),
c) der Schaden anlässlich der Verrichtung entstand und
d) das Verhalten des Gehilfen widerrechtlich war.

Der Geschäftsherr haftet allein schon aufgrund seiner Verantwortung bei der Auswahl und Anleitung seines Gehilfen. Hat er dies ordnungsgemäß getan, so kann er sich vom vermuteten Verschulden befreien.

Gefährdungshaftung
Über die Haftung aus Verschulden hinaus kennen das BGB und weitere Rechtsvorschriften die Haftung aus Gefährdung. Es wird hierbei nicht auf ein schuldhaftes Handeln abgestellt, sondern allein darauf, dass der Verantwortliche seine Umgebung einer oder mehrerer der folgenden Gefahren ausgesetzt hat:

- Umweltverunreinigung durch Anlagen (Öltanks, Atomanlagen etc.),
- Haltung eines Kfz,
- Tierhaltung.

Halter eines Tieres ist nicht nur der Eigentümer, sondern auch derjenige, der das Tier zu eigenen Zwecken für eine lange Dauer wirtschaftlich unterhält. Eine Haftungsgrundlage für Gefährdungshaftung entsteht also u. a. durch

1. die Inbetriebnahme einer Einrichtung, die geeignet ist, einem anderen einen Schaden zuzufügen,
2. die Haltung eines Haustieres (Hund, Pferd).

Beispiele:
Der Inhaber einer Ölzentralheizungsanlage haftet (nach dem Wasserhaushaltsgesetz) auch für Gewässerschäden beim Befüllen der Anlage, selbst dann, wenn das Befüllen durch eine Fachfirma ausgeführt wurde.
Der Briefträger wird vom Hund gebissen, den Halter des Hundes trifft kein Verschulden. Da es sich um ein typisches tierisches Verhalten handelt, entsteht nach § 833 BGB dennoch eine Haftungsgrundlage.

Hinweis:
Die verschuldensunabhängige Gefährdungshaftung des Halters von Luxustieren ist ihrem Umfang nach unbeschränkt. Andere Gefährdungshaftungsgrundlagen führen Grenzen ein. Die Haftung des Nutztierhalters bezieht sich auf sein vermutetes Verschulden.

Vertragshaftung

Bei der Vertragshaftung kommt es darauf an, dass zwischen dem Schädiger und dem Geschädigten ein Vertragsverhältnis (Kauf-, Werk-, Miet-, Beförderungsvertrag) bestanden hat. Die Verpflichtung zum Schadenersatz bezieht sich u. a. auf folgende Bereiche:

- mangelnde Erfüllung eines Vertrages (nicht rechtzeitig, Fehlen von zugesicherten Eigenschaften einer Sache etc.),
- mangelnde Erfüllung von Nebenpflichten, die über die reine Vertragserfüllung hinausgehen (Information, Beratung),
- Haftung für Handlungen vor Vertragsschluss (Kunde rutscht beim Betreten eines Ladengeschäftes aus und verletzt sich),
- Haftung für das Verschulden eines Erfüllungsgehilfen, wenn dieser nicht in einem Abhängigkeitsverhältnis zu seinem Geschäftsherren steht und ein Vertrag zwischen Geschäftsherr und dem geschädigten Dritten besteht.

Zusammenfassend gilt:

	Gesetzlich		**rein vertraglich**
Grundlage	Gesetzliche Bestimmung		Verträge/Schuldverhältnisse
Haftungsgrundlage	Verschuldenshaftung	Gefährdungshaftung	Haftung aus Verträgen
Versicherungsform	z. B. Privathaftpflichtversicherung	z. B. Tierhalterhaftpflichtversicherung	z. B. Produkthaftpflichtversicherung

Abbildung: Haftungsarten

Vorsätzlich herbeigeführte Schadenereignisse sind grundsätzlich vom Versicherungsschutz ausgeschlossen. Es können allerdings durch besondere Vereinbarungen einige der in Ziffer 7 AHB genannten Ausschlüsse wieder eingeschlossen werden; dies gilt wohl aber nicht für Vorsatz.

8.1.3 Leistungsumfang

Haftung und Deckung

Die Verpflichtung zur Haftung ergibt sich nicht nur aus den Gefahren des täglichen Lebens als Privatperson. Aufgabe der Versicherungswirtschaft ist es, aus den verschiedenen Risikobereichen speziell zugeschnittenen Versicherungsschutz anzubieten. Exemplarisch seien erwähnt die

- Privathaftpflichtversicherung,
- Tierhalterhaftpflichtversicherung,
- Jagdhaftpflichtversicherung,
- Bauherrenhaftpflichtversicherung,

- Gewässerschadenhaftpflichtversicherung,
- Betriebshaftpflichtversicherung,
- Berufshaftpflichtversicherung,
- Produkthaftpflichtversicherung,
- Umwelthaftpflichtversicherung.

Die Grundlage der sich daraus ergebenden Versicherungsverträge stellen die **allgemeinen Versicherungsbedingungen für die Haftpflichtversicherung (AHB)** dar. Durch verschiedene besondere Bedingungen und Risikobeschreibungen erfolgt die Spezialisierung des Versicherungsschutzes auf die jeweiligen Einzelbereiche.

Haftung und Deckung sind also unterschiedlichen Sphären zuzuordnen. Ganz unabhängig davon, ob der Schädiger nun sein Haftungsrisiko versichert hat oder auch nicht – nach gesetzlichen Vorschriften muss er für den angerichteten Schaden einstehen. Die Deckung hingegen bezeichnet den versicherten Haftpflichtrechtsbereich. Nur genau beschriebene rechtliche Eigenschaften des Schädigers sind geschützt. Die Deckung ist also immer geringer als die Haftung. Dies ergibt sich auch schon aus der versicherungstechnisch erforderlichen Begrenzung der Versicherungssummen (= Deckungssummen), selbst dann, wenn die Haftung durchaus der Höhe nach unbegrenzt ist.

Aufgaben

Sinn der Haftpflichtversicherung ist es, das Vermögen des Versicherungsnehmers gegen berechtigte oder unberechtigte Schadenersatzansprüche zu schützen, Deckung vorausgesetzt (Freihaltung). Somit fallen dem Haftpflichtversicherer folgende Aufgaben zu:

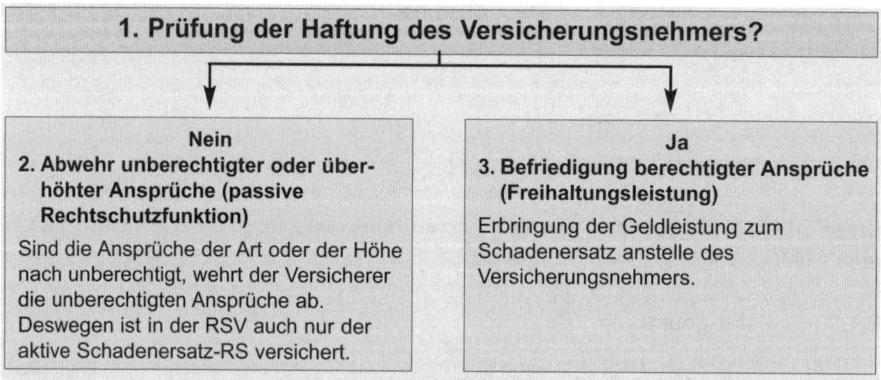

Abbildung: Aufgaben der Haftpflichtversicherung

Mit Ausnahme der Kfz-Haftpflichtversicherung besteht jedoch kein direkter Anspruch des „geschädigten Dritten" gegen den Versicherer:

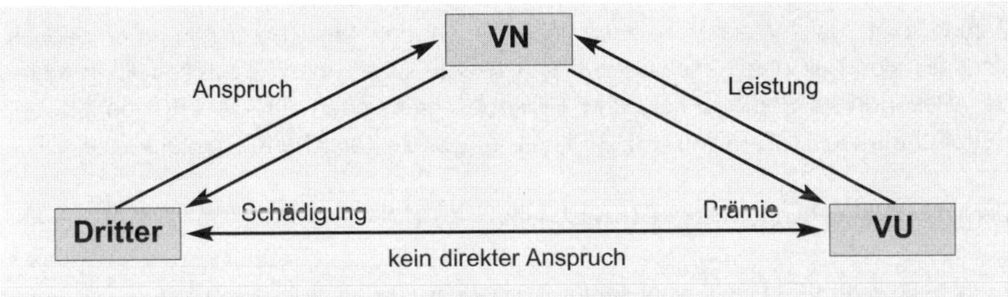

Abbildung: Rechtsbeziehungen in der Haftpflichtversicherung

Schadenarten

Die Haftpflichtversicherung bietet in ihren Funktionen Versicherungsschutz für folgende Schadenarten:

Abbildung: Schadenarten in der Haftpflichtversicherung

8.1.4 Versichertes Risiko

Versicherte Risikobereiche der Privathaftpflichtversicherung

Um die zahlreichen Gefahren des privaten täglichen Lebens im Rahmen einer Haftpflichtversicherung zu versichern, bedarf es einer sorgfältigen Beschreibung der einzelnen Risiken, die unter den Versicherungsschutz fallen sollen, zumal es sich bei der Privathaftpflichtversicherung um ein Produkt handelt, das auf möglichst viele Kunden zutreffen soll.

In der Privathaftpflichtversicherung ist die gesetzliche Haftpflicht des Versicherungsnehmers als Privatperson aus den Gefahren des täglichen Lebens versichert.

Daraus folgt, dass diejenigen Ansprüche gegen den Versicherungsnehmer gedeckt sind, die sich aus den Regelungen des § 823 BGB ergeben. Zur Klarstellung führen die „Besonderen Bedingungen und Risikobeschreibungen für die HV von privaten Haftpflichtrisiken (RBE-Privat)" (BBR/PHV) u. a. weitere versicherte Eigenschaften auf:

Der Versicherte erlangt Versicherungsschutz:

- als Familien- und Haushaltsvorstand im Rahmen seiner Aufsichtspflicht,
- als Dienstherr der im Haushalt tätigen Personen,
- als Inhaber einer oder mehrerer in Europa und in den außereuropäischen Gebieten, die zum Geltungsbereich des Vertrages über die Europäische Union gehören, gelegenen Wohnungen, einschließlich Ferien-/Wochenendwohnungen,
- als Inhaber eines in Europa und in den außereuropäischen Gebieten, die zum Geltungsbereich des Vertrages über die Europäische Union gehören, gelegenen Einfamilienhauses,
- als Inhaber eines oder mehrerer in Europa und in den außereuropäischen Gebieten, die zum Geltungsbereich des Vertrages über die Europäische Union gehören, gelegenen Ferien-/Wochenendhäuser,
- aus der Vermietung einer Einliegerwohnung und/oder von einzeln vermieteten Wohnräumen – auch an Feriengäste – innerhalb der selbst bewohnten Wohnung bzw. des selbst bewohnten Einfamilienhauses einschließlich der dazu gehörenden Garagen, Carports und Kfz-Stellplätzen, soweit diese nicht gewerblichen Zwecken dienen,
- als Bauherr/Bauunternehmer bis zu einer Bausumme von 50.000 EUR je Bauvorhaben,
- als früherer Besitzer eines Grundstücks,
- als Zwangs- oder Insolvenzverwalter in dieser Eigenschaft,
- als Radfahrer,
- als Sportler ausgenommen Jagd, Teilnahme an Pferde-, Rad- oder Kraftfahrzeug-Rennen sowie die Vorbereitung hierzu,
- aus dem erlaubten privaten Besitz und dem Gebrauch von Hieb-, Stoß- und Schusswaffen sowie Munition und Geschossen, nicht jedoch zu Jagdzwecken oder strafbaren Handlungen,
- als Halter und Hüter zahmer Haustiere und gezähmter Kleintiere und Bienen,
- als Hüter fremder Hunde,
- als Reiter fremder Pferde.

Erweiterung des Versicherungsschutzes

Einige für den Privatbereich typische Ereignisse, die in der Haftpflichtversicherung normalerweise ausgeschlossen sind, können durch besondere Erweiterungen in den Deckungsumfang mit einbezogen werden. Es handelt sich dabei um:

Auslandsschäden	bis zu einem Jahr Auslandsaufenthalt
Abwasser-schäden	verursacht durch häusliche Abwässer und Rückstaus aus dem Straßenkanal

Mietsach-schäden	Schäden an vom Versicherungsnehmer gemieteten Wohnräumen, jedoch nur an unbeweglichen Sachen; Höchstentschädigung 500.000 EUR je Schaden, max. 1.000.000 EUR p.a.; Mietsachschäden von Inventar in Reiseunterkünften max. 50.000 EUR je Schaden, max. 100.000 EUR p.a.
Allmählichkeits-schäden	Sachschäden durch allmähliche Einwirkung von Temperatur, Gasen, Dämpfen, Feuchtigkeit, Niederschlägen
Gewässer-schäden	durch häusliche Abwässer außer Anlagenrisiko

Außerdem sind Glasschäden ausgeschlossen, gegen die der VN anderweitig Versicherungsschutz nehmen kann.

Weitere in anderen Haftpflichtversicherungen versicherte **Risikobereiche mit Zielgruppen**:

Tierhalter-Haftpflichtversicherung:

- Absicherung des Haftungsrisikos für Halter von Luxustieren (inklusive Gefährdungshaftung) gemäß § 833 Satz 1 BGB.
- Besondere Produkte sind die Hundehalter-Haftpflichtversicherung und die Pferdehalter-Haftpflichtversicherung.

Haus- und -Grundstücksbesitzer-Haftpflichtversicherung:

- Diese ist in der PHV für selbst genutzte Einfamilienhäuser bereits eingeschlossen.
- Hier geht es um die Absicherung der Haftung des Haus- und Grundstücksbesitzers für Gebäudeschäden mit anschließenden Personen-/Sachschäden bei Dritten bzw. der Haftung aus Verkehrssicherungspflichten (nach §§ 823, 836–838 BGB) und um das Vermietungsrisiko.
- Der Haus- und Grundbesitzer haftet aus vermutetem Verschulden.

Bauherren-Haftpflichtversicherung:

- Grundsätzlich haftet der Bauherr für die Verkehrssicherheit des Baugrundstückes aus vermutetem Verschulden, letztlich auch für Schäden im Zusammenhang mit der Bautätigkeit.
- Die Bauherrenhaftpflicht ist in der PHV bis zu Bausummen von 50.000 EUR schon mitversichert, bei höherem Bauvolumen ist ein eigenständiger Vertrag zu schließen.

Gewässerschaden-Haftpflichtversicherung:

- Versichert wird die Anlagenhaftung (nach Wasserhaushaltsgesetz), insbesondere von Inhabern von Heizöltankanlagen, inklusive der gesamten Heizungsanlage,

bezogen auf die Grundwasserschädigung durch das Entweichen gewässerschädlicher Stoffe.
- Hierbei handelt es sich um eine Gefährdungshaftung.

8.2 Versicherte Personen in der Privathaftpflichtversicherung

Die PHV ist als Familienversicherung anzusehen. Mitversicherte Personen sind:

- Ehegatten, solange zwischen ihnen und dem Versicherungsnehmer ein rechtskräftiges Eheverhältnis besteht. Auf den Wohnort des getrenntlebenden Ehegatten kommt es nicht an. Gleich behandelt wird auch der in eheähnlicher Gemeinschaft mit dem Versicherungsnehmer lebende Partner. Voraussetzung ist, dass beide die gleiche Meldeadresse haben und der Partner namentlich im Versicherungsschein genannt wird.
- Minderjährige unverheiratete Kinder, auch Stief-, Adoptiv- oder Pflegekinder, genießen uneingeschränkt Versicherungsschutz.

Für volljährige unverheiratete Kinder besteht Versicherungsschutz nur bis zur Beendigung der ersten abgeschlossenen Berufsausbildung (Studium, Lehre) und für die Ableistung des Wehr- oder Ersatzdienstes. Es kommt nicht darauf an, ob das Kind noch bei den Eltern wohnt oder bereits eine eigene Wohnung unterhält. Versicherungsschutz besteht auch für die im Haushalt des Versicherungsnehmers beschäftigten Personen, die im Rahmen dieser Tätigkeit einem Dritten Schäden verursachen. Dieses gilt unabhängig davon, ob ein Arbeitsvertrag besteht oder eine Gefälligkeitsleistung vorliegt. Bei Tod des Versicherungsnehmers geht aufgrund der „Familienfunktion" die PHV auf den überlebenden Ehegatten über, sofern dem nicht widersprochen wird.

8.3 Ausschlüsse

Wie bereits erwähnt, beschäftigt sich die Haftpflichtversicherung mit den verschiedensten Risikoformen und bietet hierfür weitgehend Versicherungsschutz. Dennoch können nicht alle Gefahren versichert werden. Bisher hat man zwischen folgenden Ausschlüssen unterschieden:

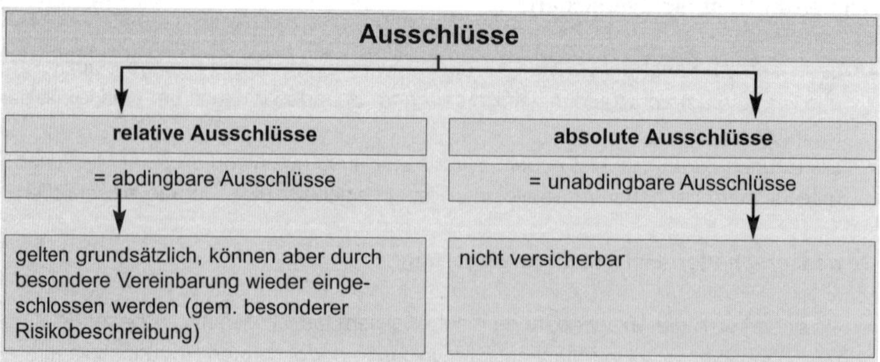

Abbildung: Ausschlüsse in der Haftpflichtversicherung

Seit Einführung der AHB (Proximus) gibt es eine solche doch sehr abstrakte Unterscheidung nicht mehr. Die Ausschlüsse, die gegenwärtig in der Ziffer 7 AHB zu finden sind, können grundsätzlich durch besondere Vereinbarungen im Versicherungsschein oder seinen Nachträgen wieder eingeschlossen werden. Ein solcher Einschluss ist selbstverständlich nicht möglich, soweit er gegen geltendes Recht verstößt, z. B. Einschluss von Schäden, die vorsätzlich herbeigeführt wurden.

Vorsatz, Ziffer 7.1 AHB

Vorsätzlich herbeigeführte Schadenereignisse sind niemals versichert. Dies bezieht sich sowohl auf die vorsätzliche Handlung als auch auf die Folgen der Handlung (unbeabsichtigte Folgen gelten jedoch als mitversichert).

Kenntnis von Mangelhaftigkeit oder Schädlichkeit, Ziffer 7.2 AHB

Ausgeschlossen sind auch Ansprüche aller Personen, die den Schaden dadurch verursacht haben, dass sie in Kenntnis von deren Mangelhaftigkeit oder Schädlichkeit

- Erzeugnisse in den Verkehr gebracht haben oder
- Arbeiten oder sonstige Leistungen erbracht haben.

Schäden aus rein vertraglicher Haftung, Ziffer 7.3 AHB

Dieser Ausschluss ergibt sich bereits aus Ziffer 1.1 AHB, der den Versicherungsschutz auf Ansprüche *„aufgrund gesetzlicher Haftpflichtbestimmungen privatrechtlichen Inhalts“* begrenzt. Insoweit hat dieser Ausschluss nur deklaratorische Wirkung.

Verwandtenklausel/Angehörigenklausel, Ziffer 7.4 + 7.5 AHB

Für Schäden, die sich die versicherten Personen eines Vertrages (z. B. Ehegatten, Kinder) oder die Personen, mit denen der VN in häuslicher Gemeinschaft lebt (gemeinsame Haushaltsführung, gleiche Wohnanschrift gem. Einwohnermeldeamt), gegenseitig zufügen, besteht kein Versicherungsschutz. Schäden, die der Versicherte seinen Angehörigen zufügt, die nicht mit ihm in häuslicher Gemeinschaft leben, gelten als mitversichert, unabhängig vom Verwandtschaftsgrad (vgl. hierzu die Erläuterungen zu Ziffer 7.4 und Ziffer 7.5 (2) bis (6) in den AHB).

Schäden an fremden Sachen (Obhutsklausel), Ziffer 7.6 AHB

Der Versicherungsschutz bezieht sich nicht auf Haftpflichtansprüche wegen Schäden an fremden Sachen, die der Versicherte

- gemietet, geleast, gepachtet, geliehen oder durch verbotene Eigenmacht (z. B. Diebstahl) erlangt hat
- oder die Gegenstand eines besonderen Verwahrungsvertrages sind (Besitzklausel).

Der Grund für diesen notwendigen Ausschluss im Rahmen der Besitzklausel ergibt sich daraus, dass für die Behandlung fremder Sachen die gleiche Sorgfalt wie für eigene Sachen (Eigenschäden) unterstellt werden muss. Wird jedoch mit einer fremden Sache ein Schaden verursacht, ist die Folge daraus versichert.

Beispiel:
Bei Handwerkerarbeiten mit einer geliehenen Bohrmaschine, die bei einem Dritten ausgeführt werden, fällt dem „Entleiher“ die Bohrmaschine aus der Hand und auf den Parkettfußboden des Dritten, wobei der Boden beschädigt und die Bohrmaschine zerstört wird. Der Schaden an der Bohrmaschine ist nicht versichert (da geliehen); jedoch ist der Schaden am Parkettfußboden abgedeckt.
Dass Schäden an fremden Sachen, die durch z. B. Diebstahl erlangt wurden, nicht versichert sind, versteht sich wohl von selbst.

Bearbeitungsschäden, Ziffer 7.7 AHB
Ausgeschlossen sind auch Schäden,

- die an fremden Sachen durch eine gewerbliche oder berufliche Tätigkeit des Versicherungsnehmers an diesen Sachen (z. B. Bearbeitung, Reparatur, Beförderung, Prüfung usw.) entstanden sind; bei unbeweglichen Sachen gilt dieser Ausschluss nur insoweit, als diese Sachen oder Teile von ihnen unmittelbar von der Tätigkeit betroffen waren,
- die sich daraus ergeben, dass der VN diese zur Durchführung seiner gewerblichen oder beruflichen Tätigkeit benutzt hat (z. B. als Werkzeug, Hilfsmittel, Materialablagefläche usw.); bei unbeweglichen Sachen gilt dieser Ausschluss nur insoweit, als diese Sachen oder Teile von ihnen unmittelbar von der Benutzung betroffen waren,
- die durch die gewerbliche oder berufliche Tätigkeit des VN entstanden sind und sich diese Sachen oder – sofern es sich um unbewegliche Sachen handelt – deren Teile im unmittelbaren Einwirkungsbereich der Tätigkeit befunden haben; dieser Ausschluss gilt nicht, wenn der VN beweisen kann, dass er zum Zeitpunkt der Tätigkeit alle offensichtlich notwendigen Schutzvorkehrungen zur Vermeindung von Schäden getroffen hatte.

Sinn dieses Ausschlusses ist, dass das typische Unternehmerrisiko nicht auf den VR überwälzt werden soll. Werden dem VN im Rahmen seiner gewerblichen oder beruflichen Tätigkeit z. B. Sachen zur Bearbeitung oder Reparatur übergeben, kann erwartet werden, dass er die erforderlichen Tätigkeiten mit größter Sorgfalt und Fachkenntnis ausführt. Hier soll das Motto „Unfähigkeit bzw. Pfuscharbeit ist nicht versicherbar“, zum Tragen kommen. Schäden, die in Ausübung der beruflichen Tätigkeit des VN, auch im Privatbereich eintreten, sind nicht versichert.

Beispiel:
A. ist Malergeselle und hilft seinem Freund B. beim Streichen seiner Wohnung. Dabei zerstört A. eine Fensterscheibe in der Wohnung des B. Durch die berufliche Tätigkeit des A. als Maler besteht hierfür kein Versicherungsschutz. Ob er die Arbeiten bei seinem Freund entgeltlich oder unentgeltlich ausgeführt hat, spielt hierbei keine Rolle.

Schäden durch mangelhafte Erfüllung von Verträgen (Erfüllungsausschlussklausel), Ziffer 7.8 AHB
Dieser Ausschluss findet auch dann Anwendung, wenn Dritte im Auftrag oder für Rechnung des VN die Herstellung oder Lieferung der Sachen oder die Arbeiten oder sonstigen

Leistungen übernommen haben. Diese Schäden sind auch dann ausgeschlossen, wenn die Ansprüche auf einer gesetzlichen Grundlage basieren, was sich bereits aus Ziffer 1.2 AHB ergibt. Danach besteht kein Versicherungsschutz für gesetzliche Ansprüche

- auf Erfüllung von Verträgen, Nacherfüllung, aus Selbstvornahme, Rücktritt, Minderung, auf Schadenersatz statt der Leistung, Ziffer 1.2 (1) AHB,
- wegen Schäden, die verursacht werden, um die Nacherfüllung durchführen zu können, Ziffer 1.2 (2) AHB,
- wegen des Ausfalls der Nutzung des Vertragsgegenstandes oder wegen des Ausbleibens des mit der Vertragsleistung geschuldeten Erfolges, Ziffer 1.2 (3) AHB,
- auf Ersatz vergeblicher Aufwendungen im Vertrauen auf ordnungsgemäße Vertragserfüllung, Ziffer 1.2 (4) AHB,
- auf Ersatz von Vermögenschäden wegen Verzögerung der Leistung, Ziffer 1.2 (5) AHB,
- wegen anderer an die Stelle der Erfüllung tretender Ersatzleistungen, Ziffer 1.2 (6) AHB.

Schäden an vom Versicherungsnehmer hergestellten oder gelieferten Sachen (Lieferungs- und Herstellungsklausel), Ziffer 7.8 AHB

Im Rahmen der Lieferungs- und Herstellungsklausel werden auch solche Schäden von der Deckung ausgenommen, die an den vom VN gelieferten und hergestellten Sachen nach Übergabe an den Auftraggeber entstehen. Für solche Schäden ist der VN allerdings haftbar zu machen, da die Ursache in der Herstellung und/oder Lieferung liegt. Auch dieser Ausschluss findet Anwendung, wenn und soweit sich der VN zur Erfüllung seiner Verpflichtungen Dritter bedient. Sachschäden wiederum, die nicht an, sondern durch die vom VN hergestellten oder gelieferten Sachen/Waren entstehen, sind von diesem Ausschluss nicht erfasst und somit versichert.

Beispiel:
Der VN (Maschinenbauer) fertigt für einen Auftraggeber eine spezielle Verpackungs- und Palettierungsmaschine. Die mitgelieferte Gebrauchsanweisung enthält allerdings fehlerhafte Angaben zur Betriebsgeschwindigkeit der Maschine. Der Kunde lässt die Maschine daher mit zu hoher Geschwindigkeit laufen, wobei sowohl die Maschine als auch die zu verpackenden Waren des Kunden stark beschädigt werden. Die Reparaturkosten für die Maschine und der sich daraus ggf. ergebende Nutzungsausfall des Kunden wegen mangelnder Beratung/Information werden nicht durch die Betriebshaftpflichtversicherung des VN gedeckt. Die beschädigten und unbrauchbar gewordenen Waren des Kunden werden wiederum über die Betriebshaftpflichtversicherung des Maschinenbauers ersetzt.

Auslandsschäden, Ziffer 7.9 AHB

Für Schäden, die sich im Ausland ereignen, besteht nach den AHB kein Versicherungsschutz, da die Kosten für die Schadenregulierung (Prozessführung, Ersatzleistungen) aufgrund anderer nationaler gesetzlicher Vorschriften oder anderer Rechtsprechung nur schwer kalkulierbar sind und sehr hoch sein können (z. B. Schmerzensgeld in den USA). Durch Prämienzuschlag kann dieses Risiko allerdings vielfach wieder eingeschlossen werden. Ansprüche aus § 110 SGB VII sind jedoch mitversichert (hier geht es um die

Haftung von Unternehmern, Unternehmensangehörigen und anderen Personen). In der Privathaftpflichtversicherung besteht aber weltweiter Versicherungsschutz, vgl. Teil A, Ziffer 8 RBE-Privat.

Umweltschäden, Ziffer 7.10 AHB
Aufgrund der schweren Kalkulierbarkeit werden Sachschäden in diesem Risikobereich nicht versichert (sog. Umweltnullung in den AHB).

Asbestschäden, Ziffer 7.11 AHB
Haftungsansprüche, die auf Asbest, asbesthaltige Substanzen oder Erzeugnisse zurückzuführen sind, werden vom Versicherungsschutz ebenfalls nicht erfasst. Dieser Ausschluss wurde neu und in die AHB (Proximus) aufgenommen.

Strahlenschäden, Ziffer 7.12 AHB
Schäden, die unmittelbar oder mittelbar mit energetischen ionisierenden Strahlen (z. B. radioaktive Strahlung oder Röntgenstrahlung) in Zusammenhang stehen, sind vom Versicherungsschutz ausgeschlossen.

Gentechnikschäden, Ziffer 7.13 AHB
Danach sind Haftpflichtansprüche wegen Schäden aufgrund gentechnischer Arbeiten, gentechnisch veränderter Organismen und Erzeugnissen, die Bestandteile aus gentechnisch veränderten Organismen sind bzw. aus oder mithilfe von gentechnischen Organismen hergestellt wurden, nicht versichert. Auch dieser Ausschluss wurde in die AHB (Proximus) neu aufgenommen.

Schäden durch Abwässer, Senkung von Grundstücken oder Erdrutsch sowie Überschwemmung, Ziffer 7.14 AHB
Abwasserschäden sind ausgeschlossen, soweit es sich nicht um häusliche Abwässer handelt. Ebenso sind Haftungsansprüche aus der Senkung von Grundstücken und Erdrutschungen sowie aus der Überschwemmung stehender oder fließender Gewässer ausgeschlossen. Bei diesem Ausschluss handelt es sich um eine Neufassung des bisher geltenden Ausschlusses für Allmählichkeitsschäden. Die Schäden durch allmähliche Einwirkung von Temperatur, Gasen, Dämpfen oder Feuchtigkeit und Niederschlag (z. B. Rauch, Ruß, Staub usw.) sind von diesem Ausschluss nicht mehr erfasst. Auch die Schäden durch Erschütterungen infolge von Rammarbeiten sowie Flurschäden sind nicht mehr erwähnt. Sachschäden durch häusliche Abwässer sind im Rahmen der Privathaftpflichtversicherung mitversichert, soweit diese Schäden auf den Rückstau des Straßenkanals zurückzuführen sind, vgl. hierzu Teil A, Ziffer 3.4 RBE-Privat.

Elektronische(r) Datenverarbeitung bzw. Datenaustausch, Ziffer 7.15 AHB
Ersatzansprüche aus Schäden, aus dem Austausch, der Übermittlung und der Bereitstellung elektronischer Daten sind nicht versichert, soweit es sich um Schäden handelt

- aus der Löschung, Unterdrückung, Unbrauchbarmachung oder Veränderung von Daten,
- aus der Nichterfassung oder fehlerhaften Speicherung von Daten,

- aus der Störung des Zugangs zum elektronischen Datenaustausch oder
- aus der Übermittlung vertraulicher Daten oder Informationen.

Auch dieser Ausschluss wurde in die AHB (Proximus) neu aufgenommen.

Schäden aus Persönlichkeits- oder Namensrechtsverletzung, Ziffer 7.16 AHB
Ebenfalls neu aufgenommen in die AHB (Proximus) wurden die Ersatzansprüche wegen Schäden, die auf die Verletzung von Persönlichkeits- und/oder Namensrechten beruhen. Auch diese sind vom Versicherungsschutz ausgeschlossen.

Diskriminierung, Ziffer 7.17 AHB
Schäden, die auf Anfeindungen, Schikanen, Belästigungen, Ungleichbehandlungen oder sonstige Diskriminierungen zurückzuführen sind, werden vom Versicherungsschutz nicht erfasst. Die Aufnahme dieses Ausschlusses in die AHB (Proximus) ist wohl ein Ausfluss aus dem Diskriminierungsgesetz.

Schäden durch die Übertragung von Krankheiten, Ziffer 7.18 AHB
Schäden, die aus der Übertragung von Krankheiten des VN auf andere entstehen, sind im Bereich der Personenschäden nicht versichert (z. B. Geschlechtskrankheiten). Gleiches gilt auch für Sachschäden, die durch die Übertragung von Krankheiten der dem VN gehörenden, von ihm gehaltenen oder veräußerten Tieren entstanden sind. In beiden Fällen besteht jedoch Versicherungsschutz, wenn der VN nachweist, dass er weder vorsätzlich noch grob fahrlässig gehandelt hat.

Auflagen
Hat der VR dem VN Auflagen zur Beseitigung besonders gefahrdrohender Umstände gemacht und kommt der VN dieser (verhüllten) Obliegenheit nicht oder nicht fristgerecht nach, besteht für den VR Leistungsfreiheit, wenn zwischen der verletzten Obliegenheit und dem Schadenereignis ein kausaler Zusammenhang besteht. Ein Umstand, der zu einem Schaden geführt hat, gilt ohne Weiteres als besonders gefahrdrohend.

> **Beispiel:**
> Eintritt eines Personenschadens wegen eines baufälligen Treppengeländers, dessen Beseitigung bzw. Reparatur der Versicherer bereits vorher gefordert hatte.
> Bisher handelte es sich bei den besonders gefahrdrohenden Umständen um einen Ausschluss nach AHB – „alt". Im Rahmen der neuen AHB (Proximus) handelt es sich um eine Obliegenheit während der Vertragslaufzeit, also noch vor Schadeneintritt, vgl. Ziff. 24 AHB.

8.4 Versicherungssumme

Grundsätzlich ist der Schädiger verpflichtet, den geschädigten Dritten so zu stellen, als ob der Schaden nicht eingetreten wäre, d. h., er ist verantwortlich für die Wiederherstellung des alten Zustandes (Naturalrestitution). Er genügt seiner Haftpflicht aber, wenn er den Ersatzwert in Geld leistet. Daraus ergibt sich, dass Entschädigungen den Dritten nicht besser stellen dürfen als vor Eintritt des Schadenereignisses. Unterlag also beispielsweise eine beschädigte Sache vor dem Schaden einer Abnutzung durch Alter oder

Gebrauch, so ist die Entschädigung auf den Zeitwert der Sache begrenzt. Das Gesetz verlangt insoweit den Schadenersatz in vollem Umfang.

Die unbegrenzte Haftung stellt nicht nur für den Versicherungsnehmer, sondern auch für das Versicherungsunternehmen ein bedeutendes Risiko dar. Aus diesem Grunde werden in der Haftpflichtversicherung Höchstleistungsgrenzen, sogenannte **Deckungssummen**, vereinbart. Dies bedeutet, dass jeder Schaden nur bis zu dieser vereinbarten Grenze reguliert wird. Übersteigt aber die Summe der Schadenersatzaufwendungen für ein Schadenereignis die Deckungssumme, ist für den übrigen Teil der Kosten der Versicherungsnehmer allein verantwortlich. Haftpflichtversicherungen sind also typische **Erstrisikoversicherungen**.

8.5 Tarifaufbau und Beitragsanpassung

8.5.1 Tarifaufbau und Prämienberechnung

Im Rahmen der Haftpflichtversicherung erfolgt die Beitragsberechnung in der Regel nicht in Prozent- oder Promillesätzen der Versicherungssumme. Dies liegt darin begründet, dass die Haftpflichtversicherung keinen Versicherungswert kennt wie z.B. die Hausratversicherung. Die Versicherungssumme stellt auch nicht den Umfang des Versicherungsschutzes dar, sondern lediglich dessen Höchstgrenze. Für die Prämienhöhe sind immer die Art des Risikos und dessen Bemessungsgrundlage sowie Tarifmerkmale entscheidend, z.B.

- Single- oder Familientarif, ggf. die Mitversicherung weiterer Haftpflichtrisiken in der **Privathaftpflichtversicherung**,
- Bausummen in der **Bauherrenhaftpflichtversicherung**,
- Lohn- und Gehalts- oder Umsatzsummen oder Anzahl der im Betrieb tätigen Personen in der **Betriebshaftpflichtversicherung**,
- Bruttomietwert, Anzahl der Wohnungen bzw. Größe von Haus- und Grundbesitz in der **Haus- und Grundbesitzerhaftpflichtversicherung**,
- Anzahl der Tiere in der **Tierhalterhaftpflichtversicherung**,
- Anzahl bzw. Inhalt von Öltanks in der **Gewässerschadenhaftpflichtversicherung**.

Selbstverständlich beeinflusst darüber hinaus auch die Höhe der gewählten Deckungssummen den Beitrag. Außerdem sind auch immer die jeweiligen Mindestprämien zu beachten.

8.5.2 Beitragsanpassung und Beitragsangleichung

Beitragsanpassung
Der VN ist gem. Ziffer 13.1 AHB verpflichtet dem VU mitzuteilen, ob und ggf. welche Änderungen in dem versicherten Risiko (also ggf. Risikoerhöhungen und/oder Risikoerweiterungen) gegenüber der letzten, zum Zwecke der Beitragsberechnung gemachten Angaben, eingetreten sind.

Beispiele:
Der Inhaber eines Malerbetriebes hat fünf Mitarbeiter beschäftigt. Für die Prämienberechung der Betriebshaftpflichtversicherung ist die Anzahl der im Betrieb tätigen Personen maßgebend. Im Versicherungsschein sind sechs Personen (inkl. des Betriebsinhabers) dokumentiert. Bereits wenige Monate nach Abschluss des Vertrages wird ein weiterer Mitarbeiter eingestellt. Dies ist vom VN spätestens einen Monat nach Aufforderung des VU zur Meldung von Änderungen in dem versicherten Risiko mitzuteilen. Eine Anpassung des Beitrages erfolgt hier ab dem Zeitpunkt der Einstellung des neuen Mitarbeiters.
Einige Jahre später muss der VN, aufgrund der schlechteren Auftragslage, wieder einen Mitarbeiter entlassen. Auch dies hat er dem VU mitzuteilen. Die Anpassung des Beitrages erfolgt hier gem. Ziffer 13.2 AHB erst zum Zeitpunkt des Eingangs der Änderungsmitteilung.

Beitragsangleichung

Von der Beitragsanpassung ist die Beitragsangleichung gem. Ziffer 15 AHB zu unterscheiden. Zu einer Beitragsangleichung kommt es nicht durch z. B. Risikoerhöhung und Risikoerweiterung oder Veränderung von Bemessungsgrundlagen. Hierzu kommt es ausschließlich dann, wenn sich der Durchschnitt der Schadenzahlungen im vergangenen Jahr gegenüber dem vorangegangenen Jahr erhöht oder vermindert hat, vgl. Ziffer 15.2 AHB.

$$\text{Durchschnittswert der Schadenzahlung} = \frac{\text{Summe d. Schadenzahlung aller Versicherer (einschl. Regulierungskosten)}}{\text{Anzahl der Schadenfälle aller Versicherer}}$$

Diese Ermittlung wird zum 01.07. eines jeden Jahres von einem unabhängigen Treuhänder durchgeführt. Hat sich der so ermittelte Durchschnitt der Schadenzahlungen erhöht, **kann** der Versicherer die Beiträge angleichen. Hat sich der Durchschnitt der Schadenzahlungen jedoch verringert, **muss** der Versicherer die Prämie senken.

Eine entsprechende Beitragssenkung hat immer in dem durch den Treuhänder ermittelten Umfang zu erfolgen. Eine Prämienerhöhung muss grundsätzlich in dem durch den Treuhänder ermittelten Umfang erfolgen. Eine Erhöhung darüber hinaus ist nicht zulässig.

Was die Prämienerhöhung angeht ist allerdings noch eine Sonderregelung zu beachten, die für VU gilt, deren unternehmenseigener Steigerungssatz z.B. wegen günstiger Schadenverläufe in jedem der letzten fünf Kalenderjahre geringer war als der durch den Treuhänder ermittelte Steigerungssatz. Diese VU dürfen den Folgejahresbeitrag auch nur um den unternehmenseigenen Steigerungssatz erhöhen.

In diesem Zusammenhang ist allerdings festzustellen, dass es nur dann zu einer Beitragsangleichung kommt, wenn die Veränderung des Durchschnitts der Schadenzahlungen den Wert von 5 % über- bzw. unterschreitet. Eine Veränderung unter 5 % ist jedoch in den Folgejahren zu berücksichtigen, vgl. Ziffer 15.4 AHB.

8.6 Antragsaufnahme

Die zu versichernden rechtlichen Eigenschaften sind im Antrag genau zu beschreiben, dies geschieht im privaten Bereich durch **standardisierte Deckungskonzepte**.

8.7 Versicherungsfall

Der Versicherungsfall in der Haftpflichtversicherung ist das Schadenereignis, welches Haftpflichtansprüche gegen den Versicherten entstehen lassen könnte. Neben der Erfüllung der gesetzlichen und vertraglichen Obliegenheiten überprüft das Versicherungsunternehmen die Rechtmäßigkeit der gegen den Versicherungsnehmer geltend gemachten Schadenersatzansprüche wie folgt:

1. Deckungsprüfung	**2. Prüfung der Haftung**	
	dem Grunde nach:	**der Höhe nach:**
• Ist der Versicherungsfall nach dem materiellen Beginn und innerhalb der Laufzeit des Vertrages eingetreten? • Ist die Folgeprämie gezahlt? • Ist die richtige rechtliche Eigenschaft und das entsprechende Risiko versichert? • Fällt der Versicherungsfall unter die Erhöhung, Erweiterung oder die Vorsorgeversicherung des Vertrages? • Liegt ein absoluter oder relativer Ausschluss vor?	• Welche Rechtspflicht wurde verletzt? • Ermittlung des Tatbestandes mit Beweissicherung! • Liegt ein Verschulden vor? • Gefährdungshaftung? • Sind die Ansprüche verjährt? • Ist die Abwehr der Ansprüche möglich?	• Ist die Höhe der Ansprüche gerechtfertigt? • Reichen die Deckungssummen? • Selbstbeteiligung vereinbart? • Trifft den Anspruchsteller ein abzuziehendes Mitverschulden?

Abbildung: Prüfung des Leistungsfalles in der Haftpflichtversicherung

8.8 Besonderheiten

8.8.1 Ergänzungs- und Vorsorgeversicherung

Darüber hinaus erstreckt sich der Versicherungsschutz gem. Ziffer 3.1 (2) + (3) AHB auch auf die gesetzliche Haftpflicht

- aus **Erhöhung** oder **Erweiterung** des versicherten Risikos **(Ergänzungsversicherung)**,
- aus Risiken, die für den Versicherungsnehmer nach Abschluss der Versicherung neu entstehen und die in Ziffer 4 AHB **(Vorsorgeversicherung)** geregelt sind.

Der Versicherungsschutz erstreckt sich gem. Ziffer 3.2 AHB auch auf die Erhöhungen des versicherten Risikos durch Änderung bestehender oder Erlass neuer Rechtsvorschriften.

Beispiel:
Durch die Änderung einer Haftungsgrundlage/Haftungsvorschrift haftet der VN nun auch für ein Verhalten bzw. für Umstände, die bisher nicht von ihm zu vertreten waren.
In diesem Fall steht dem Versicherer eine Kündigungsmöglichkeit unter Einhaltung einer Frist von einem Monat zu, vgl. Ziffer 21 AHB.

8.8.1.1 Erhöhung und Erweiterung des versicherten Risikos

Unter einer **Erhöhung** des Risikos ist die Vergrößerung der bereits versicherten Gefahr zu verstehen, also eine qualitative Risikoveränderung. Hierbei wird die Wahrscheinlichkeit des Schadeneintritts also größer.

Beispiel:
VN ist als Trockenbaubetrieb versichert und führt jetzt auch Elektroinstallationsarbeiten aus.
Unter einer **Erweiterung** des Risikos ist die Vergrößerung der Anzahl bereits versicherter Risiken zu verstehen, also eine quantitative Risikoveränderung. Hierbei wird also nicht die Wahrscheinlichkeit des Schadeneintritts größer, sondern es erweitert sich lediglich die Anzahl gleicher Risiken.

Beispiel:
VN ist als Trockenbaubetrieb mit fünf Mitarbeitern versichert und jetzt kommen zwei weitere Mitarbeiter hinzu.

8.8.1.2 Vorsorgeversicherung

Für neu (nach Abschluss des Versicherungsvertrages) hinzukommende Risiken gibt es die **Vorsorgeversicherung**, vgl. Ziffer 4 AHB. Durch sie werden mögliche Lücken im Versicherungsschutz nach Vertragsabschluss möglichst einfach geschlossen bzw. verhindert, dass Deckungslücken überhaupt erst entstehen. Dies geschieht dadurch, dass der Versicherungsschutz in der Regel sofort mit dem Eintritt des neuen Risikos beginnt, ohne dass es einer besonderen Anzeige bedarf, vgl. Ziffer 4.1 AHB. Der VN ist allerdings nach der Aufforderung des VU verpflichtet, die meist durch einen der Rechnung beigedruckten Hinweis erfolgt, jedes neu eingetretene Risiko innerhalb eines Monats nach Empfang der Aufforderung anzuzeigen. Kommt er dieser Verpflichtung nicht rechtzeitig nach oder kommt innerhalb eines Monats nach Eingang der Anzeige bei dem VU keine Vereinbarung über den Beitrag für das neue Risiko zustande, so fällt der Versicherungsschutz rückwirkend vom Gefahreneintritt wieder fort.

Hinweis:
Zu beachten ist hier allerdings, dass bis zu einer Einigung mit dem Versicherer (vgl. Ziffer 4.2 i. V. m. Ziffer 4.1 Abs. 2 AHB) die Deckungssummen im Rahmen der Vorsorgeversicherung nicht mit denen des Hauptvertrages identisch sind, sondern deutlich niedriger liegen

(1.000.000 EUR für Personenschäden und 500.000 EUR für Sachschäden und – falls vereinbart – 20.000 EUR für Vermögenschäden, sofern nicht im Versicherungsschein geringere Versicherungssummen vereinbart sind), vgl. Ziffer 4.2 AHB.

Der Versicherungsschutz im Rahmen der Vorsorgeversicherung erstreckt sich gem. Ziffer 4.3 AHB allerdings nicht auf Gefahren

- aus dem Eigentum, Besitz, Halten oder Führen eines Kraft-, Luft- oder Wasserfahrzeuges, soweit diese Fahrzeuge der Zulassungs-, Führerschein- oder Versicherungspflicht unterliegen;
- aus dem Eigentum, Besitz, Betrieb oder Führen von Bahnen;
- die der Versicherungs- oder Deckungsvorsorgepflicht unterliegen;
- die kürzer als ein Jahr bestehen werden und deshalb im Rahmen von kurzfristigen Versicherungsverträgen zu versichern sind.

Beispiel:
Herr Sorglos hat seine Privathaftpflichtversicherung am 01.07.2008 abgeschlossen. Am 01.10.2005 kann sich Herr Sorglos, nach einem Besuch im örtlichen Tierheim, dem bereits lange gehegten Wunsch seiner Tochter nach einem Hund, nicht mehr widersetzen. Zur nächsten Prämienfälligkeit, am 01.07.2009, erhält Herr Sorglos zusammen mit der Rechnung die Aufforderung des VU, alle neu eingetretenen Risiken anzuzeigen. Dieser Aufforderung kommt Herr Sorglos auch fristgerecht (also innerhalb eines Monat) nach und teilt dem VU mit, dass seit dem 01.10.2008 nun auch der Schäferhundmischling Ben mit zum Haushalt gehört. Das Angebot des VU zum Abschluss einer entsprechenden Tierhalter-Haftpflichtversicherung nimmt Herr Sorglos aufgrund der günstigen Prämie ebenfalls an.
In diesem Beispiel ist die Tierhalter-Haftpflichtversicherung für den Schäferhundmischling Ben ab dem 01.10.2008 im Rahmen der Vorsorgeversicherung gedeckt, weil der Gefahreneintritt (also die Anschaffung des Hundes) nach Abschluss der Privathaftpflichtversicherung lag und Herr Sorglos das neu eingetretene Risiko auch fristgerecht – nach Aufforderung durch das VU – gemeldet hat. Ab 01.07.2009 ist Ben über eine separate Tierhalter-Haftpflichtversicherung abgesichert. Hier entsprechen die Versicherungssummen meist denen des Hauptvertrages, also der Privathaftpflichtversicherung.

Hinweis:
Hier ist zu beachten, dass im Rahmen der Vorsorge für das Risiko der Tierhaltung nicht die „normalen“ Vorsorgeversicherungssummen greifen, sondern die Versicherungssummen des Privathaftpflichtvertrages (vgl. hierzu B 5 i. V. m. G 4 RBE-Privat).

8.8.2 Steuerliche Behandlung der Beiträge

Die Beiträge zu den Haftpflichtversicherungen gehören ebenfalls zu den Vorsorgeaufwendungen und können entsprechend berücksichtigt werden.

9 Kraftfahrtversicherung

9.1 Einführung

9.1.1 Markt und Chancen

Die Kraftfahrtversicherung ist mit rund 100 Mio. Versicherungsverträgen die Sparte mit dem größten Versicherungsbestand überhaupt und mit einer Beitragseinnahme von zuletzt 20,057 Mrd. EUR (in 2009) der bei Weitem größte Zweig innerhalb der Schaden- und Unfallversicherung. Im Jahr 2009 wendeten die Autoversicherer für Versicherungsfälle rund 19,420 Mrd. EUR auf. Davon entfiel allein auf die Kfz-Haftpflichtversicherung 12,148 Mrd. EUR.

Entwicklung des Kraftfahrzeug-Bestandes in Tsd.						
Jahr	Kraftfahrzeuge	darunter		nachrichtlich		
		Personen und Kombinationskraftwagen	Lastkraftwagen	Kraftfahrzeuge mit Versicherungskennzeichen	Neuzulassungen (fabrikneuer Kfz)	Besitzumschreibungen (gebrauchter Kfz)
1950	1.774	475	335	–	513	337
1980	23.929	20.428	1.114	2.110	2.791	5.511
1990	31.547	27.028	1.211	954	3.387	7.034
2000	45.328	37.734	2.204	1.595	3.972	8.363
2006	48.456	40.597	2.244	1.819	3.991	7.522
2007	48.987	41.020	2.271	1.930	3.704	7.109
2008	49.330	41.184	2.323	1.984	3.650	6.960
2009	49.603	41.321	2.347	2.194	4.241	6.887
2010	50.184	41.738	2.385			
Veränderung gegenüber Vorjahr in %						
1980	3,1	2,9	3,3	4,8	−6,1	−0,4
1990	3,0	3,1	3,2	−4,8	8,1	−2,3
2000	1,5	1,2	2,5	−8,5	−10,5	−3,3
2006	0,7	1,6	0,0	1,8	4,1	0,9
2007	1,1	1,0	1,2	6,1	−7,2	−5,5

2008	0,7	0,4	2,3	2,8	–1,5	–2,1
2009	0,6	0,3	1,0	10,6	16,2	–1,0
2010	1,2	1,0	1,6			

Jahresdurchschnittliche Veränderungsrate in %						
Jahr	**Kraftfahrzeuge**	**darunter**		**nachrichtlich**		
		Personen und Kombinationskraftwagen	**Lastkraftwagen**	**Kraftfahrzeuge mit Versicherungskennzeichen**	**Neuzulassungen (fabrikneuer Kfz)**	**Besitzumschreibungen (gebrauchter Kfz)**
1951–1960	14,8	23,6	5,9		9,0	16,0
1961–1970	7,7	12,0	4,2	–7,1	6,8	8,9
1971–1980	4,9	5,2	2,2	7,2	1,7	4,7
1981–1990	2,8	2,8	0,8	–7,6	2,0	2,5
1991–2000	3,7	3,4	6,2	5,3	1,6	1,7
2001–2010	1,0	1,0	0,8			

(Quelle: GDV-Jahrbuch 2010)

Abbildung: Entwicklung des Kfz-Bestandes

Durchschnittlich kostete ein Kfz-Unfall die Haftpflichtversicherung in 2009 3.505,49 EUR, die Teilkaskoversicherung 714,80 EUR und die Vollkaskoversicherung 1.477,78 EUR. 2009 wurden von der Polizei mehr als 2,3 Mio. Verkehrsunfälle erfasst. Dabei sind über 310.806 Menschen verunglückt. Auch der Diebstahl von Fahrzeugen führte 2009 zu nicht unerheblichen Aufwendungen für die Versicherer. Diese mussten für mehr als 37.964 gestohlene Fahrzeuge über 315 Mio. EUR aufbringen.

Ihre besondere Bedeutung in einer Gesellschaft der individuellen Mobilität ergibt sich von selbst. Gerade die zunehmende Arbeitsteilung ruft immer neue Verkehrsströme hervor und lässt den Kraftfahrtverkehr anwachsen. Das gilt auch für den privaten Bereich. Allein die vorgenannten Zahlen beweisen die enormen wirtschaftlichen Auswirkungen der Schäden durch Autounfälle, die nur mit einer Kraftfahrtversicherung zu bewältigen sind.

Einteilung der Kraftfahrtversicherung:
Die Kraftfahrtversicherung wird in vier Bereiche unterteilt:

1. **Kraftfahrzeug-Haftpflichtversicherung:**

- behandelt die gesetzliche Haftpflicht des Kfz-Halters und der mitversicherten Personen im Zusammenhang mit dem Gebrauch des Kfz,
- ist eine gesetzliche Zwangsversicherung.

2. **Fahrzeugversicherung:**

- hat die Beschädigung, Zerstörung und den Verlust des versicherten Kfz zum Gegenstand (Sachversicherung),
- je nach Umfang des Versicherungsschutzes wird zwischen Voll- und Teilkaskoversicherung unterschieden.

3. **Kraftfahrtunfallversicherung:**

- Unfallversicherungsschutz für Insassen und Berufskraftfahrer bei einem Kfz-Unfall.

4. **Autoschutzbriefversicherung**

- Serviceleistungen des Versicherers (z. B. Pannen- und Unfallhilfe) im Zusammenhang mit bei Unfällen entstehenden Folgekosten.

9.1.2 Haftungsgrundsätze

Grundsätzlich haftet der Halter eines Kfz nicht nur für schuldhafte Handlungen, sondern für jeden Schaden, der beim Betrieb des Fahrzeuges entsteht (Gefährdungshaftung). Die wesentlichen gesetzlichen Regelungen hierzu finden sich im Straßenverkehrsgesetz (StVG) und im Pflichtversicherungsgesetz (PflVG).

Straßenverkehrsgesetz und Pflichtversicherungsgesetz
Das Straßenverkehrsgesetz definiert die **Gefährdungshaftung des Kfz-Halters** so:

> *„Wird bei dem Betrieb eines Kfz oder eines Anhängers ein Mensch getötet, der Körper oder die Gesundheit eines Menschen verletzt oder eine Sache beschädigt, so ist der Halter des Fahrzeuges verpflichtet, dem Verletzten den daraus entstandenen Schaden zu ersetzen; die Ersatzpflicht ist ausgeschlossen, wenn der Unfall durch höhere Gewalt verursacht wird."* (§ 7 StVG)

Ein Fahrzeug befindet sich im Betrieb, wenn der Motor noch läuft oder es noch nicht endgültig abgestellt ist und sich noch im Verkehrsraum befindet, sodass es eine typische Gefahr darstellt (z. B. als Hindernis), d. h. also auch ohne Motorkraft.

Die Entschädigung ist bei der Gefährdungshaftung jedoch per Gesetz **summenmäßig begrenzt** (§ 12 StVG):

- Sachschäden: bis 1.000.000 EUR,
- Personenschäden: ein oder mehrerer Geschädigter bis 5.000.000 EUR Kapital. Dies gilt auch für den Kapitalwert einer zu zahlenden Rente.

Bei gewerbsmäßiger Beförderung gilt die Begrenzung auch, allerdings mit der Besonderheit, dass sich bei mehr als acht beförderten Personen dieser Betrag um 600.000 EUR für jede weitere getötete oder verletzte Person erhöht.

Die Gefährdungshaftung im Straßenverkehr gilt seit dem 01.07.2002 auch in vollem Umfang zugunsten der Fahrzeuginsassen. Weiterhin wurde der entlastende Einwand des unabwendbaren Ereignisses gegenüber nicht motorisierten Verkehrsteilnehmern abgeschafft. Gegenüber Fußgängern und Radfahrern ist der Haftungsausschluss nur noch bei höherer Gewalt gegeben.

Nach § 1 Pflichtversicherungsgesetz (PflVG) gilt die sogenannte **Versicherungspflicht**, die bezwecken soll, dass ein geschädigter Dritter sich darauf verlassen kann, dass ein ihm entstandener Schaden ersetzt wird, auch wenn das Vermögen des Schädigers hierzu nicht ausreicht.

> In § 1 PflVG heißt es:
> *„Der Halter eines Kraftfahrzeuges oder Anhängers mit regelmäßigem Standort im Inland ist verpflichtet, für sich, den Eigentümer und den Fahrer eine Haftpflichtversicherung zur Deckung der durch den Gebrauch des Fahrzeuges verursachten Personenschäden, Sachschäden und sonstigen Vermögenschäden abzuschließen und aufrechtzuerhalten, wenn das Fahrzeug auf öffentlichen Wegen oder Plätzen verwendet wird."*

Bei einem Unfall zwischen Kfz wirkt der Einwand des unabwendbaren Ereignisses nur entlastend, wenn der perfekte Idealfahrer den Unfall nicht hätte verhindern können. Fehler und Versagen von Fahrzeugteilen stellen kein unabwendbares Ereignis dar.

Halter ist derjenige, der das Kfz für eigene Rechnung in Gebrauch hat und die Verfügungsgewalt darüber besitzt (wirtschaftlicher Eigentümer).

Eigentümer ist derjenige, dem das Kfz rechtlich gehört.

Fahrer ist derjenige, der das Kfz steuert oder typische Verrichtungen damit vornimmt (Beladen, Abkippen eines Lkw usw.).

Die Verpflichtung zum Abschluss einer Versicherung besteht jedoch nicht nur für den Halter, sondern auch für den Versicherer, und zwar bis zur Höhe der gesetzlich vorgeschriebenen **Mindestdeckungssummen**:

- pro Unfallopfer 1,0 Mio EUR oder 2,5 Mio. EUR pro geschädigter Person bzw. 7,5 Mio. EUR für alle geschädigten Personen für Personenschäden,
- pro Schadenfall 5,0 Mio EUR für alle Personenschäden- bzw. für Sachschäden 1,0 Mio EUR.

Der Zwang zur Annahme **(Kontrahierungszwang)** besteht jedoch ausschließlich für die Kfz-Haftpflichtversicherung, nicht für die Fahrzeugversicherung, und bezieht sich zunächst nur auf Pkw, Kombi (bis 1 t Nutzlast) und Zweiräder. Für sog. Sonderfahrzeuge wie z. B. Wohnmobile besteht kein Kontrahierungszwang.

9.1.3 Leistungsumfang der Kfz-Haftpflichtversicherung

Der Versicherungsvertrag in der Kfz-Haftpflichtversicherung:
Grundsätzlich gelten in der Kfz-Versicherung die gleichen Vorschriften zum Abschluss eines Vertrages wie in allen anderen Versicherungszweigen. Abweichend gilt aber in der Kfz-Haftpflichtversicherung für Pkw/Kombi bis 1 t Nutzlast eine **Annahmefiktion**. Danach gilt der Antrag

> *„… zu den für den Geschäftsbetrieb des Versicherungsunternehmens maßgebenden Grundsätzen und zum allgemeinen Unternehmenstarif als angenommen, wenn der Versicherer ihn nicht innerhalb einer Frist von zwei Wochen vom Eingang des Antrages an schriftlich ablehnt oder wegen einer nachweisbar höheren Gefahr ein vom allgemeinen Unternehmenstarif abweichendes schriftliches Angebot unterbreitet."* (§ 5 Abs. 3 Satz 1 PflVerG)

Die Annahme eines Kfz-Haftpflichtversicherungsvertrages (im Rahmen des Kontrahierungszwanges) kann der Versicherer gemäß § 5 Abs. 4 PflVG nur ablehnen, wenn:

- der Abschluss nach der geschäftsplanmäßigen Erklärung des Versicherers nicht möglich ist,
- der Antragsteller einen zulässigen Beitragszuschlag ablehnt oder
- der Versicherer einen Vorvertrag (auch aus anderer Sparte) wegen Anfechtung, Rücktritt oder Kündigung beendet hat.

Wenn der Versicherer den Kfz-Haftpflichtversicherungsvertrag jedoch nicht innerhalb von zwei Wochen schriftlich ablehnt, gilt er als angenommen.

Zu Beginn des Versicherungsvertrages hat der Versicherer dem VN eine **Versicherungsbestätigung in Form eines Pins (eVB)** zur Vorlage bei der Kfz-Zulassungsstelle auszuhändigen. Diese gilt als Nachweis, dass ausreichender Versicherungsschutz im Haftpflichtbereich besteht, und stellt eine vorläufige Deckungszusage dar. Dadurch besteht Versicherungsschutz über diesen Vorvertrag bereits vor Einlösung des Versicherungsscheins des Hauptvertrages.

Die vorläufige Deckung ist ein **rechtlich selbstständiger Vertrag** und endet mit der Einlösung des Versicherungsscheins oder bei Kündigung durch den Versicherer innerhalb einer Woche. Von der Zulassungsstelle erhält der Versicherer die wesentlichen Daten über das zugelassene Kfz per elektronisches System. Die Antragsaufnahme soll nach GDV-Empfehlung mit der Aushändigung des Pins erfolgen.

Der **Versicherungsumfang** geht aus den allgemeinen Bedingungen für die Kraftfahrtversicherung **(AKB)** hervor und ist im Wesentlichen an das PflVG angelehnt.

9.1.4 Aufgaben der Kfz-Haftpflichtversicherung, Haftung und Deckung

Die Aufgaben der Kfz-Haftpflichtversicherung entsprechen denjenigen aller Haftpflichtversicherungen.

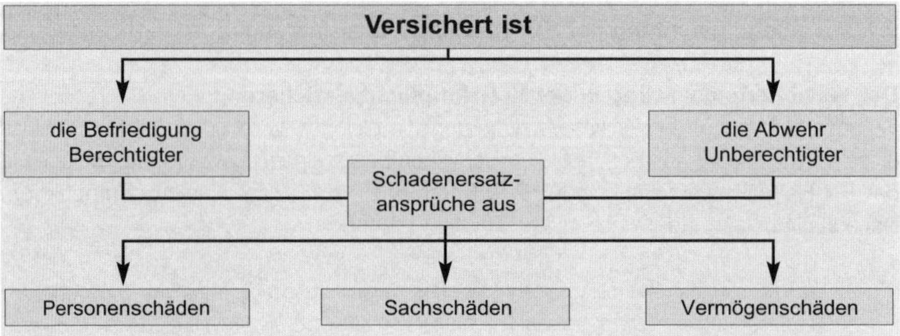

Abbildung: Versicherungsumfang in der Kfz-Haftpflichtversicherung

Als gesetzliche Pflichtversicherung verfolgt sie jedoch den **Schutz des Verkehrsopfers**. Insofern steht die Haftungsfreistellung des Versicherten hier erst an zweiter Stelle. Alle Eingriffe des Pflichtversicherungsgesetzes in die Kfz-Haftpflichtversicherung dienen der Verfolgung dieses Zieles. Das gilt auch für Direkt- und Nachhaftung.

9.1.5 Direktanspruch

Darüber hinaus ist im § 3 Satz 1 PflVG geregelt, dass der geschädigte Dritte einen Direktanspruch gegen den Versicherer besitzt. Er kann seinen Schadenersatzanspruch unmittelbar gegen den Versicherer geltend machen **(Direkthaftung)**.

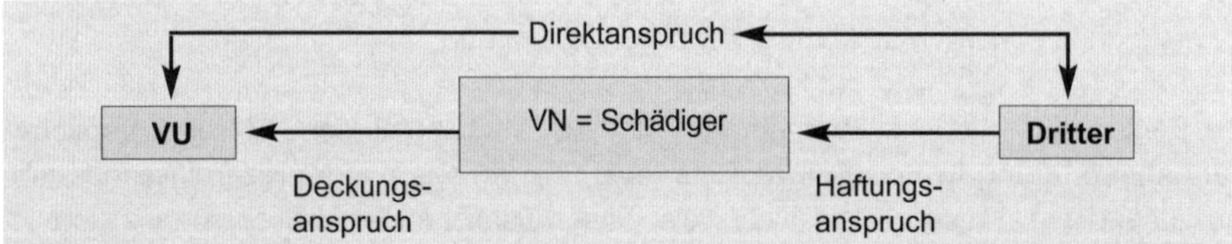

Abbildung: Direkthaftung

Versicherungsnehmer und Versicherer haften als Gesamtschuldner. Der Versicherer hat dem geschädigten Dritten gegenüber u. U. sogar auch dann eine Zahlungsverpflichtung, wenn keine Deckung mehr besteht (z. B. bei Nichtzahlung einer Prämie). Diese Haftung erstreckt sich noch auf einen Monat nach dem Zugang der Mitteilung über die Beendigung des Versicherungsvertrages beim Straßenverkehrsamt hinaus (Nachhaftung). Allerdings kann der Versicherer den VN in Regress nehmen.

9.1.6 Versicherungssummen und versicherte Personen

Zu vereinbaren sind mindestens die gesetzlichen Mindestversicherungssummen. Empfehlenswert ist aber wegen der unbegrenzten Haftung der Abschluss über die höchstmögliche Deckung. Der Versicherungsschutz gilt jedoch nur:

- in Europa (soweit keine vertraglichen Erweiterungen bestehen),
- bis zur Höhe der vereinbarten Deckungssummen, mindestens der gesetzlichen Deckungssummen in Deutschland,
- für Schäden, die durch den Gebrauch des im Vertrages bezeichneten Fahrzeuges entstehen (Gebrauch ist auch Wagenwäsche, Reparatur, Be- und Entladen),
- wenn die Anspruchsgrundlage gesetzliche Haftpflichtbestimmungen privatrechtlichen Inhalts sind,
- für den VN und die mitversicherten Personen,
- Halter,
- Eigentümer,
- berechtigte Fahrer,
- Beifahrer, die im Rahmen eines Arbeitsverhältnisses den Fahrer begleiten,
- Arbeitgeber des VN bei Dienstfahrten mit dem versicherten Kfz.

Alle mitversicherten Personen können selbstständig Ansprüche aus dem Vertrag geltend machen, also auch der geschädigte berufliche Beifahrer gegen den berechtigten Fahrer, der schuldhaft einen Unfall verursacht hat.

9.1.7 Wesentliche Ausschlüsse

Vorsatz

Auch in der Kfz-Haftpflichtversicherung gilt die vorsätzliche Herbeiführung des Versicherungsfalles durch den Versicherten als nicht gedecktes Schadenereignis, daran ändert auch das PflVG nichts. Allerdings verlieren die anderen mitversicherten Personen ihren Deckungsanspruch nicht. So könnte ein Geschädigter zwar die Kfz-Haftpflichtversicherung bezogen auf den Fahrer, der den Unfall vorsätzlich herbeigeführt hat, nicht in Anspruch nehmen, allerdings dieselbe Versicherung bezogen auf den Halter sehr wohl.

Ansprüche gegen mitversicherte Personen

Haftpflichtansprüche des Versicherungsnehmers, Halters oder Eigentümers gegen mitversicherte Personen sind vom Versicherungsschutz ausgeschlossen, soweit es sich um Sach- oder Vermögenschäden handelt.

Schäden am eigenen Kfz

Umfasst werden Haftpflichtansprüche wegen Beschädigung, Zerstörung oder Abhandenkommen des versicherten Kfz. So kann der berechtigte Fahrer keinen Versicherungsschutz für einen von ihm verursachten Unfall erlangen, wenn dabei Schäden am benutzten fremden Kfz entstanden sind (= Eigenschaden).

9.2 Leistungsumfang der Fahrzeugversicherung

9.2.1 Kundennutzen

Um Schäden zu versichern, die am eigenen Fahrzeug entstehen, benötigt der VN eine Fahrzeugversicherung. Diese ist nicht gesetzlich vorgeschrieben, somit besteht für den Versicherer auch kein Kontrahierungszwang. Sie gehört nicht zu den Vermögens-, sondern zum Bereich der **Sachversicherungen**. Man unterscheidet dabei die Fahrzeugteilversicherung (Teilkasko) und die Fahrzeugvollversicherung (Vollkasko). Der Unterschied liegt im Umfang der versicherten Gefahren.

Versichert sind in der Fahrzeugversicherung Beschädigung, Zerstörung und Verlust des Fahrzeuges sowie unter Verschluss verwahrter oder fest mit dem Fahrzeug verbundener Teile.

Die Fahrzeug- oder Kaskoversicherung wird für den Kunden also immer dann von Nutzen sein, wenn er die Reparatur oder Wiederbeschaffung seines Kfz nach Beschädigung, Zerstörung oder Abhandenkommen nicht aus Erspartem finanzieren kann oder nicht will. Demzufolge ist nicht das Alter des Kfz entscheidend für den Abschluss einer Fahrzeugversicherung (auch in der Frage, ob Voll- oder Teilkasko), sondern der Restwert im Verhältnis zum Prämienaufwand.

9.2.2 Versicherte Gefahren und Schäden

9.2.2.1 Fahrzeugteilversicherung (Teilkasko)

Die Teilkaskoversicherung bietet Versicherungsschutz für den Fall der Beschädigung, Zerstörung oder den Verlust des Kfz und der unter Verschluss verwahrten und an ihm befestigten Teile durch

- Brand oder Explosion (auch Hitze oder Rauch)
  (z. B. Vergaserbrand, Brandstiftung, Schweißarbeiten),
- Entwendung und Diebstahl
  (z. B. Wegnahme des Fahrzeuges sowie Schäden am Fahrzeug, die durch den Dieb verursacht wurden),
- Elementarschäden, sofern diese unmittelbar auf das Fahrzeug eingewirkt haben oder durch diese Ereignisse Gegenstände auf oder an das Fahrzeug geworfen wurden (Sturm, Hagel, Blitzschlag, Überschwemmung),
- Wildschäden, als Zusammenstoß des in Bewegung befindlichen Kfz mit Haarwild (gem. Bundesjagdgesetz) sowie mit Pferden, Rindern, Schafen oder Ziegen,
- Glasbruchschäden (z. B. Scheiben, einschl. integrierter Radioantenne und Scheibenheizung, Blinker, Scheinwerfer),
- Seng- und Schmorschäden an der Verkabelung durch Kurzschluss,
- Schäden durch Marderbiss.

Hinweis:
Reifenschäden sind nur ersatzpflichtig, wenn die Reifen zeitgleich mit einem anderen ersatzpflichtigen Schadenereignis beschädigt oder entwendet werden. Das Zerstechen von Reifen ist nicht versichert.

Die Teilkaskoversicherung wird ohne und mit einer Selbstbeteiligung von z.B. 150 EUR pro Schadenfall angeboten. Ersetzt wird der Teil des Schadens, der 150 EUR übersteigt. Es handelt sich um eine Abzugsfranchise, die zur Verringerung der Prämie führt.

9.2.2.2 Fahrzeugvollversicherung (Vollkasko)

Generell schließt die Vollkaskoversicherung die o.g. Teilkaskoschäden mit ein. Darüber hinaus deckt sie auch **alle** Unfallschäden am eigenen Fahrzeug und Schäden, die durch mut- oder böswillige Handlungen betriebsfremder Personen verursacht worden sind.

Als Unfall gilt ein:

- unmittelbar,
- mit mechanischer Gewalt
- von außen
- plötzlich
- einwirkendes

Ereignis.

Jedes Merkmal muss erfüllt sein. Betriebs-, Brems- oder reine Bruchschäden gelten nicht als Unfall.

In der Vollkaskoversicherung sind verschiedene Selbstbeteiligungsvarianten gebräuchlich, z.B. 500 EUR.

9.2.2.3 KaskoPlus

Die Leistungen der Voll- oder Teilkasko können durch den Abschluss einer VollkaskoPlus bzw. TeilkaskoPlus erweitert werden (A.2.4 AKB).

Voraussetzungen
- Vertrag ist in der VK mindestens in SF5,
- Kein Vollkaskoschaden im laufenden Kalenderjahr (bei Abschluss).

Leistungserweiterungen TKPlus
- Entschädigungsgrenze für nachträglich angebaute Fahrzeugteile 10.000 EUR (sonst 5.000 EUR),
- unmittelbare Schäden von Lawinen und Erdrutschen,
- Zusammenstoß mit Tieren aller Art – in Fahrt befindlicher Pkw,
- Folgeschäden durch Marderbiss bis zu 3.000 EUR (sonst nicht enthalten),

- Neupreiserstattung in den ersten zwölf Monaten (sonst sechs Monate),
- Übernahme Fahrzeugentsorgungskosten.

Leistungserweiterungen VKPlus
- alles, was in TKPlus enthalten ist,
- Schäden zwischen ziehendem und gezogenem Fahrzeug ohne Einwirkung von außen,
- Rabattschutz bei VollkaskoPlus gemäß I.3.6 AKB:
  - **I.3.6.1 AKB:** Keine Rückstufung beim ersten Vollkaskoschaden im Kalenderjahr. Im folgenden Kalenderjahr erfolgt dann aber keine Weiterstufung in die nächst bessere SF-Klasse.
  - **I.3.6.2 AKB:** Wird im selben Kalenderjahr ein weiterer Vollkaskoschaden gemeldet, wird der Vertrag entsprechend umgestuft. Der erste Schaden im Kalenderjahr bleibt dabei unberücksichtigt.

9.2.3 Versicherte Sachen

Zwar ist das Fahrzeug als Ganzes versicherte Sache, dennoch müssen Zubehörteile extra abgesichert werden. Das ist je nach Versicherer sehr unterschiedlich.

Welche Teile des Fahrzeuges als versichert gelten, regeln die Vorschrift A.2.1.1 AKB sowie die „Liste der mitversicherten Fahrzeug- und Zubehörteile".

Zu unterscheiden sind Teile, die

- ohne Mehrbeitrag mitversichert sind,
- bis zu einem bestimmten Maximalbetrag mitversichert sind (darüber hinaus muss der Versicherungsschutz ausdrücklich vereinbart werden) bzw.
- nicht als Zubehör gelten und daher nicht mitversichert sind (z. B. Reisegepäck, Bekleidung, Ton- und Datenträger jeglicher Art, Mobiltelefone und mobile Multimedia- und Navigationsgeräte).

9.2.4 Ersatzleistung

Ersatzleistungen bei Beschädigungen des Kfz
Ersetzt werden die Kosten der Wiederherstellung bis zur Höhe des Wiederbeschaffungswertes. Hierunter fallen die Kosten für Reparatur, einfache Fracht- und Transportkosten sowie Abschleppkosten.

> Es heißt im A.2.7 AKB:
> *„Wiederbeschaffungswert ist der Kaufpreis, den der Versicherungsnehmer aufwenden muss, um ein gleichwertiges gebrauchtes Kfz oder gleichwertige Teile zu erwerben."*

Ersatzleistung bei Zerstörung oder Verlust des Kfz
In aller Regel bedeuten Verlust und Zerstörung eines Kfz einen Totalschaden. In diesem Fall ersetzt der Versicherer den Wiederbeschaffungswert, wobei Leistungsgrenze der vom

Hersteller empfohlene Preis am Schadentag ist. Rest- und Altteile verbleiben beim Versicherungsnehmer und werden zum Veräußerungswert auf die Entschädigung angerechnet.

Seit 1994 gilt, dass bei Zerstörung oder Verlust des Kfz durch Diebstahl die Höchstentschädigung um 10 % zu verringern ist, es sei denn, das Kfz verfügt über eine vom Versicherer anerkannte selbstschärfende elektronische Wegfahrsperre.

9.2.5 Wesentliche Ausschlüsse (A.2.19 AKB)

Vertraglich ausgeschlossen vom Versicherungsschutz sind u. a. Schäden durch

- Vorsatz,
- grobe Fahrlässigkeit im Zusammenhang mit der Ermöglichung des Diebstahls des Fahrzeuges oder seiner Teile und im Zusammenhang mit grob fahrlässiger Verursachung eines Schadens infolge des Genusses alkoholischer Getränke oder anderer berauschender Mittel,
- die Teilnahme an Rennveranstaltungen und der dazugehörenden Übungsfahrten,
- Beschädigung oder Zerstörung von Reifen, soweit die Reifenschäden die alleinigen Schäden am Fahrzeug darstellen (sog. reine Reifenschäden),
- Erdbeben, Kriegsereignisse, innere Unruhen oder Maßnahmen der Staatsgewalt sowie
- Kernenergie.

In Analogie zum § 81 VVG sind Schäden, die zweifelsfrei durch Vorsatz oder grobe Fahrlässigkeit verursacht wurden, nicht versichert.

Beispiele:
Überfahren einer roten Ampel, Greifen nach heruntergefallenen Sachen, Schlüsselaufbewahrung im Kfz, Schweißarbeiten am Kfz (in der Nähe von Benzin), Trunkenheitsfahrt.

9.3 Leistungsumfang der Insassen-Unfallversicherung

9.3.1 Versicherte Leistungen

In der Kraftfahrtunfallversicherung werden folgende Leistungen angeboten:

- Invaliditätsleistungen,
- Krankenhaustagegeld,
- Todesfallleistungen.

9.3.2 Das Pauschalsystem

Über das Pauschalsystem haben die berechtigen Insassen des Fahrzeuges Versicherungsschutz. Nicht versichert sind Berufsfahrer und Beifahrer.

Das Pauschalsystem wird in vorgegebenen Summenkombinationen angeboten. Hierbei erfolgt eine pauschale Festlegung der Versicherungssumme pro Fahrzeug, wobei es nicht darauf ankommt, wie viele Personen im Fahrzeug mitfahren. Zu beachten ist allerdings, dass ab zwei Personen im Wagen die vereinbarte Versicherungssumme um 50 % erhöht wird.

Der Unfallbegriff und die Leistungen der Kraftfahrtunfallversicherung entsprechen im Wesentlichen denen der privaten Unfallversicherung (gem. AUB). Als versichert gelten Unfälle, die der Versicherte in einem ursächlichen Zusammenhang mit dem Gebrauch des Fahrzeuges erleidet, d.h. sowohl während der Fahrt als auch z.B. beim Ein- und Aussteigen, Be- und Entladen usw.

Unabhängig davon, ob ein Krankenhaustagegeld vereinbart wurde, erfolgt gemäß einer Sonderbedingung immer dann die Zahlung eines Krankenhaustagegeldes, wenn der Insasse zum Zeitpunkt des Unfalls einen Sicherheitsgurt angelegt hatte (sog. Gurtgeld) (A.4.7.5 und A.4.7.6 AKB).

9.3.3 Versicherte Personen (A.4.2 AKB)

Als versichert gilt jeder berechtigte Insasse.

9.3.4 Wesentliche Ausschlüsse (A.4.10 AKB)

Ausgeschlossen bleiben:

- Unfälle im Zusammenhang mit der Begehung oder dem Versuch von Straftaten,
- Unfälle bei Fahrten, die ohne Wissen und Wollen des über das Fahrzeug Verfügungsberechtigten erfolgen (sog. nicht genehmigte Fahrten),
- Unfälle, die durch Geistes- und Bewusstseinsstörungen oder Trunkenheit verursacht wurden,
- Unfälle bei der Teilnahme an Rennveranstaltungen,
- Unfälle durch Erdbeben, Kriegsereignisse, innere Unruhen oder Maßnahmen der Staatsgewalt, Unfälle durch Kernenergie,
- Schäden an Bandscheiben sowie innere Blutungen, es sei denn die überwiegende Ursache war ein Unfallereignis im Sinne der Bedingungen,
- Infektionen soweit der Erreger nicht durch einen Unfall in den Körper gelangt ist,
- krankhafte Störungen infolge psychischer Reaktionen,
- Bauch- und Unterleibsbrüche soweit nicht durch äußere gewaltsame Einwirkung entstanden.

Beispiel:
Familie Schwarz macht mit dem Auto einen Ausflug und verunfallt dabei schwer. Von den vier Insassen kommt die Tochter ums Leben. Vor einiger Zeit hat die Familie eine Unfallversicherung nach dem Pauschalsystem abgeschlossen (30.000 EUR Tod/50.000 EUR Invalidität). Mit welcher Leistung kann die Familie rechnen?

Ergebnis:
11.250 EUR (30.000 + 50 % = 45.000 : 4 = 11.250 EUR)

9.4 Leistungsumfang des Autoschutzbriefes

9.4.1 Versicherte Leistungen

Der Schutzbrief bietet Versicherungsschutz in Form von bestimmten Ersatz- und Serviceleistungen, die im Wesentlichen bei Fahrten mit dem versicherten Kfz entstehen können und über den Rahmen der Fahrzeugversicherung hinausgehen.

Der Versicherungsfall wird durch einen Unfall, eine Panne oder eine Reise ausgelöst.

Es wird zwischen fahrzeug- und reisebezogenen Leistungen unterschieden, die natürlich in ihrem versicherten Spektrum je nach Versicherer stark differieren.

Fahrzeugbezogene Leistungen (A.3.5 und A.3.6 AKB)

- Pannen und Unfallhilfe am Schadenort,
- Bergen und Abschleppen des Kfz nach Panne oder Unfall,
- Weiter- oder Rückfahrt und Übernachtung sowie Mietwagen bei Kfz-Ausfall,
- Hilfe bei Werkstattsuche,
- Kfz-Transport und -Unterstellung sowie -Abholung nach Ausfall,
- Kfz-Schlüsselservice.

Reisebezogene Leistungen (A.3.7 und A.3.8 AKB)

- Kfz-Abholung nach Fahrerausfall,
- Ersatz von Reisedokumenten und Zahlungsmitteln im Ausland,
- Krankenrücktransport,
- Kostenerstattung bei Abbruch einer Auslandsreise, z. B. bei Tod eines Verwandten,
- Hilfe bei Todesfall im Ausland.

9.4.2 Versicherte Personen (A.3.2 AKB)

Für fahrzeugbezogene Leistungen sind der Versicherungsnehmer, der berechtigte Fahrer und alle berechtigten Insassen mitversicherte Personen. Leistungen bei sonstigen Reisen erhalten der Versicherungsnehmer, sein Ehe- bzw. Lebenspartner und seine minderjährigen Kinder.

9.4.3 Wesentliche Ausschlüsse (A.3.9 AKB)

Auch hier gelten die Ausschlüsse für Vorsatz, grobe Fahrlässigkeit bei Diebstahl und Trunkenheitsfahrten, Rennveranstaltungen, Erdbeben, Kriegsereignisse innere Unruhen und Maßnahmen der Staatsgewalt als auch für Kernenergie.

9.5 FahrerPlus-Versicherung

9.5.1 Versicherte Leistungen (A.5.1 und A.5.5 AKB)

Die FahrerPlus-Versicherung bietet Schutz bei Unfall im Sinne von A.4.1.2 AKB (Unfallbegriff). Durch diesen Versicherungsschutz soll dem Versicherten insbesondere bei Auslandsfahrten die Regulierung von Personenschäden erleichtert werden. Diese werden nämlich im Versicherungsfall vom Versicherer bis maximal zu der Höhe übernommen, wie der Geschädigte nach deutschem Recht einen Anspruch auf Schadenersatz mit Ausnahme von Schmerzensgeld hätte. Die Höhe der Leistung ist absolut auf maximal 8 Mio. EUR pro Person begrenzt.

9.5.2 Versicherte Personen (A.5.2 AKB)

Als versichert gilt der berechtigte Fahrer.

9.5.3 Wesentliche Ausschlüsse (A.5.6 AKB)

Hier gelten ebenfalls die Ausschlüsse für Vorsatz, grobe Fahrlässigkeit (allerdings nur bei Trunkenheitsfahrten). Darüber hinaus allerdings auch für Schäden durch Unfall beim Ein- und Aussteigen oder Be- und Entladen sowie Fahrten ohne Sicherheitsgurt. Ausgeschlossen ist auch die Vertragshaftung. Schäden, die auf Straftaten beruhen, fallen nicht unter den Versicherungsschutz. Gleiches gilt letztlich auch für Schäden aufgrund sogenannter nicht genehmigter Fahrten oder Rennveranstaltungen sowie Erdbeben, Kriegsereignissen, inneren Unruhen und Maßnahmen der Staatsgewalt und Kernenergie.

9.6 Beitragsermittlung

9.6.1 Tarifierungsmerkmale – Tarifaufbau in der Kfz-Versicherung

Der Aufbau eines Kfz-Versicherungstarifs ist wesentlich davon abhängig, um welche Fahrzeugart es sich handelt und welche Verwendung das Fahrzeug findet. Die daraus resultierenden unterschiedlichen Gefahrenmerkmale werden zu **Wagnisgruppen** zusammengefasst und ergeben unterschiedliche Beiträge.

Beispiele:
- Kfz mit Versicherungskennzeichen
- Campingfahrzeuge
- Lieferwagen
- Lkw im Güternah- und Fernverkehr
- Selbstfahrervermietfahrzeuge
- Landwirtschaftliche Zugmaschinen
- Krafträder
- Pkw

Neben diesen objektiven Gefahrenmerkmalen spielen auch subjektive Kriterien wie Beruf und Zulassungsort eine Rolle. Danach erfolgt die Einstufung in die unterschiedlichen **Tarifgruppen**.

- **Tarifgruppe R**
  Diese gilt grundsätzlich für Pkw.
- **Tarifgruppe N**
  Diese umfasst alle anderen Kfz oder Anhänger.

Für die Beitragsermittlung sind somit folgende Merkmale maßgeblich:

- Bauart (Pkw, Lkw usw.),
- Verwendungszweck (Eigenverwendung, Vermietung),
- Typklasse und Stärke (kW, Nutzlast usw.),
- Zulassungsort (die jeweiligen Regionalklassen),
- berufliche Tätigkeit,
- schadenfreie Jahre,
- zahlreiche weitere Tarifmerkmale, wie z. B. Jahresfahrleistung, Anzahl der Fahrer, Garage, Wohngebäudeversicherung usw.

Aufgrund des regional unterschiedlichen Schadenbedarfs erfolgt eine Einteilung in **Regionalklassen**. Maßgebend für die Zuordnung ist der Zulassungsort. Darüber hinaus werden zu versichernde Pkw in **Typenklassen** eingestuft. Maßgebend hierfür sind die Schadenhäufigkeit und die Höhe der Schadenaufwendungen für einen bestimmten Fahrzeugtyp. Die Anrechnung schadenfreier Jahre erfolgt in der Kfz-Haftpflicht- und der Fahrzeugvollversicherung (also nicht in der Fahrzeugteilversicherung).

9.6.2 Einstufung in die Schadenfreiheitsklassen (SF) (I.1 AKB)

Der Beitrag in der Kraftfahrzeug-Haftpflicht- und der Fahrzeugvollversicherung richtet sich nach Schadenfreiheitsklassen.

Hat der Versicherungsschutz von Anfang bis Ende eines Kalenderjahres ununterbrochen bestanden, ohne dass in dieser Zeit ein Schaden gemeldet worden ist, für den das Versicherungsunternehmen Entschädigungsleistungen erbracht oder Rückstellungen gebildet hat, wird der Versicherungsvertrag im folgenden Kalenderjahr – jeweils getrennt für die Kraftfahrzeug-Haftpflichtversicherung und die Fahrzeugvollversicherung – in Schadenfreiheitsklassen eingestuft. Aufgrund der Deregulierung des Kraftfahrzeugversicherungsmarktes ist eine einheitliche Aussage bezüglich der einzelnen Schadenfreiheitsrabatte nicht mehr möglich. Grundsätzlich gilt jedoch: Hat ein Versicherungsvertrag in der Zeit vom 01.01. bis 01.07. eines Jahres begonnen und während des Kalenderjahres mindestens sechs Monate bestanden, wird ein bei Abschluss in der SF-Klasse 0 eingestufter Vertrag im nächsten Jahr in die SF-Klasse SF 1/2 eingestuft. Ein Vertrag, der mit SF 1/2 begann, kommt dann in SF 1. In der Kfz-Haftpflichtversicherung erfolgt im Allgemeinen für einen erstmalig abgeschlossenen Vertrag die **Einstufung** in die SF-Klasse 0. In folgenden Fällen kann hiervon abweichend die SF-Klasse SF 1/2 Anwendung finden:

- **Zweitwagenregelung**
  Hat ein Versicherungsnehmer bereits einen Pkw versichert, der sich in einer Schadenfreiheitsklasse befindet (ab SF 1/2), kann ein hinzukommender Pkw die SF-Klasse SF 1/2 erhalten.
- **Führerscheinregelung**
  Legt der Versicherungsnehmer bei Abschluss des Vertrages einen Führerschein vor, der ihn seit mindestens drei Jahren zum Führen von Kfz und Krädern mit amtlichen Kennzeichen berechtigt, erfolgt die Einstufung in der SF-Klasse 1/2, es sei denn, es bestand eine Vorversicherung mit einem Schadenfall im gleichen Zeitraum.
- **Ehegattenregelung**
  Ist auf den Ehegatten des Versicherungsnehmers bereits ein Pkw zugelassen, der sich in einer Schadenfreiheitsklasse befindet, erhält der Ehegatte die SF-Klasse 1/2 unter der Voraussetzung, dass er seit mindestens einem Jahr zum Führen des entsprechenden Fahrzeuges berechtigt ist (Vorlage des Führerscheins). Auch hier darf zu einer eventuellen Vorversicherung für den gleichen Zeitraum kein Schaden gemeldet sein.

Einige Versicherer bieten allerdings für den Versicherungsnehmer vorteilhaftere Schadenfreiheitsklassen. So erhält der Zweitwagen oft die gleiche SF-Klasse wie der Erstwagen. Ähnliches gilt bei der Ehegattenregelung.

Der erstmalige Beitragssatz in der Vollkaskoversicherung richtet sich nach der SF-Klasse für die Kfz-Haftpflichtversicherung. Soll eine der o. g. Regelungen bei einem anderen Versicherer Anwendung finden oder wechselt der Versicherungsnehmer die Gesellschaft, erfolgt die Anrechnung der schadenfreien Jahre unter Angabe der jeweiligen Vorversicherung.

Für Verträge von Pkw, die nicht schadenfrei verlaufen sind, erfolgt eine Rückstufung nach den jeweils gültigen Tarifbestimmungen. Diese Rückstufungstabellen differieren stark zwischen den Kfz-Versicherern.

In der Kfz-Haftpflichtversicherung gibt es neben den Schadenfreiheitsklassen noch die **Schaden- und die Malusklasse**. Nach einem Schaden wird der Vertrag grundsätzlich zurückgestuft in seiner SF-Klasse, bei geringen SF-Klassen vor dem Unfall bzw. bei mehreren Schäden in einem Jahr ist dann sogar die Rückstufung in die genannten Schadenklassen S (mit 155 %) und M (245 %) möglich. Beim GDV wird für die Klassen S und M eine zentrale Datei (für „schlechte“ Risiken mit hoher Vorschadenanzahl) geführt.

9.6.3 Tarifaufbau und -anwendung

Für die Beitragsberechnung sind je nach Versicherer natürlich alle risikorelevanten Einzelheiten der subjektiven und objektiven Risikomerkmale zu berücksichtigen. Bei der Vielzahl dieser Merkmale, die einen einzelnen Antrag betreffen, erfolgt die Beitragsrechnung in aller Regel per Computerprogramm. Eine Berechnung „per Hand“ ist selbstverständlich mittels Tarifen, Typ- und Regionalklassenverzeichnissen und vor allem der konkreten Tarifbestimmungen (TB) des Versicherers möglich.

9.7 Antragsaufnahme

Aufbau und Inhalt der Anträge
Beispiele richten sich nach dem konkreten Versicherer. Alle zur Beitragsermittlung relevanten Tarifmerkmale müssen sich neben den üblichen Angaben für den Versicherungsvertrag wiederfinden.

9.7.1 Beginn des Versicherungsschutzes

In der Kraftfahrzeugversicherung gilt die strenge Einlösungsklausel, der materielle Beginn liegt also erst ab Zahlung der Erstprämie. Da aber für die Zulassung eines Fahrzeuges schon Versicherungsschutz nachzuweisen ist, entsteht durch den Pin (eVB) als vorläufiger Deckungszusage bereits Versicherungsschutz ab dem Tag der Zulassung. Das gilt ausdrücklich aber nur für die Kfz-Haftpflichtversicherung.

Für die Fahrzeugversicherung ist eine eigenständige vorläufige Deckung einzuholen. Bei vielen Versicherern erfolgt dies telefonisch, da nicht alle Vermittler zur Deckungserteilung ermächtigt sind.

9.7.2 Obliegenheiten vor dem Schadenfall

Diese können in gesetzliche und vertragliche Obliegenheiten unterteilt werden:

Gesetzliche Obliegenheiten

- Veräußerung (neuer VN, der aufgrund vieler Vorschäden ein für den Versicherer unerwünschtes Risiko darstellt),
- Gefahrerhöhung (z. B. kein einwandfreier technischer Zustand bzw. unzulässige bauliche Veränderungen am Kfz).

Vertragliche Obliegenheiten

- Verwendungsklausel (z. B. Eigenverwendung, diese Verwendungsart darf nicht geändert werden, z. B. in Selbstfahrvermietung),
- Schwarzfahrtklausel (der Fahrer benutzt ohne Erlaubnis des Versicherungsnehmers das Kfz, er hat keinen Versicherungsschutz),
- Führerscheinklausel (der Fahrer bewegt das Kfz ohne die erforderliche Fahrerlaubnis),
- Alkohol- und Rauschmittelklausel (der Versicherungsnehmer darf das Kfz nicht fahren oder fahren lassen, wenn das Kfz durch den Drogenkonsum nicht sicher geführt werden kann; bei Alkohol gilt dies ab 1,1 ‰ Blutalkoholgehalt als erwiesen).

9.7.3 Versicherungsfall

9.7.3.1 Obliegenheiten des Versicherten nach/im Versicherungsfall (E.1 und E.2 AKB)

Anzeigepflicht
Jeder Versicherungsfall ist innerhalb einer Woche anzuzeigen. Soweit der Versicherungsfall im Rahmen des Autoschutzbriefes unverzüglich bei der Unfall- und Pannen-Notzentrale gemeldet wurde, gilt dies für die gesamte Kraftfahrtversicherung. Auch die Einleitung von Ermittlungsverfahren durch die Polizei, die Staatsanwaltschaft oder andere Behörden sind dem Versicherer unverzüglich anzuzeigen. Ebenso der Fortgang der betreffenden Verfahren.

Anzeige von Kleinschäden
Hier hat der Versicherungsnehmer die Möglichkeit, Kleinschäden bis 500 EUR selbst zu regulieren. Sollte ihm dies nicht gelingen oder kommt im Laufe des Jahres ein weiterer Schaden hinzu, hat er die Möglichkeit, den Kleinschaden bis zum Ende des Kalenderjahres nachzumelden.

Aufklärungspflicht
Der Versicherungsnehmer ist verpflichtet, alles zu tun, was der Aufklärung des Schadenereignisses dienen kann. Dies bedeutet insbesondere die wahrheitsgemäße Beantwortung von Fragen zum Hergang des Unfallereignisses sowie die Befolgung von Weisungen des Versicherers zur Aufklärung des Schadenereignisses.

Schadenminderungspflicht
Der Versicherungsnehmer ist verpflichtet, nach Möglichkeit für die Abwendung und Minderung des Schadens zu sorgen.

9.7.3.2 Schadenregulierung

Selbstregulierung
Eine Selbstregulierung kommt in der Kfz-Haftpflichtversicherung nur bei kleinen Sachschäden infrage. Bis zu 500 EUR bedarf es dann auch keiner Anzeige beim Versicherer. Letzterer ist ohnehin verpflichtet, den Versicherten über den Gesamtschadenaufwand zu informieren.

Schadenrückkauf
Dadurch erhält der Versicherungsnehmer innerhalb von sechs Monaten die Möglichkeit, den Schaden freiwillig nachträglich durch Erstattung an den Versicherer zu bezahlen. Ziel beider Maßnahmen ist die Rettung des erfahrenen Schadenfreiheitsrabatts, also die Vermeidung der Rückstufung.

Bei einigen Versicherern gibt es die Möglichkeiten der Selbstregulierung oder des Schadenrückkaufs inzwischen auch im Bereich der Vollkaskoversicherung.

9.7.3.3 Rückstufung

Die Rückstufung der Schadenfreiheitsklassen erfolgt immer dann, wenn der Versicherer aufgrund einer Schadenmeldung eine Zahlung geleistet oder eine Schadenrückstellung gebildet hat.

Ihr Umfang ergibt sich aus der jeweiligen Rückstufungstabelle nach TB des Versicherers. Sie wird immer im folgenden Kalenderjahr wirksam.

Rabattretter
In sehr hohen SF-Klassen erfolgt oft bei nur einem Unfall im Jahr eine gemäßigte Rückstufung derart, dass sich zwar die SF-Klasse vermindert, aber der Beitragssatz, und damit der Beitrag im folgenden Jahr, konstant bleibt.

In der Vollkaskoversicherung führt die Zahlung des Versicherers dann nicht zur Rückstufung, wenn der Unfall vollständig durch einen anderen verursacht wurde und dessen Kfz-Haftpflichtversicherer dafür einzutreten hat.

9.7.4 Besonderheiten

Übertragung von Schadenfreiheitsrabatten
Grundsätzlich ist das Risikomerkmal „Schadenfreiheit" nicht übertragbar, weil es personengebunden ist. Eine Ausnahme wird dann gemacht, wenn die übernehmende Person diesen Rabatt erfahren hatte. Dabei ist eine Reihe von Voraussetzungen zu erfüllen:

- der bisherige Versicherungsnehmer muss seinen Anspruch vollständig abtreten,
- der neue Versicherungsnehmer muss glaubhaft machen, dass er den Rabatt erfahren hat (z. B. Führerschein, gleicher Wohnort),
- die Kfz müssen mindestens der gleichen Gruppe angehören,
- der Vertrag des bisherigen Versicherten darf nicht länger als sechs (oft auch zwölf) Monate unterbrochen gewesen sein,
- alter und neuer Versicherungsnehmer müssen in häuslicher Gemeinschaft leben oder
- sie müssen Verwandte ersten Grades sein.

Für die Übertragung von Schadenfreiheitsrabatten ist von beiden ein entsprechendes Formular auszufüllen und zu unterzeichnen.

Versicherer- und Fahrzeugwechsel
Bei einem **Versichererwechsel** werden Dauer, Schadenfreiheit und Schadenverlauf des bisherigen Vertrages auf den neuen angerechnet. Die Versicherer stellen dafür eine Wechselbescheinigung über das elektronische System des GDV aus. Diese enthält alle relevanten Informationen zum Vertrag (Mitteilung auch des Rabattgrundjahres, von dem aus erstmalig der SFR gerechnet wurde).

Der Rabatt bleibt bei einem Fahrzeugwechsel innerhalb derselben oder zu einer niedrigeren Fahrzeuggruppe unberührt.

Ruheversicherung
Die Ruheversicherung ist eine Unterbrechung des normalen Versicherungsschutzes, wenn das Kfz mindestens für zwei Wochen stillgelegt wird. Nach Abschnitt H der AKB besteht für die Haftpflichtversicherung weiterhin Deckung, im Bereich der Fahrzeugversicherung besteht nur noch im Umfang der Teilkasko Deckung.

Das Kfz darf jedoch außerhalb des Einstellraums oder des umfriedeten Abstellplatzes nicht gebraucht oder nicht nur vorübergehend abgestellt werden. Ansonsten ist der Versicherer leistungsfrei.

Kurzzeitkennzeichen
Es wird nur gebraucht bei einmaliger Verwendung, z. B. für Überführungsfahrten. Das Kurzzeitkennzeichen ist verbunden mit einer eVB-Nummer die Bestätigung für die bestehende Versicherung und hat eine Gültigkeit von fünf Tagen. Danach erlischt der Versicherungsschutz automatisch.

Das rote Kennzeichen hingegen dient der wiederholten Verwendung durch Handel und Handwerk.

9.7.5 Geltungsbereich

Die Kraftfahrzeugversicherung gilt für Europa und für die außereuropäischen Gebiete, die zum Bereich des EWG-Vertrages gehören.

Beim Autoschutzbrief besteht Versicherungsschutz im Bereich der Grünen Karte.

Der Geltungsbereich der Kfz-Haftpflichtversicherung kann vertraglich erweitert, derjenige der Fahrzeug- und Insassenunfallversicherung kann geändert werden.

Internationale Versicherungskarte
Die Kraftfahrt-Versicherer der meisten Europäischen Länder haben sich zum Grüne-Karten-System zusammengeschlossen. Jeder Versicherer stellt für seine Versicherten eine sogenannte **„Grüne Karte“** aus. Jedes Land erkennt die Nachweise der anderen Länder an. Es gelten die Mindestdeckungen des jeweiligen Landes, zumindest die vertraglich vereinbarten. EU-Länder erkennen anstelle der Grünen Karte das amtliche Kennzeichen an. Das Grüne-Karte-Büro des jeweiligen Landes muss den von einem eingereisten ausländischen Kfz angerichteten Schaden regulieren.

Neuerung seit 01.01.2003 in den EU-Ländern
Jeder Kraftfahrthaftpflichtversicherer in den EU-Staaten erhält nur dann die Zulassung im Heimatland, wenn er in jedem anderen EU-Land Schadenregulierungsbeauftragte einsetzt. Dies hat für alle EU-Autofahrer folgenden Vorteil:

Schädigt ein ausländischer Fahrer einen deutschen innerhalb der EU, kann sich der geschädigte deutsche Autofahrer an den Schadenregulierungsbeauftragten des ausländischen Versicherers in Deutschland wenden – was die Schadenregulierung für die Verbraucher in Europa erheblich erleichtert.

10 Verbundene Hausratversicherung

10.1 Einführung

10.1.1 Markt und Chancen

Seit jeher ist es ein Bestreben der Menschen, sich vor den Folgen von Naturkatastrophen und anderen Wechselfällen des Lebens zu schützen. Geschichtlich bedingt ist es eine Hauptaufgabe der Versicherungswirtschaft, Versicherungsschutz für den Verlust oder die Beschädigung von Sachwerten zu bieten. Die Versicherungsdichte in der Hausratversicherung lag 2009 bei über 75 %.

Das gebuchte Beitragsvolumen in 2009 erreichte einen Wert von 2,604 Mrd. EUR bei einer Gesamtschadensumme von 1,214 Mrd. EUR, was einer guten Schadenquote von 46,4 % entspricht. Allerdings bleibt die Zahl der nicht versicherten Haushalte bei etwa einem Viertel seit Jahren konstant.

Übersicht Sachversicherungen
Der Gesamtkomplex der Sachversicherungen unterscheidet sich in unterschiedliche Geschäftsbereiche:

- privater Geschäftsbereich,
- gewerblicher Geschäftsbereich,
- landwirtschaftlicher Bereich,
- industrieller Bereich.

Versicherungsschutz für die typischen Risiken wird in Form folgender Produkte angeboten:

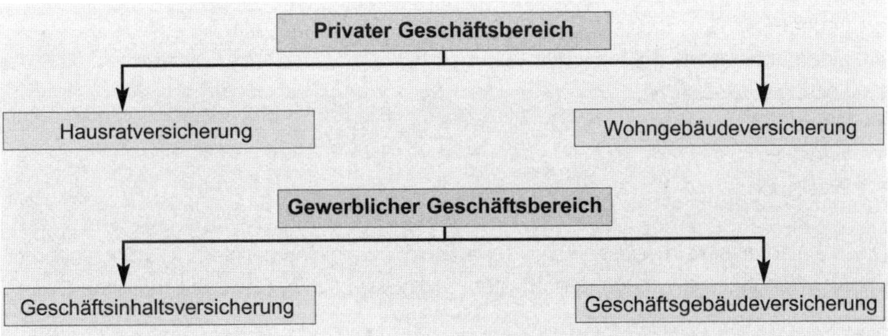

Abbildung: Übersicht Sachversicherungsarten

Ein Kriterium unterscheidet also danach, ob Dinge versichert werden sollen, die zum Inhalt oder zum Gebäude selbst gehören. Zur Erläuterung dient folgendes Schaubild über die einzelnen Bedingungswerke, die bereits bei den Versicherungsunternehmen mehr oder weniger stark variieren (vor allem je nach Deckungskonzepten):

	Gebäude		Inhalt	
Privat	**VGB**	Allg. Wohngebäudevers.-Beding. (F, LW, St/H)	**VHB**	Allg. Hausratsvers.-Beding. (F, ED, LW, St/H)
Gewerblich	**AFB**	Allg. Feuerwehrversicherungsbedingungen	**AFB**	
	AWB	Allg. Bedingungen für die Leitungswasserversicherung	**AWB**	
	AStB	Allg. Bedingungen für die Versicherung von Sturmschäden	**AERB**	Allg. Bedingungen für die Einbruch-, Diebstahl- und Raubversicherung
			AStB	
			ZKBU	Zusatzbed. für die einfache Betriebsunterbrechungsversicherung
Privat und gewerblich	**AGLB** Allgemeine Versicherungsbedingungen für die Glasversicherung			

Abbildung: Bedingungswerke in der Sachversicherung

Unabhängig davon, ob es sich um eine Hausrat-, Wohngebäude- oder Geschäftsversicherung handelt, sind folgende Gefahren versichert:

- Feuer (F),
- Einbruchdiebstahl (ED),
- Leitungswasser (LW),
- Sturm (St),
- Hagel (H),
- Glasbruch.

Diese Gefahren sind im Wesentlichen für alle Produkte gleich definiert. Allerdings nehmen die Abweichungen zwischen den privaten und gewerblichen Sachversicherungen zu.

So ist beispielsweise der Begriff Feuer in der Hausratversicherung derselbe wie in der Geschäftsgebäude- oder Geschäftsversicherung, aber in modernen Hausratversicherungen besteht Deckung für Nutzfeuerschäden, ebenfalls ist dort die Implosion mitversichert. In den letztgenannten Zweigen sind jedoch die Gefahren einzeln versicherbar (gebündelte Versicherung), wohingegen die Hausratversicherung eine Abdeckung aller Gefahren darstellt (kombinierte oder verbundene Versicherung).

Bei den Bedingungswerken sind viele Parallelen, allerdings gibt es auch einige deutliche Abweichungen zwischen den privaten und gewerblichen Sachversicherungen. In den gewerblichen Zweigen sind jedoch die Gefahren einzeln versicherbar **(gebündelte Versicherung)**, wohingegen die Hausratversicherung eine Abdeckung aller Gefahren darstellt **(kombinierte oder verbundene Versicherung)**.

Verbundene (kombinierte) und gebündelte Verträge

Das folgende Schaubild macht die Unterschiede dieser beiden Formen deutlich:

Kombinierte Versicherung (verbundene Versicherung)	Gebündelte Versicherung
ein Antrag	ein Antrag
einheitliche Versicherungsbedingungen	verschiedene Versicherungsbedingungen
ein einheitlicher Vertrag	mehrere rechtlich selbstständige Verträge
ein einheitlicher Prämiensatz	mehrere Prämiensätze
insgesamt kündbar	einzeln kündbar
Deckung mehrerer Risiken (Feuer-, Einbruchdiebstahl-, Leitungswasser-, Sturmschäden) in einem Versicherungszweig	Deckung mehrerer Risiken durch Zusammenfassung mehrerer Versicherungszweige
Verbundene Hausratversicherung und Wohngebäudeversicherung	Familienversicherung (Hausrat-, Privathaftpflicht-, Unfallversicherung)

Abbildung: Gegenüberstellung von kombinierter und gebündelter Versicherung

10.1.2 Bedarf

Ziel der Hausratversicherung ist der Schutz des persönlichen Eigentums an den Dingen des Alltags, die im eigenen Haushalt ständig zum Leben benötigt werden. Ihre Beschädigung, Zerstörung oder ihr Verlust bedeuten einen erheblichen Einschnitt. Die Wiederbeschaffung stellt eine erhebliche finanzielle Belastung dar, die mittels Ersparnissen bei größeren Schäden oft nicht zu bewältigen ist. Die Hausratversicherung hilft nun dabei, bei versicherten Schäden so viel Geld zur Verfügung zu stellen, dass die beschädigten oder zerstörten Sachen repariert oder zu den aktuellen Preisen sofort wieder beschafft werden können. Damit besteht der Kundennutzen in der **Sicherung des erreichten Lebensstandards**.

10.1.3 Leistungsumfang

Versicherte Sachen
Jede Sparte der Sachversicherungen definiert positiv, welche Sachen unter den Versicherungsschutz fallen sollen.

In der Hausratversicherung ist der gesamte Hausrat (Sachgesamtheit) versichert, der folgendermaßen definiert wird (nach § 6 VHB):

Sachen, die im Haushalt versichert sind

- zur **Einrichtung** (Mobiliar, Gardinen etc.),
- zum **Gebrauch** (Wäsche, Bekleidung, Geschirr etc.) oder
- zum **Verbrauch** (Nahrungs- und Genussmittel) dienen, sowie
- Wertsachen und Bargeld.

Versichert sind auch:

- private Rundfunk- und Fernsehempfangsanlagen sowie Markisen, die allein zur Wohnung gehören,
- Arbeitsgeräte (Werkzeuge, Personal Computer u. Ä.), jedoch nicht Warenvorräte,
- vom Mieter auf eigene Kosten in das Gebäude eingefügte Sachen,
- Rasenmäher, Gokarts, Spielfahrzeuge, motorgetriebene Krankenfahrstühle, Kanus, Schlauch-, Falt- und Ruderboote einschließlich ihrer Motoren u. Ä. (jedoch nicht Segelboote), Surfgeräte, Fall- und Gleitschirme, nicht motorisierte Flugdrachen,
- Kleintiere, z. B. Hunde, Katzen, Vögel.

Nicht versicherte Sachen sind u. a.:

- Gebäudebestandteile,
- Kfz und Anhänger (außer genannte),
- Luft- und Wasserfahrzeuge (außer genannte),
- Hausrat von Untermietern,
- gesondert versicherter Schmuck und Pelze.

Fremdes Eigentum ist mit Ausnahme von Sachen eines Untermieters in der Hausratversicherung mitversichert.

Entschädigungsgrenzen für Wertsachen
Die Entschädigung für folgende Wertsachen ist begrenzt, wenn sie sich außerhalb eines 200 kg schweren Stahlschrankes oder außerhalb eines verankerten Stahlwandschrankes befinden:

a) Bargeld:	1.500 EUR
b) Urkunden (Sparbücher) und sonstige Wertpapiere:	3.000 EUR

c) Schmuck, Edelsteine, Perlen, Briefmarken, Münzen, Medaillen, Sachen aus Gold oder Platin: 20.000 EUR

Neben den unter a), b) und c) genannten Wertsachen, gelten gem. § 13 VHB beispielsweise auch folgende Gegenstände als versicherte Wertsachen:

- Pelze, handgeknüpfte Teppiche, Gobelins, Kunstgegenstände sowie nicht unter c) genannte Sachen aus Silber
- Sachen, die über 100 Jahre alt sind (Antiquitäten), mit Ausnahme von Möbelstücken.

Für alle Wertsachen gilt zusammengenommen eine allgemeine Entschädigungsgrenze von 20 % der Versicherungssumme. Diese ist – gegen Beitragszuschlag – im Bedarfsfall zu erhöhen, wobei möglicherweise besondere Sicherungsvereinbarungen einzuhalten sind.

Bei jeder Entschädigungsbetrachtung wird die Versicherungssumme automatisch um 10 % erhöht (Vorsorge) (§ 9 Nr. 2c VHB).

Versicherte Gefahren
Nach § 1 VHB sind folgende Gruppen von Gefahren und Schäden versichert:

1. Feuer (Brand, Blitzschlag, Explosion, Implosion, Anprall oder Absturz eines Luftfahrzeuges, seiner Teile oder seiner Ladung),
2. Einbruchdiebstahl, Vandalismus nach einem Einbruch sowie Raub oder der Versuch einer solchen Tat,
3. Leitungswasser,
4. Sturm,
5. Hagel.

1. Feuer

Brand
Brand ist ein Feuer, das ohne einen bestimmungsgemäßen Herd entstanden ist oder ihn verlassen hat und sich aus eigener Kraft auszubreiten vermag (§ 2 Nr. 2 VHB). Unter Feuer ist ein Verbrennungsvorgang zu verstehen, der von einer sichtbaren Lichterscheinung gekennzeichnet ist und durch eine offene Flamme, Glühen oder Glimmen erzeugt wird.

Ein bestimmungsmäßiger Herd ist eine Feuerstelle, die objektiv dazu dient, ein Feuer

- zu erzeugen (Feuerzeug),
- zu erhalten (Kerze) oder
- einzugrenzen (Kamin).

Das Feuer muss eine **Eigendynamik** aufweisen und sich ausbreiten. Darüber hinaus ist Brandstiftung ebenso versichert wie ein Feuer als Folge eines Blitzes (auch ohne bestimmungsgemäßen Herd).

Blitzschlag
Unter Blitzschlag versteht man den unmittelbaren (direkten) Übergang eines Blitzes auf Sachen (§ 2 Nr. 3 VHB). Der Blitzschlag wird unterschieden in:

- zündenden Blitzschlag (mit anschließendem Schadenfeuer),
- kalten Blitzschlag (Seng- oder Trümmerschäden, also ohne Schadenfeuer),
- Luftdruckschäden.

Explosion
Explosionsschäden im Sinne von § 2 Nr. 4 VHB sind mitversichert. Eine Explosion ist eine plötzlich verlaufende Kraftäußerung, die auf dem Ausdehnungsbestreben von Gasen oder Dämpfen beruht.

Kennzeichnend ist, dass Beginn und Ende der Explosion nicht getrennt wahrnehmbar sind.

Man unterscheidet

- Explosion durch Verbrennung („Initialzündung"),
- Behälterexplosion (Druckausgleichsbestrebung durch Erwärmung oder chemische Veränderung).

Implosion
Nach § 2 Nr. 4 VHB ist eine Implosion eine plötzliche Zerstörung eines Hohlkörpers durch inneren Unterdruck.

Aufprall oder Absturz eines Luftfahrzeuges, seiner Teile oder seiner Ladung
Die daraus resultierenden Schäden sind versichert, wenn es sich um ein Luftfahrzeug nach dem Luftverkehrsgesetz handelt.

2. Einbruchdiebstahl (ED)/Raub

Einbruchdiebstahl
Nach § 3 Nr. 2 VHB liegt ein Einbruchdiebstahl vor, wenn der Dieb

- in einen Raum eines Gebäudes einbricht, einsteigt oder mittels falscher Schlüssel oder mit Werkzeigen eindringt (Buchst. a);
- in einem Raum eines Gebäudes ein Behältnis aufbricht oder mit falschem Schlüssel oder mit Werkzeugen öffnet (Buchst. b);
- aus der verschlossenen Wohnung Sachen entwendet, nachdem er sich dort eingeschlichen oder verborgen hat (Buchst. c);

- in einem Raum eines Gebäudes angetroffen wird und Mittel des Raubes anwendet, um die gestohlenen Sachen zu behalten (Buchst. d);
- in einem Raum eines Gebäudes ein Behältnis mittels richtiger Schlüssel öffnet, die er durch Einbruchdiebstahl oder Raub an sich gebracht hat (Buchst. e);
- in einen Raum eines Gebäudes mittels richtiger Schlüssel eindringt, die er durch Raub oder Diebstahl (ohne fahrlässiges Verhalten des Besitzers) an sich gebracht hat (Buchst. f).

Begriffserläuterungen
Als **Raum** eines Gebäudes gilt jeder abgegrenzte und allseitig umschlossene Teil eines Gebäudes.

Ein **Gebäude** ist ein unbewegliches, allseitig umschlossenes, mit dem Grund und Boden verbundenes Bauwerk, das von Menschen betreten werden kann und Sachen und Menschen schützt.

Einbrechen liegt vor, wenn der Täter Gewalt gegen Sachen ausübt, um die ihm entgegenstehenden Hindernisse zu beseitigen.

Einsteigen liegt vor, wenn der Täter eine für den Zugang nicht vorgesehene Art und Weise der Fortbewegung wählt.

Eindringen liegt vor, wenn der Täter mittels falscher Schlüssel oder anderer nicht zum ordnungsgemäßen Öffnen bestimmter Werkzeuge versucht, den Schließmechanismus des Schlosses zu überwinden.

Einschleichen liegt vor, wenn der Täter heimlich Räume – unbemerkt vom VN oder einem Dritten – betritt. Zum Zeitpunkt der Wegnahme von Sachen muss die Wohnung verschlossen sein.

Verborgenhalten liegt (z. B.) vor, wenn der Täter sich in Räumen während der Geschäftszeit versteckt und abwartet, bis geschlossen wird.

Ein **Schlüssel** ist falsch, wenn die Anfertigung für das Schloss nicht von einer dazu berechtigten Person veranlasst oder gebilligt worden ist.

Ein **Behältnis** ist jeder Raum, der geeignet ist, Sachen aufzunehmen und sie allseitig zu umschließen.

Raub
Raub (§ 3 Nr. 4 VHB) liegt vor, wenn

- gegen den Versicherungsnehmer und/oder dessen Arbeitnehmer bzw. volljährige Angehörige Gewalt angewendet wird, um deren Widerstand gegen die Wegnahme versicherter Sachen auszuschalten,

- dem Versicherungsnehmer versicherte Sachen weggenommen werden, weil seine Widerstandskraft durch Unfall oder eine sonstige unverschuldete Ursache ausgeschaltet ist,
- der Versicherungsnehmer innerhalb des Versicherungsortes versicherte Sachen herausgibt, weil eine Gewalttat angedroht wird.

Gewalt ist in diesem Zusammenhang die Anwendung körperlicher oder mechanischer Energie mit dem Ziel, die Widerstandskraft gegen eine Wegnahme auszuschalten.

3. Vandalismus nach einem Einbruch

Vandalismus (§ 3 Nr. 3 VHB) liegt vor, wenn der Täter in die Wohnung

- einbricht, einsteigt oder mit falschem Schlüssel oder mit Werkzeugen eindringt (§ 3 Nr. 2a VHB) oder
- mit richtigem Schlüssel, den er durch Raub oder durch Diebstahl an sich gebracht hat, in die Wohnung eindringt (§ 3 Nr. 2e und 2f VHB) und versicherte Sachen vorsätzlich zerstört oder beschädigt.

4. Leitungswasser

Unter Leitungswasserschäden im Sinne der Versicherungsbedingungen versteht man bestimmungswidrig ausgetretenes Wasser aus fest verlegten Rohren, Einrichtungen der Wasserversorgung oder Heizungen.

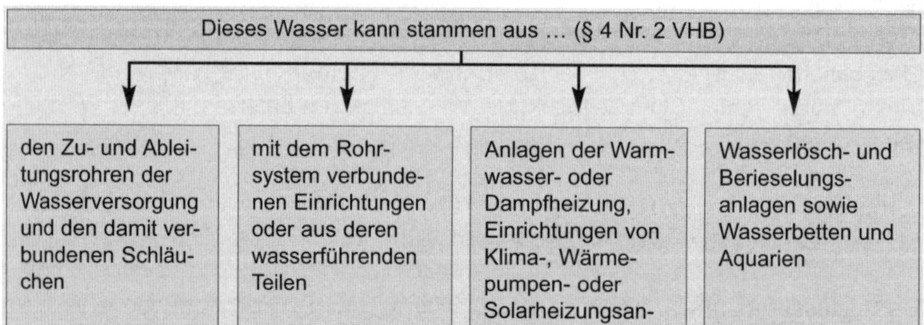

Abbildung: Leitungswasserbegriff

Dem Leitungswasser stehen Wasserdampf und wärmetragende Kühlmittel (Sole, Öle, Kühl- oder Kältemittel) gleich (§ 4 Nr. 2 VHB). Versichert sind auch Frostschäden an sanitären Anlagen und leitungswasserführenden Installationen sowie Frost- und Bruchschäden an deren Zu- und Ableitungsrohren, soweit der Versicherungsnehmer als Mieter diese Sachen beschafft hat (§ 6 Nr. 2c VHB).

„Bestimmungswidrig“ bedeutet, dass Leitungswasser gegen den Willen des Versicherten oder eines berechtigten Benutzers ausläuft, das gilt für Frisch- wie Brauchwasser.

5. Sturm und Hagel

Sturm ist eine witterungsbedingte Luftbewegung von mindestens Windstärke 8 (§ 5 Nr. 2 VHB). Nach der Beaufort-Skala entspricht dies Windgeschwindigkeiten von 62–74 km/h.

Versichert sind Schäden, die entstehen

- durch die unmittelbare Einwirkung des Sturmes auf die versicherten Sachen,
- dadurch, dass der Sturm Gegenstände an oder auf versicherte Sachen wirft,
- als Folgen eines Sturmschadens (Beschädigung des Daches durch Sturm, durch Eindringen des Regenwassers werden versicherte Sachen beschädigt).

Schäden durch Hagel sind sinngemäß mitversichert.

10.2 Klauseln

Durch den Einschluss weiterer Klauseln können zusätzliche Gefahren und Risiken mitversichert werden.

Klausel 7110 (Fahrraddiebstahl)
Es besteht auch Versicherungsschutz für einfachen Diebstahl, wenn nachweislich das Fahrrad durch ein eigenständiges Fahrradschloss gegen Diebstahl versichert war. Die Entschädigung wird üblicherweise begrenzt, z. B. auf 1 % der Versicherungssumme.

Der Versicherte hat Unterlagen über Hersteller, Marke, Rahmennummer nachzuweisen. Außerdem ist der Diebstahl unverzüglich der Polizei anzuzeigen und ein Nachweis zu beschaffen, dass das Fahrrad nicht innerhalb von drei Wochen wiedergefunden wurde.

Für lose am Fahrrad befestigte Sachen besteht nur Versicherungsschutz, wenn diese mit dem Fahrrad entwendet werden.

Klausel 7111 (Überspannungsschäden durch Blitz)
Der Versicherer ersetzt auch Überspannungsschäden an elektrischen Einrichtungen, wenn sie durch Blitzfernwirkung entstehen. Die Entschädigung ist begrenzt, z. B. auf 5 % der Versicherungssumme.

Überspannungsschäden bei direktem Blitzeinschlag in das Gebäude sind ohne Klausel mitversichert.

Klausel 7212 (in das Gebäude eingefügte Sachen)
Die im Vertrag besonders aufgeführten Sachen, z. B. Einbaumöbel, Bodenbeläge, Innenanstriche und Tapeten, sind auch versichert, soweit sie Gebäudebestandteile sein könnten. Versichert sind auch sanitäre Anlagen und Leitungswasser führende Installationen gegen Frostschäden an diesen Sachen sowie Frost- und Bruchschäden an deren Zu- und Ableitungsrohren. Diese Klausel ist bei Wohnungseigentümern einzuschließen.

Klausel 7712 (kein Abzug wegen Unterversicherung = Unterversicherungsverzichtsklausel)
Der Versicherer wird bei Vorliegen von Unterversicherung keinen Abzug vornehmen. Beide Vertragspartner können diese Klausel unter einer Frist von drei Monaten zum Ende des Versicherungsjahres kündigen. Kündigt der Versicherer, kann der Versicherungsnehmer seinerseits den Gesamtvertrag innerhalb einer Frist von einem Monat nach Zugang der Kündigung zum Ende des laufenden Versicherungsjahres kündigen.

Die meisten Versicherer gewähren diese Klausel heute ab einer Mindestversicherungssumme von 650 EUR pro Quadratmeter Wohnfläche.

10.3 Versicherte Schäden (§ 1 VHB)

Grundsätzlich werden versicherte Sachen entschädigt, die durch die Einwirkung der versicherten Gefahren zerstört oder beschädigt werden oder infolge eines solchen Ereignisses abhandenkommen (= Einwirkungsschäden). Gleichfalls sind aber auch solche Schäden mitversichert, die eine unmittelbare Folge dieses Einwirkungsschadens sind.

Am bekanntesten ist der über die Gefahr „Brand“ mitversicherte **Löschwasserschaden** als Brandfolgeschaden.

10.3.1 Nicht versicherte Gefahren (§ 1 Nr. 2 VHB)

Zu den nicht versicherten Gefahren gehören wie in allen Sachsparten Krieg, innere Unruhen und Kernenergie. Hier ist ein Versicherungsschutz völlig ausgeschlossen. Diese Ausschlüsse gelten auch für alle vier Gefahren.

10.3.2 Nicht versicherbare Schäden (§§ 2 Nr. 5, 3 Nr. 5, 4 Nr. 3 und 5 Nr. 4 VHB)

Feuer
- Schäden durch Erdbeben.
- Sengschäden sind ausgeschlossen sowie sie nicht durch einen Brand entstanden sind.
- Ebenso Schäden an Verbrennungskraftmaschinen und Schaltorganen von elektrischen Schaltern.

Raub
- Elementarschäden wie Überschwemmung, Erdbeben, Erdsenkung, Erdrutsch, Schneedruck, Lawinen, Vulkanausbruch.

Leitungswasser
- Schäden durch Plansch- und Reinigungswasser.
- Schäden durch Schwammbildung.

- Schäden durch Grundwasser, stehende und fließende Gewässer, Überschwemmung oder Witterungsniederschläge oder einen dadurch hervorgerufenen Rückstau.
- Erdbeben, Schneedruck, Lawinen, Vulkanausbruch.
- Erdsenkung und Erdrutsch sind insoweit ausgeschlossen, als dass sie nicht durch Leitungswasser verursacht wurden.
- Schäden durch im weitesten Sinne bestimmungsgemäßen Austritt von Wasser aus Sprinkler und Berieselungsanlagen.
- Schäden durch Wasser aus mobilen Behältnissen wie z. B. Eimern.

Sturm/Hagel
- Sturmfluten, das Eindringen von Regen, Hagel, Schnee oder Schmutz durch nicht ordnungsgemäß geschlossene Fenster, Außentüren.
- Weitere Elementargefahren wie Überschwemmung, Erdbeben, Erdsenkung etc.

Einige der o. g. nicht versicherten Gefahren und Schäden lassen sich über die **Elementarschadendeckung** wieder einschließen (BWE).

Versicherbar sind hierüber

- Überschwemmungen, Rückstau,
- Erdbeben,
- Erdsenkung, Erdrutsch,
- Schneedruck, Lawinen,
- Vulkanausbruch.

Um diese Gefahren zu versichern, ist es zwingend erforderlich, die Elementarschadendeckung zu beantragen. Dies ist auch nur für alle o. g. Gefahren möglich – einzeln können diese nicht versichert werden.

10.4 Versicherte Kosten (§ 8 VHB)

Kosten, die nach einem Versicherungsfall entstehen können, sind in der Hausratversicherung umfangreicher versichert als in anderen Sparten. Über die dort beschriebenen Regelungen hinaus sind versichert:

- Aufräumungskosten
- Bewegungs- und Schutzkosten
- Hotelkosten
- Transport- und Lagerkosten
- Schlossänderungskosten
- Bewachungskosten
- Reparaturkosten für Gebäudeschäden
- Reparaturkosten für Nässeschäden
- Kosten für provisorische Maßnahmen

Darüber hinaus werden selbstverständlich Schadenabwendungs- und Schadenminderungskosten berücksichtigt. Diese werden u. U. sogar unbegrenzt vom Versicherer übernommen. Ansonsten sind die Kosten in Höhe von max. 10 % über Versicherungssumme (inkl. einer Vorsorge von 10 %) ersetzt.

10.5 Versicherungsort (§ 6 Nr. 3 VHB)

Versicherungsort

Versicherungsort ist die Wohnung des VN; dazu gehören – sofern er allein Zugang hat – auch:

- diejenigen Räume, die zu Wohnzwecken genutzt werden, nicht aber die ausschließlich zu beruflichen oder gewerblichen Zwecken genutzte Räume;
- Arbeitszimmer, soweit sie nicht ausschließlich über die Wohnung des VN erreicht werden können;
- Loggien, Balkone, Terrassen sowie Räume in Nebengebäuden;
- Gemeinschaftskeller;
- Garagen, soweit sie sich in der Nähe des Gebäudes befinden.

Wohnungswechsel

Bei Umzug des VN ist dem Versicherer der Wohnungswechsel (und die neue Wohnfläche) anzuzeigen. Für die Zeit des Umzugs besteht sodann Versicherungsschutz für beide Wohnungen. Für die alte Wohnung endet er nach zwei Monaten ab Beginn des Umzugs.

Wenn der Umzug in eine andere Tarifzone fällt, wird auch die Prämie ab Umzugsbeginn entsprechend neu festzusetzen sein (§ 11 Nr. 5 VHB). Erhöht sich die Prämie, kann der Versicherungsnehmer innerhalb von einem Monat nach Zugang der Erhöhungsmitteilung den Vertrag kündigen.

Zieht der Versicherungsnehmer bei einer Trennung der Ehegatten aus und bleibt der andere in der bisherigen Wohnung zurück, gelten als Versicherungsort die neue Wohnung des Versicherungsnehmers und die bisherige Ehewohnung. Für die bisherige Wohnung besteht Versicherungsschutz bis zu einer Vertragsänderung, längstens bis zu drei Monaten nach der nächsten Prämienfälligkeit (§ 11 Nr. 6 VHB).

Sind beide Ehegatten Versicherungsnehmer gilt auch hier zunächst der Versicherungsschutz für beide Wohnungen. Spätestens drei Monate nach der nächsten Prämienfälligkeit erlischt hier nun der Versicherungsschutz für die bisherige Ehewohnung und geht auf die neue Wohnung über.

Der Bezug einer Zweitwohnung gilt nicht als Wohnungswechsel. Für dieses Risiko ist ein zusätzlicher Vertrag abzuschließen, wobei der Beitrag aufgrund des gestiegenen Risikos wesentlich höher als der für ständig bewohnte Wohnungen ausfällt (§ 11 Nr. 2 VHB).

Außenversicherung
Grundsätzlich ruht der Versicherungsschutz in der Sachversicherung bei Entfernung der versicherten Sachen vom Versicherungsort.

In der Hausratversicherung besteht jedoch im Rahmen der Außenversicherung Versicherungsschutz weltweit, wenn sich die versicherten Sachen vorübergehend, d.h. bis maximal drei Monate, außerhalb des Versicherungsortes befinden. Die Entschädigungsleistung ist begrenzt auf 10 % der Versicherungssumme, maximal 10.000 EUR.

Beispiele:
Im Urlaub des Versicherungsnehmers ereignet sich ein Feuer- oder Einbruchdiebstahl-Schaden im gemieteten Hotelzimmer.
Als vorübergehend gilt auch, wenn sich ein Versicherter zur Ausbildung außerhalb der Wohnung befindet und keinen eigenen Haushalt gegründet hat.

10.6 Versicherungswert/Versicherungssumme (§ 9 VHB)

In der Hausratversicherung gilt als Versicherungswert ausnahmslos der **Neuwert zum Wiederbeschaffungspreis**. Das heißt, dass die Versicherungssumme jederzeit den Wiederbeschaffungspreisen der versicherten Sachen entsprechen muss. Allein durch inflationsbedingte Preissteigerungen kann im Laufe der Zeit also eine Unterversicherung entstehen. Dem wird durch die automatische Anpassung der Versicherungssumme nach dem „Preisindex der Lebenshaltungskosten aller privaten Haushalte" entgegengewirkt (einem vom Statistischen Bundesamt ermittelten Prozentsatz). Man spricht von der dynamischen Hausratversicherung mit **Summenanpassungsklausel**.

Außerdem verzichtet der Versicherer auf den Einwand der Unterversicherung, wenn dem Vertrag eine Mindestversicherungssumme zugrunde gelegt wird. Diese wird wie folgt ermittelt:

Versicherungssumme = Wohnfläche*) in qm × 650 EUR
(dieser Wert kann je nach Versicherer variieren)

*) Wohnfläche = Grundfläche der Wohnung einschl. Hobbyräume,
ausschl. Treppen, Keller-, Speicherräume, Balkone, Loggien, Terrassen etc.

Wird die so ermittelte Summe dem Vertrag zugrunde gelegt, hat das für den VN den Vorteil, dass im Teilschadenfall eine Überprüfung des Versicherungswertes und die Anrechnung einer etwaigen Unterversicherung nicht erfolgt (Unterversicherungsverzicht).

Hinweis:
Bei dieser Summenermittlungsmethode kann dennoch Unterversicherung entstehen, mit der Wirkung, dass Schadenteile über der Versicherungssumme nicht mehr entschädigt werden.

Unterversicherung wird jedoch generell vermieden, wenn Versicherungswert und Versicherungssumme übereinstimmen (Vollwertversicherung), was nur mit einer exakten Wertermittlung erreichbar ist. Alle Versicherer bieten dafür **Summenermittlungsbögen** als Inventurhilfe an.

10.7 Beitragsermittlung

Risikomerkmale und Tarifaufbau und -anwendung:

- **Grundbeitrag**
  Er ist abhängig vom Versicherungsort des Hausrates in
  - ständig bewohnten Wohnungen,
  - nicht ständig bewohnten Wohnungen in einem nicht ständig bewohnten Gebäude,
  - vorübergehenden Lagerhäusern/Speditionen.

Die Versicherungsorte werden in unterschiedliche Tarifzonen von I bis VI je nach regional unterschiedlichen Schadeneintrittswahrscheinlichkeiten für die einzelnen Gefahren eingeordnet.

- **Beiträge für Zusätze**
  Der Einschluss, z. B. von Klauseln, bedeutet eine Erweiterung des Versicherungsschutzes und muss sich somit auch äquivalent in zusätzliche Beitragsanteile umsetzen.

- **Zuschläge**
  Für größere Risiken werden Zuschläge erhoben, z. B. für
  - Gefahrerhöhung wegen Unbewohntseins (länger als 60 Tage hintereinander),
  - Gefahrerhöhung wegen feuergefährlicher Betriebe im Gebäude (Gaststätte).

- **Anbündelungen von Elementarschaden-Deckungen und Haushaltsglasversicherungen**
  Hier werden natürlich gesonderte Beiträge entsprechend dem Tarif des Versicherers fällig.

- **Ratenzuschläge**
  Bei unterjähriger Zahlweise werden für vierteljährliche Zahlung 5 %, für halbjährliche 3 % Ratenzuschlag fällig. Immer öfter ist auch Monatszahlung möglich (gegen 5 % Zuschlag mit Pflicht zum Lastschriftverfahren).

- **Versicherungssteuer**
  In der Hausratversicherung wird eine Versicherungsteuer von 19 % erhoben.
  Der Beitrag ist dann das Produkt aus der Versicherungssumme multipliziert mit dem Beitragssatz (inklusive aller Zusätze) zuzüglich Ratenzuschläge und Versicherungsteuer.

10.8 Antragsaufnahme

Aufbau und Inhalt der Anträge entsprechen den konkreten Versichererbeispielen. Auf die **richtige Ermittlung der Versicherungssumme** ist besonders zu achten (Unterversicherungsproblematik), aber auch auf die korrekte Einschätzung des Wertsachenanteils sowie der Zusatzversicherungen durch Klauseln.

10.9 Versicherungsfall

Der Versicherungsnehmer hat nach dem Versicherungsfall folgende Obliegenheiten (§ 26 Nr. 1 VHB):

- Unverzügliche Anzeigepflicht; bei Schäden durch Einbruchdiebstahl, Vandalismus und Raub ist die polizeiliche Anzeige erforderlich mit der Vorlage einer Stehlgutliste. Beim Versicherer sind deckungsgleiche Angaben zu machen.
- Sperrfähige Urkunden sind sofort zu sperren, für Wertpapiere ist das Aufgebotsverfahren einzuleiten.
- Der Versicherte hat den Schaden möglichst abzuwenden bzw. so gering wie möglich zu halten.
- Er hat dem Versicherer jede zur Schadenregulierung notwendige Auskunft zu erteilen und geeignete Belege vorzuweisen.

10.10 Besonderheiten

10.10.1 Sicherheitsvorschriften

Nach §§ 16, 26 Nr. 1 VHB hat der Versicherungsnehmer

- alle gesetzlichen, behördlichen oder vereinbarten Sicherheitsvorschriften zu beachten,
- in der kalten Jahreszeit entweder die Wohnung ausreichend zu beheizen oder alle Wasser führenden Anlagen und Einrichtungen zu entleeren und entleert zu halten.

Bei Verletzung kann der Versicherer nach Kündigung leistungsfrei sein.

10.10.2 Gefahrerhöhung

Diese liegt in der Hausratversicherung ausdrücklich (nach § 17 VHB), wenn

- sich Umstände ändern, nach denen der Versicherer vor Vertragsabschluss gefragt hat,
- sich bei Wohnungswechsel risikorelevante Umstände geändert haben,
- die Wohnung länger als 60 Tage unbewohnt bleibt,
- vereinbarte Sicherungen vermindert oder beseitigt werden.

Nach VVG kann der Versicherer zur Kündigung berechtigt sein und leistungsfrei werden.

10.11 Haushaltsglasversicherung nach AGIB

Versicherte Gefahren und Schäden

Der Versicherer haftet für Bruchschäden an den im Versicherungsschein aufgeführten fertig eingesetzten Scheiben einschließlich einer erforderlichen Notverglasung.

Unter **Bruchschäden** versteht man Schäden, die durch die gesamte Dicke der Scheibe gehen (auch Risse oder Sprünge). Kratzer, also reine Oberflächenschäden, sind demgegenüber nicht ersatzpflichtig. Versichert sind beispielsweise Gebäude- und Mobiliarverglasungen.

Nur durch besondere Vereinbarung versicherbar sind:

- Glaskeramikkochflächen,
- Aquarien, Terrarien,
- künstlerisch bearbeitete Glasscheiben und Verglasungen,
- Kunststoffplatten, -scheiben oder -kuppeln,
- Kosten für Anstriche, Malereien, Schriften, Gerüste, Kräne sowie die Beseitigung von Hindernissen.

Nicht versicherbar sind Hohlgläser (Trinkgläser), Beleuchtungskörper (Lampen) sowie optische Gläser (Brillen etc.).

Ausschlüsse

Ausgeschlossen sind Schäden, die verursacht werden durch

- Krieg,
- innere Unruhe, insbesondere Landfriedensbruch, Erdbeben oder Kernenergieunfälle,
- Brand, Blitzschlag, Explosion, Lösch- oder Rettungsmaßnahmen,
- Entfernen der Scheiben vom bestimmungsgemäßen Platz (auch während des Ausbaus bzw. danach).

Sicherheitsvorschriften

Folgende Sicherheitsvorschriften sind vom VN einzuhalten:

- Gefrorene Scheiben dürfen nicht durch Verwendung von Wärme erzeugenden Gegenständen oder durch warmes Wasser aufgetaut werden.
- Gas- und elektrische Lampen müssen 20 cm von den Scheiben entfernt sein.
- Bei vermieteten Räumen hat der VN den Mieter über diese Vereinbarungen zu unterrichten.

Ersatzleistung

Grundsätzlich kann der Versicherer wählen, wie der Ersatz zu leisten ist:

Ersatzleistung

Barzahlung	**Naturalersatz**
Bezahlung der entstandenen Kosten	Wiederherstellung des vorherigen Zustandes durch Erteilung eines Reparaturauftrags an eine Glaserei (Lieferung und Einsatz der beschädigten Gegenstände)

Abbildung: Ersatzleistungsarten in der Glasversicherung

Nach Proximus ist nur noch die Geldleistung und nicht mehr der Naturalersatz vorgesehen. Unterversicherung wird geltend gemacht.

11 Verbundene Wohngebäudeversicherung

11.1 Einführung

11.1.1 Markt und Chancen

Im Jahr 2009 betrug das in der verbundenen Wohngebäudeversicherung gebuchte Beitragsaufkommen 4,665 Mrd. EUR, der Schadenaufwand erreichte jedoch eine Summe von 3,551 Mrd. EUR – das entspricht einer Schadenquote von 76 %. 2001 erreichte die Schadenquote noch einen durchschnittlichen Wert von 68,8 %.

Schäden je Gefahr in der verbundenen Hausrat- und Wohngebäudeversicherung[1]

	Anzahl Schäden in Tsd.			Schadenaufwand in Mio. EUR [3]			Schadendurchschnitt in EUR [4]		
	2007	2008	2009	2007	2008	2009	2007	2008	2009
Verbundene Hausratversicherung (VHV) gesamt	1.329	1.199	1.172	1.146	1.148	1.214	862	958	1.036
Feuer[2]	480	440	440	420	420	440	884	957	976
Einbruchdiebstahl[2]	400	390	370	410	420	460	1.060	1.103	1.224
Leitungswasser[2]	220	210	230	190	190	230	906	883	1.025
Sturm/Hagel[2]	180	90	60	60	50	30	333	447	477
Glas[2]	30	20	40	10	10	10	262	289	279
Elementar[2, 5]	10	20	10	20	30	20	1.764	1.787	1.595

Schäden je Gefahr in der verbundenen Hausrat- und Wohngebäudeversicherung[1]

	Anzahl Schäden in Tsd.			Schadenaufwand in Mio. EUR [3]			Schadendurchschnitt in EUR [4]		
	2007	2008	2009	2007	2008	2009	2007	2008	2009
Verbundene Wohngebäudeversicherung (VGV) gesamt	3.592	2.317	1.898	4.539	3.711	3.551	1.264	1.603	1.871
Feuer[2]	190	190	200	640	750	760	3.287	3.750	3.815

Schäden je Gefahr in der verbundenen Hausrat- und Wohngebäudeversicherung[1)]

	Anzahl Schäden in Tsd.			Schadenaufwand in Mio. EUR [3)]			Schadendurchschnitt in EUR [4)]		
	2007	2008	2009	2007	2008	2009	2007	2008	2009
Leitungs-wasser[2)]	980	1.040	1.220	1.530	1.710	2.180	1.514	1.526	1.710
Sturm/ Hagel[2)]	2.390	1.050	450	2.240	1.080	480	885	971	998
Elementar[2), 5)]	20	20	20	50	60	60	2.692	3.406	2.725

1) inländisches Direktgeschäft der Mitgliedsunternehmen des GDV, 2) Schätzung aufgrund von Teilbeständen (mit der Genauigkeit gerundet auf 10.000 Stück bzw. 10 Mio. EUR), 3) Brutto-Aufwendungen für Versicherungsfälle des Geschäftsjahres, 4) Es wurden alle Unternehmen berücksichtigt, die bei der jeweiligen Kennzahl zugrunde liegenden Messzahlen auf die Untersparten aufgeteilt haben. Daraus wurde direkt (ohne Hochrechnung) der Schadendurchschnitt ermittelt., 5) Versichert sind die Gefahren Überschwemmung (Ausuferung und Starkregen), Rückstau, Erdbeben, Erdsenkung, Erdrutsch, Schneedruck, Lawinen und Vulkanausbruch.

(Quelle: GDV-Jahrbuch 2010)

Abbildung: Schäden je Gefahr in der Hausrat- und der Wohngebäudeversicherung

11.1.2 Bedarf

Ziel der Wohngebäudeversicherung ist, bei Beschädigung oder Zerstörung von Wohngebäuden durch versicherte Gefahren so viel Geld zu entschädigen, dass die Reparatur oder der Wiederaufbau zu Baupreisen des Schadentages vollständig möglich wird.

Demzufolge werden die unkalkulierbaren, im privaten Bereich oft existenziellen finanziellen Folgen eines Gebäudeschadens für den Versicherten abgesichert.

Die Notwendigkeit einer solchen Absicherung ergibt sich darüber hinaus aus der Tatsache, dass fast alle Wohngebäude mittels Bankdarlehn (Grundschuld/Hypothek) überhaupt erst finanziert werden. Kommt es zu einem unversicherten Schaden am Wohngebäude, entsteht so zum Verlust des Gebäudewertes auch noch die sinnlos gewordene Belastung der Darlehnsbedienung. Außerdem haben die geldgebenden Institute zur Besicherung ihrer Grundschulden und Hypotheken ein elementares Interesse an der Versicherung des Gebäudes und setzen diese deshalb als Darlehnsvoraussetzung.

11.1.3 Zielgruppen

Die Wohngebäudeversicherung ist ein Produkt für alle Eigentümer von Wohngebäuden, aber auch für Bauherren, die gerade ein solches Gebäude errichten, damit schon der Baukörper und anschließend sofort das fertiggestellte Gebäude versichert sind.

Die Wohngebäudeversicherung ist selbstverständlich auch für Eigentümergemeinschaften von Wohneigentum unerlässlich.

> ***Hinweis:***
> *Wohnungseigentümergemeinschaften sind nach dem Wohnungseigentümergemeinschaftsgesetz (WEG) verpflichtet, eine Gebäudefeuerversicherung abzuschließen. Ansonsten gibt es keine Verpflichtung zum Abschluss einer Feuerversicherung. In der Praxis wird insbesondere aber bei der Immobilienfinanzierung von der kreditgebenden Bank meist eine entsprechende Versicherung zur weiteren Sicherung des Kredites verlangt.*

11.2 Leistungsumfang

11.2.1 Versicherte Sachen

Versicherungsgegenstand
Gebäude im Sinne dieser Regelungen sind mit dem Erdboden verbundene Bauwerke, die der überwiegenden Nutzung zu Wohnzwecken bestimmt sind und gegen äußere Einflüsse schützen können (§ 5 Nr. 2 a VGB).

Gegen die Gefahren Feuer, Leitungswasser und Sturm (Hagel) kann im Rahmen der Wohngebäudeversicherung Versicherungsschutz genommen werden. Als Wohngebäude im Sinne der Bedingungen gelten die im Versicherungsschein genannten Gebäude mit ihren Bestandteilen (einschließlich des Zubehörs, das zur Instandhaltung dient, soweit im Gebäude untergebracht oder außen angebracht), sofern diese Gebäude überwiegend zu Wohnzwecken genutzt werden. Mitversichert sind auf dem Grundstück nach § 5 Nr. 1 und 2 c VGB auch Klingel- und Briefkastenanlagen, Müllboxen sowie Terrassen.

Durch besondere Vereinbarungen (in den Deckungskonzepten enthalten) können zusätzlich **sonstige Grundstücksbestandteile (§ 5 Nr. 4 c VGB)** eingeschlossen werden:

- Carports,
- Gewächs- und Gartenhäuser,
- Grundstückseinfriedungen (auch Hecken),
- Hof- und Gehwegbefestigungen,
- Hundehütten,
- Masten- und Freileitungen,
- Wege- und Gartenbeleuchtungen.

Garagen auf dem Grundstück sind immer pauschal mitversichert, sie müssen aber bei der Summenermittlung berücksichtigt werden.

Durch weitere Klauseln können vor allem bestimmte Wasserzu- und -ableitungsrohre zusätzlich mitversichert werden. Im Gebäude sind die Zu- und Ableitungsrohre als Gebäudebestandteile immer versichert, die Zuleitungsrohre auch außerhalb des Gebäudes bis zur Grundstücksgrenze.

Durch die **Klausel 7260** werden Wasserzuleitungs- und Heizungsrohre auf dem Grundstück, die nicht der Versorgung des versicherten Gebäudes dienen, versichert (z.B. Zuleitung zum Schwimmbecken).

Durch die **Klausel 7261** werden o.g. Leitungen auch außerhalb des Grundstücks versichert, soweit sie der Versorgung des Gebäudes dienen (z.B. Überleitung der Wasserversorgung über fremde Grundstücke).

Zur Vermeidung von Streitfällen bezüglich der Zuständigkeit der Hausrat- oder Wohngebäudeversicherung gelten fest mit dem Gebäude verbundene Sachen als zum Wohngebäude gehörig wie beispielsweise fest verklebte Teppichböden und maßgefertigte Einbaumöbel.

Nicht versicherte Sachen:

a) Photovoltaikanlagen sowie deren zugehörige Installationen,
b) in das Gebäude nachträglich eingefügte Sachen, die ein Mieter oder Wohnungseigentümer auf seine Kosten beschafft oder übernommen hat und daher hierfür die Gefahr trägt,
c) elektronisch gespeicherte Daten und Programme.

Der zusätzliche Einschluss, insbesondere von a) und b), ist jedoch über Deckungskonzepte möglich (gesondert versicherbar gem § 5 Nr. 4a und b VHB).

11.2.2 Versicherte Gefahren und Schäden

Bis auf Einbruchdiebstahl/Vandalismus und Raub entsprechen die versicherten Gefahren denen in der Hausratversicherung.

Es gibt nur geringe Unterschiede:

- Nutzwärmeschäden sind nicht versichert in der Wohngebäudeversicherung,
- ebenso Leitungswasserschäden im Innern von wasserführenden Einrichtungen,
- hingegen ist der bestimmungswidrige Austritt von Wasser aus Sprinkleranlagen gedeckt,
- ebenso ohne Klausel ist Aquariums-/Wasserbettenwasser mitversichert,
- der bestimmungswidrige Austritt von Flüssigkeiten aus Klima-, Wärmepumpen- und Solarheizungsanlagen ist ebenfalls versichert.

Da Rohrbruch- und Frostschäden eine besondere Bedeutung in der Gebäudeversicherung haben, stellen sie einen eigenen Schadenbereich dar (§ 3 Nr. 1 VGB).

Wie in der Hausratversicherung werden auch in der **Wohngebäudeversicherung** versicherte Sachen entschädigt, wenn sie durch versicherte Gefahren zerstört oder beschädigt werden oder abhandenkommen. Versichert sind wieder Einwirkungs- und Folgeschäden.

11.2.3 Nicht versicherte Gefahren und Schäden

Es gelten die **allgemeinen Ausschlüsse wie in der Hausratversicherung**:

- Krieg, kriegsähnliche Ereignisse, Bürgerkrieg, Revolution, Rebellion oder Aufstand,
- innere Unruhen,
- Kernenergie, nukleare Strahlung oder radioaktive Substanzen;

Feuer
- Schäden durch Erdbeben,
- Sengschäden,
- Schäden an Verbrennungskraftmaschinen sowie Schäden an Schaltorganen von elektrischen Schaltern,
- Nutzwärmeschäden;

Soweit diese Schäden Folge eines versicherten Schadens sind, gelten die Ausschlüsse nicht.

Leitungswasser
- Regenwasser aus Fallrohren,
- Plansch- oder Reinigungswasser,
- Schwamm,
- Grundwasser, stehende oder fließende Gewässer, Überschwemmung oder Witterungsniederschläge oder einen hierdurch entstandenen Rückstau,
- Erdbeben, Schneedruck, Lawinen, Vulkanausbruch,
- Erdsenkung oder Erdrutsch soweit nicht durch Leitungswasser verursacht,
- Brand, Blitzschlag, Explosion, Implosion, Anprall oder Absturz eines Luftfahrzeuges, seiner Teile oder seiner Ladung,
- Öffnen von Sprinkler- oder Berieselungsanlagen wegen Brand, Druckprüfung oder durch Umbau oder Reparaturarbeiten,
- Sturm, Hagel,
- Leitungswasser aus mobilen Behältnissen (z. B. Eimern),
- grundsätzlich alle Schäden soweit das Gebäude nicht bezugsfertig ist.

Sturm/Hagel
- Sturmflut,
- Eindringen von Regen, Hagel, Schnee oder Schmutz durch nicht ordnungsgemäß geschlossene Fenster, Außentüren oder andere Öffnungen, soweit die Öffnung nicht durch Sturm oder Hagel verursacht wurde,
- Brand, Blitzschlag, Explosion, Anprall oder Absturz eines Luftfahrzeuges, seiner Teile oder seiner Ladung,
- weitere Elementargefahren wie Überschwemmung, Erdbeben, Erdsenkung, Erdrutsch, Schneedruck, Lawinen, Vulkanausbruch,
- grundsätzlich alle Schäden soweit das Gebäude nicht bezugsfertig ist.
- Laden- und Schaufensterscheiben.

11.3 Weitere Klauseln

Klausel 7160
Mitversicherung von Überspannungsschäden durch Blitz. Diese Versicherung ist besonders wichtig für die empfindliche und teure Hauselektronik. Die Entschädigung ist begrenzt auf 1 % der Versicherungssumme 1914 multipliziert mit dem Anpassungsfaktor.

Klausel 7161
Hierüber erfolgt der Einschluss von Nutzwärmeschäden.

Klausel 7361
Gebäudebeschädigungen durch unbefugte Dritte im Zusammenhang mit einem Einbruchdiebstahl oder dem Versuch eines solchen. Schäden, die von außen am Gebäude verursacht werden, sind ausdrücklich nur im Zusammenhang mit dem Einbruchdiebstahl gedeckt. Reine Graffitischäden sind hierüber nicht versichert, können aber über Klausel 7366 abgesichert werden.

Elementarschäden
Schäden wie

- Überschwemmung, Rückstau,
- Erdbeben,
- Erdsenkung, Erdrutsch,
- Schneedruck, Lawinen sowie
- Vulkanausbruch

können über die besonderen Bedingungen für die Versicherung weiterer Elementarschäden (BWE 2008) versichert werden.

> ***Hinweis:***
> *Der Sachverhalt der „Sturmflut" ist jedoch auch über die Elementarschadenversicherung nicht gedeckt.*

11.4 Versicherte Kosten (§§ 7, 8 und 9 VGB)

Wie in der Hausratversicherung sind bestimmte Kosten dann mitversichert, wenn sie als unmittelbare Folge eines ersatzpflichtigen Sachschadens in der Wohngebäudeversicherung entstanden sind. Gerade die Mitversicherung von Kostenarten spielt in der Wohngebäudeversicherung eine wichtige Rolle, da die Kostenschäden naturgemäß sehr hoch ausfallen können.

Unbegrenzt versicherte Kosten
- Schadenabwendungs- oder Schadenminderungskosten (wie in jeder Schadensparte),
- Mehrkosten infolge Preissteigerungen:

- der Versicherungsnehmer muss unverzüglich mit der Wiederherstellung beginnen,
- ersetzt wird die Differenz zwischen den Baupreisen zum Schadentag und dem Beginn der Wiederherstellung, die vollständige Wiedererrichtung ist so erreicht.

Begrenzt versicherte Kosten

- Aufräumungs- oder Abbruchkosten (inklusive Transport und Entsorgung),
- Bewegungs- oder Schutzkosten (irgendwelche Sachen müssen zur Wiederherstellung versicherter Sachen bewegt oder geschützt werden),
- Mehrkosten infolge behördlicher Auflagen (z. B. zum verstärkten Wärmeschutz),
  - bei Fristsetzung vor dem Versicherungsfall besteht kein Versicherungsschutz.

Als Entschädigungsgrenze in der gleitenden Neuwertversicherung gelten jeweils 5 % der Versicherungssumme 1914 multipliziert mit dem Anpassungsfaktor.

Nicht versicherte Kosten

Nicht versichert sind wie in der Hausratversicherung die Feuerlöschkosten, wenn Löscharbeiten im öffentlichen Interesse waren, was bei einem Brandschaden immer der Fall ist. Der Versicherungsnehmer erhält darüber von der Feuerwehr auch keine Rechnung.

11.5 Mietausfall

Die Kosten des Mietausfalls werden ersetzt, wenn nach einem Versicherungsfall das versicherte Gebäude vorübergehend nicht nutzbar ist.

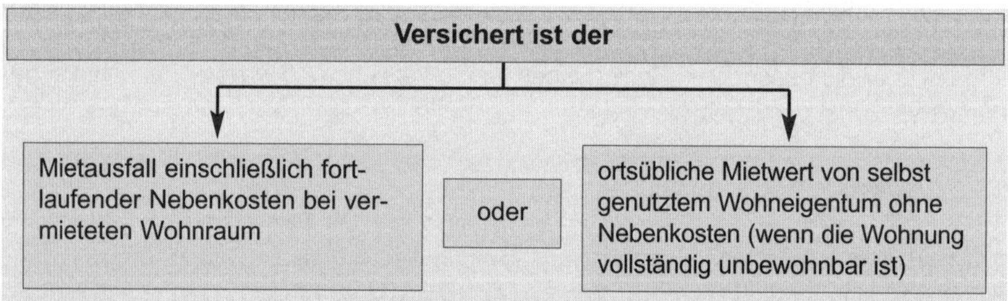

Abbildung: Mietausfall im Rahmen einer Wohngebäudeversicherung

Getragen werden die Kosten, bis die Wohnräume wieder nutzbar sind, jedoch längstens für eine Dauer von zwölf Monaten. Der Mietausfall für gewerblich genutzte Räume ist gesondert zu versichern.

11.6 Versicherungsformen

System der gleitenden Neuwertversicherung

Die gleitende Neuwertversicherung ist eine Methode, um das Ziel der Wohngebäudeversicherung, nämlich die vollständige Wiederherstellung des versicherten Gebäudes in gleicher Größe, Art und Güte zu den am Schadentag geltenden ortsüblichen Neubauwerten

(Baupreisen) zu erreichen. Durch die permanente Inflation besteht immer die Tendenz zur Unterversicherung, wodurch die vereinbarte Versicherungssumme geringer wird als der wachsende Versicherungswert. Eine volle Entschädigung ist so nicht mehr möglich.

Innerhalb der gleitenden Neuwertversicherung wird eine gleichbleibende Versicherungssumme 1914 gewählt, die genau dem ermittelten Versicherungswert 1914 entspricht. Eine Unterversicherung wird hierdurch vermieden.

Das Basisjahr 1914 wurde gewählt, weil in diesem letzten Vorkriegsjahr die Währung (Reichsmark) vergleichsweise stabil war (Hinterlegung des Geldwertes mit Gold).

Durch einen sich verändernden gleitenden Neuwertfaktor (Anpassungsfaktor) wird die Versicherungsprämie 1914 an den heutigen erforderlichen Regulierungswert (= ortsüblicher Neubauwert) angepasst.

Zu jedem Schadenzeitpunkt erhält der Versicherungsnehmer eine Entschädigungsleistung, die es ihm ermöglicht, das Wohngebäude in gleicher Art, Größe und Ausstattung am gleichen Ort mit den dann geltenden Baupreisen wieder zu errichten.

Methoden zur Ermittlung der Versicherungssumme 1914

Zur Vermeidung von Unterversicherung wegen falscher Wertermittlung werden drei verschiedene Verfahren angewendet, um die richtige Versicherungssumme, die dem Versicherungswert entsprechen muss, festzustellen. Wird die so ermittelte Versicherungssumme dem Vertrag zugrunde gelegt, kann der Versicherer den Unterversicherungsverzicht bis zur Versicherungssumme aussprechen.

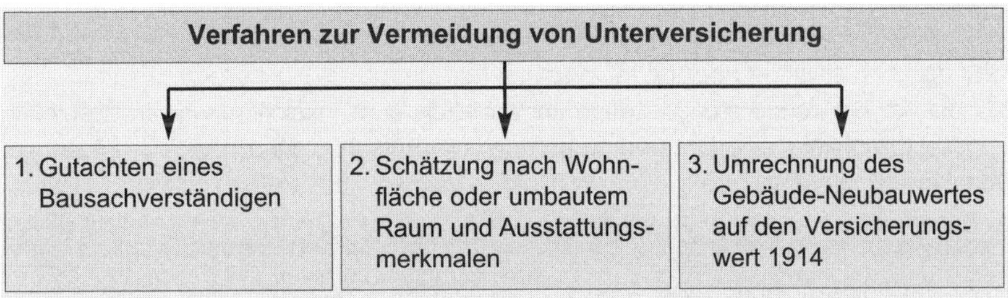

Abbildung: Wertermittlungsverfahren in der Wohngebäudeversicherung

Letztgenannte Variante findet Anwendung, wenn dem Versicherungsnehmer der Herstellungspreis aus dem Jahr des Neubaus bekannt ist. Nach dem Baupreisindex dieses Jahres kann die Versicherungssumme 1914 wie folgt ermittelt werden:

$$\text{Versicherungssumme in Mark 1914} = \frac{\text{Neubauwert im Jahr des Neubaus} \times 100}{\text{Baupreisindex dieses Jahres}}$$

Bei diesem Verfahren ist auf die Baunebenkosten besonders zu achten, da diese im Neubaupreis u. U. nicht enthalten sind.

Ist dem Versicherungsnehmer der Neubaupreis nicht bekannt, kann die Bewertung nach Wohnfläche und Ausstattungsmerkmalen erfolgen. Die Versicherungsunternehmen stellen hierfür einen speziellen Summenermittlungsbogen zur Verfügung.

Besondere Bedeutung haben hierbei Größe (qm Wohnfläche), Ausbau (Keller-, Dachgeschossausbau) und Ausstattungsmerkmale (Verwendung höherwertiger Baustoffe) des Gebäudes.

11.7 Entschädigungsleistungen für Sachen

Versicherungswerte

Der Versicherungswert einer versicherten Sache ist der **Wert zum Zeitpunkt des Schadeneintritts**. In der gesamten Sachversicherung sind folgende Versicherungswerte zu unterscheiden:

- Der **Neuwert** ist der Wiederbeschaffungswert von Sachen gleicher Art und Güte in neuwertigem Zustand oder deren Wiederherstellungspreis.
- Der **Zeitwert** ergibt sich aus dem Neuwert einer Sache abzüglich der Wertminderung durch Alter und Abnutzung.
- Der **gemeine Wert** ist der für den VN erzielbare Verkaufspreis (gilt nur für Sachen, die vom VN nicht mehr gebraucht werden können).

Beispiel:

Eine generelle Neuwertentschädigung sogar zum Wiederbeschaffungspreis ist im Bereich der Hausratversicherung vereinbart. Die Zeitwert-Entschädigung ist in der Wohngebäudeversicherung vorgesehen, wenn das zerstörte Gebäude nicht wieder aufgebaut wird.

Grundsätzlich stellt die vereinbarte Versicherungssumme die Höchstleistungsgrenze des VU dar. Ist die Versicherungssumme im Verhältnis zum Versicherungswert zu niedrig angesetzt, entsteht eine **Unterversicherung**. Die Entschädigung erfolgt in folgendem Verhältnis (§ 56 VVG):

$$\text{Entschädigung} = \text{Schaden} \times \frac{\text{Versicherungssumme}}{\text{Versicherungswert}} \quad \left(E = S \times \frac{VS}{VW}\right)$$

Unterversicherungsverzicht in der Wohngebäudeversicherung (§ 11 Nr. 2 VGB)

Wird die Versicherungssumme 1914 nach den o. g. Methoden ermittelt, nimmt der Versicherer keinen Abzug bei eventueller Unterversicherung vor.

Diesen Vorteil verliert der Versicherungsnehmer, wenn seine Angaben über Größe bzw. Ausstattung des Gebäudes vorsätzlich oder grob fahrlässig unrichtig waren.

Dieser Vorteil erlischt auch, wenn nach Vertragsschluss Erhöhungen der Wertsubstanz durch Um- und Anbauten sowie Modernisierungen vorgenommen wurden. Diese „Wertsteigerungs-Unterversicherung" ist nur durch ständige Nachversicherung zu verhindern.

Wiederaufbaubestimmungen (§ 13 Nr. 7 VGB)
Der Neuwertanteil wird nur dann zur Zahlung fällig, wenn der Versicherungsnehmer innerhalb von drei Jahren nach dem Schadentag mit dem Wiederaufbau des Gebäudes an gleicher Stelle begonnen hat.

11.8 Beitragsermittlung

11.8.1 Tarifaufbau und -anwendung

Tarifierungsmerkmale
Neben der gewünschten Versicherungssumme beeinflussen folgende Faktoren die Höhe des Beitrages (ggf. sind Zuschläge zu vereinbaren).

Feuerversicherung
- Betriebsart (Wohn-, Geschäfts-, Betriebsgebäude),
- Bauartklasse (Bauweise in Beton, Stein-Hartdach; Bauweise in Holz – weiche Dachung etc.),
- räumliche und bauliche Trennung.

Leitungswasserversicherung
Gebäude mit Schwimmbecken, Klimaanlage, Fußbodenheizung, Wärmepumpen- oder Solarheizungsanlagen.

Sturmversicherung
- regionale Einteilung in Sturmzonen,
- Bauweise.

Ferner ist nach der Nutzungsart in ständig bewohnte Gebäude einerseits und Ferien- bzw. Wochenendhäuser andererseits zu unterscheiden.

Beitragsermittlung
Der ermittelte Versicherungswert 1914 entspricht der Versicherungssumme 1914. Der Beitrag ergibt sich dann aus der Multiplikation von Versicherungssumme 1914 mit dem Beitragssatz entsprechend den versicherten Risiken, Tarifzonen und eventuellen zusätzlichen Einschlüssen und Zuschlägen.

Versicherungssumme 1914 × Beitragssatz = Nettobeitrag 1914

Der Nettobeitrag 1914 ergibt, multipliziert mit dem heutigen Anpassungsfaktor, den heutigen Tarifbeitrag, abzüglich eines eventuellen Dauerrabattes und zuzüglich eines eventuellen Ratenzuschlags und der Versicherungsteuer von 14 %, soweit lediglich das Risiko eines Feuerschadens versichert ist. Sind zusätzlich zum Feuerrisiko auch Schäden durch Leitungswasser und/oder Sturm/Hagel mitversichert, ergibt sich ein „Steuersatz“

von 17,75 %. Wird das Feuerrisiko nicht berücksichtigt, ergibt sich eine Versicherungsteuer von 19 %.

11.8.2 Beispiel für die Ermittlung der Versicherungssumme 1914 nach Wohnfläche

Ermittlung der Versicherungssumme 1914 für Wohngebäude
nach Wohnfläche und Ausstattungsmerkmalen (nur für Ein- und Zweifamilienhäuser der Bauartklassen I und II oder Fertighausgruppen I und II, die ausschließlich Wohnzwecken dienen)

1. Ermittlung des Gebäudetypes

Auch für Reihenhäuser, Häuser in Hanglage und mit anderen als den eingezeichneten Dachneigungen. Anzukreuzen ist der überwiegende Gebäudetyp, wenn das Gebäude nicht eindeutig zuzuordnen ist.

Wert 1914 pro qm Wohnfläche in Mark (M)	Flachdach EG	Flachdach EG+OG	DG nicht ausgebaut EG	DG ausgebaut EG	DG nicht ausgebau EG+OG	DG ausgebau EG+OG	Wert 1914
mit Unterkellerung (auch Teilunterkellerung)	☐ 190	☐ 190	☐ 190	☐ 165	☐ 165	☐ 150	
ohne Unterkellerung	☐ 160	☐ 160	☐ 160	☐ 140	☐ 140	☐ 130	*165* M

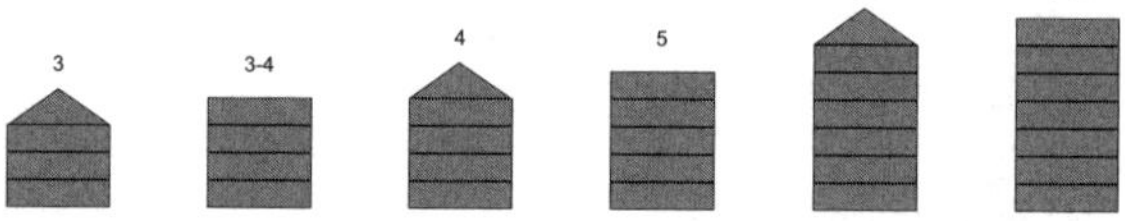

	3	3-4	4	5	5-7	8-10	
Gebäude über zwei Geschosse, Unterkellerung (Teilunterkellerung) wird vorausgesetzt	☐ 140	☐ 150	☐ 135	☐ 135	☐ 130	☐ 125	M

Anmerkung:
Nebengebäude, Schwimmbäder, weiteres Zubehör und sonstige Grundstücksbestandteile sind im Antrag gesondert zu bewerten.

2. Ermittlung der Bauausführungen und -ausstattungen

Der für den jeweiligen Gebäudetyp angegebene Wert berücksichtigt folgende übliche Bauausführungen und -ausstattungen:

Außenwände mit gefugtem Mauerwerk, Putz, Verkleidung oder Verblendsteinen; Parkett-, Teppich- oder Fliesenböden; Doppelfenster oder Isolierverglasung; Naßräume und Küche gefliest; Bad/Dusche; Zentralheizung und zentrale Warmwasserversorgung.

	Bauausführung: Dach	Außenwände	Innenausbau: Decken/Wände	Fußböden	Fenster	Türen	Installation: Sanitär	Heizung	
	Naturschieferdach, Kupferdach	Naturstein, Keramik-, Kunststeinverkleidung, Handstrichklinker	Stuckarbeiten, Edelholzverkleidungen	Natursteinböden, Parkett- oder Teppichböden in hochwertiger Qualität	Leichtmetall- oder Holzsprossenfenster	Edelholztüren	hochwertige sanitäre Einrichtungen	Wärmepumpen, Solaranlagen, Fußboden- und Deckenheizung	
Zuschläge Wert 1914 pro qm Wohnfläche in Mark (M)	☐ 4	☐ 5	☐ 6	☒ 4	☐ 4	☐ 3	☐ 6	☐ 6	*4* M
				PVC-Böden auf Estrich	einfaches Fensterglas		ohne Bad/Dusche	Ofenheizung	
Abschläge Wert 1914 pro qm Wohnfläche in Mark (M)				☐ 3	☐ 3		☐ 4	☐ 4	- M

3. Wert 1914 pro qm Wohnfläche	Summe der Werte 1914 gem. Ziff. 1 und 2		*169* M
Ermittlung der Versicherungssumme 1914	Wohnfläche *160* qm x Wert 1914 pro qm Wohnfläche gem. Ziff. 3	*169* M	*27.040* M
	Wohnfläche Keller *20* qm x Zuschlag für Wohnflächenausbau	15 M	*300* M
	☐ Fotovoltaikanlage ___ (Baujahr) Neuwert zum Zeitpunkt der Anschaffung x Baupreisindex des Baujahres		M
	Garagen / Carports außerhalb des Wohngebäudes ☐ Keine Garage / Carport		
Wert 1914 in Mark (M)	1 Garage / Carport ☒ 800/500 — 2 Garagen / Carports ☐ 1600/1000 — 3 Garagen / Carports ☐ 2400/1500		*800* M
	Versicherungssumme 1914		*28.140* M

11.9 Aufbau und Inhalt der Anträge

Aufbau und Inhalt der Anträge werden entsprechend den Beispielen der einzelnen Gesellschaften gestaltet.

Annahmerichtlinien
Die Annahmerichtlinien hängen immer vom jeweiligen Versicherer ab. Wie in jeder Sparte sind natürlich Risiken mit mehreren Vorschäden anfragepflichtig. Nicht versicherbar sind regelmäßig Wohngebäude in einem schlechten baulichen Erhaltungszustand.

11.10 Obliegenheiten nach dem Versicherungsfall

Schadenabwendung und -minderung

- Der Versicherungsnehmer hat den Schaden, wenn möglich, abzuwenden und den Umfang zu mindern.
- Weisungen des Versicherers sind dafür einzuholen und zu befolgen.

Feststellung des Schadens dem Grunde nach

- Der Schaden ist unverzüglich anzuzeigen.
- Zur Aufklärung sind dem Versicherer wieder alle notwendigen Auskünfte und Belege zu übermitteln.

Ermittlung der Schadenhöhe

- Erfolgt durch geeignete Nachweise wie Belege sowie vor allem Reparaturrechnungen und Kostenvoranschläge.

11.11 Feuer-Rohbauversicherung

Die Feuer-Rohbauversicherung dient der Absicherung des im Bau befindlichen Gebäudes gegen alle Feuerschäden von Baubeginn bis zur Bezugsfertigkeit. Mitversichert sind vom Versicherungsnehmer beschaffte und auf dem Grundstück gelagerte Baustoffe und -teile, für die er auch die Gefahr trägt.

Im Zusammenhang mit einer Wohngebäudeversicherung wird die Feuer-Rohbauversicherung dieser bis zu zwölf Monaten beitragsfrei vorgeschaltet. Der nahtlose Übergang bei Fertigstellung in die Gebäudeversicherung ist somit gewährleistet.

11.12 Besonderheiten

Gefahrerhöhung

Neue Risiko erhöhende Gefahrumstände sind dem Versicherer unverzüglich anzuzeigen. Dazu gehören nach §§ 17 und 27 VGB:

- Änderung eines Umstandes, nach dem im Antrag gefragt wurde,
- Nichtnutzung eines Gebäudes,
- Baumaßnahmen mit Notdach oder überwiegender Unbenutzbarkeit,

- Aufnahme oder Veränderung eines Gewerbebetriebes in dem Gebäude,
- Denkmalschutz.

Sicherheitsvorschriften (§§ 16 und 26 VGB)
Einzuhalten sind als vertragliche Obliegenheiten vor dem Versicherungsfall:

- alle gesetzlichen, behördlichen oder vereinbarten Sicherheitsvorschriften,
- alle versicherten Sachen, insbesondere Wasserleitungen, Dächer und außen angebrachte Sachen, sind stets in ordnungsgemäßem Zustand zu halten, wobei Mängel unverzüglich zu beseitigen sind,
- nicht genutzte Gebäude oder Gebäudeteile sind genügend häufig zu kontrollieren, wasserführende Anlagen zu sperren bzw. zu entleeren,
- in der kalten Jahreszeit sind alle Gebäude genügend zu beheizen bzw. wasserführende Anlagen sind zu sperren oder zu entleeren.

Die Obliegenheitsverletzung kann bei Kausalität mit dem Versicherungsfall zur fristlosen Kündigung mit Leistungsfreiheit des Vertrages führen.

Eigentumswechsel – Veräußerung versicherter Wohngebäude

Nach §§ 95 – 99 VVG geht bei Veräußerung der Versicherungsschutz automatisch auf den Erwerber über – mit allen Rechten und Pflichten des bisherigen Versicherungsnehmers.

Für den Beitrag der laufenden Versicherungsperiode haften alter Versicherungsnehmer und Erwerber gesamtschuldnerisch. Kündigt der Erwerber, dann muss der bisherige Versicherte allein für die Prämien einstehen. Erst mit dem Eintrag ins Grundbuch erfolgt der Eigentumswechsel und damit auch erst der Übergang der Wohngebäudeversicherung.

Der bisherige Versicherungsnehmer und der Erwerber haben die Pflicht, den Eigentumswechsel beim Versicherer anzuzeigen. Bei Verletzung kann Leistungsfreiheit eintreten.

Der Erwerber muss sein außerordentliches Kündigungsrecht innerhalb von einem Monat nach Eigentumsübergang bzw. Kenntnis vom Vertrag ausüben, entweder mit sofortiger Wirkung oder zum Ende der laufenden Periode.

Auch der Versicherer besitzt anlässlich der Veräußerung ein außerordentliches Kündigungsrecht innerhalb eines Monats nach Zugang der Änderungsanzeige mit einer Frist von einem weiteren Monat.

Eigentumswechsel – Erbfolge und Schenkung
Hier erfolgt der Eigentumsübergang mit dem Tod des Erblassers, es ist ein Erwerb kraft Gesetzes. Damit tritt der Erbe ohne außerordentliches Kündigungsrecht in alle Rechte und Pflichten des Erblassers als Versicherungsnehmer des Wohngebäudevertrages ein. Die vorweggenommene Erbfolge gilt rechtlich als Veräußerung; es wird ein notarieller Vertrag zwischen Erblasser und Erben geschlossen.

12 Rechtsschutzversicherung

12.1 Einführung

12.1.1 Markt und Chancen

Ein großer Teil des menschlichen Handelns (also das Tun oder Unterlassen) unterliegt einer Rechtsordnung oder einer rechtlichen Beurteilung. Rechtliche Auseinandersetzungen nehmen in allen Lebensbereichen zu. Damit steigt aber auch das Kostenrisiko für die Durchführung solcher Streitigkeiten stark an.

Die Rechtsschutzversicherung ist einer der jüngeren Versicherungszweige. Dennoch ist ihr Verbreitungsgrad in Deutschland relativ hoch. Im Jahr 2007 gab es über 20,467 Mio. Rechtsschutzverträge am Markt.

Im Jahr 2007 lag das Beitragsaufkommen bei 3,158 Mrd. EUR, die Schadenquote bei 70,7 %. Pro Versicherungsfall ergab sich ein Schadenaufwand von durchschnittlich rund 610 EUR.

Beiträge, Leistungen, Verträge und Schäden in der Rechtsschutzversicherung[1)]

Jahr	Beitrags-einnahmen[2)] Mrd. EUR	Anzahl der Verträge[3)] Mio.	Anzahl Verträge[4)] Tsd.	Anzahl Schäden Tsd.
1980	840	532	11.017	2.230
1990	1.631	1.118	15.263	2.990
1995	2.216	1.776	18.691	3.534
2000	2.690	1.922	19.317	3.475
2001	2.707	1.966	19.429	3.464
2002	2.727	2.042	19.586	3.612
2003	2.827	2.083	19.689	3.699
2004	2.924	2.137	19.501	3.569
2005	3.014	2.229	19.453	3.463
2006	3.066	2.215	19.482	3.551
2007	3.158	2.223	20.467	3.647
2008	3.204	2.275	20.567	3.685
2009	3.206	2.410	20.646	3.877

1) inländisches Direktgeschäft der Mitgliedsunternehmen des GDV, 2) gebuchte Brutto-Beiträge, ohne Versicherungsteuer, 3) Brutto-Aufwendungen für Versicherungsfälle des Geschäftsjahres, 4) ab 2007 geänderte Zählweise bei Gruppen-/Sammelverträgen.

(Quelle: GDV-Jahrbuch 2010)

Abbildung: Statistiken der Rechtsschutzversicherung

Obwohl der Verbreitungsgrad dieser Versicherungssparte – verglichen mit anderen Europäischen Ländern – außerordentlich hoch ist, nimmt derzeit die Versicherungsdichte leicht ab. Die ständige Steigerung der Rechtsverfolgungskosten führt zunehmend zu einem Überdenken dieser Form des Versicherungsschutzes. Durch die teilweise **drastische Anhebung der Rechtsanwaltsgebühren und Gerichtskosten** im Zusammenhang mit dem seit dem 01.07.2004 geltenden „Kostenrechtsmodernisierungsgesetz" wird sich diese Tendenz auf jeden Fall verstärken.

12.1.2 Bedarf und Zielgruppen

Da die Kosten der Rechtsverfolgung häufig höher liegen als der Streitwert, was bei mehreren gerichtlichen Instanzen noch öfter der Fall ist, wird der Rechtsstreit zunehmend zu einem unkalkulierbaren finanziellen, manchmal gar existenziellen Problem. Da hilft es auch nichts, dass z. B. bei gewonnenem Zivilverfahren der unterlegene Streitgegner alle Kosten zu tragen hat. Denn der Klagende muss immer die vorzuschießenden Gebühren für Gericht und eigenen Anwalt zahlen, wenn der Beklagte sich als zahlungsunfähig erweist.

Wie teuer es sein kann, das vermeintliche Recht zu bekommen, zeigen Fälle aus der Praxis:

Beispiele:

- **Verkehrsunfall:**
  Nach einem Verkehrsunfall mit Personen- und Sachschaden geht es vor Gericht um Schadenersatzansprüche in Höhe von 5.113 EUR. Die Kosten in zwei Instanzen: 5.181 EUR.
- **Streit aus Kaufvertrag:**
  Vor Gericht wird darum gestritten, ob ein defekter Fernseher vom Händler wieder zurückgenommen werden muss. Kaufpreis: 1.023 EUR. Die Kosten in zwei Instanzen: 1.703 EUR.
- **Führerschein:**
  Vor dem Verwaltungsgericht wird um den Führerschein gekämpft. Der regelmäßig von den Gerichten festgelegte Gegenstandswert beträgt 4.000 EUR. Die Kosten in zwei Instanzen: 2.790 EUR.
- **Arbeitsgerichtsprozess:**
  Der Arbeitgeber rationalisiert, es kommt zu Entlassungen. Ein Betroffener wehrt sich gegen eine ungerechtfertigte Kündigung. Sein Monatsgehalt beträgt 2.301 EUR brutto. Das Arbeitsgericht setzt den Streitwert im Regelfall auf drei Gehälter fest (6.903 EUR). Die Kosten in zwei Instanzen: 4.768 EUR.

Die genannten Beträge geben nur die Anwalts- und Gerichtskosten an. Hinzu kommen noch die anfallende Mehrwertsteuer und ggf. Zeugen- und Sachverständigengebühren.

Hinweis:
Die Erstattung eines Sachverständigengutachtens kostet nicht selten 500 EUR und mehr.

Im Zivilprozess über zwei Instanzen gilt bei Streitwerten bis 1.000 EUR die Faustregel: **Kostenrisiko mindestens gleich Streitwert.**

Durch das neue Kostenrechtsmodernisierungsgesetz mit Schwerpunkt Rechtsanwaltsvergütungsgesetz (RVG) werden sich die Rechtsverfolgungskosten weiter drastisch erhöhen.

Es gibt in zahlreichen Lebensbereichen Zielgruppen für Rechtsschutzversicherungen, da überall rechtliche Verhältnisse eine wichtige Rolle im Zusammenleben spielen (Privatleute, Teilnehmer am Straßenverkehr, Arbeitnehmer und Arbeitgeber, Käufer und Verkäufer, Erblasser und Erbe usw.).

12.2 Leistungen und versicherte Personen

Leistungsumfang der Rechtsschutzversicherung

Die Rechtsschutzversicherung stellt vor allen Dingen eine Kostenversicherung (deswegen Erstrisikoversicherung) gegen die Unkalkulierbarkeit von Prozesskosten dar. Sie ist jedoch verbunden mit der Fürsorge des Versicherers für die ordnungsgemäße Wahrnehmung der rechtlichen Interessen des Versicherungsnehmers.

> § 1 ARB:
> *„Der Versicherer sorgt dafür, dass der Versicherungsnehmer seine rechtlichen Interessen wahrnehmen kann, und trägt die für die Interessenwahrnehmung erforderlichen Kosten (Rechtsschutz)."*

Gemeint sind u. a. Kosten für:

- die gesetzlichen Gebühren des Rechtsanwalts,
- den Korrespondenzanwalt bei Zivilprozessen im Inland,
- Gerichte und Gerichtsvollzieher,
- Zeugen, Sachverständige,
- Gutachter,
- sog. „Steueranwälte",
- Tragung der Gesamtkosten der Gegenseite, wenn der Versicherungsnehmer dazu verpflichtet wird (im Falle des Vergleichs oder der Niederlage),
- Kautionen bei ausländischen Strafverfahren,
- Reisen zum Ort eines ausländischen Gerichts.

Kosten des Rechtsanwalts

Grundsätzlich hat der Versicherungsnehmer das Recht auf freie Anwaltswahl. Falls der Versicherungsnehmer nicht über einen Anwalt seines Vertrauens verfügt, kann er verlangen, dass der Rechtsschutzversicherer ihm einen Anwalt nennt. Die Vermittlung eines Anwalts kann insbesondere bei Auslandsschäden für den Versicherungsnehmer hilfreich sein.

Zwischen dem Versicherer und dem Anwalt entstehen jedoch keine Rechtsbeziehungen:

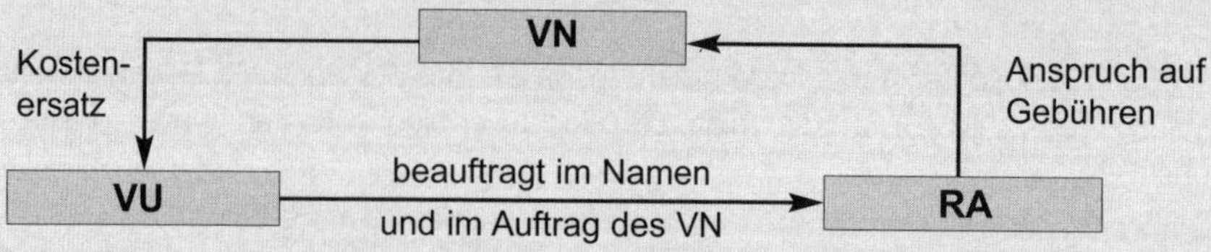

Abbildung: Rechtsbeziehungen in der Rechtschutzversicherung

Abrechnungsgrundlage für die Höhe der anwaltlichen Gebühren ist in Deutschland seit 01.07.2004 das Rechtsanwaltsvergütungsgesetz (RVG). Bei Streitigkeiten im Ausland kann die Honorarforderung des Rechtsanwalts den gesamten Streitwert übersteigen.

Gerichtskosten

Die Höhe der Gerichtskosten ist nicht nur abhängig von der Höhe des Streitwertes, sondern auch von der Gerichtsart, vor der der Rechtsstreit zu verhandeln ist. Man unterscheidet u. a.:

• Ordentliche Gerichtsbarkeit: (Zivilverfahren)	Amts-, Landes-, Oberlandesgerichte und Bundesgerichtshof
• Verwaltungsgerichtsbarkeit:	Verwaltungs-, Oberverwaltungsgerichte, Bundesverwaltungsgericht
• Arbeitsgerichtsbarkeit:	Arbeits-, Landesarbeitsgerichte und Bundesarbeitsgericht
• Finanzgerichtsbarkeit:	Finanzgerichte und Bundesfinanzhof

Dazu kommen die Verfassungsgerichte des Bundes und der Länder sowie die verschiedenen Strafkammern bei Strafverfahren.

Die notwendige Deckungszusage beim VU ist jedes Mal einzuholen, die Erfolgsaussichten sind zu prüfen.

Stellt sich heraus, dass zur Rechtsfindung die Einbestellung von Zeugen notwendig ist, sind deren Auslagen ebenso wie die Kosten für Gutachten und Sachverständige Teil der Gerichtskosten. Diese werden von der Rechtsschutzversicherung ebenfalls übernommen.

Leistungsarten

Die unterschiedlichen Leistungsarten sind versicherte Rechtsbereiche, für die der Versicherer Versicherungsschutz anbietet.

Je nach Vereinbarung umfasst der Versicherungsschutz:

- **Schadenersatz-Rechtsschutz**
  Für die aktive Geltendmachung von eigenen Schadenersatzansprüchen des VN, soweit diese nicht auf einer Vertragsverletzung oder einer Verletzung eines dinglichen Rechts an Grundstücken, Gebäuden oder Gebäudeteilen beruhen (Abwehrfunktion liegt bei den Haftpflichtungsversicherungen);
- **Arbeits-Rechtsschutz**
  Für die Wahrnehmung rechtlicher Interessen aus Arbeitsverhältnissen sowie aus öffentlich-rechtlichen Dienstverhältnissen hinsichtlich dienst- und versorgungsrechtlicher Ansprüche;
- **Wohnungs- und Grundstücks-Rechtsschutz**
  Für die Wahrnehmung rechtlicher Interessen aus Miet- und Pachtverhältnissen, sonstigen Nutzungsverhältnissen und dinglichen Rechten, die Grundstücke, Gebäude oder Gebäudeteile zum Gegenstand haben;
- **Rechtsschutz im Vertrags- und Sachenrecht**
  Für die Wahrnehmung rechtlicher Interessen aus privatrechtlichen Schuldverhältnissen und dinglichen Rechten, soweit der Versicherungsschutz nicht in den zuvor genannten Leistungsarten enthalten ist;
- **Steuer-Rechtsschutz vor Gerichten**
  Für die Wahrnehmung rechtlicher Interessen in Steuer- und abgabenrechtlichen Angelegenheiten vor deutschen Finanz- und Verwaltungsgerichten;
- **Sozialgerichts-Rechtsschutz**
  Für die Wahrnehmung rechtlicher Interessen vor deutschen Sozialgerichten;
- **Verwaltungs-Rechtsschutz in Verkehrssachen**
  Für die Wahrnehmung rechtlicher Interessen in verkehrsrechtlichen Angelegenheiten vor Verwaltungsbehörden und vor Verwaltungsgerichten;
- **Disziplinar- und Standes-Rechtsschutz**
  Für die Verteidigung in Disziplinar- und Standesrechtsverfahren;
- **Straf-Rechtsschutz:**
  Für die Verteidigung wegen des Vorwurfes:
  - eines verkehrsrechtlichen Vergehens: Wird rechtskräftig festgestellt, dass der Versicherungsnehmer das Vergehen vorsätzlich begangen hat, ist er verpflichtet, dem Versicherer die Kosten zu erstatten, die dieser für die Verteidigung wegen des Vorwurfs eines vorsätzlichen Verhaltens getragen hat;
  - eines sonstigen Vergehens, dessen vorsätzliche wie auch fahrlässige Begehung strafbar ist, solange dem Versicherungsnehmer ein fahrlässiges Verhalten vorgeworfen wird; wird dem Versicherungsnehmer dagegen vorgeworfen, ein solches Vergehen vorsätzlich begangen zu haben, besteht rückwirkend Versicherungsschutz, wenn nicht rechtskräftig festgestellt wird, dass er vorsätzlich gehandelt hat.
- **Ordnungswidrigkeiten-Rechtsschutz**
  Für die Verteidigung wegen des Vorwurfes
  - einer verkehrsrechtlichen Ordnungswidrigkeit;
  - einer sonstigen Ordnungswidrigkeit. Wird bestandskräftig oder rechtskräftig festgestellt, dass der Versicherungsnehmer die Ordnungswidrigkeit vorsätzlich begangen hat, ist er verpflichtet, dem Versicherer die Kosten zu erstatten, die

dieser für die Verteidigung wegen des Vorwurfes eines vorsätzlichen Verhaltens getragen hat.

- **Beratungs-Rechtsschutz im Familien- und Erbrecht**
  Für Rat oder Auskunft eines in Deutschland zugelassenen Rechtsanwalts in familien- und erbrechtlichen Angelegenheiten, wenn diese nicht mit einer anderen gebührenpflichtigen Tätigkeit des Rechtsanwalts zusammenhängen.
- **Rechtsschutz in Ehesachen**
  Für die gerichtliche Wahrnehmung rechtlicher Interessen des Versicherungsnehmers aus familienrechtlichen Angelegenheiten. Die Versicherungssumme je Rechtsschutzfall ist begrenzt auf 30.000 EUR. Außerdem gilt eine Selbstbeteiligung von 500 EUR.
- **Rechtsschutz in Unterhaltssachen**
  Hier geht es um familienrechtliche Streitigkeiten wegen gesetzlicher Unterhaltspflichten. Auch hier ist die Versicherungssumme begrenzt auf 30.000 EUR. Auch hier gilt eine Selbstbeteiligung von 500 EUR.
- **Rechtsschutz für Opfer von Gewaltstraftaten**
  Der sog. Opferrechtsschutz setzt Gewaltstraftaten nach § 395 StPO gegen den Versicherungsnehmer voraus, in deren Folge der Versicherte als Opfer von seiner Möglichkeit auf Nebenklage im Strafverfahren Gebrauch macht. Der Versicherte erhält also Kostenschutz für den Anschluss als Nebenkläger an eine vor einem deutschen Strafgericht erhobene öffentliche Klage.
- **Steuer-Rechtsschutz**
  Für die Wahrnehmung rechtlicher Interessen bereits im außergerichtlichen Ein- bzw. Widerspruchsverfahren wegen steuer- und abgabenrechtlicher Angelegenheiten.
- **Sozial-Rechtsschutz**
  Auch hier setzt der Versicherungsschutz bereits im außergerichtlichen Widerspruchsverfahren an, welches den nach § 2f ARB versicherten Sozialgerichtsverfahren vorausgeht.
- **Erweiterter Beratungs-Rechtsschutz in Familien-, Lebenspartnerschafts- und Erbrecht**
  Hier wird Rechtsschutz gewährt für die außergerichtliche Tätigkeit eines Anwalts, die über die Beratung hinausgeht. Hierfür werden max. 250 EUR erstattet.
- **Verwaltungs-Rechtsschutz vor Gerichten**
  Hier werden auch Kosten übernommen für Verwaltungsgerichtsverfahren, die nicht verkehrsrechtlicher Art sind.
- **Daten-Rechtsschutz**
  In diesem Fall wird Rechtsschutz gewährt für die Abwehr von Ansprüchen Betroffener nach dem Bundesdatenschutzgesetz auf Auskunft, Berichtigung, Sperrung oder Löschung personenbezogener Daten, die der Versicherungsnehmer in seiner Eigenschaft als Gewerbetreibender, Freiberufler oder sonst Selbstständiger verarbeitet hat oder hat verarbeiten lassen.

12.3 Rechtsschutzkombinationen und versicherte Personen

Je nach den Interessen, die der Versicherungsnehmer zu versichern wünscht, können die verschiedenen Leistungsarten zu **Vertragsarten** kombiniert werden. Häufigste Vertragsarten sind:

1. Verkehrs-Rechtsschutz

Kombination der Vertragsarten:	Versicherungsschutz besteht für den Versicherungsnehmer als:
• Schadenersatz-Rechtsschutz • Straf-Rechtsschutz • Führerschein-Rechtsschutz • Vertrags-Rechtsschutz	• Eigentümer und Halter eines Kfz • Fahrer fremder Fahrzeuge • Fußgänger oder Radfahrer • Fahrgast in öffentlichen und privaten Verkehrsmitteln

2. Privat-Rechtsschutz

Kombination der Vertragsarten:	Versicherungsschutz besteht für:
• Schadenersatz-Rechtsschutz • Straf-Rechtsschutz • Vertrags-Rechtsschutz (im Privatrecht) • Arbeits-Rechtsschutz (für Arbeitnehmer) • Steuer-Rechtsschutz • Beratungs-Rechtsschutz (nicht jedoch für den Verkehrsbereich)	• den Versicherungsnehmer • den Ehepartner oder in häuslicher Gemeinschaft lebenden Partner • minderjährige Kinder des Versicherungsnehmers • volljährige, unverheiratete Kinder des Versicherungsnehmers unter 25 Jahren, die noch in der Schul- oder Berufsausbildung stehen.

3. Privat- und Verkehrs-Rechtsschutz

Kombinationen aus Verkehrs-Rechtsschutz und Familien-Rechtsschutz, wobei alle Kfz der Familie versichert sind, außer, die der volljährigen Kinder.

> ***Hinweis:***
> *Bei den Privatrechtsschutz-Kombinationen ist zu beachten, dass es diese sowohl für Nichtselbstständige als auch für Selbstständige gibt. Bei den Varianten für Nichtselbstständige ist zu beachten, das weder der Versicherungsnehmer noch sein mitversicherte Ehe- bzw. Lebenspartner eine gewerbliche, freiberufliche oder sonstige selbstständige Tätigkeit ausüben dürfen, bei der ein Gesamtumsatz von mehr als 10.000 EUR p. a. generiert wird.*

Streitigkeiten aus dieser Tätigkeit sind hier nicht versichert. Liegt der Umsatz gar über 10.000 EUR p. a. ist die Variante für Selbstständige zu wählen.

4. Wohnungs- und Grundstücks-Rechtsschutz

Versicherung der Kosten von Streitigkeiten in Zusammenhang mit Gebäuden, Gebäudeteile und Grundstücke.
Versicherungsschutz besteht für den Versicherungsnehmer als:

- Eigentümer
- Mieter oder Vermieter
- Pächter oder Verpächter
- Nutzungsberechtigten

Jedes einzelne Risiko muss auch einzeln versichert und im Versicherungsschein angegeben werden. Außerhalb des örtlichen Geltungsbereiches besteht Deckung bis zu einem Höchstbetrag von 100.000 EUR, wenn der Rechtsschutzfall während eines längstens zwölf Wochen dauernden Aufenthaltes eintritt. Gleiches gilt für Verträge, die über das Internet abgeschlossen wurden.

12.4 Geltungsbereich

Rechtsschutz besteht nach § 6 ARB in Europa und den außereuropäischen Anliegerstaaten des Mittelmeeres und auf den Kanarischen Inseln sowie auf Madeira, wenn ein Gericht oder eine Behörde in diesem örtlichen Geltungsbereich zuständig ist oder zuständig wäre, falls ein gerichtliches oder behördliches Verfahren eingeleitet werden würde.

Außerhalb des örtlichen Geltungsbereiches besteht Deckung bis zu einem Höchstbetrag von 30.000 EUR, wenn der Rechtsschutzfall während eines längstens sechs Wochen dauernden Aufenthaltes eintritt. Kein Versicherungsschutz besteht dort für den Grundstückserwerb oder die Grundstücksveräußerung inklusive Timesharing.

Sozialgerichts- und Steuerrechtsschutz wird nur vor deutschen Gerichten geleistet, Beratungsrechtsschutz in Familien- und Erbsachen wird nur gewährt für einen in Deutschland zugelassenen Rechtsanwalt (§ 2 ARB).

12.5 Ausschlüsse

Unter anderem besteht kein Versicherungsschutz bei:

- **allgemeinen Ausschlüssen**
  Krieg, Streiks und Aussperrungen, Erdbeben, Nuklearschäden, Schäden durch radioaktive Strahlung (Ausnahme: medizinische Behandlung).
- **internen Rechtsverhältnissen der Familie oder im Betrieb des VN**
  Familien- und Erbrecht (außer im Rahmen einer Beratung), freiwillige Gerichtsbar-

keit, Recht der Handelsgesellschaften und Berufsgenossenschaften, Insolvenzverfahren.
- **Spezialgebieten des öffentlichen Rechts**
  Steuer- und Abgabenrecht, Kirchenrecht, Planfeststellungs-, Umlegungs-, Enteignungs- und Flurbeseitigungsverfahren.
- **besonderen Einzelrisiken**
  z. B. Streitigkeiten aus dem Bauherrenrisiko inkl. Finanzierung, Patent-, Urheber- und Warenzeichenrecht, Spiel- und Wettverträge oder Spekulationsgeschäfte.

Grundsätzlich sind alle Verfahren vom Versicherungsschutz ausgenommen, die nachweislich im Rahmen einer vorsätzlichen Straftat oder Ordnungswidrigkeit begangen wurden, wie beispielsweise Diebstahl, Einbruch, Unterschlagung oder Beleidigung. Gleiches gilt bei Rechtsstreitigkeiten von versicherten Personen eines Rechtsschutzvertrages untereinander. Im Rahmen der Ordnungswidrigkeiten und Verwaltungsverfahren ist die Kostenerstattung für Kfz-Halte- und Parkverstöße vom Versicherungsschutz ausgenommen.

12.6 Versicherungsfall

Der Versicherungsfall ist das Ereignis, das die Wahrnehmung rechtlicher Interessen notwendig macht. Zwar werden der Leistungsfall und dessen Eintritt in den einzelnen Leistungsarten unterschiedlich definiert; es gilt in aller Regel jedoch die **Verstoßtheorie**. Zeitpunkt des Schadeneintritts ist danach der Moment, in dem eine Rechtsvorschrift oder Rechtspflicht verletzt worden ist oder verletzt worden sein soll.

Das Ereignis muss

- sachlich die versicherten Risiken und Leistungsarten umfassen,
- den Versicherungsnehmer oder mitversicherte Personen betreffen sowie
- zeitlich während der Vertragslaufzeit und nicht während der Wartezeiten eingetreten sein.

Nach den ARB besteht der Versicherungsschutz unabhängig davon, wo der Versicherungsfall eintritt. Die Wahrnehmung der rechtlichen Interessen und somit der Kostenersatz müssen jedoch in Europa, den Mittelmeeranliegerstaaten oder den Kanarischen Inseln sowie Madeira erfolgen. Es ist also auf die örtliche Zuständigkeit des Gerichts abzustellen, das den Fall verhandelt.

Beispiel:
Eintritt des Rechtsschutzfalles in den USA
+ Zuständigkeit eines Gerichts in Europa
= Kostenerstattung durch RSV

Deckungssummen
Sämtliche Rechtsschutzkosten werden vom Versicherer bis zur vereinbarten Deckungssumme getragen (heute häufig zwischen 200.000 EUR und 300.000 EUR). Für Straf-

kautionen wird eine zusätzliche Summe zur Verfügung gestellt (z.B. 30.000 EUR). Mehrere zeitlich und ursächlich zusammenhängende Versicherungsfälle gelten als ein Fall (§ 5 ARB).

Prüfung der Leistungspflicht durch den Versicherer
Der Versicherer ist nur dann leistungspflichtig, wenn die Wahrnehmung der rechtlichen Interessen des Versicherten erforderlich ist (§ 1 ARB). **Erforderlichkeit** (nach § 18 Abs. 1 ARB) liegt vor,

- wenn **kein grobes Missverhältnis** zwischen dem voraussichtlichen Kostenaufwand und dem angestrebten Erfolg besteht,
- wenn Rechtsverfolgung eine hinreichende **Aussicht auf Erfolg** hat.

Fehlende Erfolgsaussichten sind allerdings im Disziplinar- und Standes-Rechtsschutz und im Ordnungswidrigkeiten-Rechtsschutz kein Grund zur Leistungsverweigerung.

Mit der Ablehnung der Deckungsübernahme hat der Versicherer den Versicherten über die Möglichkeit des Schiedsgutachterverfahrens zu informieren, nach dem der Versicherungsnehmer die Erfolgsaussichten durch einen von der Anwaltskammer benannten erfahrenen Rechtsanwalt prüfen lassen kann. Die Kosten dafür werden vom Versicherer übernommen, wenn der Gutachter die Aussichten positiv beurteilt.

Wartezeiten
Zur Minimierung des subjektiven Risikos, d.h. zur Vermeidung einer zeitlichen Manipulation durch den Versicherungsnehmer, wird für einige Leistungsarten der RSV eine dreimonatige Wartezeit (gerechnet ab technischem Beginn) vereinbart:

Keine Wartezeit
- Schadenersatz-Rechtsschutz (§ 2a ARB)
- Rechtsschutz in Vertrags- und Sachenrecht (§ 2d ARB)
- Steuer-Rechtsschutz vor Gerichten (§ 2e ARB)
- Sozial-Rechtsschutz vor Gerichten (§ 2f ARB)
- Verwaltungs-Rechtsschutz in Verkehrsangelegenheiten (§ 2g ARB)
- Disziplinar- und Standes-Rechtsschutz (§ 2h ARB)
- Straf-Rechtsschutz (§ 2i ARB)
- Ordnungswidrigkeiten-Rechtsschutz (§ 2j ARB)
- Beratungs-Rechtsschutz in Familien- und Erbrecht (§ 2k ARB)
- Rechtsschutz für Opfer von Gewaltstraftaten (§ 2n ARB)
- Steuer-Rechtsschutz für außergerichtliche Verfahren (§ 2o ARB)
- Sozial-Rechtsschutz für außergerichtliche Verfahren (§ 2p ARB)
- Erweiterter Beratungs-Rechtsschutz in Familien- und Erbrecht (§ 2q ARB)
- Daten-Rechtsschutz (§ 2s ARB)

Drei Monate Wartezeit
- Arbeits-Rechtsschutz (§ 2b ARB)
- Wohnungs- und Grundstücks-Rechtsschutz (§ 2c ARB)

- Verwaltungs-Rechtsschutz in Nichtverkehrsangelegenheiten (§ 2r ARB)

Längere Wartezeit

- Rechtsschutz in Ehesachen (§ 2l ARB): drei Jahre
- Rechtsschutz in Unterhaltssachen (§ 2m ARB): ein Jahr

Tritt der Rechtsschutzfall vor Vertragsbeginn oder während der Wartezeiten ein, besteht hierfür kein Versicherungsschutz.

Kündigung des Vertrages

Neben der normalen Ablaufkündigung (drei Monate vor Vertragsablauf) ist das außerordentliche Kündigungsrecht von Versicherungsnehmer und Versicherer in der Rechtsschutzversicherung wie folgt besonders geregelt:

- **Lehnt der Versicherer den Rechtsschutz ab**, obwohl er zur Leistung verpflichtet ist, kann der Versicherungsnehmer den Vertrag fristlos oder zum Ende der laufenden Versicherungsperiode kündigen. Die Kündigung ist nur innerhalb eines Monats nach Zugang der Ablehnung zulässig.

- **Bejaht der Versicherer seine Leistungspflicht** für mindestens zwei innerhalb von zwölf Monaten eingetretene Rechtsschutzfälle, sind der Versicherungsnehmer und der Versicherer innerhalb eines Monats nach Anerkennung der Leistungspflicht für den zweiten oder jeden weiteren Rechtsschutzfall berechtigt, den Vertrag mit einer Frist von einem Monat zu kündigen.

13 Betriebliche Altersversorgung

13.1 Markt und Chancen

Betriebliche Altersversorgung (bAV) als Säule im System der Alterssicherung
Nach der alten sog. „Dreisäulentheorie" basiert das Gesamtsystem der Alterssicherung in Deutschland auf

- der gesetzlichen Rentenversicherung,
- der bAV und
- der privaten Vorsorge.

Der Anteil der Arbeitnehmer in der Privatwirtschaft und im öffentlichen Dienst, die eine bAV hatten, beläuft sich aktuell auf rund 65 %.

Regelsicherung wird, trotz aller Schwierigkeiten und Leistungskürzungen, die **gesetzliche Rentenversicherung** bleiben. Daran wird auch das rasche Wachstum der „arbeitnehmerfinanzierten" Gehaltsumwandlungen innerhalb der bAV nichts ändern.

Im Rahmen des neuen **Drei-Schichten-Systems** ist die bAV Teil der Zusatzversorgung. Im Zusammenhang mit dem **Alterseinkünftegesetz** (AltEinkG) seit 01.01.2005 wird auch in der bAV langfristig zur **nachgelagerten Besteuerung** übergegangen und es kommt zur steuerlichen Vereinheitlichung aller kapitalgedeckten Formen von betrieblicher Versorgung.

Es wird ermöglicht, dass Beschäftigte ihre (kapitalgedeckte) Betriebsrente (aus Direktversicherung, Pensionskasse und Pensionsfonds) zu einem neuen Arbeitgeber mitnehmen und dort auch weiterführen können (= verbesserte **Portabilität**). Damit werden solche Arbeitnehmer besser gestellt, die beim Arbeitsplatzwechsel flexibler sind. Früher mussten sie mit einer Zersplitterung ihrer Betriebsrentenansprüche rechnen, was sogar zu einem Verlust von Ansprüchen führen konnte und wegen der Verwaltung vieler kleiner Renten beim jeweiligen Arbeitgeber zu erheblichen Mehrkosten führte. So muss auch der Arbeitgeber nicht mehr Kleinstrenten für viele, kurze Zeit beschäftigte Mitarbeiter verwalten.

BAV als Teil der sozialen Betriebspolitik
Die bAV ist in ihrer Geschichte gerade als Teil sozialpolitischer Erwägungen von humanitär eingestellten Unternehmern entstanden. Die soziale Absicherung der eigenen Arbeitnehmer (AN) stellt auch heute für jeden Arbeitgeber (AG) ein Unternehmensziel dar.

Wirtschaftsunternehmen haben eine **wachsende Sozialfunktion für eine bessere Versorgung der Mitarbeiter** im Zuge rückläufiger Gewährung der sozialen Sicherheit durch staatlich organisierte Versorgungssysteme, Arbeitgeber tragen insofern eine gesamtgesellschaftliche soziale Verantwortung.

Die betriebliche Altersversorgung soll dem ehemaligen Mitarbeiter zusammen mit den anderen Teilen der Gesamtversorgung die Aufrechterhaltung eines angemessenen Lebensstandards im Rentenalter ermöglichen, wodurch zugleich wiederum die staatlichen Systeme entlastet werden können. Die bAV ist dann am erfolgreichsten, wenn die soziale Sicherung mit den weiteren Unternehmenszielen, der Sicherung der Unternehmensexistenz sowie der Gewinnerzeugung verbunden werden kann. Gerade hier hat die staatliche Förderung der bAV einzusetzen.

Nutzen der bAV für Arbeitgeber und Arbeitnehmer
Neben den sozialen Motiven ergeben sich für einen Arbeitgeber weitere Motive für die Einführung der bAV.

Bezogen auf den **Produktionsfaktor Arbeit**:

Akquisition von Arbeitskräften
Je qualifizierter eine Tätigkeit wird, desto wichtiger ist die bAV als Bestandteil einer angemessenen Gesamtvergütung. Elemente einer bAV gehören dann zum Standard. Ohne bAV ist die Gewinnung von benötigten hoch qualifizierten Fachkräften schon nicht mehr möglich. Gerade für Spezialisten sind die Versorgungslücken aus der gesetzlichen Rentenversicherung besonders groß, da sie häufig durch das Überschreiten der Beitragsbemessungsgrenzen der gesetzlichen Rentenversicherung auf die darüberliegenden Einkommen gar keine gesetzliche Rente erhalten.

Bindung von Arbeitskräften
Die Existenz einer bAV schafft nicht zuletzt durch die Unverfallbarkeitsfristen eine gewisse zeitliche Bindung an das Unternehmen, wobei gegenwärtig rasante Veränderungen im gesamten wirtschaftlichen Prozess dagegenlaufen. Für das Unternehmen werden mit bAV als Anreiz für die Mitarbeiter längerfristige Planungen mit gut ausgebildetem Personal, in das sehr viel unternehmensspezifisches Fachwissen investiert wurde, möglich. Mithilfe von bAV kann also die **Mitarbeiterfluktuation** gehemmt werden.

Positiver Einfluss auf das Betriebsklima
Die bAV trägt zum allgemeinen Arbeitsfrieden bei und erhöht die Mitarbeiterverbundenheit mit dem „eigenen" Unternehmen. Eine hohe Identifikation des Arbeitnehmers mit dem Unternehmen zählt auch zu dessen Sozialbedürfnissen. Zufriedene Arbeitnehmer erreichen in der Regel die größere Wertschöpfung, da die **Arbeitsproduktivität ansteigt**. Es entsteht ein dauerhafter Leistungsanreiz und eine zuverlässige Motivation, wenn der Arbeitnehmer durch Eigenbeteiligungen seine betriebliche Versorgungsleistung erhöhen kann. Nach der Weihnachtsgratifikation halten Arbeitnehmer die bAV für die wichtigste Maßnahme der sozialen Betriebspolitik. Darin drückt sich die große Wertschätzung der betrieblichen Versorgung durch die Arbeitnehmer aus.

Bezogen auf den **Produktionsfaktor Kapital**:

Innenfinanzierung
Die Rückstellungen, die ein Unternehmen bilden kann und muss, wenn es betriebliche Versorgungen an seine Arbeitnehmer zusagt, stellen in deutschen Großunternehmen immer noch die wichtigste Form der **Eigenfinanzierung** dar. Sie sind Finanzierungsquelle für betriebliche Investitionen.

Liquiditätserhöhung

Gleichzeitig bewirken die Rückstellungsbildungen bei den Direktzusagen auch Gewinn- und Steuerminderungen durch den **Stundungseffekt** und somit eine Erhöhung der Liquidität im Unternehmen, wenn es sich in einer Gewinnphase befindet. Da die Rückstellungen als Kapital im Anlagevermögen des Betriebes gebunden bleiben, sind weniger Fremdmittel nötig. Dadurch erhöht sich die Liquidität der Firma, da die Aufwendungen für die bAV erst später im Versorgungsfall abfließen. In diesem Zusammenhang sind die sogenannten **Gehaltsumwandlungen** besonders interessant: Bereits gezahlte Lohnteile werden von Bar- in Versorgungslohn umgewandelt. Das entsprechende Kapital verbleibt im Unternehmen, wird nicht an den Arbeitnehmer zum Verzehr ausgezahlt und kann innerbetrieblich produktiv wirken. Wird eine betriebliche Versorgung zusätzlich außerhalb der Rückstellungen (z. B. durch eine Rückdeckungsversicherung) finanziert, sind die dafür nötigen Aufwendungen steuerlich als Betriebsausgabe absetzbar.

13.2 Grundlagen

13.2.1 Begriffsbestimmung

In Deutschland herrscht in der bAV der **Freiwilligkeitsgrundsatz**. Der AG entscheidet allein über folgende Punkte:

- Wird bAV überhaupt eingeführt?
- In welcher Form?
- Für welche Arbeitnehmer?
- Zu welchen Bedingungen?
- Über welche Versorgungsformel?

Eine einmal geschaffene bAV unterliegt aber dann voll und ganz den Normen des **Betriebsrentengesetzes (BetrAVG)** und der Rechtsprechung des Bundesarbeitsgerichtes.

Gerade bei der Frage, für welche Arbeitnehmer eine bAV eingerichtet wird, ist der Gleichheitsgrundsatz von ganz wesentlicher Bedeutung. Zwar darf der Arbeitgeber selbst entscheiden, für welche Arbeitnehmer er eine Versorgung einrichtet, allerdings ist er bei dieser Entscheidung zwingend an die Beachtung des Gleichheitsgrundsatzes des Art. 3 GG gebunden. Danach müssen wesentlich gleiche Sachverhalte auch gleich behandelt werden. Es ist z. B. möglich, für alle leitenden Angestellten eine bAV einzurichten und sonstige Beschäftigte auszuschließen. Hingegen ist es nicht möglich, für Frauen eine bAV anzubieten und Männer auszuschließen.

> ***Hinweis:***
> *Hier ist zu beachten, dass der Arbeitgeber im Falle einer vom Arbeitnehmer gewünschten Entgeltumwandlung keine Möglichkeit hat, dies abzulehnen. Er muss die Möglichkeit zur Entgeltumwandlung für alle seine Beschäftigten – die zu den berechtigten Personen gehören (vgl. Kapitel 13.2.3) – anbieten.*

Der Freiwilligkeitsgrundsatz gilt seit dem 01.01.2002 durch das neue Recht des Arbeitnehmers auf Umwandlung von zukünftigem Gehalt (bis zu 4 % der jeweiligen BBG in der GRV) in Aufwand für betriebliche Versorgungen nur eingeschränkt. Der Arbeitnehmer kann von seinem Arbeitgeber den Abschluss einer Direktversicherung verlangen, sofern dieser nicht eine Pensionskasse oder einen Pensionsfonds zur Gestaltung der bAV anbietet.

Kerngedanken des BetrAVG

- Die bAV besitzt wesentlich arbeitsentgeltlichen Charakter.
- Alle Formen der bAV sagen entgeltliche Leistungen an den Arbeitnehmer zu.
- Die bAV ist eine besondere Art und Weise der Zahlung von Arbeitsentgelt, allerdings nachgereicht bei Ausscheiden im Versorgungsfall als Äquivalent für die gesamte Dienstzeit im Unternehmen. Insofern schützt das BetrAVG diese Vergütung vor willkürlichen Eingriffen und in ihrem Bestand.
- Abgrenzung zur laufenden Aktivvergütung: Leistungen einer bAV sind erst im Versorgungsfall zufließendes Arbeitsentgelt.
- Die Zusage auf bAV muss immer ein **biometrisches Risiko** abdecken. Somit fließen Leistungen der bAV grundsätzlich erst nach Ausscheiden des Arbeitnehmers aus dem Betrieb, es handelt sich also um **nachgereichten Lohn** als Gegenleistung für die erbrachte Betriebstreue.

Folgerichtig definiert das BetrAVG, dass unter bAV alle Leistungen der Alters-, Invaliditäts- oder Hinterbliebenenversorgung zu verstehen sind, die einem Arbeitnehmer aus Anlass seines Arbeitsverhältnisses zugesagt worden sind (vgl. § 1 Abs. 1 Satz 1)."

Das Versorgungsversprechen des Arbeitgebers an seine Arbeitnehmer ist für ihn bindend.

13.2.2 Entgeltumwandlungen („deferred compensation" – „aufgeschobene Vergütung")

Unterscheidung zwischen arbeitgeber- und arbeitnehmerfinanzierter bAV

Bei den Entgelt- oder Gehaltsumwandlungen handelt es sich nicht um eine selbstständige Form der bAV.

Vielmehr werden hier die bAV-Leistungen nicht vom Arbeitgeber zusätzlich zum bereits gezahlten Arbeitsentgelt gewährt, sondern der Arbeitgeber wandelt – im Auftrag des Arbeitnehmers – künftige Aktiventgeltansprüche seines Arbeitnehmers in eine wertgleiche Versorgungsanwartschaft um. In beiden Fällen fließen diese Bezüge dem Arbeitnehmer erst im Versorgungsfall mit dem Beenden des Arbeitsverhältnisses zu.

Der erste Fall wird häufig auch als „arbeitgeberfinanzierte" und der zweite als „arbeitnehmerfinanzierte" bAV bezeichnet. Dies ist aber missverständlich, denn jedes Arbeitsentgelt wird ausschließlich vom Arbeitgeber aufgebracht, also „finanziert".

Die Unterscheidung hängt letztlich nur vom **Zeitpunkt der Zusageerteilung** ab, entweder nach oder **vor der Vereinbarung von Aktivbezügen**. Denn der Unternehmer wird immer eine „Gesamtmenge" an Arbeitsvergütung einkalkulieren müssen, wobei die konkrete Zusammensetzung aus Aktiv- und Versorgungslohn durchaus gleichgültig ist.

Wichtig wird die Unterscheidung in arbeitgeber- und arbeitnehmerfinanzierte Zusagen erst bei abweichenden Regelungen bezüglich der sozialversicherungsrechtlichen Behandlung der Aufwendungen bzw. der Höhe der unverfallbaren Anwartschaften.

So sind alle arbeitgeberfinanzierten bAV-Maßnahmen, außer riestergeförderte, sozialabgabenfrei. Bei arbeitnehmerfinanzierter bAV galt dies mit einigen Besonderheiten ursprünglich nur bis Ende 2008. Im Jahr 2007 entschloss sich die Bundesregierung jedoch, die zeitliche Befristung der Sozialabgabenfreiheit von Beiträgen im Rahmen der Entgeltumwandlung zu streichen. Ein entsprechendes Gesetz verabschiedete der Deutsche Bundestag im November 2007. Somit bleibt der Vorteil der Sozialabgabenfreiheit unbefristet auch für Entgeltumwandlungen bestehen.

Recht des Arbeitnehmers auf Entgeltumwandlung
Dieses seit dem 01.01.2002 bestehende Recht hat folgende **Voraussetzungen**:

- Der Arbeitnehmer ist in der gesetzlichen Rentenversicherung pflichtversichert.
- Der Anspruch ist begrenzt auf einen Höchstumwandlungsbetrag von 4 % der aktuellen BBG in der GRV.
- Der Mindestumwandlungsbetrag muss 1/160 des Durchschnittsentgeltes der GRV im vorvergangenen Kalenderjahr betragen (in 2011: 191,63 EUR).
- Eine Umwandlung ist nur möglich aus nicht tariflich gebundenem und aus übertariflichem Entgelt sowie aus Tarifentgelt mit Tarifvereinbarung über Umwandlung.
- Umwandlung von zukünftigen, noch nicht verdienten Entgeltbestandteilen.
- Umwandlung in wertgleiche Versorgungsanwartschaften.
- Es besteht keine anrechenbare bAV durch Entgeltumwandlung.

Daraus ergeben sich bestimmte **Rechtsfolgen**:

- Bei Umwandlung regelmäßigen Entgelts sind auf Verlangen des Arbeitgebers während eines laufenden Kalenderjahres gleichbleibende Monatsbeträge zu verwenden.
- Der Arbeitgeber muss die Grundform „Direktversicherung" wählen, wenn er sich mit dem Arbeitnehmer nicht über einen anderen Weg einigt bzw. selbst keine Pensionskasse oder einen Pensionsfonds anbietet.
- Die Anwartschaften sind sofort unverfallbar.
- Gesetzlicher Insolvenzschutz besteht ab Beginn.
- Der Arbeitnehmer hat Anspruch auf die Riester-Förderung.
- Anwartschaften aus Entgeltumwandlungen können nur mit Zustimmung des Arbeitnehmers abgefunden werden.
- Begrenzung der unverfallbaren Ansprüche auf die finanzierte Anwartschaft.
- Bei Neuzusagen gegen Entgeltumwandlung muss der AG die Leistungen jährlich um 1 % erhöhen, bei Direktversicherung und Pensionskasse genügt die Verwen-

dung aller Überschüsse zur Erhöhung der laufenden Rentenleistungen; bei Beitragszusagen mit Mindestleistungen entfällt die Anpassungspflicht.

13.2.3 Berechtigter Personenkreis

Das BetrAVG dehnt seinen persönlichen Geltungsbereich auf alle Arbeitenden aus, die in einem dominierenden Beschäftigungsverhältnis stehen. Dazu gehören nicht nur die abhängig beschäftigten **Arbeitnehmer**, sondern auch **Freiberufler** und **Handelsvertreter**, die überwiegend für ein Unternehmen tätig sind.

Auszubildende werden Arbeitnehmern gleichgestellt. Die bAV an Ehegatten von Arbeitgebern werden wie andere Versorgungszusagen behandelt, wenn sie dem Fremdvergleich standhalten. Zusagen an gerade ausgeschiedene Arbeitnehmer, die aus Anlass der Beendigung des Dienstverhältnisses versorgt werden, sind gestaltbar.

Zusagen an Unternehmer, auch an Gesellschafter von Personen- und Kapitalgesellschaften, stellen keine bAV dar und unterliegen nicht dem Geltungsbereich des BetrAVG. Es handelt sich um **Unternehmerlohn** (vorweggenommene Gewinnausschüttung). Die bAV kann also nicht aus dem Gesellschafterverhältnis oder aus der reinen Ehegattenstellung begründet werden.

Die bAV-Zusagen an sozialversicherungsrechtlich beherrschende Gesellschafter-Geschäftsführer (wesentlich Unternehmer) von Gesellschaften mit beschränkter Haftung unterliegen deswegen nicht den Schutzvorschriften des BetrAVG.

13.2.4 Leistungsarten

Leistungsarten können, soweit sie Versorgungscharakter haben, sein:

- laufende Rentenzahlungen,
- einmalige Kapitalzahlungen,
- Nutzungsrechte,
- bestimmte Sachbezüge,
- zweckgebundene Geldleistungen.

Für die Leistungsarten ist es unerheblich, ob der Arbeitgeber die bAV-Leistungen zusätzlich zum Aktivlohn zahlt oder ob der Arbeitnehmer eine Gehaltsumwandlung vornimmt.

Von diesen Leistungsarten der bAV unterscheidet man drei verschiedene **Zusagearten**:

- **Reine Leistungszusage**
  Der Arbeitgeber sagt Versorgungsleistungen in genauer Höhe zu, der Aufwand dafür spielt in der Zusage keine Rolle;
- **Beitragsorientierte Leistungszusage**
  Der Arbeitgeber verpflichtet sich, konkrete Beitragsaufwendungen in eine Anwartschaft auf Versorgungsleistungen umzuwandeln, erst danach ergeben sich

bestimmte Leistungshöhen aus diesen Aufwendungen; seit dem 01.01.2001 wird die Unverfallbarkeit hier auf die erreichte Anwartschaft begrenzt;
- **Beitragszusage mit Mindestleistung**
Der Arbeitgeber verpflichtet sich, Beiträge an einen Pensionsfonds, eine Pensionskasse oder eine Direktversicherung zu zahlen; zugleich übernimmt er die Garantie, dass zur Altersversorgung mindestens die Beitragssumme, abzüglich verbrauchter Risikoteile, zur Verfügung steht;

> ***Hinweis:***
> *Reine Beitragszusagen, bei denen allein der Arbeitnehmer das Risiko der Kapitalerwirtschaftung für die Versorgung trägt, sind nicht gestattet!*

13.2.5 Rechtsquellen (Anspruchsgrundlagen)

Es gibt fünf Rechtsquellen, durch die Versorgungsversprechen einzel- oder kollektivvertraglich zustande kommen können:

- einzelvertragliche Zusage,
- betriebliche Übung,
- Gleichbehandlungsgebot,
- Betriebsvereinbarung,
- Tarifvertrag.

Der Betriebsrat kann den Abschluss einer Betriebsvereinbarung über die Einrichtung einer bAV nicht erzwingen. Das Mitbestimmungsrecht beschränkt sich auf die Einhaltung des Gleichbehandlungsgrundsatzes sowie die Mitgestaltung von Leistungsplänen. Betriebliche Übung und Gleichbehandlungsgrundsatz gelten nicht für neue Mitarbeiter.

13.2.6 Wichtige Versorgungsformeln

Versorgungsformeln (oft auch **Leistungssysteme**) sind konkrete Ausgestaltungsformeln, Leistungsformeln und Betriebsrentenformeln, die in großer Vielfalt in der Praxis anzutreffen sind.

Die wichtigsten Versorgungsformeln sind:

- Festrentensysteme,
- gehaltsabhängige Regelungen,
- Gesamtversorgungszusagen,
- Renten- und Kapitalbausteinsysteme,
- Höchstbegrenzungsregelungen in allen Systemen.

13.2.7 Grundformen oder Durchführungswege der bAV

Von den zahlreichen Varianten unterschiedlicher Versorgungsformeln sind fünf grundsätzliche Gestaltungsformen oder Durchführungswege der bAV in Deutschland zu unterscheiden. Diese Grundformen sind durch den Arbeitgeber frei wähl- und kombinierbar:

- Direkt- oder Pensionszusage,
- Direktversicherung,
- Pensionskasse,
- Unterstützungskasse,
- Pensionsfonds.

Die „freie Entscheidungsgewalt" des Arbeitgebers über die bAV führt dazu, dass Arbeitnehmer seit 2002 auch bei der Gehaltsumwandlung nicht beliebig bestimmen können, über welchen Durchführungsweg die bAV dargestellt wird.

Lediglich wenn der Arbeitgeber weder die Altersvorsorge über eine Pensionskasse noch über einen Pensionsfonds anbietet, hat der Arbeitnehmer ein Recht auf eine Gehaltsumwandlung in Form der Direktversicherung.

Die Durchführungswege unterscheiden sich vor allem hinsichtlich des Trägers der Versorgung und der daraus entspringenden jeweiligen arbeitsrechtlichen und steuerrechtlichen Besonderheiten und Merkmale. Sie werden in zwei große Gruppen eingeteilt:

Unmittelbare Versorgungszusage
Wenn der Leistungsfall eintritt, erbringt der Arbeitgeber die Leistungen der betrieblichen Versorgung unmittelbar selbst an den Arbeitnehmer ohne Zwischenschaltung eines externen Trägers. Sie ist die häufigste Form der bAV. Die zu erbringenden Leistungen stellen Verbindlichkeiten für den Arbeitgeber dar, die in der Zukunft fällig werden. Daher werden Pensionsrückstellungen vom Arbeitgeber gebildet, die den zu versteuernden Gewinn mindern. Die Liquidität kann dabei sogar steigen. Es wird kein Kapital außerhalb des Unternehmens angesammelt, sondern es verbleibt im Unternehmen. Dieser Durchführungsweg wird deswegen auch als **interne Finanzierung** bezeichnet. Die biometrischen Risiken trägt der Arbeitgeber voll und ganz, weswegen er bestrebt ist, sie z. B. über eine Rückendeckungsversicherung doch abzugeben. Der dazugehörige Durchführungsweg ist die **Direktzusage** oder **Pensionszusage**.

Mittelbare Versorgungszusagen
Die vereinbarten Versorgungsleistungen werden nicht durch den Arbeitgeber an die Versorgungsberechtigten ausgezahlt, sondern durch einen Dritten. Zur Finanzierung leistet er Beiträge an den Dritten, man spricht von einer **externen Finanzierung**. Das Risiko überträgt und wälzt der Arbeitgeber ganz oder teilweise auf den Träger der Versorgung ab – was den eigentlichen Sinn und Zweck der mittelbaren Versorgungszusagen ausmacht. Die zugehörigen Durchführungswege sind die Pensionskasse, die Direktversicherung, die Unterstützungskasse und der Pensionsfonds, die im Folgenden kurz vorgestellt werden.

- **Pensionskasse**
  Die betrieblichen Versorgungen werden von einer rechtlich selbstständigen Kasse gezahlt, die für diesen Zweck vom Arbeitgeber als kleiner VVaG eingerichtet wurde (die Pensionskasse selbst ist also letztlich ein Versicherungsunternehmen). Der Arbeitgeber führt der Pensionskasse im Voraus während der Aufbauphase laufend die erforderlichen Finanzmittel zu, damit sie die von ihm versprochenen Versorgungsleistungen der bAV für seine ehemaligen Arbeitnehmer auch aufbringen kann. Eigenbeteiligungen der Arbeitnehmer sind machbar. Träger der Versorgung ist nicht unmittelbar der Arbeitgeber, sondern mittelbar die Pensionskasse. Damit hat der Arbeitnehmer einen direkten Rechtsanspruch gegen die Pensionskasse auf Leistung der Versorgung.
- **Direktversicherung**
  Die Versorgungsleistungen werden von einem Versicherer geleistet. Der Arbeitgeber schließt dazu mit dem Lebensversicherer einen Lebensversicherungsvertrag auf das Leben seines Arbeitnehmers ab, auf den Letzterer bezugsberechtigt ist. Die Versorgungsleistung kommt auch hier nicht unmittelbar vom Arbeitgeber, sondern wird im Versicherungsfall, unmittelbar für den Arbeitgeber, durch den Lebensversicherer gezahlt. Eigenbeträge der Arbeitnehmer sind vorteilhaft (kein zusätzlicher Liquiditätsabfluss beim Arbeitgeber).
- **Unterstützungskasse**
  Sie gewährt keinen Rechtsanspruch auf die Leistungen, weshalb sie nicht der staatlichen Versicherungsaufsicht unterliegt. Die Finanzierung der Leistungen erfolgt durch Zuwendungen des Trägerunternehmens (Arbeitgeber) während der Ansparphase der späteren Versorgung. Die Unterstützungskasse leistet die Versorgung im Versorgungsfall für den Arbeitgeber.
- **Pensionsfonds**
  Die neue steuerliche Förderung durch die Rentenreform mit Zulagen bzw. Sonderausgabenabzug kann hier besonders vorteilhaft einbezogen werden. Der Pensionsfonds ist ein externer Träger der bAV, der dem Arbeitnehmer einen Rechtsanspruch auf betriebliche Versorgung einräumt. Bei einem Arbeitgeberwechsel kann der Arbeitnehmer seine erworbenen Ansprüche mitnehmen. Das zur Erfüllung der bAV-Verpflichtungen im Fonds angesammelte Vermögen wird aus dem Unternehmen ausgelagert, was dazu führt, dass es nicht bilanziert werden muss und sich die Eigenkapitalquote des Unternehmens verbessert. Der Pensionsfonds zahlt lebenslange Altersrenten. Wesentlich ist, dass er eine sehr viel größere Freiheit in der Vermögensanlage besitzt als die Pensionskasse.

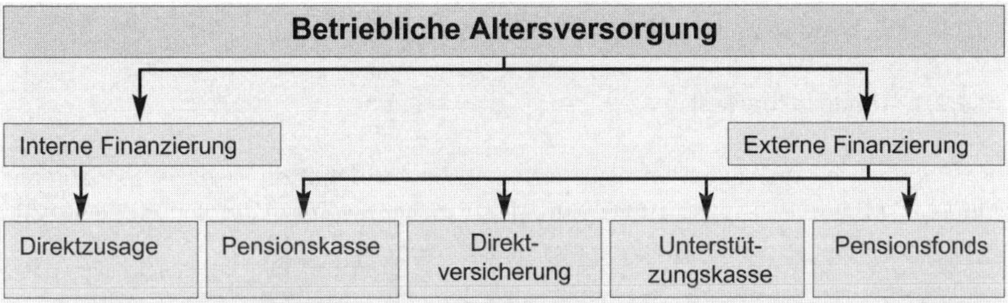

	Rechtsanspruch auf Leistungen	Vermögensansammlung	Anlagebeschränkung	Insolvenzsicherung	Arbeitnehmerbeitrag
Direktzusage	ja	intern	keine	Pflicht	nein*
Pensionskasse	ja	extern	ja	nein	ja
Pensionsfonds	ja	extern	keine	Pflicht	nein*
Direktversicherung	ja	extern	ja (nach VAG)	nein	ja
Unterstützungskasse	nein	extern	keine**	Pflicht	nein*

* Aber Nutzung für defferend compensation möglich
** Sofern die Unterstützungskasse rückgedeckt ist, unterliegt natürlich die Rückdeckungsversicherung den Anlagebeschränkungen nach VAG.

Abbildung: Betriebliche Altersversorgung

13.2.8 Einschränkung und Widerruf

Die bAV kann vom Arbeitgeber nur dann eingeschränkt oder widerrufen werden, wenn die Leistungserbringung für ihn unzumutbar geworden ist. Dabei ist der **Grundsatz von Treu und Glauben** unbedingt einzuhalten.

Entsprechend der Rechtsprechung des Bundesarbeitsgerichts gibt es nur wenige Gründe für die Unzumutbarkeit der Aufrechterhaltung einer bAV:

- Widerruf wegen wirtschaftlicher Notlage:
  Der Arbeitgeber hat zu beweisen, dass gerade die Einstellung der Versorgungsleistungen eine Unternehmenssanierung herbeiführen wird.
- Widerruf wegen Treuepflichtverletzung des Arbeitnehmers:
  Die Pflichtverletzung des Arbeitnehmers ist so gravierend, dass eine bAV-Leistungserbringung unzumutbar wird. Schadenersatzansprüche des Arbeitgebers gegen den Arbeitnehmer dürfen nicht mit den bAV-Leistungen aufgerechnet werden.
- Ablösende Betriebsvereinbarungen.
- Kürzung wegen Überversorgung.

13.2.9 Wichtige arbeitsrechtliche Bestimmungen

13.2.9.1 Unverfallbarkeit

Der Begriff „Unverfallbarkeit" bezieht sich auf **Anwartschaften** eines Arbeitnehmers, dem von seinem Arbeitgeber bAV-Leistungen zugesagt wurden und der vor Eintritt des Versorgungsfalles aus dem Unternehmen ausscheidet.

Unverfallbarkeit bedeutet also, dass dem ausscheidenden Arbeitnehmer die bereits durch die zurückgelegte Dienstzeit erarbeiteten Anteile an seiner zugesagten bAV nicht mehr zu nehmen sind. Das gilt selbst dann, wenn der Arbeitnehmer selbst kündigt. Die erworbenen bAV-Ansprüche sind endgültig erdient.

13.2.9.2 Unverfallbarkeit dem Grunde nach

Die Unverfallbarkeit dem Grunde nach stellt auf die Dauer der Zusage und der Betriebszugehörigkeit ab, ganz entsprechend dem Kerngedanken des BetrAVG. Das BetrAVG definiert nun die Voraussetzungen und Fristen, zu denen diese Unverfallbarkeit der Anwartschaften eintritt:

- Zum Zeitpunkt der Beendigung des Arbeitsverhältnisses (ohne Versorgungsfall) hat der AN das **25. Lebensjahr vollendet** und zugleich
- hat die Versorgungszusage zum Ausscheidezeitpunkt seit **mindestens fünf Jahren bestanden**.

Besonderheiten
Vertragliche **Besserstellungen** des Arbeitnehmers durch seinen Arbeitgeber sind jederzeit möglich. Nutzt ein Arbeitnehmer **Vorruhestandsregelungen**, sind seine Anwartschaften dann unverfallbar, wenn er bei Einhaltung der regulären Altersgrenze die Fristen der Unverfallbarkeit erfüllen würde. Die Rechtsprechung verlangt als Voraussetzung für die Unverfallbarkeit eine **ununterbrochene Anwartschaftszeit**. Maßgeblich ist der letzte Betriebseintritt, es wird taggenau gerechnet. Es gilt das **Prinzip der Einheitlichkeit der Versorgungszusage**. Das heißt, die Unverfallbarkeitsfristen beginnen immer mit der erstmaligen Zusageerteilung. Spätere Änderungen, Erweiterungen sowie die Hinzufügung weiterer Zusagen haben keine Auswirkungen mehr. Ein weiteres Problem sind die Vorschalt- und Wartezeiten. Beide können die gesetzlichen Fristen **nicht aushebeln**.

Vorschaltzeiten
Der Arbeitnehmer erhält erst nach einer Mindestdienstzeit eine förmliche Zusage. Aber auch hier richtet sich die Unverfallbarkeitsfrist allein nach dem Beginn der ununterbrochenen Betriebszugehörigkeit.

Wartezeiten
Sie werden innerhalb der Zusage gesetzt und stellen eine Leistungsvoraussetzung dar, z. B. bezogen auf Mindestalter oder Mindestdienstzeit für Versorgungsansprüche. Wartezeiten können sogar nach Beendigung des Arbeitsverhältnisses zurückgelegt werden.

Bei allen Neuzusagen seit dem 01.01.2001, die durch Entgeltumwandlung erfolgen, gilt eine **gesetzliche Unverfallbarkeit ab Beginn (sofortige Unverfallbarkeit)**.

13.2.9.3 Unverfallbarkeit der Höhe nach

Die Berechnung der Höhe der unverfallbaren Anwartschaften ist von der **Zusageart** und dem **Durchführungsweg** abhängig. Aus der Logik des BetrAVG kann sich die Höhe des nicht mehr nehmbaren bAV-Anspruchs bei vorzeitigem Ausscheiden des Arbeitnehmers nur auf die im Unternehmen zurückgelegte und die bis zum Erreichen der Altersgrenze mögliche Dienstzeit beziehen. Man spricht vom sog. **ratierlichen Verfahren** (auch: **m/n-tel-Methode** oder **pro-rata-temporis-Verfahren**).

Unverfallbarer Teilanspruch (T)

$$= \text{Vollanspruch (V)} \times \frac{\text{tatsächliche Dienstzeit (m)}}{\text{mögliche Dienstzeit (n)}}$$

Der unverfallbare Teilanspruch entspricht dem Vollanspruch, der im Verhältnis tatsächlich zurückgelegte Dienstzeit zu möglicher Dienstzeit gekürzt wird. Der **Unverfallbarkeitsquotient** muss nach Tagen oder Monaten erfolgen, nicht nach Jahren.

Ursprünglich war dieses Verfahren der Kern zur Berechnung von unverfallbaren bAV-Anwartschaften. Angewendet wird es immer noch bei allen Leistungszusagen in allen Durchführungswegen. Eine seit Bestehen des BetrAVG gemachte Alternative ist das sog. **versicherungsvertragliche Verfahren**. Nutzbar ist es bei Leistungszusagen der Grundformen Direktversicherung und Pensionskasse.

Auf Verlangen des Arbeitgebers wird dem ausscheidenden Arbeitnehmer die Versicherung „mitgegeben". Der **Arbeitnehmer-Anspruch** wird so auf den gebildeten Zeitwert der Versicherung begrenzt.

Zum Schutz des Arbeitnehmers sind vom Arbeitgeber für dieses Verfahren zahlreiche Voraussetzungen zu erfüllen:

- Der Arbeitgeber muss sich innerhalb von drei Monaten für das Verfahren entscheiden.
- Das Bezugsrecht muss ebenso spätestens drei Monate nach dem Ausscheiden des Arbeitnehmers unwiderruflich gestaltet sein.
- Eventuelle Beitragsrückstände sind auszugleichen.
- Eine bestehende Beleihung, Abtretung oder Verpfändung des Vertrages muss rückgängig gemacht werden.
- Die in der Versicherung anfallenden Überschüsse müssen vollständig zur Erhöhung der Versicherungsleistung verwendet worden sein.
- Der Arbeitnehmer hat das Recht, den Vertrag mit eigenen Beiträgen fortzusetzen.
- Für den übernehmenden Arbeitnehmer besteht ein **Verfügungsverbot**, d. h., er kann den übernommenen Vertrag weder abtreten noch beleihen und auch nicht kündigen. Im Falle einer Kündigung wird der Vertrag beitragsfrei gestellt.

Bei den **beitragsorientierten Leistungszusagen** wird die Höhe der unverfallbaren Anwartschaften nunmehr begrenzt auf die **erreichte Anwartschaft** zum Ausscheidezeitpunkt, die aus den aufgebrachten Arbeitgeber-Beiträgen gebildet wurde.

Die Höhe der unverfallbaren Anwartschaften des Arbeitnehmers bei den **Beitragszusagen** mit Mindestleistung bestimmt sich nach dem vom Arbeitnehmer planmäßig **zuzurechnenden Versorgungskapital** auf der Grundlage der bis zu seinem Ausscheiden geleisteten Beiträge (zuzüglich daraus erzielter Erträge), **mindestens der Summe der bis dahin zugesagten Beiträge** (abzüglich verbrauchter Risikoanteile).

Für Neuzusagen seit dem 01.01.2001, die auf **Gehaltsumwandlungen** basieren, ist die Höhe der unverfallbaren Anwartschaft auf die **erreichte Anwartschaft aus Leistungen aus den** bis zum Ausscheidezeitpunkt **umgewandelten Entgeltbestandteilen** begrenzt. Die Begrenzungsregelung für Beitragszusagen mit Mindestleistungen gilt hier entsprechend. Außer beim ursprünglichen ratierlichen Verfahren entstehen bei allen anderen Berechnungsmethoden für die Höhe der unverfallbaren Anwartschaften **keine Nachfinanzierungsrisiken** mehr für den Arbeitgeber, da lange Vordienstzeiten sich nicht mehr auswirken.

13.2.9.4 Abfindung von unverfallbaren Anwartschaften

Grundsätzlich handelt es sich um eine **Verbotsnorm**, denn die betrieblichen Versorgungsleistungen sollen auch vor allem der Altersversorgung dienen und nicht vorher aufgezehrt werden.

Ausnahmen (für Zusagen seit dem 01.01.1999)

- Geringwertige Anwartschaftshöhen mit unverhältnismäßig hohen Verwaltungs- und Absicherungskosten für den Arbeitgeber können abgefunden werden.

- **Einseitige Abfindung durch Arbeitgeber oder Arbeitnehmer**
  Der Wert der monatlichen Anwartschaft übersteigt 1 % der monatlichen Bezugsgröße in der Sozialversicherung (§ 18 SGB IV) bzw. 120 % bei Kapitalzusagen nicht.

- **Einvernehmliche Abfindung**
  - Hier verdoppeln sich die Werte der einseitigen Abfindungsmöglichkeit.
  - Verwendung des Abfindungsbetrages zur unmittelbaren Nachzahlung in der GRV oder seine Einzahlung in eine Direktversicherung oder Pensionskasse:
  - Die erlaubten Abfindungsbeträge vervierfachen sich.

Mit dem Alterseinkünftegesetz (AltEinkG) wurde der § 3 mit den Abfindungsregelungen des Betriebsrentengesetzes nochmals vollständig neu gestaltet. Danach gilt für Abfindungen von unverfallbaren Anwartschaften und von laufenden Leistungen seit 01.01.2005:

- Wie bisher kann der Arbeitgeber eine Anwartschaft ohne Zustimmung des Arbeitnehmers einseitig abfinden, wenn der Wert der monatlichen Anwartschaft 1 % der monatlichen Bezugsgröße in der Sozialversicherung bzw. 120 % bei Kapitalzahlungen nicht übersteigt. Das gilt auch für Abfindungen von laufenden Leistungen.

- Die Abfindung ist unzulässig, wenn der Arbeitnehmer von seinem Recht der Übertragung der Anwartschaft Gebrauch macht.
- Sind die Beiträge zur gesetzlichen Rentenversicherung erstattet worden, ist die Anwartschaft auf Verlangen des Arbeitnehmers abzufinden.
- Der Teil der Anwartschaft, der während eines Insolvenzverfahrens erdient worden ist, kann ohne Zustimmung des Arbeitnehmers bei vollständiger Betriebseinstellung oder Unternehmensliquidation abgefunden werden.
- Die Abfindung ist immer gesondert auszuweisen und einmalig auszuzahlen. Der Abfindungswert entspricht bei der Direktzusage und der Unterstützungskasse dem Barwert der nach § 2 bemessenen künftigen Versorgungsleistung im Zeitpunkt der Abfindung. Bei der Direktversicherung, der Pensionskasse und dem Pensionsfonds entspricht der Abfindungswert dem gebildeten Kapital zum Zeitpunkt der Abfindung.

13.2.9.5 Übertragung auf andere Versorgungsträger

Grundsätzlich spricht man von einem **Übertragungsverbot**. Der zusagende Arbeitgeber soll seine eingegangenen Verpflichtungen als Schuldner der bAV erfüllen.

Ausnahmen
Diese werden im Interesse des zusagenden Arbeitgebers und berechtigten Arbeitnehmers sowie der Insolvenzsicherung erlaubt. Unverfallbare Anwartschaften können **mit Zustimmung** des ausgeschiedenen Arbeitnehmers übertragen werden auf:

- einen nachfolgenden Arbeitgeber, bei dem der Arbeitnehmer beschäftigt wird,
- eine Pensionskasse,
- einen Lebensversicherer,
- einen öffentlich-rechtlichen Versorgungsträger.

Die Versorgungsverpflichtungen einer Unterstützungskasse können mit Zustimmung des Arbeitnehmers auf oben genannte Versorgungseinrichtungen sowie eine andere Unterstützungskasse übertragen werden.

Übertragungen **ohne Zustimmung** des Arbeitnehmers sind bei Betriebseinstellungen mit Unternehmensliquidationen möglich für unverfallbare Anwartschaften und laufende Versorgungsleistungen von einer Unterstützungskasse oder einem Pensionsfonds auf eine Pensionskasse oder einen Lebensversicherer. Alle Überschüsse müssen zur Leistungserhöhung verwendet worden sein.

Für gehaltsumgewandelte Neuzusagen gilt seit dem 01.01.2001:
Erhält der Arbeitnehmer von seinem neuen Arbeitgeber eine wertgleiche Zusage, kann der Arbeitnehmer von seinem bisherigen Arbeitgeber die volle Übertragung des Barwertes seiner unverfallbaren Anwartschaft auf den neuen Arbeitgeber/dessen Träger verlangen. In der Neufassung des § 4 BetrAVG, gültig seit 01.01.2005, geht es wie bereits geschildert, um die Erhöhung der „Portabilität“ von bAV, um den Anforderungen der modernen Arbeitswelt gerecht werden zu können.

Unverfallbare Anwartschaften und laufende Leistungen dürfen nur unter folgenden Voraussetzungen übertragen werden:
Die Zusage kann im Einvernehmen zwischen altem und neuem Arbeitgeber sowie dem Arbeitnehmer vom neuen Arbeitgeber übernommen werden oder es wird wieder im Einvernehmen der Beteiligten der Übertragungswert (entspricht der Höhe der unverfallbaren Anwartschaft) auf den neuen Arbeitgeber übertragen, wenn Letzterer eine neue wertgleiche Zusage erteilt. Darüber hinaus kann der Arbeitnehmer innerhalb eines Jahres nach Beendigung des Arbeitsverhältnisses von seinem ehemaligen Arbeitgeber verlangen, dass der Übertragungswert auf den neuen Arbeitgeber übertragen wird, wenn die bAV über einen Pensionsfonds, eine Pensionskasse oder eine Direktversicherung durchgeführt wird und zugleich der Übertragungswert die Beitragsbemessungsgrenze in der gesetzlichen Rentenversicherung nicht übersteigt. Zukünftig besitzt also der Arbeitnehmer auch gegen den Willen der Arbeitgeber ein **Übertragungsrecht**.

Der Anspruch des Arbeitnehmers auf Übertragung richtet sich bei versicherungsmäßigen Durchführungswegen direkt gegen den Versorgungsträger. Das gilt auch, wenn der Arbeitnehmer die Versicherung oder Versorgung mit eigenen Beiträgen fortgeführt hatte. Dabei ist der neue Arbeitgeber verpflichtet, eine dem Übertragungswert wertgleiche Zusage über einen Pensionsfonds, eine Pensionskasse oder eine Direktversicherung zu erteilen. Der Übertragungswert ist identisch mit dem Abfindungswert.

Alles Gesagte gilt auch für Entgeltumwandlungen.

Wird die Betriebstätigkeit eingestellt und das Unternehmen liquidiert, kann eine Zusage von einer Pensionskasse oder einem Lebensversicherer ohne Zustimmung des Arbeitnehmers übernommen werden, wenn die Überschüsse ausschließlich zur Leistungserhöhung verwendet werden. Nach dem neuen § 4a BetrAVG besitzt der Arbeitnehmer zukünftig einen Auskunftsanspruch zur Höhe der erreichten unverfallbaren Anwartschaften sowie zur Höhe des Übertragungswertes bei Arbeitsplatzwechsel gegen den Arbeitgeber oder Versorgungsträger bzw. gegen den neuen Arbeitgeber zur Höhe des bAV-Anspruches bei ihm unter Anrechnung des Übertragungswertes.

13.2.9.6 Auszehrungsverbot

Diese Regelung bezieht sich ausschließlich auf **Gesamtversorgungssysteme**.

Erstmalig festgesetzte betriebliche Versorgungsleistungen dürfen nicht durch die Berücksichtigung der Erhöhungen der anderen Bestandteile der Gesamtversorgung (in der Regel GRV) **gekürzt** oder **ausgezehrt** werden. Die **erste Betriebsrente** nach Eintritt des Versorgungsfalles wird so zu einer **Mindestrente**.

13.2.9.7 Anrechnungsbegrenzung

Hierbei wird die Anrechnung anderer Versorgungsbezüge bei der erstmaligen Festlegung der Betriebsrente geregelt. Die bAV-Leistungen sollen nicht willkürlich durch die Anrechnung anderer Versorgungsbezüge gekürzt werden.

Nicht anrechenbar sind:

- Betriebsrentenansprüche bei anderen früheren Arbeitgebern des Arbeitnehmers,
- Versorgungen allein aus Eigenbeiträgen des Arbeitnehmers.

Anrechenbar sind:

- Leistungen aus Pflichtbeiträgen zur GRV,
- Beamtenversorgungsbezüge,
- Nebenverdienste,
- Einkünfte aus selbstständiger und nicht selbstständiger Tätigkeit,
- Beiträge des Rentners zur gesetzlichen Krankenversicherung.

13.2.9.8 Vorzeitige Altersleistung

Der Rentner soll zugleich mit der gesetzlichen auch die **Betriebsrente vorziehen** können. Bezieht ein Arbeitnehmer im Rahmen der flexiblen Altersgrenze vor Vollendung des 65. Lebensjahres eine Vollrente aus der GRV, stehen ihm auch Altersleistungen aus der bAV zu.

Folgende Voraussetzungen sind dabei durch den Arbeitnehmer zu erfüllen:

- Der Arbeitnehmer verlangt vom Arbeitgeber durch Vorlage des gesetzlichen Rentenbescheides die vorzeitige Zahlung auch der Betriebsrente,
- das Arbeitsverhältnis wurde wirklich beendet,
- der Arbeitnehmer erfüllt alle vertraglichen Leistungsbedingungen aus seiner bAV-Zusage (insbesondere Wartezeiten).

Die Anwartschaften auf bAV-Leistungen müssen zum Ausscheidezeitpunkt noch nicht unverfallbar gewesen sein.

13.2.9.9 Insolvenzsicherung

Die Insolvenzsicherung gewährleistet die **Sicherung von Betriebsrentenansprüchen, auch für den Fall der Zahlungsunfähigkeit des Arbeitgebers**. Sie bildet das Fundament der bAV in Deutschland. Auch betriebliche Versorgungsansprüche müssen zuerst sicher sein.

Träger
Alleiniger Träger ist der **Pensions-Sicherungs-Verein auf Gegenseitigkeit** (PSV) mit Sitz in Köln.

Alle Unternehmen, die gesetzlich insolvenzzuschützende Verpflichtungen gegenüber ihren Arbeitnehmern besitzen, werden Zwangsmitglieder des Vereins. Dabei besteht zwischen dem PSV und dem Arbeitgeber kraft Gesetzes ein **Versicherungsverhältnis**; der Arbeitnehmer ist versicherte Person.

Insolvenzgeschützte Versorgungsformen
Zurzeit sind nur solche Grundformen zu schützen, bei denen durch die Insolvenz des Arbeitgebers auch die **Gefahr des Untergangs von bAV** besteht. Geschützt werden generell laufende Leistungen und unverfallbare Anwartschaften

- aus Direktzusagen,
- aus Pensionsfonds,
- durch Unterstützungskassen (kein Rechtsanspruch, auch rückgedeckte Unterstützungskassen),
- aus beliehenen, abgetretenen, verpfändeten Direktversicherungen.

Lediglich die Pensionskassen sind vom Insolvenzschutz ausgenommen, da das Kassenvermögen unabhängig vom Vermögen des zusagenden Unternehmens besteht und der staatlichen Versicherungsaufsicht unterliegt.

Geschützter Personenkreis
Geschützt werden alle Zusagen an Arbeitnehmer im weiteren Sinne. Hingegen fallen bAV-Zusagen an mindestens sozialversicherungsrechtlich beherrschende Gesellschafter-Geschäftsführer einer GmbH nicht unter den Insolvenzschutz des BetrAVG.

Sicherungsfälle
Allgemein ist der Sicherungsfall mit der Eröffnung des Insolvenzverfahrens gegeben. Gleichstellung besteht mit folgenden Fällen:

- Abweisung des Antrages auf Eröffnung des Insolvenzverfahrens mangels Masse,
- außergerichtlicher Vergleich des Arbeitgebers mit seinen Gläubigern zur Abwendung des Insolvenzverfahrens mit Zustimmung des PSV,
- vollständige Einstellung der Betriebstätigkeit in Deutschland, wenn ein Insolvenzverfahrensantrag nicht gestellt wurde oder mangels Masse nicht in Betracht kommt.

Die Unternehmensliquidation außerhalb der Insolvenz ist **kein** Sicherungsfall, ebenso wenig „wirtschaftliche Notlage“ ohne Beantragung des Insolvenzverfahrens.

Höhe der PSV-Leistungspflicht
Der PSV übernimmt die laufenden Leistungen für Versorgungsempfänger in **voller Höhe**. Die unverfallbaren Anwartschaften werden in gesetzlicher Höhe, also je nach dem Berechnungsverfahren zur Ermittlung der Höhe der unverfallbaren Anwartschaften, in den Insolvenzschutz einbezogen.

Den PSV trifft die gesetzliche Anpassungspflicht für laufende Leistungen nicht. Auf die Zahlungen des PSV sind Teilleistungen des Arbeitgebers oder des Trägers der Versorgung anzurechnen.

Sicherungshöchstgrenze ist das Dreifache der jeweiligen monatlichen Bezugsgröße in der GRV gemäß § 18 SGB IV.

Übertragung der PSV-Leistungspflicht und Abfindung
Der PSV hat mit der Abwicklung und Auszahlung der von ihm übernommenen laufenden Betriebsrenten ein **Konsortium der Lebensversicherer** beauftragt. Nach versicherungsmathematischen Regeln zahlt der PSV für jeden einzelnen Sicherungsfall einen **Einmalbeitrag** an das Konsortium, das dann die Renten an den Betriebsrentner zahlt. Durch den PSV können unverfallbare Anwartschaften in gesetzlich möglicher Höhe ausdrücklich ohne Arbeitnehmer-Zustimmung abgefunden werden.

Mitteilungspflicht und Forderungsübergang
Der PSV hat den berechtigten Arbeitnehmer schriftlich über den Umfang seiner Versorgungsansprüche zu informieren. Solange der PSV die betrieblichen Versorgungsverpflichtungen eines Arbeitgebers erbringt, erlangt er Zugriff auf verwertbare Forderungsrechte dieses Arbeitgebers durch **gesetzlichen Forderungsübergang**. Der PSV nimmt als Gläubiger am Insolvenzverfahren teil.

Beitragspflicht
Die Finanzierung der Insolvenzsicherung erfolgt durch die **gesetzliche Pflichtversicherung**. Bei allen Arbeitgebern entsteht eine **öffentlich-rechtliche Beitragspflicht**, wenn sie ihren Arbeitnehmern gegenüber vor Insolvenz zu schützende bAV zu vertreten haben. Die Höhe des Beitragssatzes wird jährlich neu festgesetzt und spiegelt die vergangene Schadenquote wider.

Der Sicherungsbeitrag wird von allen verpflichteten Arbeitgebern im **Kapitalumlageverfahren** erhoben. Die Beitragsbescheide des PSV sind Verwaltungsakte, aus denen der Verein zwangsvollstrecken kann.

Die Eintrittspflicht des PSV bleibt gegenüber dem Arbeitnehmer auch dann bestehen, wenn der Arbeitgeber rechtswidrig keine Beiträge entrichtet hatte.

Auskunftspflichten
In der Praxis informiert der Arbeitgeber erstmals den PSV bei Entstehung von laufenden Zahlungsverpflichtungen bzw. gesetzlich unverfallbaren Anwartschaften. Informationsgeber sind auch die Versorgungsberechtigten selbst. Der Arbeitgeber hat bis zum 30.09. die Beitragsbemessungsgrundlage zu berechnen und an den PSV aufzugeben.

13.2.9.10 Anpassungsprüfungspflichten

Ziel dieser Regelung:
Der **inflationsbedingte Verfall** (nur) einer laufenden bAV-Leistung soll aufgehalten werden. Der Arbeitgeber hat zunächst nur eine Überprüfungspflicht zur Anpassung (mindestens alle drei Jahre). Diese trifft ihn auch dann direkt, wenn er einen externen Träger mit der Durchführung der bAV beauftragt hatte.

Prüfkriterien sind:

- die gestiegenen Lebenshaltungskosten gemessen am Preisindex für einen Vier-Personen-Arbeitnehmer-Haushalt mittleren Einkommens,
- der Kaufkraftschwund,
- die wirtschaftliche Lage des Arbeitgebers.

Für unterlassene Anpassungen wegen wirtschaftlicher Gefährdung des Unternehmens besteht eine **Nachholungspflicht**.

Seit dem 01.01.1999 gilt erleichternd:
Bei zu Recht unterlassenen Anpassungen besteht dann keine Nachholungspflicht mehr, wenn der Arbeitgeber dem ehemaligen Arbeitnehmer die wirtschaftliche Lage des Unternehmens schriftlich darlegt und ihn zugleich über sein dreimonatiges Widerspruchsrecht belehrt.

Entfall der Anpassungsprüfungspflicht:
Für Zusagen seit dem 01.01.1999 entfällt die Pflicht ganz, wenn sich der Arbeitnehmer zu einer Mindestanpassung von 1 %, bezogen auf den jeweils aktuellen Stand der Betriebsrente, verpflichtet.

Bei **Neuzusagen** (seit dem 01.01.2001) aus Gehaltsumwandlungen muss der Arbeitgeber die laufenden Leistungen jährlich mindestens um 1 % anpassen; somit entfällt auch hier die Anpassungsprüfungspflicht. Ausgenommen bleiben davon Direktversicherungen gegen Entgeltumwandlung.

Befreiung von der Anpassungsprüfungspflicht:
Laufende Leistungen aus Direktversicherungen oder Pensionskassen sind von der Pflicht befreit, wenn ab Rentenbeginn sämtliche Überschüsse zur Leistungserhöhung verwendet werden.

Beitragszusagen mit Mindestleistung unterliegen ebenfalls nicht der Anpassungspflicht.

13.2.9.11 Tarifdispositives Recht und Tariföffnungsklausel

Im Rahmen der **Tarifautonomie** kann von den §§ 2 bis 5, 16, 27 und 28 des BetrAVG **abgewichen** werden.

Unabdingbar bleiben die Unverfallbarkeit dem Grunde nach, die flexible Altersgrenze, die Insolvenzsicherung. Abweichungen sind z. B. möglich vom gesetzlichen Abfindungsverbot. Der **Grundsatz von Treu und Glauben** ist strikt einzuhalten.

Tarifliches Entgelt kann seit dem 29.06.2001 erst mit einer **Tariföffnungsklausel** erfolgen. Zulässig sind auch obligatorische Entgeltumwandlungen, die tariflich vereinbart werden.

13.3 Direktversicherung

13.3.1 Begriff der Direktversicherung

Die Direktversicherung ist die einfachste Form der mittelbaren Versorgungszusagen.

Der Arbeitgeber schließt als VN auf das Leben seines Arbeitnehmers als versicherte Person eine Lebens- oder Rentenversicherung ab, aus der dann der Arbeitnehmer bzw. seine Hinterbliebenen ganz oder teilweise bezugsberechtigt sind.

Für eine Direktversicherung gegen laufenden oder Einmalbeitrag sind tariflich zulässig:

- Kapitallebensversicherungen,
- Rentenversicherungen,
- Risikolebensversicherungen,
- fondsgebundene Lebensversicherungen und Rentenversicherungen (mit Beitragserhaltungsgarantie),
- selbstständige Erwerbs-/Berufsunfähigkeitsversicherungen,
- Dread-Disease-Policen,
- Unfallversicherungen mit Prämienrückgewähr.

Am häufigsten werden Direktversicherungen über Gruppen- oder Kollektivlebensversicherungsverträge abgeschlossen.

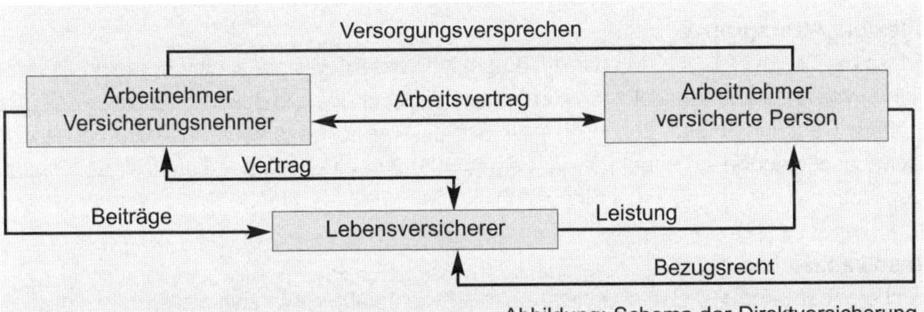

Abbildung: Schema der Direktversicherung

13.3.2 Formen der Direktversicherung („echte" und „unechte" Direktversicherung)

Diese Unterscheidung bezieht sich auf arbeitgeber- oder arbeitnehmerfinanzierte Direktversicherungen. Bei beiden liegen die **Gestaltungsrechte beim Arbeitgeber**. Bei der Gehaltsumwandlungs-Direktversicherung ist allerdings das Bezugsrecht von Beginn an **uneingeschränkt unwiderruflich** gestaltet (gesetzliche Unverfallbarkeit). Vereinbarungen über Barlohnumwandlungen sind empfehlenswert.

Abfindungs-Direktversicherung:
Aus Anlass des Ausscheidens eines Arbeitnehmers wird eine Direktversicherung abgeschlossen. Dabei gibt es keine zeitliche Begrenzung zwischen Ausscheidezeitpunkt und Abschluss der Versicherung.

13.3.3 Arbeitsrechtliche Aspekte der Direktversicherung

Unverfallbarkeit
Siehe hierzu Kapitel 13.2.9 Wichtige arbeitsrechtliche Bestimmungen.

Abfindung
Der Arbeitgeber kündigt den Direktversicherungsvertrag und reicht den ausgezahlten Rückkaufswert an den Arbeitnehmer weiter. War das Bezugsrecht bereits unwiderruflich, ist die Zustimmung der Begünstigten notwendig. Steuerlich ist das für den Arbeitgeber ein durchlaufender Posten, der Arbeitnehmer muss ggf. Abgeltungsteuer zahlen.

Übertragung
Die Übertragung geschieht durch VN-Wechsel vom alten zum neuen Arbeitgeber. Unverfallbare Anwartschaften bleiben so erhalten, neue können sich beim neuen Arbeitgeber aufbauen. Für Direktversicherungen nach Kollektivtarifen – und seit 2003 auch nach Einzeltarifen – haben die Lebensversicherer ein Abkommen zur Übertragung von Direktversicherungen geschlossen, damit auch Deckungskapitalübertragungen zwischen verschiedenen Versicherern möglich sind.

Flexible Altersgrenze
Muss die Direktversicherung vorzeitig aufgelöst werden, weil der Arbeitnehmer in gesetzlichen Vorruhestand tritt, zahlen die Lebensversicherer anstelle des Rückkaufswertes das höhere Deckungskapital zuzüglich aller Schlussüberschussanteile aus, vorausgesetzt, der ausscheidende Arbeitnehmer ist bereits 60 Jahre alt und die Restlaufzeit der Direktversicherung beträgt maximal fünf Jahre.

Insolvenzsicherung
Sicherungspflicht und Beitragspflicht beim PSV entsteht nur in zwei Fällen:

1. Das Bezugsrecht für die Direktversicherung mit unverfallbaren Anwartschaften ist noch widerruflich gestaltet.
2. Das Bezugsrecht ist zwar unwiderruflich, der Vertrag ist aber noch beliehen oder abgetreten.

Beitragsbemessungsgrundlage ist dann das Deckungskapital des unverfallbaren Teilanspruchs.

Anpassung
Verrentet der ehemalige Arbeitnehmer eine Kapitalauszahlung aus einer Direktversicherung nachträglich, unterliegt diese nicht der Anpassungsprüfungspflicht.

13.3.4 Steuerliche Behandlung der Direktversicherung

Steuerliche Auswirkungen der Direktversicherung beim Arbeitgeber
Die **Beiträge** sind **für den Arbeitgeber** immer Betriebsausgabe, wie andere Lohn- und Lohnnebenkosten auch, und damit im Rahmen der einkommensteuerlichen bzw. körperschaftsteuerlichen und gewerbesteuerlichen Behandlung **voll abzugsfähig**. Sofern der Arbeitgeber ebenfalls die pauschale Lohn- und Kirchensteuer für den Arbeitnehmer zahlt, ist dies ebenso ein betrieblich veranlasster Aufwand. Direktversicherungsansprüche werden in der Steuerbilanz des Arbeitgebers **nicht aktiviert**, da sie kein Betriebsvermögen des Unternehmens sind. Erst bei gespaltenem Bezugsrecht (z. B. Arbeitgeber ist teilweise bezugsberechtigt für die Überschüsse) muss der Anspruch des Arbeitgebers aktiviert werden.

Die **Auszahlung** von Rückkaufswerten nach Kündigung von Direktversicherungen mit **verfallbaren Anwartschaften** an den Arbeitgeber stellt für ihn natürlich eine Betriebseinnahme (außerordentlicher Ertrag) dar, die den steuerpflichtigen Gewinn erhöht. Vom Arbeitgeber beliehene und abgetretene Direktversicherungsansprüche sind dann nicht zu aktivieren, wenn der Arbeitgeber gegenüber seinem Arbeitnehmer eine Sicherheitserklärung abgibt.

Die **Versicherungsleistungen** fließen direkt an den Arbeitnehmer bzw. an dessen Hinterbliebene und spielen steuerlich für den Arbeitgeber keine Rolle. Eventuelle **PSV-Beiträge** stellen in allen Grundformen **Betriebsausgaben** dar.

Steuerliche Auswirkungen der Direktversicherung beim Arbeitnehmer
Der Beitragsaufwand zur Direktversicherung stellt für den versorgungsberechtigten Arbeitnehmer grundsätzlich steuerpflichtiges Einkommen bzw. einen geldwerten Vorteil dar. Dies gilt jedoch nur noch für solche Verträge, die bis zum 31.12.2004 abgeschlossen wurden.

Die fälligen Versicherungsleistungen aus einer Direktversicherung werden steuerlich beim Arbeitnehmer wie private Lebens- und Rentenversicherungen behandelt (gilt nur noch für Altverträge vor 2005, die steuerfreie Auszahlung von Kapitalleistungen entfällt für Neuverträge). Ausnahme bilden „riestergeförderte" Beiträge zur Direktversicherung (volle Versteuerung, aber abzugsfähig als zusätzliche Sonderausgaben und volle Beitragspflicht in der Sozialversicherung). Derartige Renten sind voll und „nachgelagert" zu versteuern. Abfindungen nach BetrAVG unterliegen nicht der Lohnsteuer; die vorausgegangene Pauschalierung bleibt unberührt.

Verfahren der Lohnsteuerpauschalierung (nach § 40b EStG)
Dieses Verfahren gilt nur für Direktversicherungen, die vor dem 01.01.2005 abgeschlossen wurden. Bei Renten-Direktversicherungen musste der Arbeitnehmer ausdrücklich auf die Steuerfreiheit der Beiträge nach § 3 Nr. 63 EStG durch Erklärung gegenüber seinem Arbeitgeber bis zum 30.06.2005 verzichten.

Unter bestimmten Bedingungen sind die Beiträge zur Direktversicherung beim Arbeitnehmer nicht individuell, sondern nur pauschal zu versteuern. Der Steuersatz dafür beträgt zurzeit 20 % der Beiträge zuzüglich pauschaler Kirchensteuer und Solidaritätszuschlag.

Bedingungen für die Anwendung des Lohnsteuerpauschalierungsverfahrens

- Es muss ein erstes steuerpflichtiges Arbeitseinkommen vorliegen.
- Die Direktversicherung muss mindestens auf das vollendete 59. Lebensjahr des Arbeitnehmers abgeschlossen sein.
- Jede wirtschaftliche Verwertung durch den Arbeitnehmer vor seinem 60. Lebensjahr ist ausgeschlossen.
- Der Vertrag besitzt eine Mindestlaufzeit von fünf Jahren.
- Dem Vertrag muss das für Lebensversicherungen typische Todesfall- oder Rentenrisiko innewohnen.

Die Lohnsteuerpauschalierung ist nicht für beliebig hohe Beitragszahlungen möglich. Der Gesetzgeber hat die maximal pauschalierungsfähigen Beiträge auf **1.752 EUR** pro Kalenderjahr bzw. **146 EUR** pro Monat **begrenzt**.

Besonderheit der Durchschnittsbildung

Werden zugleich mehrere Arbeitnehmer mit einer Direktversicherung bedacht (entweder in einem Gruppenvertrag oder über Einzelverträge, die über einen Rahmenvertrag miteinander verbunden sind), erhöht sich der pauschalierungsfähige Beitrag für einzelne Arbeitnehmer auf maximal **2.148 EUR**, wenn wiederum der Durchschnittsaufwand pro versichertem Arbeitnehmer 1.752 EUR nicht übersteigt. Mitarbeiter mit Beiträgen, die höher sind als 2.148 EUR, scheiden aus der Durchschnittsbildung aus.

Vervielfältigungsregel

Angewendet wird diese Regel auf Direktversicherungen, die einem Arbeitnehmer anlässlich seines Ausscheidens zugesagt werden. Die Beiträge zu derartigen Direktversicherungen sind ebenso lohnsteuer-pauschalierungsfähig. Die Regelung kann frühestens drei Monate vor dem Ausscheiden in Anspruch genommen werden.

Die Regel besagt, dass sich die **pauschalierungsfähigen Beiträge** von maximal 1.752 EUR, die ein Arbeitgeber bei Beendigung des Dienstverhältnisses für einen Arbeitnehmer aufbringt, mit der Anzahl der Kalenderjahre **vervielfältigen**, in denen das Beschäftigungsverhältnis zum Arbeitgeber bestanden hat. Wurden vom Arbeitgeber bereits pauschalierte Beiträge für eine Direktversicherung erbracht, vermindert sich der vervielfältigte Beitrag um die pauschalierten Beiträge der maximal letzten sieben Jahre. Damit können vor allem versäumte Altersversorgungsmaßnahmen nachgeholt werden.

Änderungen durch das Alterseinkünftegesetz (AltEinkG) zum 01.01.2005

Nach § 3 Nr. 63 EStG (wie diejenigen zu Pensionskasse und Pensionsfonds) werden die Beiträge für eine Direktversicherung künftig **steuerfrei gestellt**. Für Direktversicherungen wie für Pensionskassen und Pensionsfonds sind dann grundsätzlich nur noch lebenslange Rentenzahlungen möglich bzw. zu Rentenbeginn steuerpflichtige Teilkapitalauszahlungen von bis zu 30 %. Die Förderung nach § 3 Nr. 63 EStG (Steuerfreiheit der Beiträge bis zu maximal 4 % der BBG in der GRV, in 2011: 2.640 EUR) wird **zusätzlich** um einen Festbetrag von 1.800 EUR erhöht.

Auch für zukünftige Direktversicherungen gilt der **eingeschränkte Hinterbliebenenbegriff**, eine freie Bezugsrechtswahl für Hinterbliebene ist nicht mehr möglich.

13.3.5 Sozialversicherungsrechtliche Behandlung der Direktversicherung

Pauschal besteuerte Direktversicherungsbeiträge nach § 40b EStG sind dann sozialabgabenbefreit, wenn die Beiträge

- vom Arbeitgeber zusätzlich zum sonstigen Arbeitslohn oder
- vom Arbeitnehmer im Rahmen einer Entgeltumwandlung aus Sonderzahlungen (z. B. einem 13. Monatsgehalt oder einer Prämie)

aufgebracht werden.

Direktversicherungsbeiträge nach § 3 Nr. 63 EStG sind sozialabgabenbefreit, wenn die Beiträge

- vom Arbeitgeber zusätzlich zum sonstigen Arbeitslohn oder
- vom Arbeitnehmer im Wege der Entgeltumwandlung

gezahlt werden.

Bei den Direktversicherungen, deren Beiträge durch Entgeltumwandlung vom Arbeitnehmer aufgebracht werden, greift die Sozialabgabenbefreiung sowohl für die Direktversicherung nach § 40b EStG als auch für die nach § 3 Nr. 63 EStG auch über den 31.12.2008 hinaus (s. o.).

Nach dem Gesetz zur Modernisierung der GKV vom 17.10.2003 mit Inkrafttreten am 01.01.2004 gelten für alle Durchführungswege folgende Regelungen zur **Beitragspflicht von bAV-Leistungen in der gesetzlichen Kranken- und Pflegeversicherung**:

Für laufende Leistungen und Kapitalzahlungen aus bAV gilt nun der **volle allgemeine Beitragssatz** der GKV (vorher: der halbe Satz), wenn die Monatsrente im Jahre 2004 mehr als 126 EUR (1/20 der monatlichen Bezugsgröße West) beträgt. Kapitalzahlungen werden für maximal zehn Jahre monatlich mit 1/120 des Auszahlungsbetrages bei der Beitragsberechnung in Ansatz gebracht.

13.4 Pensionskasse

13.4.1 Begriff und Formen der Pensionskasse

Auch die Pensionskassen sind rechtsfähige Versorgungseinrichtungen – letztlich sind sie kleine Lebensversicherungsvereine. Sie gewähren dem Arbeitnehmer und seinen Hinterbliebenen im Gegensatz zur Unterstützungskasse einen Rechtsanspruch auf die zugesagten Leistungen. Die Versorgung erfolgt über eine **Lebensversicherung** bei der Pensionskasse, die auf das Leben des Arbeitnehmers abgeschlossen ist.

Da Pensionskassen einen Rechtsanspruch auf die Leistungen gewähren, ist für sie von vornherein die **staatliche Versicherungsaufsicht** (§ 1 VAG) zuständig. Das Vermögen der Pensionskasse unterliegt damit strengen Anforderungen, es muss mündelsicher im Sinne des BGB (§§ 1806, 1807) angelegt werden.

Je nach Trägerunternehmen werden **drei Arten von Pensionskassen** unterschieden:

- Betriebs- oder Firmenpensionskassen (Unternehmenspensionskassen) zur Versorgung der Belegschaft eines einzelnen Unternehmens,
- Konzernpensionskassen zur Versorgung der Arbeitnehmer aller Unternehmen eines Konzerns,
- Gruppenpensionskassen zur Versorgung von Arbeitnehmern verschiedener, unabhängiger Unternehmen meist einer gemeinsamen Branche.

Charakteristisch ist die vollständige oder teilweise Eigenbeteiligung der Arbeitnehmer an den Beiträgen der Lebensversicherungen. Ab 2002 trat mit der Riester-Reform auch hier der Rechtsanspruch auf Gehaltsumwandlung mit sofortiger gesetzlicher Unverfallbarkeit der Anwartschaften hinzu.

Die Pensionskassen leisten differenzierte Alters-, Hinterbliebenen- sowie Berufs- und Erwerbsunfähigkeitsrenten an die berechtigten Arbeitnehmer und ihre Angehörigen.

Der Arbeitnehmer ist in der Pensionskasse zugleich Versicherungsnehmer und versicherte Person. Deswegen ist er von Beginn an unwiderruflich bezugsberechtigt; der Arbeitgeber hat gar keine rechtliche Möglichkeit, das Bezugsrecht als Nicht-Versicherungsnehmer zu gestalten. Satzungsgemäß kann lediglich vereinbart sein, dass beim Ausscheiden von der Unverfallbarkeit die Versicherung enden soll; die Arbeitnehmerbeiträge werden zurückgezahlt.

Rechtsverhältnisse

Pensionskassen sind privatrechtlich oder öffentlich-rechtlich organisiert. Im öffentlichen Dienst handelt es sich um Zusatzversorgungseinrichtungen des Versorgungstarifs Bund – Länder (Anstalten des öffentlichen Rechts).

Privatrechtliche Pensionskassen erscheinen meist in der Rechtsform des **kleinen Versicherungsvereins auf Gegenseitigkeit**, die neueren in der Form der AG. Es gibt nur wenige große Pensionskassen.

Die verschiedenen Rechtsverhältnisse im Einzelnen sind:

- **Arbeitgeber und Pensionskasse**
  Der Arbeitgeber ist Träger der Pensionskasse, sein Verhältnis zur Kasse ist in deren Satzung bestimmt. Die Pensionskasse erfüllt für ihn die zugesagten Versorgungsverpflichtungen gegenüber dem Arbeitnehmer. Er kann selbst Mitglied der Kasse werden mit entsprechenden Rechten und Pflichten. Als Mitglied trägt er besondere Beitragsverpflichtungen, deren Höhe festgelegt wird. Der Arbeitgeber kann auch selbst Versicherungsnehmer werden, der Arbeitnehmer bleibt versicherte Person und Bezugsberechtigter. Die Versicherung bleibt aber für den Arbeitgeber nicht beleihbar und kann nicht abgetreten werden.

- **Pensionskasse und Arbeitnehmer**
  Da es sich bei der Pensionskasse um einen genossenschaftlichen Verein handelt, besteht zwischen der Pensionskasse und dem Arbeitnehmer ein Doppelverhältnis, und zwar ein Mitgliedschafts- und Versicherungsverhältnis. Das Mitgliedschaftsverhältnis regelt die Satzung der Kasse. Sie bestimmt z. B. den Kreis der versicherungsfähigen Mitarbeitergruppen nach genauen, objektiven Kriterien. Es kann auch vereinbart werden, dass ein Arbeitnehmer nach dem Ausscheiden sogar mit verfallbaren Anwartschaften freiwilliges Mitglied der Kasse bleiben darf. Der ehemalige Arbeitnehmer kann dann das Versicherungsverhältnis nach Erfüllung der in der Satzung festgelegten Voraussetzungen fortführen. Das Mitgliedschaftsverhältnis des Arbeitnehmers zur Pensionskasse ist sehr viel stärker ausgeprägt und für die ganze Konstruktion von größerer Bedeutung als z. B. die Mitgliedschaft bei einem privaten Lebensversicherungsverein a. G., die durch den Lebensversicherungsvertrag entsteht. Die **Mitgliedschaft wirkt** bei der Pensionskasse **gestaltend**. Das Versicherungsverhältnis wird durch den Geschäftsplan der Pensionskasse bestimmt. In dem Versicherungsvertrag sind darüber hinaus der Zweck der Kasse, die Einrichtung der Kasse, der Geschäftsbezirk, die Satzung, die Allgemeinen Versicherungsbedingungen und die fachlichen Geschäftsunterlagen zu finden.

- **Arbeitgeber und Arbeitnehmer**
  Zwischen dem Arbeitgeber und dem Arbeitnehmer bleibt es bei der dominierenden arbeitsrechtlichen Versorgungsverpflichtung des Arbeitgebers gegenüber seinem Arbeitnehmer. Der Arbeitgeber verpflichtet sich, den Arbeitnehmer bei der Pensionskasse anzumelden und auch, falls vorgesehen in der Satzung, anteilig Beiträge für das Versicherungsverhältnis des Arbeitnehmers der Pensionskasse zuzuwenden.

Er bleibt dem Arbeitnehmer haftbar, wenn die Versorgung durch sein schuldhaftes Handeln geschmälert wird oder von der Kasse nicht erbracht werden kann.

Der Arbeitnehmer kann dann gegen den Arbeitgeber im Rahmen des Betriebsrentengesetzes Schadenersatz geltend machen.

Finanzierungsmöglichkeiten
Bei den Pensionskassen wird das Anwartschaftsdeckungsverfahren angewendet. Die Versorgung wird über die gesamte Laufzeit sukzessive versicherungsmathematisch angespart und aufgebaut.

Der Arbeitgeber kann Finanzierungsbeiträge leisten, die Beiträge fließen aus dem Trägerunternehmen ab und vermindern Vermögen und Liquidität. Andererseits trägt jetzt die Pensionskasse vor allem die unwägbaren vorzeitigen Risiken. Auch in dieser Form der bAV wird der Arbeitgeber von den unternehmensfremden biometrischen Risiken der zugesagten betrieblichen Versorgung freigestellt. Abtretung und Beleihung sind wie bei der Direktversicherung nicht möglich.

Da die Arbeitnehmer Versicherungsnehmer sind, erbringen sie die Beiträge für die Versicherung ganz oder teilweise durch Gehaltsumwandlung. Aufgrund der mündelsicheren Anlagen und deren strenger aufsichtsrechtlicher Kontrolle ist ein besonderer Insolvenzschutz durch das Betriebsrentengesetz nicht notwendig.

13.4.2 Steuerliche Behandlung der Pensionskasse

Steuerliche Behandlung beim Arbeitgeber
Zuwendungen des Arbeitgebers an die Pensionskasse sind abzugsfähige Betriebsausgaben, wenn sie aus den Verpflichtungen des Trägerunternehmens gegenüber der Kasse zur Zahlung der betrieblichen Versorgungen an die Arbeitnehmer resultieren. Derartige Zuwendungen entstehen aus den Verpflichtungen, die die Satzung der Pensionskasse oder der Geschäftsplan der Kasse dem Trägerunternehmen auferlegt. Auch aufsichtsbehördliche Auflagen zu Zahlungen an die Pensionskasse führen zu abzugsfähigen Betriebsausgaben beim Arbeitgeber. Einmalbeiträge sind erlaubt.

Die Zahlungen führen beim Arbeitgeber natürlich zu größeren Liquiditätsabflüssen und können auch nicht wie bei der Unterstützungskasse als verzinsliches Darlehn zumindest teilweise zurückgehen. Die Pensionskasse ist aber im Rahmen der Versicherungsaufsicht und der mündelsicheren Vermögensanlage vollständig insolvenzsicher. Eine zusätzliche Absicherung der vorzeitigen Risiken durch Rückdeckungsversicherungen erscheint daher überflüssig.

Steuerliche Behandlung beim Arbeitnehmer
Die satzungs- und geschäftsplanmäßigen **Zuwendungen** des Arbeitgebers (auch durch Entgeltumwandlung) an eine Pensionskasse sind Arbeitslohn des Arbeitnehmers. Diese Beiträge zur Pensionskasse können nun beim Arbeitnehmer auf drei Arten steuerlich gefördert werden:

- Nach § 3 Nr. 63 EStG sind diese Aufwendungen bis maximal 4 % der BBG (West) der GRV steuerfrei. Für Zusagen ab 01.01.2005 kommt noch ein Festbetrag von bis zu 1.800 EUR dazu.
- Die Lohnsteuerpauschalierung nach § 40b EStG (siehe Kapitel 13.3 Direktversicherung) gilt nur noch für Altzusagen und konnte erst bei Ausschöpfung der obigen Werte in Anspruch genommen werden. Insofern bestand keine Wahlmöglichkeit.
- Förderung nach § 10a EStG (Riester-Förderung): Zunächst sind die Beiträge voll zu versteuern und werden durch das Zulagen- und Sonderausgabensystem nachträglich begünstigt.

Je nachdem, wie die Aufwendungen steuerlich behandelt wurden, werden auch die **Leistungen** der Pensionskasse beim Arbeitnehmer steuerlich unterschiedlich gehandhabt:

- Leistungen aus einem steuerfreien Aufwand nach § 3 Nr. 63 EStG werden als sonstige Einkünfte nach § 22 Nr. 5 EStG voll versteuert. Seit 2005 wird dabei auch der Altersentlastungsbetrag (40 % der Einkünfte, maximal 1.900 EUR) in dem Maße abgeschmolzen, wie der Besteuerungsanteil der Renten steigt.
- Leistungen aus pauschal besteuertem Aufwand werden wie private Lebensversicherungen (vgl. Kapitel 13.3 Direktversicherung) behandelt; dies entfällt für Neuverträge seit 2005.
- Leistungen aus einem riestergeförderten Beitrag werden nach wie sonstige Einkünfte behandelt.

Auch bei der Pensionskasse sind seit 01.01.2005 nur noch lebenslange Rentenzahlungen mit einer steuerpflichtigen Teilkapitalauszahlung von bis zu 30 % abschließbar.

Sozialversicherungsrechtliche Behandlung

Nach Arbeitsentgeltverordnung (ArEV) sind steuerfreie Aufwendungen nach § 3 Nr. 63 EStG kein zuzurechnendes Entgelt – und damit sozialabgabenfrei. Für Entgeltumwandlungen gilt dies auch noch über 2008 hinaus (s. o.).

Für die pauschaliert besteuerten Aufwendungen gilt die Behandlung wie in der Direktversicherung (Sozialabgabenfreiheit, wenn die Beiträge zusätzlich bei Entgeltumwandlungen aus Sonderzahlungen stammen).

Zuwendungen im Rahmen der staatlichen Förderung nach § 10a EStG sind immer sozialversicherungspflichtig. Leistungen werden sozialversicherungsrechtlich wie bei der Direktversicherung behandelt.

14 Allgemeines Vertragsrecht

14.1 Geschäftsfähigkeit

Geschäftsfähigkeit ist die Fähigkeit, **Willenserklärungen selbstständig und rechtswirksam** abgeben zu können.

Beim Menschen gibt es – abhängig vom Alter – verschiedene Stufen der Geschäftsfähigkeit. Die Abstufung der Geschäftsfähigkeit ist im Geschäftsleben von großer Bedeutung, da sich aus ihr unterschiedliche Folgen für die Rechtswirksamkeit der Willenserklärungen ergeben.

Teilweise ist bei beschränkt Geschäftsfähigen die **Zustimmung** der gesetzlichen Vertreter notwendig, damit abgegebene Willenserklärungen rechtswirksam werden. Da es verschiedene Arten der Zustimmung gibt, zunächst die folgende Übersicht:

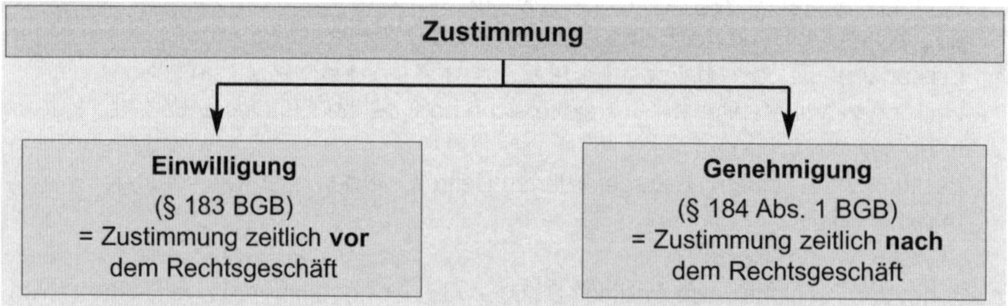

Abbildung: Arten der Zustimmung

In der nun folgenden Tabelle sind die verschiedenen Stufen der Geschäftsfähigkeit bei natürlichen Personen mit ihren besonderen Rechtsfolgen gegenübergestellt.

Stufen der Geschäftsfähigkeit bei natürlichen Personen			
	Geschäfts-unfähigkeit	**Beschränkte Geschäftsfähigkeit**	**Volle Geschäftsfähigkeit**
Geltungs-bereich	• Minderjährige bis zur Vollendung des 7. Lebensjahres (§ 104 Abs. 1 BGB) • Dauerhaft Geisteskranke (§ 104 Abs. 2 BGB).	• Minderjährige ab Vollendung des 7. Lebensjahres bis zur Vollendung des 18. Lebensjahres (§ 106 BGB). • In Ausnahmefällen auch bei Volljährigen, jedoch nur in durch ein Vormundschaftsgericht bestimmten Aufgabenkreisen, für die ein Betreuer bestellt wurde (§ 1093 Abs. 1 BGB).	• Ab Vollendung des 18. Lebensjahres (Volljährigkeit).

Stufen der Geschäftsfähigkeit bei natürlichen Personen			
	Geschäftsunfähigkeit	**Beschränkte Geschäftsfähigkeit**	**Volle Geschäftsfähigkeit**
Rechtsfolgen	• Willenserklärungen sind unwirksam (§ 105 Abs. 1 BGB). • Geschäftsunfähige könne nur über ihre gesetzlichen Vertreter am Rechtsverkehr teilnehmen.	• Willenserklärungen bedürfen grundsätzlich der Einwilligung der gesetzlichen Vertreter (§ 108 BGB bzw. § 1903 BGB). • Liegt bei einseitigen Rechtsgeschäften die Einwilligung nicht vor, so sind diese unwirksam (§ 111 BGB). • Liegt bei Verträgen die Einwilligung nicht vor, so sind die Verträge so lange schwebend unwirksam, bis die durch die gesetzlichen Vertreter genehmigt werden (§ 108 Abs. 1 BGB). • Fordert der Vertragspartner die gesetzlichen Vertreter eines beschränkt geschäftsfähigen zur Erklärung der Genehmigung des Vertrages auf, so muss diese innerhalb von 14 Tagen erfolgen, andernfalls ist der Vertrag unwirksam (§ 108 Abs. 2 BGB). • Wird der Minderjährige volljährig, so tritt seine Genehmigung eines schwebend unwirksamen Vertrages an die Stelle der Genehmigung durch die gesetzlichen Vertreter (§ 108 Abs. 3 BGB).	• Willenserklärung ist voll rechtswirksam.

Stufen der Geschäftsfähigkeit bei natürlichen Personen			
	Geschäftsunfähigkeit	**Beschränkte Geschäftsfähigkeit**	**Volle Geschäftsfähigkeit**
		• In einigen Ausnahmen können beschränkt Geschäftsfähige rechtswirksame Willenserklärungen auch ohne Zustimmung der gesetzlichen Vertreter abgeben (vgl. dazu Tabelle unten).	

Abbildung: Stufen der Geschäftsfähigkeit beim Menschen

Beispiele:

Fritz (fünf Jahre) möchte sich ein Eis kaufen. Da er geschäftsunfähig ist, kann er keine Willenserklärungen abgeben. Er muss demnach seine Eltern davon überzeugen, für ihn das Eis zu kaufen, da sie seine gesetzlichen Vertreter sind.

Stefan (16 Jahre) bittet seine Eltern, ihm das Geld für die neueste Platte seiner Lieblings-Popgruppe zu geben. Hat er mit seiner Bitte Erfolg, so haben die Eltern damit die Einwilligung zum Kauf der Platte gegeben und Stefan kann den Kaufvertrag rechtswirksam eingehen. Nimmt Stefan sich jedoch das Geld heimlich und erwirbt damit die Platte, so ist der Kaufvertrag schwebend unwirksam. Die Eltern können den Kauf im Nachhinein genehmigen. Verweigern sie jedoch die Genehmigung, so ist der Kaufvertrag unwirksam und der Händler zur Herausgabe des Geldes verpflichtet. Ändert sich an der geschilderten Rechtslage etwas, wenn Stefan die Platte mit seinem Taschengeld bezahlt?

Lesen Sie dazu bitte folgende Übersicht:

Bereiche, in denen beschränkt Geschäftsfähige Willenserklärungen ohne Zustimmung der gesetzlichen Vertreter rechtswirksam eingehen können	
Bereich:	**Beispiele:**
Ausschließlicher Rechtsvorteil (§ 107 BGB): Sofern die Abgabe einer Willenserklärung dem beschränkt Geschäftsfähigen ausschließlich einen rechtlichen Vorteil bringt. Hierbei kommt es nicht auf wirtschaftliche Vorteile an, wichtig ist die rechtliche Betrachtung: Dem beschränkt Geschäftsfähigen dürfen aus einem derartigen Rechtsgeschäft keine gesetzlichen Verpflichtungen entstehen.	Annahme einer Schenkung

Bereiche, in denen beschränkt Geschäftsfähige Willenserklärungen ohne Zustimmung der gesetzlichen Vertreter rechtswirksam eingehen können	
Bereich:	**Beispiele:**
Taschengeldparagraf (§110 BGB): Verträge, sofern die vertragsmäßigen Leistungen des beschränkt Geschäftsfähigen mit Mitteln bewirkt werden, die ihm zu diesem Zweck oder zu freier Verfügung von dem gesetzlichen Vertreter oder mit der Zustimmung des gesetzlichen Vertreters von Dritten überlassen wurden.	Der beschränkt Geschäftsfähige erhält Taschengeld und kauft sich davon eine CD. Zu Weihnachten bekommt er von seinen Großeltern Geld geschenkt. Die Eltern überlassen es dem Minderjährigen, wofür er das Geld ausgibt.
Dienst- und Arbeitsverhältnis (§ 113 BGB): Beschränkt Geschäftsfähige können durch die gesetzlichen Vertreter dazu ermächtigt werden, ein Dienst- und Arbeitsverhältnis einzugehen. Im Rahmen dieser Vertragsverhältnisse der gestatteten Art sind sie dann unbeschränkt geschäftsfähig. (Achtung: Diese Regelung gilt nicht für Ausbildungsverhältnisse!)	Die Eltern eines beschränkt Geschäftsfähigen stimmen der Aufnahme eines Arbeitsverhältnisses zu. Der Minderjährige kann dann rechtswirksam ein Gehaltskonto anlegen, den Arbeitsvertrag kündigen und ein anderes gleichartiges Arbeitsverhältnis aufnehmen.
Selbstständiger Betrieb eines Erwerbsgeschäfts (§ 112 BGB): Der beschränkt Geschäftsfähige wird von seinen gesetzlichen Vertretern mit Genehmigung des Vormundschaftsgerichts zur Selbstständigkeit ermächtigt.	Der beschränkt Geschäftsfähige kann in diesem Fall alle Rechtsgeschäfte im Rahmen seines Erwerbsgeschäftes selbstständig und rechtswirksam vornehmen (Eröffnung eines Geschäftskontos, Abschluss der Betriebsversicherungen etc.).

Abbildung: Ausnahmeregelungen bei beschränkt Geschäftsfähigen

Juristische Personen sind grundsätzlich unbeschränkt geschäftsfähig; bei ihnen gibt es keine Abstufungen in der Geschäftsfähigkeit wie bei natürlichen Personen.

14.2 Zustandekommen von allgemeinen Verträgen

14.2.1 Rechtsgeschäfte

Willenserklärungen

Das Bürgerliche Gesetzbuch (BGB) verwendet häufig den Begriff der Willenserklärung, ohne diesen zu definieren. Die Rechtslehre hat sich jedoch auf eine allgemein anerkannte Definition verständigt:

Unter einer Willenserklärung versteht man eine **auf einen rechtlichen Erfolg gerichtete Äußerung**.

Beispiele:

Nicht jede Äußerung eines Rechtssubjektes ist eine Willenserklärung. Ein leidenschaftlicher Antiquitätensammler besucht eine Auktion, um sich ein paar interessante Stücke ersteigern zu können. Als eine barocke Kommode zum Ausruf kommt, hebt er seinen Arm, um sein Interesse zu bekunden, und erhält daraufhin den Zuschlag. Durch den gehobenen Arm hat er seinen Willen zum Ausdruck gebracht, die Kommode zu erwerben.

Wenig später – die Auktion dauert an – kommt ein Schulfreund, den er schon lange nicht mehr gesehen hatte, zur Tür herein. Freudig erregt beginnt unser Sammler seinem Schulfreund zu winken. Bevor er noch über seine Handlung nachdenken kann, fällt der Hammer und ihm wird eine wertvolle Skulptur zugesprochen. Hat der Sammler in diesem Fall eine Willenserklärung abgegeben? Nein, denn es fehlte der Wille, den rechtlichen Erfolg (den Erwerb der Skulptur) herbeizuführen.

Anmerkung:

In vielen Fällen – auch in dem soeben geschilderten – ist der Sachverhalt in der Theorie eindeutig. Offen bleibt, ob die Rechtsposition in der Praxis auch durchgesetzt werden kann, denn oft ist die Beweisführung schwierig. Die Frage der Durchsetzbarkeit muss jedoch Anwälten und Gerichten überlassen werden.

Wie das Beispiel des Antiquitätensammlers bereits gezeigt hat, müssen Willenserklärungen nicht zwangsläufig mündlich oder schriftlich abgegeben werden, es gibt auch andere Formen der Abgabe von Willenserklärungen.

Formen der Willenserklärungen

Ausdrückliche Willenserklärungen

- **Mündliche Willenserklärungen**
  Beispiel:
  Bei den meisten Geschäften des täglichen Lebens werden nur mündliche Willenserklärungen abgegeben (Kauf von Lebensmitteln o. Ä.).
- **Schriftliche Willenserklärungen**
  Beispiel:
  Unterzeichnung eines Mietvertrages
- **Willenserklärung in elektronischer Form**
  Beispiel:
  Austausch von Angebots- und Annahmeerklärung per E-Mail mit elektronischer Signatur
- **Willenserklärung in Textform**
  Beispiel:
  Mitteilung über Mieterhöhung, die zwar schriftlich, aber ohne eigenhändige Unterschrift des Unterzeichners versandt wird

Konkludente (schlüssige) Willenserklärungen

Beispiel:
Ein Morgenmuffel legt am Zeitungskiosk Geld auf den Tresen und nimmt sich die Tageszeitung, ohne dabei Worte zu verlieren; er äußert seinen Willen durch eindeutige (schlüssige) Verhaltensweisen.

Stillschweigende Willenserklärungen

Beispiel:
Eine Bank sendet ihren Kunden am Quartalsende eine Mitteilung über den Kontostand (Saldomitteilung); die Bank fordert die Kunden auf, festgestellte Differenzen innerhalb einer Monatsfrist zu reklamieren; gibt der Kunde keine Äußerung mehr ab, ist der Saldo stillschweigend anerkannt.

Abbildung: Formen von Willenserklärungen

Verstoß gegen Formvorschriften

Grundsätzlich können Rechtsgeschäfte formlos abgeschlossen werden, d. h., sie sind bereits bei mündlicher Vereinbarung gültig. Das beschleunigt und vereinfacht den Rechtsverkehr. Gerade bei Geschäften des täglichen Lebens ist es undenkbar, jedes Mal einen schriftlichen Vertrag aufzusetzen. Was würde Ihr Bäcker sagen, wenn Sie den Kauf der Frühstücksbrötchen schriftlich abwickeln wollten?

Obwohl das Gesetz also keine Form vorschreibt, werden viele Rechtsgeschäfte freiwillig in einer bestimmten Form – z. B. schriftlich – abgeschlossen. Entsprechende Vereinbarungen können in Verträgen zwischen den Geschäftspartnern getroffen werden (§ 127 BGB). Dies erleichtert die spätere Beweisführung, sollte es zu Streitigkeiten kommen.

Die Unsicherheiten, die mit mündlichen Vereinbarungen und Erklärungen verbunden sind, hat auch der Gesetzgeber erkannt. Deshalb hat er bei einigen Rechtsgeschäften einen Formzwang gesetzlich festgeschrieben:

Art der Form-Vorschrift	Gesetzliche Grundlage	Wesen der Formvorschrift	Beispiele
Schriftform	§ 126 BGB	Eigenhändige Unterschrift erforderlich (in Sonderfällen ist auch der Text der Erklärung eigenhändig zu schreiben).	• Darlehn an Verbraucher (§ 492 BGB) • Bürgschaft von Privatpersonen (§ 766 BGB) • Mietverträge, die über mehr als ein Jahr abgeschlossen werden (§ 550 BGB) • Privatrechtliche Testamente (§ 2247 BGB)
Textform	§ 126b BGB	Erklärung muss in Urkunde oder auf andere, zur dauerhaften Wiedergabe in Schriftzeichen geeignete Weise abgegeben werden; eigenhändige Unterschrift kann ersetzt werden (z. B. durch Faksimile) und Person des Erklärenden muss genannt werden.	• Mieterhöhung (§ 558a Abs. 1 BGB) • Widerrufserklärung bei Verbraucherverträgen (§ 355 Abs. 1 BGB)
Öffentliche Beglaubigung	§ 129 BGB § 39 ff. BeurkG	Identität der eigenhändigen Unterschrift wird vom Notar bestätigt.	• Anträge auf Eintragung in öffentliche Register, z. B. Vereins-, Handelsregister; Grundbuch (§ 77 BGB; § 12 HGB; § 29 GBO)

Art der Form-Vorschrift	Gesetzliche Grundlage	Wesen der Formvorschrift	Beispiele
Notarielle Beurkundung	§ 128 BGB; § 6 ff. BeurkG	Abgabe einer Erklärung vor einem Notar, der diese niederschreibt; die Niederschrift wird dem Erklärenden vorgelesen, von diesem genehmigt und unterschrieben, anschließend vom Notar gegengezeichnet.	• Grundstückskaufvertrag (§ 311 b BGB) • Schenkungsversprechen (§ 518 BGB) • Ehevertrag (§ 1410 BGB) • Erbvertrag (§ 2276 BGB)

Abbildung: Gesetzliche Formzwänge

Die gesetzlichen Formvorschriften erfüllen wesentliche Funktionen:

- **Warnfunktion**
  Der Erklärende soll vor schwerwiegenden Rechtsfolgen bei der übereilten Abgabe von Willenserklärungen geschützt werden. Durch die Formvorschrift erhält er die Möglichkeit, das Rechtsgeschäft zu überdenken.

- **Aufklärungsfunktion**
  Durch Einschaltung einer Beratungsinstanz bei der notariellen Beurkundung werden dem Erklärenden die juristischen Folgen seiner Rechtshandlung nochmals aufgezeigt.

- **Beweisfunktion**
  Die Beweisführung bei eventuellen Rechtsstreitigkeiten wird erleichtert.

- **Schutzfunktion**
  Durch Einschaltung einer Beratungsinstanz bei der notariellen Beurkundung soll außerdem gewährleistet werden, dass der Wille des Erklärenden richtig, vollständig und in rechtlicher Sicht einwandfrei niedergeschrieben wird.

Die Nichteinhaltung eines gesetzlichen Formzwanges führt zur Nichtigkeit des Rechtsgeschäftes. Gleiches gilt grundsätzlich, wenn eine bestimmte Form vertraglich vereinbart wurde (§ 125 BGB).

Eine durch Gesetz vorgeschriebene schriftliche Form der Willenserklärung kann laut § 126 Abs. 3 BGB durch die **elektronische Form** ersetzt werden, sofern sich nicht nach Gesetz etwas anderes ergibt. Die elektronische Erklärung muss mit dem Namen des Ausstellers gekennzeichnet sein und das Dokument mit einer **qualifizierten elektronischen Signatur** versehen werden. Bei einem Vertrag müssen die Parteien jeweils ein gleichlautendes Dokument in der bezeichneten Weise elektronisch signieren (§ 126 a BGB). Die Regelungen zur elektronischen Signatur gelten im Zweifel auch für die durch Rechtsgeschäfte bestimmte Form (§ 127 BGB).

Bewusstes Abweichen des Willens von der Erklärung
Hierunter werden die sogenannten Scherz- und Scheingeschäfte zusammengefasst. Die Rechtsgeschäfte dieser Gruppe haben ein gemeinsames Kennzeichen: Der Erklärende äußert bewusst etwas, das von seinem Willen abweicht.

Bei **Scherzgeschäften** werden nicht ernsthaft gemeinte Willenserklärungen abgegeben. Der Erklärende geht davon aus, dass der Mangel der Ernsthaftigkeit erkannt wird. Scherzgeschäfte sind nichtig.

> **Beispiele:**
> Ein Dozent „verkauft“ einem Studenten im Rechtsseminar seine Armbanduhr, um den Ablauf eines Kaufvertrages zu verdeutlichen. Ein Unternehmensberater „kündigt“ seiner unhöflichen Sekretärin, um einen erbosten Klienten zu beschwichtigen.

Gleichermaßen sind im Rahmen von **Scheingeschäften** abgegebene Willenserklärungen nichtig. Bei Scheingeschäften wird ein Rechtsgeschäft vorgetäuscht. Eine Willenserklärung wird einem anderen gegenüber (mit dessen Einverständnis) nur zum Schein abgegeben.

> **Beispiel:**
> Ein Grundstückskaufvertrag wird mit niedrigerem Kaufpreis vom Notar beurkundet als Käufer und Verkäufer vereinbart haben, um dadurch eine höhere Grunderwerbsteuer zu umgehen.

Einteilung der Rechtsgeschäfte
Unter einem Rechtsgeschäft versteht man einen Tatbestand, der aus **mindestens einer Willenserklärung** besteht (die auf die Herbeiführung eines rechtlichen Erfolges abzielt). Zusätzlich zu den Willenserklärungen können weitere Elemente erforderlich werden, um den gewünschten Erfolg herbeizuführen.

Grundlage aller Rechtsgeschäfte sind **Willenserklärungen**. Bei den sogenannten **einseitigen Rechtsgeschäften** reicht teilweise die Abgabe einer Willenserklärung aus, um zum gewünschten rechtlichen Erfolg zu gelangen (z. B. Errichtung eines Testaments). Bei anderen einseitigen Rechtsgeschäften muss die Willenserklärung beim Empfänger ankommen, um rechtswirksam zu sein (z. B. muss die Kündigung eines Arbeitnehmers vom Arbeitgeber empfangen werden).

Bei vielen Geschäften sind jedoch zwei oder mehr Willenserklärungen notwendig. Man spricht hier von **mehrseitigen Rechtsgeschäften** oder Verträgen. Die notwendigen Willenserklärungen heißen Angebot bzw. Annahme.

Vertrag = Angebot + Annahme

Die abgegebenen Willenserklärungen müssen zudem **kongruent (deckungsgleich)**, d. h. auf den **gleichen rechtlichen Erfolg** gerichtet sein. Die Kongruenz sei an einem einfachen Beispiel erläutert:

Beispiel:

Kunde: „Guten Tag, ich hätte gerne ein Roggenbrot zu 1,50 EUR!“

Bäcker: „Bitte sehr, Ihr Brot! Das macht dann bitte 1,75 EUR.“

Jedem wird klar sein, wie sich dieses Gespräch fortsetzen wird. Ein Vertrag ist jedenfalls nicht zustande gekommen. Es wurden zwar zwei Willenserklärungen abgegeben, jedoch waren diese auf einen unterschiedlichen rechtlichen Erfolg gerichtet.

Verträge können einseitig verpflichtend (bei der Schenkung z. B. hat der Beschenkte keine Gegenleistung zu erbringen) oder mehrseitig verpflichtend sein (z. B. Kaufvertrag: Der Käufer hat als Gegenleistung für den erworbenen Gegenstand den Kaufpreis zu entrichten).

Damit ein Rechtsgeschäft wirksam wird, können teilweise neben der Abgabe der genannten Willenserklärungen andere Elemente notwendig sein. Dazu gehören z. B. die Einhaltung einer bestimmten Formvorschrift (z. B. Schriftform) bei der Abgabe der Willenserklärungen oder auch die Einholung der Genehmigung durch Dritte (z. B. durch Behörden).

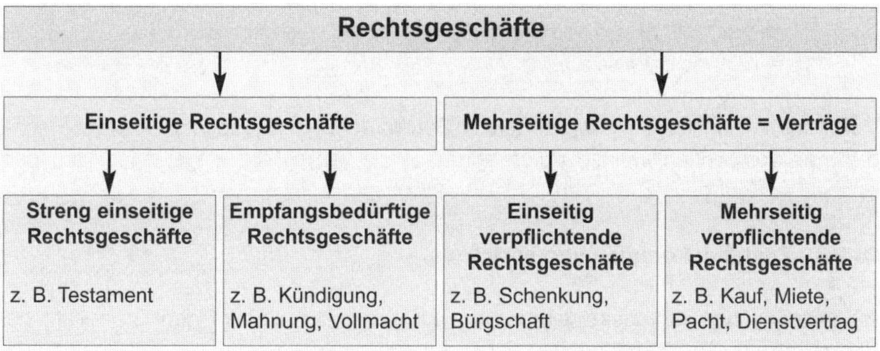

Abbildung: Arten der Rechtsgeschäfte

14.2.2 Grundsatz der Privatautonomie

Im deutschen Rechtssystem gilt der Grundsatz der Privatautonomie, d. h., der Einzelne kann seine Rechtsbeziehungen grundsätzlich frei gestalten. Die Privatautonomie beruht auf dem „Grundrecht auf freie Entfaltung der Persönlichkeit“ im Art. 2 Abs. 1 GG.

Der Artikel des Grundgesetzes wird im § 311 Abs. 1 BGB zur **Vertragsfreiheit** für das Schuldrecht konkretisiert: Zur Begründung eines Schuldverhältnisses ist ein Vertrag notwendig, jedoch sagt die Bestimmung nichts darüber aus, welchen Inhalt Verträge haben dürfen oder wie sie gestaltet sein sollen. Die einzelnen Rechtssubjekte sollen ihre Rechtsgeschäfte eigenverantwortlich vornehmen können, gesetzliche Vorgaben sind die Ausnahme. Verträge müssen jedoch so gestaltet und erfüllt werden, wie **Treu und Glauben** mit Rücksicht auf die Verkehrssitte es erfordern (§ 242 BGB).

Die Vertragsfreiheit umfasst

- **Abschlussfreiheit:**
  Die Freiheit, selbst zu entscheiden, ob und mit wem man Verträge eingehen möchte.
- **Inhaltsfreiheit:**
  Der Inhalt des Vertrages kann zwischen den Vertragspartnern frei gestaltet werden.
- **Formfreiheit:**
  Auch die Frage, in welcher Form der Vertrag ausgestaltet werden soll (z. B. Schriftform), kann autonom entschieden werden.

Die Vertragsfreiheit gilt nur, solange nicht gegen bestehende gesetzliche Regeln oder die guten Sitten verstoßen wird. Diese Einschränkungen werden bereits im Art. 2 Abs. 1 GG gemacht.

Trotz Vertragsfreiheit führt ein Verstoß gegen zwingende gesetzliche Regelungen oder gegen die guten Sitten regelmäßig zur Nichtigkeit der Verträge.

> **Beispiel:**
> Nach § 311 b BGB muss ein Grundstückskaufvertrag notariell beurkundet sein; andernfalls ist er nicht rechtswirksam.

Viele Rechtsvorschriften – insbesondere im Schuldrecht – sind jedoch dispositives Recht, d. h., die Vorschriften können durch abweichende vertragliche Regelungen verändert oder außer Kraft gesetzt werden.

14.2.3 Zustandekommen von Verträgen

Die Garantie der Vertragsfreiheit bedingt auf der anderen Seite den Grundsatz der **Vertragstreue**: die eingegangenen Verpflichtungen müssen erfüllt werden („pacta sunt servanda"), eine einseitige Aufkündigung von Verträgen ist lediglich möglich, sofern ein Kündigungsrecht – im Vertrag oder im Gesetz – vorgesehen ist. Andernfalls ist nur ein **Aufhebungsvertrag** möglich, d. h., alle Vertragspartner müssen der Aufhebung des zugrunde liegenden Vertrages zustimmen. Zur Vermeidung von Rechtsnachteilen ist es deshalb notwendig zu wissen, wie ein Vertrag entsteht.

> ***Hinweis:***
> *Ein Vertrag kommt durch mindestens zwei kongruente Willenserklärungen – Antrag und Annahme – zustande. Sowohl Antrag als auch Annahme sind empfangsbedürftige Willenserklärungen, sie müssen zu ihrer Wirksamkeit dem Vertragspartner zugegangen sein (§ 130 Abs. 1 BGB).*

Das Angebot

Ein Angebot liegt vor, wenn der Anbietende seine Willenserklärung so formuliert hat, dass es zum Zustandekommen des Vertrages nur noch einer Annahme des Angebotes bedarf. Im Regelfall gehört dazu auch die Ansprache eines konkreten Vertragspartners.

Hinweis:

Auslagen im Schaufenster eines Kaufhauses stellen kein Angebot in diesem Sinne dar. Der Kunde wird hierdurch lediglich zur Abgabe eines Angebotes aufgefordert. Dem Verkäufer steht es frei, das Angebot des Kunden anzunehmen oder abzulehnen. Als Kunde hat man insofern auch keinen Rechtsanspruch auf Einhaltung der in den Auslagen vorgenommenen Preisauszeichnungen.

Im Einzelfall kann es aber auch gewollt sein, ein bindendes Angebot an die Allgemeinheit zu richten. Die Aufstellung von Zigarettenautomaten stellt ein Angebot auf Abschluss eines Kaufvertrages dar, denn die Konkretisierung des Vertragspartners (Käufers) ist hier weder möglich noch notwendig. Der Antrag wird durch Einwerfen der richtigen Münze angenommen.

Der Anbietende ist an sein Angebot rechtlich gebunden, sofern er dies nicht im Antrag ausdrücklich ausgeschlossen hat (§ 145 BGB). Das bedeutet im Regelfall auch, dass ein Widerruf des Angebotes nicht möglich ist.

Die Bindung kann in Angeboten durch Zusätze wie „unverbindlich“, „freibleibend“ oder „solange Vorrat reicht“ ausgeschlossen werden.

Das Angebot erlischt gemäß § 146 BGB, wenn dieses

- dem Antragsteller gegenüber abgelehnt wird (die Ablehnung ist gleichfalls eine empfangsbedürftige Willenserklärung) oder
- verspätet angenommen wird (zu den Annahmefristen finden Sie nähere Erläuterungen im folgenden Text).

Die Annahme

Durch die empfangsbedürftige Annahme äußert der Antragsempfänger seine Zustimmung zum Vertragsabschluss.

Gemäß § 151 BGB ist in zwei Ausnahmen das Angebot auch ohne ausdrückliche Erklärung angenommen, und zwar dann,

- wenn nach der Verkehrssitte eine solche Erklärung nicht zu erwarten ist oder
- wenn der Anbietende auf eine solche Erklärung verzichtet hat.

Beispiele:

Ein Reisender reserviert kurzfristig per Telefax ein Hotelzimmer. Der Hotelier vermerkt die Reservierung im Zimmerverzeichnis, ohne eine Reservierungsbestätigung zu versenden.

Der fällige Kaufpreis für eine gelieferte Ware wird vom Käufer durch Versendung eines Schecks beglichen, obwohl dies im Kaufvertrag nicht vereinbart war. Der Verkäufer löst den Scheck ein, ohne sich nochmals zu äußern.

Ein Antrag muss nach § 146 ff. BGB rechtzeitig angenommen werden. Ist keine **Annahmefrist** vereinbart, dann ist der Antrag so lange bindend, wie der Antragsteller unter verkehrsüblichen Umständen (also z. B. Versendung des Antrages, angemessene

Bedenkzeit für den Antragsempfänger, Rücksendung) eine Antwort erwarten kann. Zur Wahrung der Rechtzeitigkeit muss die Antwort auf mindestens gleich schnellem Wege abgegeben werden.

Beispiel:
Erfolgte das Angebot per Telefax, so ist auch die Antwort per Telefax oder Telefon zu geben. Die Absendung eines Antwortbriefes kann durch die Postlaufzeit dazu führen, dass der Anbietende sich nicht mehr an sein Angebot gebunden fühlt, weil die Bindefrist abgelaufen ist. Die Regelungen zur Wahrung der Rechtzeitigkeit können aufgrund ihrer Ungenauigkeit zu Streitigkeiten führen. Diese können durch die Festlegung einer Annahmefrist im Angebot vermieden werden.

Angebote, die einem Anwesenden gemacht werden oder die über das Telefon abgegeben werden, können **nur sofort** angenommen werden.

Wird ein Angebot verspätet angenommen oder erfolgt die Annahme unter Änderungen, so gilt die **verspätete oder abändernde Annahme** als **neues Angebot**, das dann wiederum angenommen werden muss (§ 150 BGB).

Beispiel:
Ein Unternehmer bestellt bei seiner Druckerei einen Nachdruck von 300 Exemplaren eines Werbeprospektes, den er vor einigen Monaten bereits dort hatte drucken lassen. In seiner Bestellung schreibt der Unternehmer, dass er von gleichen Konditionen ausgeht. Die Druckerei antwortet: „Wir liefern Ihnen die Prospekte gerne, jedoch sind wir aufgrund gestiegener Papierpreise gezwungen, unsere Preise um 10 % zu erhöhen.“ Diese Antwort gilt als neues Angebot, denn die Willenserklärungen sind nicht kongruent. Der Unternehmer muss das neue Angebot annehmen, andernfalls ist kein rechtswirksamer Vertrag zustande gekommen.

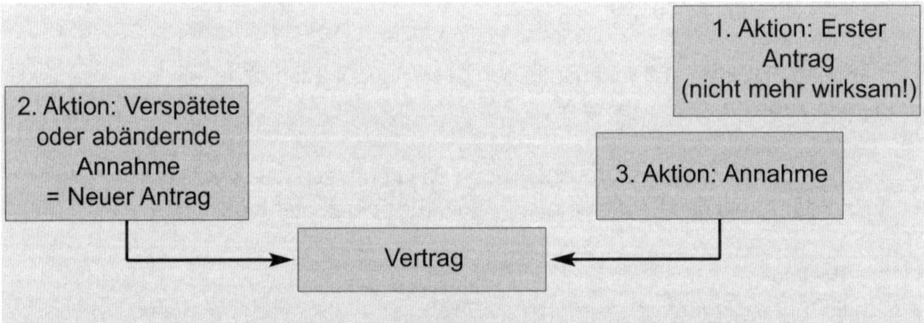

Abbildung: Verspätete oder abändernde Annahme eines Antrages

15 Besondere Rechtsvorschriften für den Versicherungsvertrag

15.1 Rechtsquellen

Versicherungsunternehmen treten durch Abschluss von Versicherungsverträgen in eine Rechtsbeziehung zu ihren Kunden. Dem Abschluss und Inhalt dieser Verträge liegen **allgemeine** und **spezielle gesetzliche Vorschriften** zugrunde.

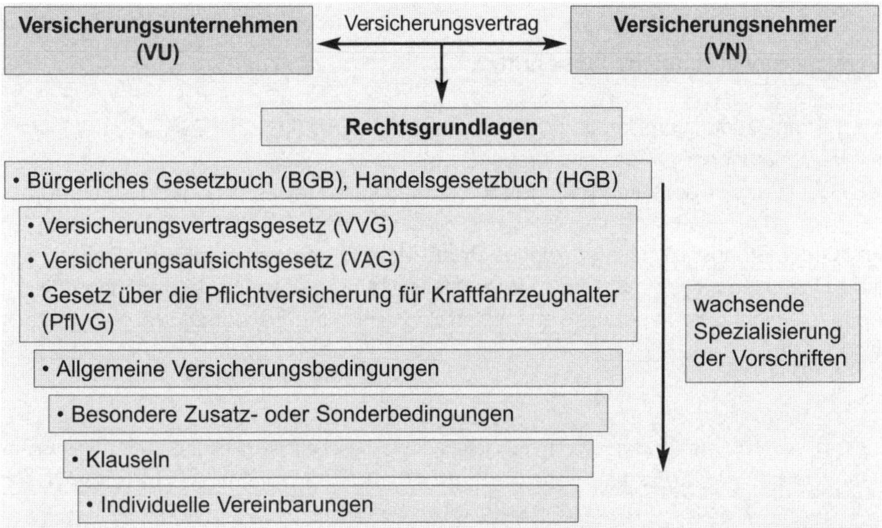

Abbildung: Rechtliche Grundlagen des Versicherungsvertrages

15.1.1 Bürgerliches Gesetzbuch (BGB)

Das Bürgerliche Gesetzbuch (BGB) ist generelles, für alle privatrechtlichen Verträge geltendes Recht. Es findet daher auch auf Versicherungsverträge Anwendung.

Das BGB beinhaltet allgemeine Vorschriften, Rechtsvorschriften, die die Schuldverhältnisse betreffen, sowie wenige spezielle versicherungsrechtliche Vorschriften. Den Versicherungsvertrag betreffen:

Allgemeine Vorschriften

- Geschäftsfähigkeit (§§ 104–113),
- Willenserklärung (§§ 116–144),
- Vertrag (§§ 145–157),
- Vertretung, Vollmacht (§§ 164–181).

Vorschriften über die Gestaltung rechtsgeschäftlicher Schuldverhältnisse durch allgemeine Geschäftsbedingungen (§§ 305–310)
Diese Vorschriften sind neu gefasst durch das Gesetz zur Modernisierung des Schuldrechts vom 26.11.2001 m. W. v. 01.01.2002 und lösen u. a. das bis zu diesem Zeitpunkt geltende Gesetz zur Regelung des Rechts der Allgemeinen Geschäftsbedingungen (AGB-Gesetz) vom 09.12.1976 ab. Für laufende Versicherungsverträge, die vor dem 01.01.2002 abgeschlossen wurden, gelten weiterhin das BGB a. F. sowie das bis zu diesem Zeitpunkt gültige AGB-Gesetz (vgl. Übergangsvorschriften in Art. 229, §§ 5 und 6 EGBGB).

Versicherungsrechtliche Vorschriften

- Verträge zugunsten Dritter in der Lebensversicherung (§§ 330–332),
- Versicherungspflicht des Nießbrauchers (§§ 1045–1046),
- Schutz des Hypothekengläubigers in der Gebäudeversicherung (§§ 1127–1130).

Es gilt der Grundsatz, dass **spezielles Recht dem allgemeinen vorgeht**. Das Bürgerliche Gesetzbuch findet als primär generelles Recht nur auf solche Tatbestände Anwendung, die nicht durch spezielle Vorschriften des Versicherungsvertragsgesetzes geregelt sind.

Beispiele:
Das VVG enthält keine Bestimmungen über die Geschäftsfähigkeit der Versicherungsnehmer. Daher ist das allgemeine Recht der §§ 104–113 BGB zur Geschäftsfähigkeit von Personen auf den Versicherungsvertrag anzuwenden.
Die §§ 37 und 38 VVG regeln den Prämienzahlungsverzug und seine Rechtsfolgen. Sie gehen als spezielles Recht den allgemeinen Bestimmungen über den Verzug und seine Folgen der §§ 280–286, 323 BGB vor.

15.1.2 Handelsgesetzbuch (HGB)

Das Handelsgesetzbuch (HGB) ist das unter Kaufleuten geltende Recht (Handelsrecht). Die Vorschriften des HGB sind auf alle Handelsgeschäfte anzuwenden. Auch der Versicherungsvertrag fällt in den Geltungsbereich des HGB, sofern er zwischen Kaufleuten geschlossen wird.

Beispiel:
Ein Versicherungsmakler (selbstständiger Kaufmann i. S. d. HGB) schließt für sich eine Berufshaftpflichtversicherung bei einem VU ab. Die HGB-Vorschriften sind anzuwenden, wenn der Versicherer in der Rechtsform einer AG oder eines VVaG die Kaufmannseigenschaft innehat.

15.1.3 Versicherungsvertragsgesetz (VVG)

Rechtsgrundlage von Versicherungsverträgen ist vorrangig das Gesetz über den Versicherungsvertrag vom 30.05.1908. Es wurde speziell für die Versicherungswirtschaft geschaffen und zum 01.01.2008 grundlegend novelliert. Das Gesamtwerk gliedert sich in die folgenden fünf Abschnitte:

Teil 1 Allgemeiner Teil

1. Vorschriften für alle Versicherungszweige (§§ 1–73 VVG)
2. Vorschriften für die gesamte Schadenversicherung (§§ 74–99 VVG)

Teil 2 Einzelne Versicherungszweige

1. Vorschriften für die Haftpflichtversicherung (§§ 100–124 VVG)
2. Vorschriften für die Rechtsschutzversicherung (§§ 125–129 VVG)
3. Vorschriften für die Transportversicherung (§§ 130–141 VVG)
4. Vorschriften für die Gebäudeversicherung (§§ 142–149 VVG)
5. Vorschriften für die Lebensversicherung (§§ 150–171 VVG)
6. Vorschriften für die Berufsunfähigkeitsversicherung (§§ 172–177 VVG)
7. Vorschriften für die Unfallversicherung (§§ 178–191 VVG)
8. Vorschriften für die Krankenversicherung (§§ 192–208 VVG)

Teil 3 Schlussvorschriften (§§ 209–215 VVG)

Das VVG wird u. a. ergänzt durch das Gesetz über die Kraftfahrzeug-Pflichtversicherung für Kraftfahrzeughalter (PflVG) vom 05.04.1965. Jeder Halter eines Kraftfahrzeuges ist nach diesem Gesetz zum Abschluss einer Haftpflichtversicherung verpflichtet. Versicherungsunternehmen, die zum Kraftfahrtversicherungsbetrieb zugelassen sind, unterliegen dem **Annahmezwang**: Sie müssen jedem Halter die Haftpflichtversicherung gewähren (§ 5 Abs. 2 PflVG).

Auf die Sparten Seeversicherung und Rückversicherung findet das VVG keine Anwendung (§ 209 VVG): Die Seeversicherung ist geregelt in den Allgemeinen Deutschen Seeversicherungsbedingungen (ADS). Für die Rückversicherung wurden keine gesetzlichen Regelungen getroffen, da Rückversicherungsverträge aufgrund individueller Vereinbarungen zwischen den Versicherungsunternehmen geschlossen werden.

Grundsätzlich gilt für Versicherungsverträge wie für alle privatrechtlichen Verträge der **Grundsatz der Vertragsfreiheit**: Die Vertragschließenden können über den Abschluss und die inhaltliche Ausgestaltung des Vertrages frei entscheiden. Daher dürfen die Vertragspartner auch Vereinbarungen treffen, die von den gesetzlichen Bestimmungen des VVG abweichen. Es handelt sich dann um abdingbare Normen, die im VVG nicht weiter gekennzeichnet sind.

Der freien Gestaltung von Versicherungsverträgen sind zum Schutz des Versicherungsnehmers jedoch Grenzen gesetzt. So enthält das VVG zum einen Vorschriften, von denen nicht zum Nachteil des Kunden abgewichen werden darf **(halbzwingende Vorschriften)**, zum anderen Vorschriften, von denen generell nicht abgewichen werden darf **(zwingende Vorschriften)**.

Das VVG nimmt nach dem Grundsatz der Spezialisierung ausdrücklich Bezug auf die Gültigkeit der allgemeinen und besonderen Bedingungen als Rechtsgrundlage für die in den einzelnen Zweigen abgeschlossenen Versicherungsverträge.

15.1.4 Versicherungsaufsichtsgesetz (VAG)

Auch dieses Gesetz dient letztlich dem Schutz des Versicherungsnehmers. Es regelt vor allem die Beziehungen der Aufsichtsbehörde zu den Versicherern und hat somit öffentlich-rechtlichen Charakter. Viele Vorschriften des VAG wirken sich direkt oder indirekt auf die Versicherungsverträge aus.

Versicherungsvertragsrechtliche Vorschriften des VAG:

Alle Sparten	Lebens- und Krankenversicherung
• Mindestinhalt allgemeine Versicherungsbedingungen (§ 10 VAG) • Informationspflicht des Versicherers (§ 10a Abs. 1 VAG) • Inhalt des Versicherungsantrages (§ 10a Abs. 3 VAG) • Bestandsübertragung (§ 14 VAG) • Änderung oder Aufhebung des Geschäftsplans (§ 81a S. 2 VAG) • Verbot der Berücksichtigung der Staatsangehörigkeit oder der Zugehörigkeit zu einer ethischen Gruppe bei der Prämienfestsetzung (§ 81e VAG)	• Lebensversicherung: Prämienkalkulation (§ 11 Abs. 1 VAG) • Gleichbehandlung der Versicherten (11 Abs. 2 VAG) • Änderung bestehender Versicherungsverhältnisse (§ 11b VAG) • Missstand in der Lebensversicherung (§ 81c VAG) • aufsichtsbehördliche Möglichkeit der Herabsetzung der Versicherungsleistungen (§ 89 Abs. 2 VAG) • Krankenversicherung: Prämienänderung (§ 12b VAG) • Missstand (§ 81d VAG)

Abbildung: Einflüsse des VAG auf den Versicherungsvertrag

15.1.5 Allgemeine Versicherungsbedingungen (AVB)

Rechtsgrundlage von Versicherungsverträgen bilden die allgemeinen Versicherungsbedingungen (AVB). Es handelt sich um vorformulierte Vertragsbedingungen, die ohne Rücksicht auf besondere Einzelrisiken einer Vielzahl von Versicherungsverträgen eines Versicherungszweiges zugrunde gelegt werden (§ 305 Abs. 1 Satz 1 BGB).

Aufgabe und Zielsetzung von AVB

- der Beschreibung des Leistungsumfanges in den einzelnen Zweigen,
- der Information über die Rechte, Pflichten und Obliegenheiten der Vertragspartner,
- der Rationalisierung des Geschäftsbetriebes,

- der Erzielung gleichförmiger Verträge im Interesse einer Gleichbehandlung der Versicherungsnehmer,
- als Ersatz für die fehlende Regelung einzelner Versicherungszweige im VVG (z. B. Kredit-, Rechtsschutzversicherung).

Aus Vereinfachungsgründen werden dem Versicherungsnehmer die AVB als **vorformulierte Vertragsbedingungen** einseitig vom Versicherer (Verwender) auferlegt, ohne dass der Inhalt zuvor im Einzelnen ausgehandelt wurde. Die AVB fallen unter die Vorschriften über die allgemeinen Geschäftsbedingungen auf der Grundlage der §§ 305–310 BGB.

Der Mindestinhalt der AVB ist im § 10 VAG eindeutig festgelegt:

- Ereignisse, bei deren Eintritt der Versicherer zu einer Leistung verpflichtet ist,
- Fälle, in denen aus besonderen Gründen die Leistungspflicht des Versicherers ausgeschlossen oder aufgehoben sein soll,
- Art, Umfang und Fälligkeit der Leistungen des Versicherers,
- Fälligkeit der Prämie und die Rechtsfolgen eines Verzuges,
- vertragliche Gestaltungsrechte des Versicherungsnehmers und des Versicherers sowie die Obliegenheiten und Anzeigepflichten vor und nach Eintritt des Versicherungsfalles,
- Verlust des Anspruchs aus dem Versicherungsvertrag, wenn Fristen versäumt werden,
- Grundsätze und Maßstäbe, wonach die Versicherten an den Überschüssen teilhaben.

AVB werden nur dann **Bestandteil des einzelnen Versicherungsvertrages**, wenn

- in den Antragsformularen auf die einschlägigen AVB hingewiesen wurde,
- sich der Versicherungsnehmer mit ihrer Geltung einverstanden erklärt (dies ist regelmäßig der Fall durch Unterzeichnung des Antrages),
- die AVB dem Versicherungsnehmer entweder mit dem Antrag ausgehändigt oder zusammen mit dem Versicherungsschein übersandt wurden.

Beispiele für AVB:

- Allgemeine Versicherungsbedingungen für die Haftpflichtversicherung (AHB)
- Allgemeine Bedingungen für die Kraftfahrtversicherung (AKB)
- Allgemeine Unfallversicherungsbedingungen (AUB)

AVB unterliegen der inhaltlichen Kontrolle nach Maßgabe der Vorschriften über die allgemeinen Geschäftsbedingungen des BGB. Danach sind Bestimmungen in den AVB unwirksam, wenn sie den Versicherungsnehmer entgegen den Geboten von Treu und Glauben unangemessen benachteiligen (§ 307 BGB).

Hinweis:

Eine unangemessene Benachteiligung des VN ist anzunehmen, wenn eine Bestimmung

- *mit wesentlichen Grundgedanken der gesetzlichen Regelung, von der abgewichen wird, nicht zu vereinbaren ist, oder*

- *wesentliche Rechte oder Pflichten, die sich aus der Natur des Vertrages ergeben, so eingeschränkt werden, dass die Erreichung des Vertragszwecks gefährdet ist (§ 307 Abs. 2 BGB).*

Einer weiteren Kontrolle unterliegen die AVB im Rahmen der staatlichen Versicherungsaufsicht. Zwar ist die behördliche Genehmigungspflicht der AVB bei Aufnahme des Geschäftsbetriebes des Versicherers mit Änderung des VAG vom 21.07.1994 entfallen, jedoch unterliegen sie weiterhin einer sogenannten **Missbrauchsaufsicht** durch die Aufsichtsbehörde: Die Aufsichtsbehörde hat das Recht, nachträglich die Vorlage der AVB zu verlangen und eventuellen Missständen nachzugehen, falls sich dazu zum Beispiel aufgrund von Beschwerden der Versicherungsnehmer über die vom Versicherer verwendeten AVB Anlass bietet.

15.1.6 Besondere Versicherungsbedingungen, Tarifbestimmungen und Klauseln

Allgemeine Versicherungsbedingungen liegen einer unbegrenzten Zahl von Versicherungsverträgen der jeweiligen Versicherungssparte zugrunde. Zusätzlich sind für bestimmte Risikogruppen innerhalb einer Sparte spezielle Regelungen getroffen worden.

Hierunter fallen:

Besondere Versicherungsbedingungen

Beispiele:
Besondere Bedingungen für die Vermögenschaden-Haftpflichtversicherung von Rechtsanwälten und Anwaltsnotaren, besondere Bedingung für den Einschluss von Bergungskosten in die allgemeine Unfallversicherung.

Zusatz- und Sonderbedingungen

Beispiele:
Zusätzlich zu den AFB für die Feuerversicherung gibt es je nach versichertem Objekt: Zusatzbedingungen für landwirtschaftliche Versicherungen, allgemeine Sicherheitsvorschriften der Feuerversicherer für Fabriken und gewerbliche Anlagen (ASF).

Klauseln und individuelle Vereinbarungen
Sie werden als vorformulierte Änderungen oder Ergänzungen zu den AVB in Einzelverträgen eingeschlossen und dienen häufig der Erweiterung des Versicherungsschutzes.

Beispiel:
Klausel 7111 (Klauseln zu den allg. Hausrat-Versicherungsbedingungen): Überspannungsschäden durch Blitz unter Einschluss von Folgeschäden in der Hausratversicherung. Abweichend von § 2 Abs. 3 VHB ersetzt der Versicherer auch Überspannungsschäden durch Blitz.

Individuelle Vereinbarungen gelten für einen einzelnen Versicherungsvertrag, niemals für mehrere Verträge. Sie haben stets Vorrang vor genormten Vertragsinhalten.

AVB, besondere Bedingungen sowie Klauseln werden heute sehr oft zu sogenannten **Deckungskonzepten** zusammengefasst. Dabei handelt es sich dennoch um Standardisierungen (in der Regel mit unterschiedlichem Umfang des Versicherungsschutzes) im Massengeschäft.

15.2 Am Versicherungsvertrag beteiligte Personen

Die Vertragspartner sind der **Versicherer** (VR) und der **Versicherungsnehmer** (VN). Der Versicherer trägt während der Vertragslaufzeit die versicherte Gefahr und erbringt im Versicherungs- und Leistungsfall die bedingungsgemäße vereinbarte Leistung. Er hat also die Pflicht zur Gefahrtragung und Leistungserbringung und das Recht auf die Versicherungsprämie.

Umgekehrt stehen dem Versicherungsnehmer das Recht auf die Leistung zu und seinerseits Vertragsgestaltungsrechte. Andererseits hat er die Rechtspflicht zur Prämienzahlung an den Versicherer.

Der Versicherungsnehmer wird aber in allen Sparten nicht nur Versicherungsschutz für sich selbst nehmen. Er versichert auch die Interessen weiterer Personen, die man dann **versicherte** oder **mitversicherte Personen** nennt.

Beispiele:

Der Versicherungsnehmer schließt für sich, seine Frau und zwei Kinder eine Privathaftpflichtversicherung ab. Er ist Versicherungsnehmer, mitversicherte Personen sind seine Ehefrau sowie beide Kinder. Alle erhalten Versicherungsschutz aus diesem einen Vertrag.

Der Arbeitgeber (Versicherungsnehmer) schließt auf das Leben seines Mitarbeiters (versicherte Person) eine betriebliche Direktversicherung ab. Darüber hinaus spricht man in der Lebensversicherung auch noch von dem **Bezugsberechtigten**, dem ausdrücklich das Recht auf die Versicherungsleistung vom Versicherungsnehmer eingeräumt wurde.

Zahlt eine dritte Person für den Versicherungsnehmer die Prämie, so handelt es sich um den **Beitragszahler**.

15.3 Beginn und Ende des Versicherungsvertrages

15.3.1 Versicherungsantrag

Der Versicherungsantrag wird regelmäßig vom Kunden an den Versicherer gestellt. Voraussetzung für die Wirksamkeit des Antrages ist die volle Geschäftsfähigkeit des Antragstellers (Vollendung des 18. Lebensjahres). Beschränkt Geschäftsfähige (7. bis 18. Lebensjahr) können einen rechtswirksamen Versicherungsantrag nur mit Zustimmung ihres gesetzlichen Vertreters stellen.

Beispiel:
Wird der Minderjährige durch Abschluss des Vertrages zu wiederkehrenden Leistungen (laufende Beitragszahlung) verpflichtet und soll der Vertrag länger als ein Jahr nach Vollendung seines 18. Lebensjahres fortdauern, muss neben den gesetzlichen Vertretern auch das Familiengericht dem Antrag zustimmen (§§ 1643 Abs. 1 und 1822 Nr. 5 BGB).

Die äußere Form des Antrags kann frei gewählt werden. Dennoch ist es üblich, den Versicherungsantrag durch Ausfüllen und Unterzeichnung eines vom Versicherer vorbereiteten **Antragsformulars** zu stellen. Der Versicherer ist verpflichtet, dem Versicherungsnehmer bei Antragstellung oder unverzüglich danach eine Antragsdurchschrift auszuhändigen.

15.3.2 Bindung an den Antrag

Der Versicherungsantrag wird wirksam mit dem Zugang beim Versicherer oder Vertreter (§ 130 Abs. 1 Satz 1 BGB). Als Zugang gilt die Aushändigung des unterschriebenen Antragsformulars an den Vermittler oder der Posteingang beim Versicherer. Mit dem Zugang ist der Antragsteller an seinen Antrag gebunden. Nach § 147 Abs. 1 Satz 1 BGB ist er jedoch nur so lange an seinen Antrag gebunden, wie er den Eingang der Antwort unter regelmäßigen Umständen erwarten darf. Für Versicherungsanträge ist meist eine längere Antragsbindung vorgesehen, damit dem Versicherer genug Zeit für die Risikoprüfung verbleibt. Die Fristen sind in den einzelnen Sparten unterschiedlich geregelt. Sie ergeben sich aus dem Gesetz, den AVB oder dem Antrag selbst.

Die Bindung an den Antrag erlischt entweder

- mit dem Ablauf der Bindefrist des Antragstellers,
- durch den Widerruf seines Antrages oder
- mit der Ablehnung durch den Versicherer.

15.3.3 Widerruf des Antrages

Dem Versicherungsnehmer steht ein zweiwöchiges Widerrufsrecht zu (§ 8 VVG). Der Widerruf ist in Textform gegenüber dem Versicherer zu erklären und bedarf keiner Begründung. Durch die rechtzeitige Absendung ist die Frist gewahrt.

Die Frist beginnt zu dem Zeitpunkt zu dem folgende Unterlagen dem Versicherungsnehmer vorliegen:

- der Versicherungsschein und die Vertragsbestimmungen einschließlich der Allgemeinen Versicherungsbedingungen sowie die weiteren Informationen nach § 7 Abs. 1 und 2 VVG und
- eine deutlich gestaltete Belehrung über das Widerrufsrecht und über die Rechtsfolgen des Widerrufs, die dem Versicherungsnehmer seine Rechte entsprechend den Erfordernissen des eingesetzten Kommunikationsmittels deutlich macht und die den Namen und die Anschrift desjenigen, gegenüber dem der Widerruf zu

erklären ist, sowie einen Hinweis auf den Fristbeginn und auf die Regelungen des Absatzes 1 Satz 2 enthält.

Das Widerrufsrecht besteht nicht

- bei Versicherungsverträgen mit einer Laufzeit von weniger als einem Monat,
- bei Versicherungsverträgen über vorläufige Deckung, es sei denn, es handelt sich um einen Fernabsatzvertrag im Sinn des § 312 b Abs. 1 und 2 des Bürgerlichen Gesetzbuches,
- bei Versicherungsverträgen bei Pensionskassen, die auf arbeitsvertraglichen Regelungen beruhen, es sei denn, es handelt sich um einen Fernabsatzvertrag im Sinn des § 312 b Abs. 1 und 2 des Bürgerlichen Gesetzbuches,
- bei Versicherungsverträgen über ein Großrisiko im Sinn des § 210 Abs. 2 VVG.

Darüber hinaus ist das Widerrufsrecht bei Versicherungsverträgen ausgeschlossen, die von beiden Vertragsparteien auf ausdrücklichen Wunsch des Versicherungsnehmers vollständig erfüllt sind, bevor der Versicherungsnehmer sein Widerrufsrecht ausgeübt hat.

Bei Lebensversicherungen beträgt die Widerrufsfrist abweichend von § 8 VVG 30 Tage (§ 152 VVG).

15.3.4 Vorvertragliche Informationspflichten des Versicherers

§ 7 VVG verlangt von dem Versicherer, dass dieser dem Versicherungsnehmer vor Abgabe dessen Vertragserklärung umfassende Informationen erteilt. Hierzu gehören die Vertragsbestimmungen einschließlich der Allgemeinen Versicherungsbestimmungen sowie Informationen in Textform.

Bislang konnte der Kunde seine ausführlichen Vertragsunterlagen erst mit der Zusendung der Police erhalten. Dies ist jetzt also nicht mehr möglich, womit das Policenmodell der Vergangenheit angehört. Mit dieser Regelung wollte der Gesetzgeber vermeiden, dass der Kunde die „Katze im Sack“ kauft. Die Verbraucherinformationen dienen also der Aufklärung des Versicherungsnehmers über die für das Versicherungsverhältnis maßgeblichen Tatsachen und Rechte vor Abschluss und während der Laufzeit des Versicherungsvertrages.

15.3.5 Annahme des Antrages durch den Versicherer

Der Versicherungsvertrag kommt durch die Annahme des Antrages durch den Versicherer zustande. Die Annahme ist eine einseitig empfangsbedürftige Willenserklärung, die mit dem Zugang beim Antragsteller wirksam wird (§ 151 Satz 1 BGB).

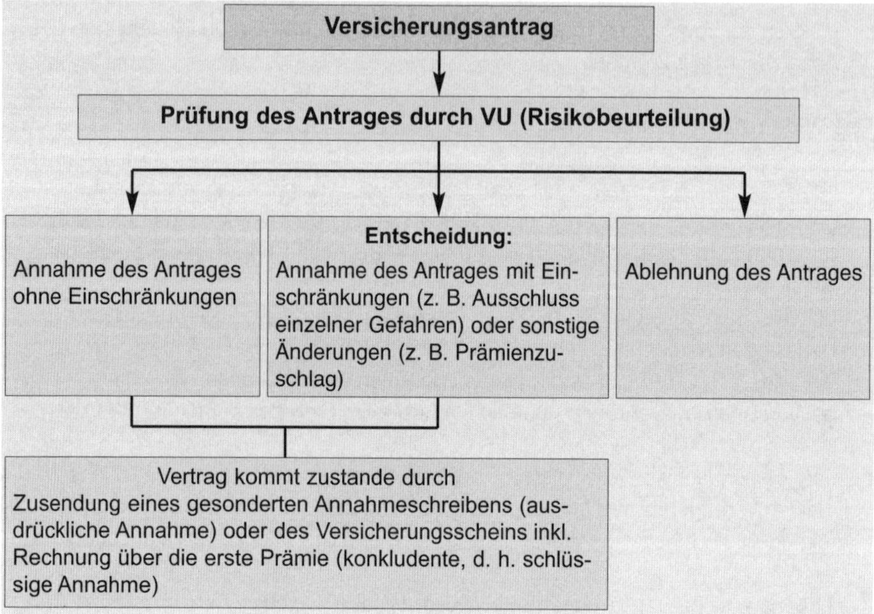

Abbildung: Prüfung des Versicherungsantrags

Es kann auch vorkommen, dass der Versicherer den Versicherungsantrag mit Abweichungen vom Antrag annimmt oder ablehnt. Die Entscheidung über Annahme oder Ablehnung des Antrages macht er stets von dem Ergebnis der Risikoprüfung abhängig. Grundsätzlich ist den Versicherungsparteien der Vertragsabschluss freigestellt. Nur in der Kraftfahrt-Haftpflichtversicherung sind die zum Betrieb der Kraftfahrzeugversicherung zugelassenen Versicherer nach dem Gesetz über die Pflichtversicherung für Kraftfahrzeughalter (PflVG) verpflichtet, Anträge auf Kraftfahrt-Haftpflichtversicherung anzunehmen.

15.3.6 Abweichung im Versicherungsschein

Das Ergebnis der Antragsprüfung kann dazu führen, dass der Versicherer die Annahme des Antrages durch Übermittlung des Versicherungsscheins mit Abweichungen vom ursprünglichen Antragsinhalt vornimmt.

Beispiel:

Die Risikoprüfung kann zu dem Ergebnis kommen, dass das Risiko nur gegen einen Prämienzuschlag versicherbar ist. Abweichungen treten auch dann auf, wenn ein anderer als der beantragte Prämiensatz im Versicherungsschein ausgewiesen wird.

Eine Annahme unter Erweiterungen, Einschränkungen oder sonstigen Änderungen gilt nach BGB-Regelung als Ablehnung, verbunden mit einem neuen Antrag des Versicherers (§ 150 Abs. 2 BGB). Dem Kunden steht es frei, ob er den Antrag des Versicherers annehmen möchte oder nicht; er ist an seinen ursprünglich gestellten Antrag nicht mehr gebunden.

Um diesen Weg des Abschlusses von Versicherungsverträgen bei inhaltlichen Abweichungen zu beschleunigen, wurde die für die Versicherungspraxis etwas umständliche Regelung des BGB durch § 5 VVG ersetzt. Danach muss der Versicherungsnehmer innerhalb eines Monats tätig werden, indem er der Abweichung widerspricht, ansonsten gilt sie nach Ablauf dieser Frist automatisch als genehmigt (gebilligt) und der Versicherungsvertrag kommt auf der Grundlage des Versicherungsscheins zustande.

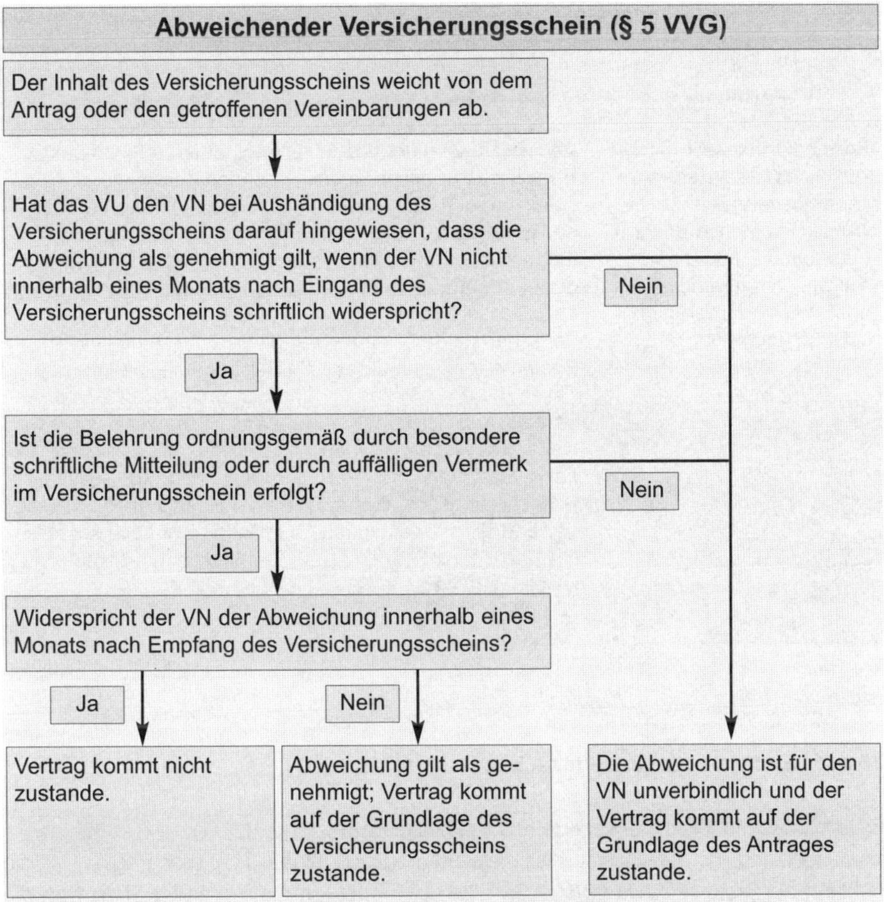

Abbildung: Abweichender Versicherungsschein nach § 5 VVG

15.4 Versicherungsbeginn

15.4.1 Arten des Versicherungsbeginns

Als Beginn des Versicherungsvertrages sind drei verschiedene Arten zu unterscheiden:

Versicherungsbeginn

Formeller	Materieller	Technischer
Zeitpunkt des Vertragsabschlusses, d. h. der Versicherungsvertrag ist rechtswirksam zustande gekommen durch Zugang einer Antragsannahmeerklärung oder des Versicherungsscheins beim VN.	Vertraglich vereinbarter Beginn des Versicherungsschutzes, d. h. der Zeitpunkt, ab dem die Leistungspflicht (Gefahrtragung) des VU anfängt. Bei zeitlich begrenzten Verträgen ist der materielle Beginn der Beginn eines Tages (§ 10 VVG). Im Vertrag, z. B. in der Hausratversicherung, wird dann vereinbart: Versicherungsschutz wird gewährt für die Zeit vom 01.02.2011 bis 01.02.2012, jeweils 0.00 bzw. 24.00 Uhr	Beginn des prämienbelasteten Zeitraums, d. h. der Zeitpunkt, ab dem die Prämie berechnet wird. Der technische Beginn ergibt sich aus der Police: z. B. Vertragsbeginn: 01.04.2011, 0.00 Uhr. Der prämienbelastete Zeitraum gliedert sich in mehrere Versicherungsperioden. Als Versicherungsperiode gilt der Zeitraum eines Jahres, falls die Prämie nicht nach kürzeren Zeitabschnitten bemessen ist (§ 12 VVG).

Abbildung: Arten des Versicherungsbeginns

15.4.2 Einfache und erweiterte Einlösungsklausel

Es gilt grundsätzlich die erweiterte Einlöseklausel (EK):
Voraussetzung für den Beginn des Versicherungsschutzes (materieller Beginn) ist die Zahlung der ersten Prämie (§ 37 Abs. 2 VVG). Erst durch die Prämienzahlung wird die Police und damit auch die Leistungspflicht des VU „eingelöst".

Eine Leistungsfreiheit des Versicherers wegen Nichtzahlung der Prämie greift allerdings nur, soweit der Versicherer den Versicherungsnehmer durch gesonderte Mitteilung in Textform oder durch einen auffälligen Hinweis im Versicherungsschein auf die Folgen einer Nichtzahlung der Prämie hingewiesen hat (vgl. § 37 Abs. 2 VVG). Ohne diesen Hinweis bleibt die Leistungspflicht trotz nicht gezahlter Prämie bestehen. Allerdings gilt dies nur insoweit, als dass die Prämie zwar nicht unmittelbar mit Zugang der Police gezahlt werden muss, spätestens aber unverzüglich nach Ablauf von zwei Wochen nach dem Zugang des Versicherungsscheins.

Die **strenge Einlöseklausel** greift also immer nur noch dann, wenn der Versicherer einen entsprechenden Hinweis an den Versicherungsnehmer gibt, dass der Beginn des Versicherungsschutzes maßgeblich von der Zahlung der Prämie abhängt. Der Versicherungsschutz beginnt also im Rahmen der erweiterten Einlöseklausel immer erst dann, wenn die Prämie gezahlt wurde.

15.4.3 Rückdatierung und Rückwärtsversicherung

Die Vertragspartner können vereinbaren, dass der Versicherungsbeginn vorverlegt wird. Dies ist zum einen möglich durch **Rückdatierung**, zum anderen durch **Rückwärtsversicherung**:

Rückdatierung	Rückwärtsversicherung
Der **technische Beginn wird vor den formellen Beginn** gelegt. Der prämienbelastete Zeitraum beginnt also bereits vor dem rechtswirksamen Abschluss des Versicherungsvertrages. Der Versicherungsschutz besteht – wie gehabt – erst mit dem materiellen Beginn (bis zum materiellen Beginn wird also die Prämie für einen Zeitraum erhoben, für den der VN keinen Versicherungsschutz in Anspruch nehmen kann).	Sowohl der **technische als auch der materielle Beginn werden vor den formellen Beginn** gelegt. Dadurch beginnt der Versicherungsschutz bereits vor dem eigentlichen Vertragsabschluss (§ 2 Abs. 1 VVG). **Voraussetzung:** VN und VU dürfen nicht schon zum Zeitpunkt des Vertragsschlusses (formeller Beginn) Kenntnis von einem bereits eingetretenen Versicherungsfall haben. Wüsste der VN von dem Eintritt eines Versicherungsfalles, wäre das VU von der Leistung freigestellt und hätte Anspruch auf die Prämie der laufenden Versicherungsperiode (§ 2 Abs. 2 VVG).
Die Rückdatierung ist für den VN dann von Vorteil, wenn er z. B. in der Lebensversicherung dadurch ein früheres Eintrittsalter oder in der Kraftfahrzeugkaskoversicherung aufgrund der Schadenfreiheitsrabatt-Regelung einen günstigeren Prämiensatz erhält.	Ihren Ursprung hat die Rückwärtsversicherung im Bereich der Seeversicherung: Reedereien versicherten ihre bereits auf See befindlichen Schiffe rückwirkend gegen Schäden, die ohne ihre Kenntnis möglicherweise bereits eingetreten waren. Heute ist die Rückwärtsversicherung im Bereich der Vermögenschaden-Haftpflichtversicherung üblich, um das Risiko einer fahrlässigen Rechtsverletzung rückwirkend in Deckung zu geben.

Abbildung: Rückdatierung/Rückwärtsversicherung

15.4.4 Vorläufige Deckungszusage

Die vorläufige Deckungszusage (VDZ) ist ein rechtlich selbstständiger Versicherungsvertrag, der dem Versicherungsnehmer bereits mit Antragstellung, also vor Abschluss der Risikoprüfung oder der Einigung über den Inhalt des Hauptvertrages (z. B. über die Prämienhöhe), Versicherungsschutz bietet. Die Haftung beginnt sofort mit Zugang der Zusage beim Versicherungsnehmer, also auch vor Zahlung der Erstprämie für den Hauptvertrag.

Der vorläufige Vertrag endet, wenn:

- der Hauptvertrag zustande kommt (die Prämie für die Zeit der vorläufigen Deckung wird in den Hauptvertrag abrechnungstechnisch mit einbezogen),
- die in der Deckungszusage angegebene Zeit abgelaufen ist (Abrechnung nach Kurztarif),
- der Abschluss des Hauptvertrages von Versicherer oder Versicherungsnehmer abgelehnt wird, weil keine Einigung erzielt werden kann
(Abrechnung nach Kurztarif).

Beispiele:
Die vorläufige Deckungszusage (VDZ) ist in vielen Sachversicherungszweigen (z. B. Industrie-Feuerversicherung) verbreitet. Auch im Bereich der Kraftfahrt-Haftpflichtversicherung findet sie Anwendung. Der Vermittler gibt dem Versicherungsnehmer für die behördliche Zulassung seines Kraftfahrzeuges eine eVB-Nummer als Bestätigung für die bestehende Versicherung aus, die als vorläufige Deckungszusage so lange gilt, bis der Versicherungsschein durch Zahlung der Erstprämie eingelöst wird.

Aber auch in anderen Zweigen ist die VDZ weit verbreitet (Ausnahme: Krankenversicherung). In der Lebensversicherung wird eine VDZ bis zu einer Versicherungssumme von 100.000 EUR gewährt und endet spätestens zwei Monate nach Antragstellung. Der Versicherer erbringt jedoch nur dann die vereinbarte Versicherungsleistung, wenn die Todesursache erst nach Antragstellung bekannt wurde oder entstanden ist.

15.4.5 Beendigung des Versicherungsvertrages

Zeitablauf

Versicherungsverträge werden für einen bestimmten Zeitraum abgeschlossen, der im Versicherungsschein aufgeführt ist. Es ist zwischen unterjährigen und ein- oder mehrjährigen Verträgen zu unterscheiden.

Dauer von Versicherungsverträgen

Unterjährig (Laufzeit weniger als ein Jahr)	**Ein- oder mehrjährig (Laufzeit von einem Jahr oder länger)**
Unter anderem in der Reisegepäckversicherung, Kraftfahrtversicherung nach Kurztarif, Auslandsreise-Krankenversicherung Beispiel: Für die Dauer einer Auslandsreise ist die Auslandsreise-Krankenversicherung vom 01.09. bis 01.10. eines Jahres abgeschlossen worden.	Unter anderem in der Lebensversicherung, Krankenversicherung, Haftpflichtversicherung, Hausratversicherung Die meisten AVB enthalten sog. **Verlängerungsklauseln**, wonach sich der Vertrag stillschweigend verlängert, wenn er nicht innerhalb der bedingungsgemäß vorgesehenen Frist gekündigt wird. Nach § 11 Abs. 1 VVG darf sich der Vertrag aber immer nur um jeweils ein Jahr stillschweigend verlängern.

Abbildung: Laufzeiten von Versicherungsverträgen

Wagniswegfall

Das Versicherungsverhältnis endet mit dem Wegfall des versicherten Interesses. Dafür kommen zwei Gründe in Betracht:

Eintritt des Versicherungsfalles	**Sonstige Gründe**
Beispiele: Versichertes Gebäude wird durch Brand völlig zerstört, Diebstahl des versicherten Wohnmobils.	Beispiel: Der Hausrat wird aufgelöst und zwischen den Erben aufgeteilt, Veräußerung des Grundstücks in der Grundbesitzerhaftpflichtversicherung (kein Übergang auf den Erwerber nach § 95 VVG).
Folge: Dem Versicherten gebührt die Prämie bis zu dem Zeitpunkt, zu dem er vom Wegfall des Wagnisses Kenntnis erlangt (§ 80 Abs. 2 VVG).	Folge: Dem Versicherer gebührt die Prämie, die er bis zur Kenntnis des Wegfalls des versichterten Interesses hätte anteilig erheben können, wenn die Versicherung nur bis zu dem Zeitpunkt beantragt worden wäre (§ 80 Abs. 2 VVG). Bei unterjährigen Verträgen wird nach Kurztarif abgerechnet, ansonsten nach der tatsächlichen Laufzeit.

Abbildung: Gründe für den Wegfall des versicherten Interesses

Tod des Versicherungsnehmers

Der Versicherungsvertrag geht bei Tod des Versicherungsnehmers im Wege der Gesamtrechtsnachfolge auf die Erben über (§ 1922 BGB). Der Erbfall ruft kein außerordentliches Kündigungsrecht hervor.

In der Sachversicherung, Betriebs- und Tierhalterhaftpflichtversicherung bleibt das versicherte Risiko und damit auch der Versicherungsvertrag nach dem Tod des VN bestehen. Der Tod des Versicherungsnehmers kann in manchen Versicherungssparten auch Grund für die Beendigung des Versicherungsvertrages sein. Bei personengebundenen Versicherungen fällt mit dem Tod des Versicherungsnehmers auch das versicherte Risiko weg.

In der Krankenversicherung und Berufshaftpflichtversicherung für Rechtsanwälte oder Ärzte endet der Versicherungsvertrag bei Tod des VN.

In der Lebens- und Unfallversicherung führt der Tod des Versicherungsnehmers nicht nur zum Wegfall des versicherten Risikos, sondern auch zum Eintritt des Versicherungsfalles.

Kündigung

Die Kündigung ist eine einseitig empfangsbedürftige Willenserklärung. Sie wird erst mit dem Zugang beim Vertragspartner oder dessen Vertreter rechtswirksam. Als zugegangen gilt eine Kündigung in dem Zeitpunkt, wo sie in den Machtbereich (z. B. Briefkasten) des Empfängers gelangt ist, dieser also die Möglichkeit hat, von ihr Kenntnis zu nehmen.

Die meisten AVB sehen für Kündigungen – abweichend von der BGB- und VVG-Regelung – die Schriftform vor. Dabei muss es sich nicht um einen eingeschriebenen Brief handeln (§ 309 Nr. 13 BGB).

Ordentliche Kündigung

Die ordentliche Kündigung kann von beiden Vertragsparteien ohne Angabe von Gründen, jedoch unter Einhaltung einer Kündigungsfrist zu einem bestimmten Kündigungstermin ausgesprochen werden. Unbefristete Versicherungsverträge sowie Verträge, die aufgrund der Verlängerungsklausel fortgesetzt werden, können von beiden Teilen zum Schluss der laufenden Versicherungsperiode gekündigt werden. Die Kündigungsfrist muss für beide Partner gleich lang sein und muss **mindestens einen, höchstens drei Monate** betragen (§ 11 Abs. 3 VVG). In den AVB sind in der Regel Kündigungsfristen von drei Monaten auf das Ende der Versicherungsperiode vorgesehen.

Der VN kündigt seine Hausratversicherung zum Ende des Versicherungsjahres (31.03.2011).

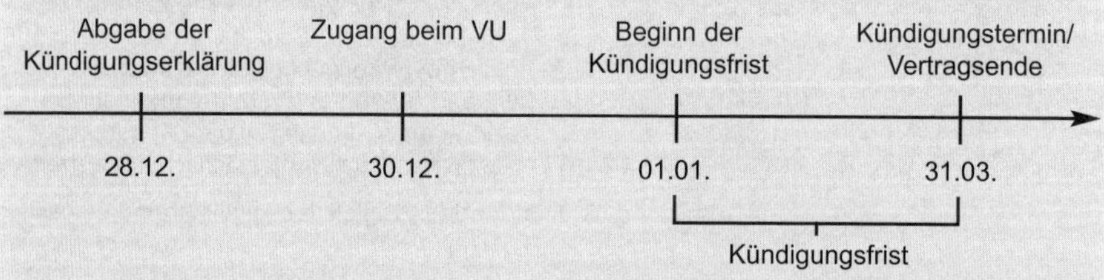

Die Kündigung muss dem VU gemäß § 21 Abs. 3 VHB drei Monate vor Vertragsablauf zugehen. Bei einem späteren Zugang (z. B. am 02.01.) ist sie unwirksam. Der Versicherer muss die Kündigung jedoch ausdrücklich mit Mangelbelehrung zurückweisen, ansonsten ist sie wirksam.

Abbildung: Beispiel für eine fristgerechte Kündigung

Mehrjährige Verträge könne vom Versicherungsnehmer vorzeitig gekündigt werden, gemäß § 11 Abs. 4 VVG:

- Bei einer Laufzeit bis zu drei Jahren besteht kein Kündigungsrecht.
- Bei einer Laufzeit über drei Jahren kann der Vertrag erstmals zum Ende des dritten oder jedes darauf folgenden Jahres mit einer Frist von drei Monaten zur Hauptfälligkeit vom Versicherungsnehmer gekündigt werden.

Außerordentliche Kündigung

Ein Versicherungsvertrag kann von Versicherungsnehmer und Versicherer auch vorzeitig gekündigt werden. Voraussetzung dafür ist das Vorliegen besonderer Kündigungsgründe, die im VVG und den AVB geregelt sind.

Kündigungsgrund	Ausübungsfristen und Wirkungsfristen	Rechtsgrundlage
Obliegenheitsverletzung	Kündigung des VU innerhalb eines Monats seit Kenntnis, fristlos bei gewollter Gefahrerhöhung/Verletzung einer vertraglichen Obliegenheit vor Eintritt des Versicherungsfalles; mit Monatsfrist bei nicht gewollter oder nicht verschuldeter Gefahrenerhöhung/unverschuldeter Verletzung der vorvertraglichen Anzeigepflicht.	§§ 23, 24 Abs. 1 u. 2, 28 VVG
Prämienanpassung	Kündigung des VN innerhalb eines Monats seit Eingang der Mitteilung des VU mit sofortiger Wirkung, frühestens jedoch zum Zeitpunkt der Wirksamkeit der Erhöhung.	§§ 40 VVG
Folgeprämienverzug	Kündigung des VU mit sofortiger Wirkung nach Ablauf der gesetzten Zahlungsfrist (isolierte oder verbundene Kündigung).	§ 38 VVG
Veräußerung der versicherten Sache	Kündigung durch VU innerhalb eines Monats seit Kenntnis mit Monatsfrist oder durch Erwerber innerhalb eines Monats seit Erwerb mit sofortiger Wirkung oder zum Schluss der laufenden Versicherungsperiode.	§ 95 VVG
Versicherungsfall in der Schadenversicherung	Kündigung durch VN und VU innerhalb eines Monats nach Abschluss der Verhandlungen über Entschädigungszahlung möglich; und zwar mit sofortiger Wirkung oder zu einem späteren Termin, spätestens aber zum Schluss der laufenden Versicherungsperiode.	§ 92 VVG

Abbildung: Gründe für die außerordentliche Kündigung

15.4.6 Sonstige Beendigungsgründe

Rücktritt
Das Versicherungsverhältnis kann auch durch Rücktritt rückwirkend aufgehoben werden. Folgende Anlässe müssen dazu vorliegen:

- schuldhafte Verletzung der vorvertraglichen Anzeigepflicht (§ 19 VVG) oder
- Erstprämienverzug (§ 37 Abs. 1 VVG).

Anfechtung
Im Fall der Verletzung der vorvertraglichen Anzeigepflicht durch arglistige Täuschung (§ 22 VVG, § 124 Abs. 1 BGB) ist der Versicherer berechtigt, den Vertrag anzufechten.

Aufhebung
Der Versicherungsvertrag kann auch unabhängig von der vereinbarten Versicherungsdauer jederzeit im gegenseitigen Einvernehmen aufgelöst werden („Freigabe der Versicherung" nach § 311 Abs. 1 BGB).

15.5 Versicherungsschein

Der Versicherer ist verpflichtet, eine von ihm unterzeichnete Urkunde über den abgeschlossenen Versicherungsvertrag (Versicherungsschein) dem Antragsteller auszuhändigen (§ 3 Abs. 1 VVG). Der Versicherungsschein wird häufig auch **Police** genannt. Ist der Versicherungsschein abhandengekommen oder vernichtet worden, kann der Versicherungsnehmer von dem Versicherer eine Ersatzurkunde verlangen. Die Kosten der Ersatzurkunde hat der Versicherungsnehmer jedoch selbst zu tragen und auf Verlangen vorzuschießen.

Versicherungsschein
Name und Anschrift des Versicherers
Versicherungsschein-Nummer
Name und Anschrift des Versicherungsnehmers
Gegenstand und Umfang des Versicherungsschutzes: • Versicherungszweig • Tarifart • Versichertes Objekt, evtl. auch versicherte Gefahren und Schäden • Versicherte Person in der Personenversicherung • Versicherungssumme • Laufzeit des Vertrages
Höhe und Fälligkeit der Prämie, Gebühren und Kosten
Sonstige Hinweise und Belehrungen
Datum und Unterschrift des Versicherers (Nachbildung der eigenhändigen Unterschrift, d. h. ein Faksimile genügt)

Abbildung: Aufbau des Versicherungsscheins

Die Police ist stets **Beweisurkunde** für die Richtigkeit und Vollständigkeit der vom Versicherer abgegebenen Erklärungen. Es wird unterstellt, dass der Versicherungsvertrag wie beurkundet zustande gekommen ist und keine weiteren als die beurkundeten Abreden getroffen worden sind, es sei denn, die Vertragsparteien können etwas Gegenteiliges beweisen.

Von Bedeutung ist in der Kraftfahrt-Haftpflichtversicherung die **eVB (Pin)**: Sie wird vom Versicherer neben der Police ausgestellt, um dadurch die Zulassung eines Kraftfahrzeuges zu ermöglichen. Die Versicherungsbestätigung verbleibt bei der Zulassungsstelle.

Als Sonderform der Police wird die **Block-** oder **Kuponpolice** für das einfache, weitgehend standardisierte Geschäft eingesetzt. Der Versicherungsvermittler füllt diese Police aus und händigt sie sofort, ohne vorherige Risikoprüfung des Versicherungs-Innendienstes, an den Versicherungsnehmer aus.

In der Lebensversicherung ist die Police ein **Ausweispapier** (Legitimationspapier). Bei fehlendem Bezugsrecht kann der Versicherer an den Inhaber zahlen, er muss sich aber von der Berechtigung, z. B. durch Vorlage eines Erbscheins, überzeugen.

15.6 Prämienzahlung

15.6.1 Prämienzahlungspflicht des Versicherungsnehmers

Der Abschluss des Versicherungsvertrages verpflichtet den Versicherungsnehmer, die vereinbarte Prämie zu entrichten (§ 1 Satz 2 VVG). Die **Prämienzahlung** ist eine echte Rechtspflicht, deren Erfüllung vom Versicherer verlangt und gerichtlich eingeklagt werden kann.

Die Prämie ist die Gegenleistung des Versicherungsnehmers für die Gefahrtragung des Versicherers. Bei Versicherungsvereinen auf Gegenseitigkeit wird nicht von Prämien, sondern von **Beiträgen** gesprochen. Im alltäglichen Sprachgebrauch findet sich der Begriff Beitrag häufig auch bei anderen Unternehmensformen. Die Prämienhöhe wird zwischen Versicherer und Versicherungsnehmer ausdrücklich vertraglich vereinbart und im Versicherungsschein dokumentiert. Fehlt es an einer derartigen Vereinbarung, wie es zum Beispiel bei einer vorläufigen Deckungszusage der Fall sein kann, so ist der Prämientarif des Versicherers maßgebend.

15.6.2 Zahlungsweisen und Prämienarten

Prämien unterscheiden sich danach, ob sie **einmalig** oder **laufend** gezahlt werden:

Einmalprämie
Die sogenannte Einmalprämie wird nach Abschluss des Vertrages durch die einmalige Zahlung des Versicherungsnehmers entrichtet. Weitere Prämienzahlungen fallen nicht an.

Beispiel:
Einmalprämien sind üblich bei kurzfristigen Verträgen wie zum Beispiel Reisekranken- oder Reisegepäckversicherungen.

Laufende Prämie

Im Allgemeinen wird die technische Versicherungsdauer in mehrere Versicherungsperioden eingeteilt. Als Versicherungsperiode gilt immer der Zeitraum eines Jahres, falls die Prämie nicht nach kürzeren Abständen bemessen ist (§ 12 VVG). Für jede Versicherungsperiode werden laufende Prämien fällig, die sich in Erst- und Folgeprämie untergliedern.

Laufende Prämien

Erstprämie	**Folgeprämie**
Erste vertragsmäßig zu entrichtende Prämie, mit der die Gefahrtragung des Versicherers nach dem Einlösungsprinzip beginnt (materieller Beginn). Die Einmalprämie ist der Erstprämie insoweit gleichzustellen. Beispiele: • Erste Prämie eines Versicherungsvertrages • Prämie für eine vorläufige Deckung • Prämie für einen Nachtrag (z. B. bei Einschluss einer Zusatzversicherung während der Vertragslaufzeit)	Alle Prämien, die der Erstprämie zeitlich folgen. Sie sind für die einzelnen Versicherungsperioden zu entrichten (Jahresprämien), können aber auch in Raten unterteilt werden (unterjährige Zahlungsweise). Die Fälligkeit ergibt sich aus dem Versicherungsvertrag.

Abbildung: Laufende Prämien

Neben der Prämie hat der Versicherungsnehmer Geldleistungen zu erbringen, die nicht für die Gefahrtragung, sondern für andere Zwecke erbracht werden:

- **Ratenzahlungszuschlag**
  Prämien sind grundsätzlich im Voraus zu entrichtende Jahresbeiträge. Wünscht der Versicherungsnehmer eine unterjährige Zahlungsweise (z. B. halbjährlich, vierteljährlich oder monatlich), wird ein Zuschlag zum Ausgleich des Zinsausfalles und der höheren Einzahlungskosten erhoben.

- **Nebengebühren**
  Dazu gehören:
  - Abschlusskosten (z. B. Ausfertigungsgebühr, Aufnahmegebühr oder Eintrittsgeld beim VVaG) sowie
  - Kosten, die während der Vertragslaufzeit anfallen (z. B. Inkassogebühren, Nachtragsgebühren, Mahnkosten, Kosten einer Ersatzurkunde oder Abschriften von Erklärungen).

- Die Nebengebühren sind dem Versicherungsnehmer in einer Gebührenübersicht mitzuteilen (§ 10a Abs. 1 VAG). Gebühren für Policenausfertigung, Inkasso und Nachträge sind heute unüblich geworden.

- **Versicherungsteuer und Zinsen**
  Die Zahlung der Versicherungsprämie einschließlich der Nebengebühren unterliegt der Besteuerung. Als öffentliche Abgabe schuldet zwar der Versicherungsnehmer die Versicherungsteuer, sie ist aber vom Versicherer zu entrichten. Der Versicherungsnehmer zahlt demzufolge die Versicherungsteuer zusammen mit der Prämie zuerst an den Versicherer, bevor dieser sie dann an das Finanzamt überweist.
  Des Weiteren werden unter Umständen Zinsen in Form von Verzugs-, Prozess- oder Darlehnszinsen auf Vorauszahlungen in der Lebensversicherung während der Laufzeit des Vertrages fällig. Sämtliche Kosten oder Zinsen gelten als Teil der Prämie und werden daher auch rechtlich wie eine Prämie behandelt. Daher treten bei Nichtzahlung die gleichen Rechtsfolgen ein, wie wenn die eigentliche Prämie nicht entrichtet wird (§ 38 Abs. 2 VVG).

15.6.3 Fälligkeit der Prämie

Prämienschuldner ist der Versicherungsnehmer. Der Versicherer ist jedoch verpflichtet, fällige Prämien auch von anderen, z. B. den versicherten Personen (falls nicht mit Versicherungsnehmer identisch), den Bezugsberechtigten oder einem Pfandgläubiger anzunehmen (§ 34 VVG). Die Zahlung der Prämie hat entweder an den Versicherer oder an den Vertreter zu erfolgen, wenn sich dieser im Besitz einer vom Versicherer unterzeichneten **Prämienrechnung** (Faksimile genügt) befindet.

Fälligkeit der ...

Erstprämie/Einmalprämie	Folgeprämie
Die Zahlung hat unverzüglich nach Ablauf von zwei Wochen nach Zugang der Police zu erfolgen (§ 33 Abs. 1 VVG). Vorauszahlungspflicht des VN: Auch wenn der Versicherungsschutz erst später beginnen soll, muss dennoch die Prämie sofort nach Vertragsabschluss beglichen werden (Ausnahme: Stundung der Prämie).	Es ist keine spezielle gesetzliche Regelung vorgesehen. Die Fälligkeit wird insofern vertraglich vereinbart und im Versicherungsschein festgehalten. Fehlt eine vertragliche Vereinbarung, wird die Folgeprämie jeweils sofort zu Beginn der neuen Versicherungsperiode fällig (§ 271 Abs. 1 BGB).

Abbildung: Fälligkeit der Prämie

Prämienforderungen des Versicherers kann der Versicherungsnehmer gegen anerkannte Entschädigungsansprüche aufrechnen, genauso wie der Versicherer die fälligen Prämien von der Versicherungsleistung abziehen kann (§ 387 BGB, § 356 VVG).

15.6.4 Leistungsort

Leistungsort für die Entrichtung der Prämie ist der jeweilige Wohnsitz bzw. bei gewerblicher Versicherung der Ort der gewerblichen Niederlassung des Versicherungsnehmers. Die Prämienschuld ist eine **Schickschuld**, denn der Versicherungsnehmer hat dem Versicherer die Prämie auf seine Kosten (z. B. Überweisungsgebühren) und auf seine Gefahr (z. B. Verlustrisiko bei Versendung des Prämienbetrages) zu übermitteln (§ 36 VVG).

Die Prämie kann nach § 33 Abs. 2 VVG auch zur Holschuld werden, wenn der Versicherer zuletzt regelmäßig von einem Bankkonto des Versicherungsnehmers abgebucht hat. In diesen Fällen hat der Versicherungsnehmer die Prämie erst dann selbst zu übermitteln, wenn er vom Versicherer hierzu in Textform aufgefordert wird.

Beispiel:
Früher wurden die Prämien z. B. bei Kleinlebensversicherungen durch Versicherungsvertreter oder Inkassobeauftragte direkt bei den Versicherungsnehmern eingezogen. Heute bedient sich der Versicherer des Lastschriftverfahrens.

15.6.5 Rechtzeitigkeit der Prämienzahlung

Voraussetzung sowohl für den Beginn als auch für die Erhaltung des Versicherungsschutzes ist die rechtzeitige Zahlung der Prämie. Dabei kommt es auf den **Zeitpunkt der Leistungshandlung** an. Es genügt bereits, wenn der Versicherungsnehmer das zur Übermittlung des Prämienbetrages Erforderliche getan hat.

Beispiel:
Mit der Einzahlung der Prämie auf dem Bankkonto des Versicherers ist die Leistungshandlung des Versicherungsnehmers abgeschlossen. Handelt es sich um die Zahlung der Erstprämie, beginnt damit die Gefahrtragung des Versicherers (materieller Beginn).

Prämienzahlung

Zahlungsart:	Rechtzeitigkeit der Zahlung (Leistungshandlung):	Tilgung (Erfüllungshandlung):
Barzahlung	Übergabe des Geldes	Übergabe des Geldes
Verrechnungsscheck	Einwurf in den Briefkasten	Gutschrift auf Konto des Versicherers
Postanweisung/Zahlkarte/Bankzahlschein	Einzahlung bei Post oder Bank	Gutschrift auf Konto des Versicherers
Überweisungsverkehr/Dauerauftrag bei Post oder Bank	Eingang des Überweisungsauftrags bei der Bank	Gutschrift auf Konto des Versicherers
Einzugsermächtigung/Lastschriftverfahren	Immer, falls Kontodeckung bei Prämienfälligkeit	Lastschrift auf Konto des Versicherungsnehmers (Holschuld)

Abbildung: Rechtzeitigkeit der Prämienzahlung

Die Rechtzeitigkeit der Leistungshandlung führt jedoch nicht automatisch zur eigentlichen **Tilgung** der Prämienschuld. Erfüllt ist die Prämienschuld erst zu dem Zeitpunkt, an dem der Versicherer über den Geldbetrag verfügen kann.

Beispiel:
Schickt der Versicherungsnehmer Bargeld durch Postanweisung, so ist zwar die Leistungshandlung abgeschlossen, aber die Prämienschuld ist erst mit Eingang des Geldes beim Versicherer getilgt.

15.6.6 Rechtsfolgen aus der Nichtzahlung der Prämie

Der Versicherungsnehmer gerät in Verzug, wenn die Prämie nicht rechtzeitig gezahlt wird. Zu unterscheiden ist der Zahlungsverzug bei der Erstprämie (bzw. Einmalprämie) und bei der Folgeprämie. Für beide Fälle sind die Rechtsfolgen des Zahlungsverzuges im Versicherungsvertragsgesetz unter folgenden Aspekten geregelt:

- Durchsetzung des Prämienanspruchs gegenüber dem Versicherungsnehmer,
- Auswirkungen auf den Versicherungsvertrag,
- Auswirkungen auf den Versicherungsschutz.

Zahlungsverzug bei der Erstprämie / Einmalprämie
Wird die erste oder einmalige Prämie nicht rechtzeitig gezahlt, so ist der Versicherer dazu berechtigt vom Vertrag zurückzutreten (§ 37 Abs. 1 VVG).

Der Rücktritt ist von dem Versicherer ausdrücklich zu erklären. Ein stillschweigender Rücktritt (wie bisher nach drei Monaten) ist nicht mehr gegeben. Der Versicherer muss also entweder den Rücktritt ausdrücklich erklären oder er kann die Prämie samt Kosten und ggf. Zinsen gerichtlich geltend machen.

Zahlungsverzug bei der Folgeprämie
Angenommen, der Versicherungsnehmer hat während der Laufzeit des Vertrages eine Folgeprämie nicht rechtzeitig gezahlt. Der Versicherer kann daraufhin die Prämienschuld durch Klageerhebung oder Beantragung eines Mahnbescheides gerichtlich geltend machen. Manche AVB sehen eine Ausschlussfrist vor (z. B. AUB). Die gerichtliche Durchsetzung befreit den Versicherer jedoch nicht von seiner Leistungspflicht bei Eintritt des Versicherungsfalles.

Die Leistungsfreiheit tritt im Gegensatz zur Erstprämie bei Folgeprämienverzug nur dann ein, wenn der Versicherer den Versicherungsnehmer vergeblich qualifiziert gemahnt hat. An die **qualifizierte Mahnung** (ein spezielles Mahnverfahren) werden strenge Anforderungen gemäß § 38 VVG gestellt:

- **Benennung der Prämienschuld**
  Die Höhe der Prämienschuld des betreffenden Versicherungsvertrages sowie der Zinsen und Kosten müssen aufgeführt sein. Wird der geschuldete Betrag irrtümlich zu hoch angegeben, ist die Mahnung unwirksam.

- **Bestimmung einer Zahlungsfrist**
  Die Frist muss mindestens zwei Wochen betragen. Bei kürzeren Fristen ist die Mahnung unwirksam. Durch die Fristsetzung wird der Versicherungsnehmer zur Zahlung aufgefordert. Es besteht Versicherungsschutz.

- **Belehrung über Rechtsfolgen**
  Im Mahnschreiben sind sämtliche Rechtsfolgen anzugeben, die mit dem erfolglosen Ablauf der gesetzlichen Zahlungsfrist verbunden sind. Dazu gehören:

  - **Leistungsfreiheit des VU:**
    Tritt der Versicherungsfall nach Ablauf der gesetzten Zahlungsfrist ein und ist der Versicherungsnehmer zu diesem Zeitpunkt mit der Zahlung der Prämie sowie der Zinsen und Kosten in Verzug, so ist der Versicherer von der Verpflichtung zur Leistung frei.
  - **Kündigungsrecht des VU:**
    Aufgrund des Folgeprämienverzuges **kann** der Versicherer das Vertragsverhältnis durch eine Kündigung beenden. Zu unterscheiden sind die isolierte und die verbundene Kündigung:
    Die **isolierte Kündigung** wird nach erfolglosem Ablauf der gesetzten Zahlungsfrist zu irgendeinem späteren Zeitpunkt ohne weitere Kündigungsfrist ausgesprochen (§ 38 Abs. 3 Satz 1 VVG). Die **verbundene Kündigung** geht dem Versicherungsnehmer im Gegensatz zur isolierten Kündigung bereits zusammen mit der qualifizierten Mahnung zu. Zahlt der Versicherungsnehmer nicht innerhalb der Zahlungsfrist, wird die verbundene Kündigung automatisch mit Fristablauf wirksam. Der Versicherer hat den Versicherungsnehmer darauf im Kündigungsschreiben ausdrücklich hinzuweisen (§ 38 Abs. 3 Satz 2 VVG).

- **Wegfall der Kündigungswirkungen (Reaktivierung)**
  Es besteht die Möglichkeit, den Vertrag wieder in Kraft zu setzen: Die Wirkungen der Kündigung fallen fort, wenn der Versicherungsnehmer die Zahlung innerhalb eines Monats nach Zugang des Kündigungsschreibens bei der isolierten Kündigung oder nach Ablauf der Zahlungsfrist bei der verbundenen Kündigung nachholt (§ 38 Abs. 3 Satz 3 VVG).

Für zwischenzeitliche Versicherungsfälle besteht kein Versicherungsschutz. Dieser setzt erst wieder ab Zahlung ein.

Das qualifizierte Mahnschreiben muss schriftlich erfolgen und dem Versicherungsnehmer zugehen. Im Fall eines Wohnungswechsels genügt die Absendung eines eingeschriebenen Briefes an die letzte, dem Versicherer bekannte Wohnung des Versicherungsnehmers (§ 13 VVG). Die Beweislast für den Zugang des Mahnschreibens trifft den Versicherer.

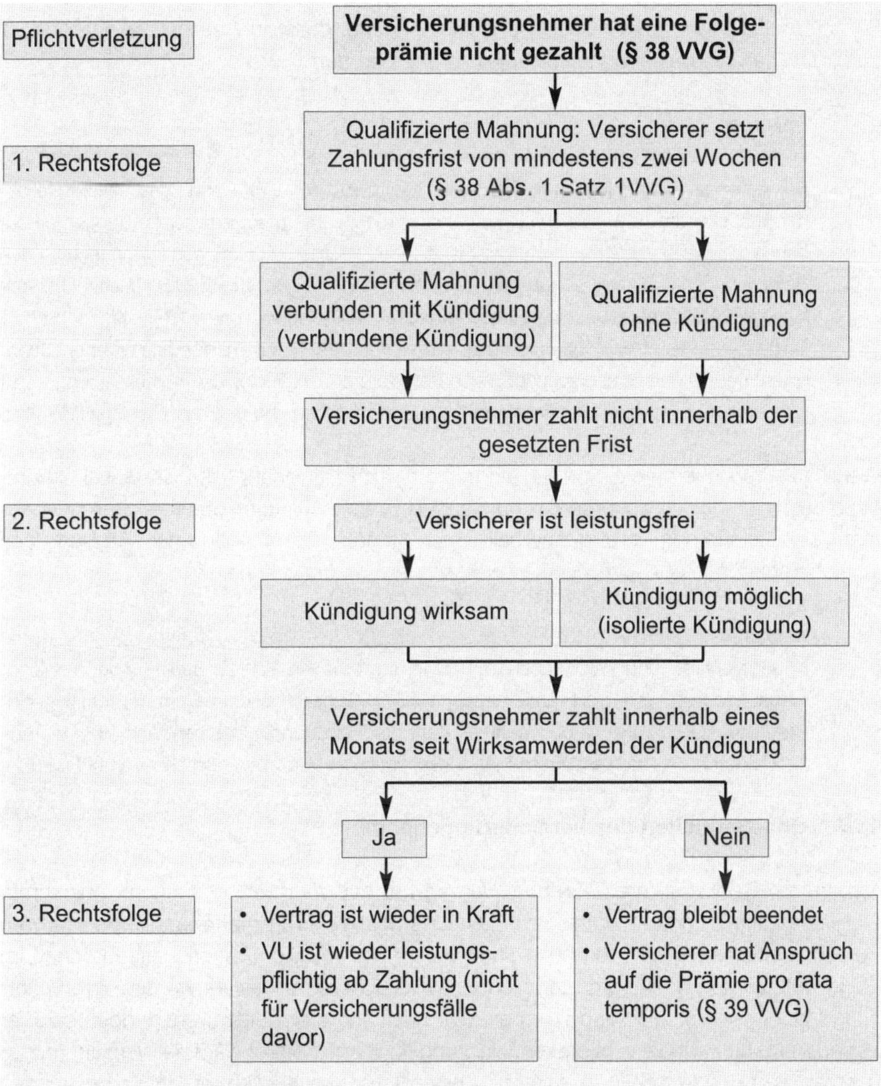

Abbildung: Rechtsfolgen beim Zahlungsverzug bei der Folgeprämie

15.6.7 Prämienanpassungsklausel

Während der Laufzeit eines Versicherungsvertrages kann es vorkommen, dass sich die Kalkulationsgrundlagen innerhalb eines Versicherungszweiges ändern. Der Versicherer stellt zum Beispiel fest, dass sich in einem Versicherungszweig (z. B. Haftpflichtversicherung) der im Branchendurchschnitt berechnete Schadenaufwand je Versicherungsfall erhöht hat.

Für solche Fälle sehen die Klauseln einzelner AVB vor, dass der Versicherer eine Anpassung der Prämien bestehender Verträge vornehmen darf.

Beispiel:
In der Krankheitskosten- und Krankenhaustagegeldversicherung kann der Versicherer eine Beitragsanpassung vornehmen, wenn sich die Leistungen z. B. wegen gestiegener Heilbehandlungskosten oder einer häufigeren Inanspruchnahme medizinischer Leistungen erhöht haben. Der Versicherer vergleicht dazu jährlich die erforderlichen mit den in den technischen Berechnungsgrundlagen kalkulierten Versicherungsleistungen. Ergibt diese Gegenüberstellung eine Abweichung von mehr als dem tariflich festgelegten Vomhundertsatz, können die Beiträge vom Versicherer überprüft und, soweit erforderlich, mit Zustimmung eines unabhängigen Treuhänders entsprechend angepasst werden. Unter gleichen Voraussetzungen gilt dies auch für betragsmäßig festgelegte Selbstbeteiligungen und Beitragszuschläge (MB/KK).

Wenn der Versicherer die Prämie aufgrund einer Prämienanpassungsklausel erhöht, ohne dass sich der Versicherungsschutz ändert (§ 40 VVG), kann der Versicherungsnehmer den Versicherungsvertrag innerhalb eines Monats nach Eingang der Mitteilung des Versicherers frühestens zum Wirksamwerden der Erhöhung kündigen.

Ausnahme:
In der Hausrat- und Wohngebäudeversicherung erhöhen sich zu Beginn jeder Versicherungsperiode sowohl die Prämie als auch die Versicherungssumme um den gestiegenen Preisindex. Dem Versicherungsnehmer steht hier kein Kündigungsrecht gemäß § 40 VVG zu, da durch die Prämienanpassungsklausel auch der Versicherungsschutz erhöht wird.

15.7 Obliegenheiten des Versicherungsnehmers

Neben den Rechtspflichten aus dem Vertrag hat der Versicherungsnehmer bestimmte Obliegenheiten zu erfüllen. Obliegenheiten sind bestimmte **Verhaltensnormen**, die vom Versicherungsnehmer ein Tun oder Unterlassen fordern. Die Obliegenheiten können im Gegensatz zu den Rechtspflichten nicht vom Versicherer eingeklagt werden. Ihre Verletzung macht den Versicherungsnehmer zwar nicht schadenersatzpflichtig, doch kann er seinen Anspruch auf die Versicherungsleistung verlieren. Folglich wird der Versicherungsnehmer die Obliegenheiten in seinem eigenen Interesse erfüllen wollen, um nicht den Versicherungsschutz zu gefährden.

Beispiel:
Das Tun kann die Abgabe einer Willenserklärung sein: Der Versicherungsnehmer ist u. a. zur Erteilung von Auskünften verpflichtet. Das Unterlassen besteht zum Beispiel in der Nichtvornahme einer Gefahrenverringerung, wenn der Versicherungsnehmer z. B. nach einem Wohnungsbrand das aus der Wohnung geräumte Mobiliar ungeschützt auf der Straße stehen lässt.

15.7.1 Arten von Obliegenheiten

Die Obliegenheiten des Versicherungsnehmers lassen sich nach folgenden Kriterien unterscheiden:

- Rechtsgrundlage,
- Art des Verhaltens,
- Zeitpunkt der Erfüllung.

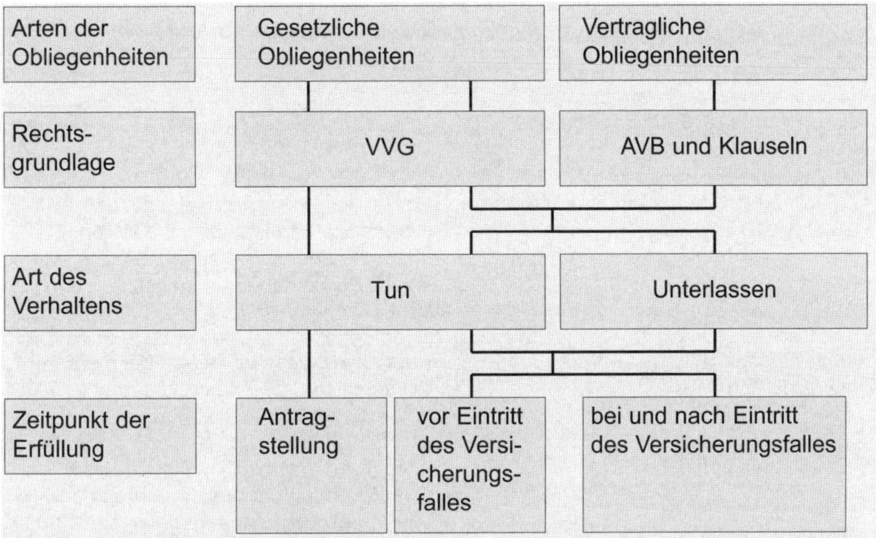

Abbildung: Arten von Obliegenheiten

15.7.2 Obliegenheiten vor Vertragsschluss

Ein Versicherungsvertrag kommt auf der Grundlage der im Antrag gemachten Angaben des Versicherungsnehmers zustande. Der Versicherer übernimmt den Versicherungsschutz im Vertrauen darauf, dass die zur Einschätzung des Risikos gestellten Fragen im Antrag richtig und vollständig beantwortet wurden. Die im Zusammenhang mit der Antragstellung vom Versicherungsnehmer zu erfüllende Obliegenheit nennt man **vorvertragliche Anzeigepflicht**. Der VN hat alle ihm bekannten Umstände, die für die Übernahme der Gefahr **erheblich** sind, dem Versicherer anzuzeigen. Erheblich sind alle Gefahrumstände, die geeignet sind, auf den Entschluss des Versicherers, den Vertrag überhaupt oder zu dem vereinbarten Inhalt abzuschließen, einen Einfluss auszuüben. Umstände, nach denen im Antrag ausdrücklich gefragt ist, gelten im Zweifel als erheblich. Der Antragsteller hat nur Tatsachen anzuzeigen, die ihm bekannt sind, ohne besondere Nachforschungen anstellen zu müssen.

Beispiel:
Der Antrag auf Lebensversicherung beinhaltet Fragen nach gegenwärtigen oder früheren Erkrankungen, gesundheitlichen Störungen und Beschwerden der versicherten Person, die vom Antragsteller wahrheitsgemäß und vollständig beantwortet werden müssen.

15.7.3 Obliegenheiten nach Vertragsschluss

Der Versicherungsnehmer hat nach Abschluss des Versicherungsvertrages weitere Obliegenheiten zu erfüllen. Häufig treten während der Vertragslaufzeit Änderungen auf, die dem Versicherer angezeigt bzw. mitgeteilt werden müssen. Dazu gehören zum Beispiel:

Art der Obliegenheit/gesetzliche Grundlage	Inhalt
• Mitteilungspflicht bei Wohnungswechsel (§ 13 VVG)	Ist der Wohnungswechsel nicht dem VU mitgeteilt worden, so gilt eine Willenserklärung des VU als zugegangen, wenn sie als Einschreiben an die letzte, dem VU bekannte Wohnung gesandt wurde.
• Mitteilungspflicht bei Mehrfachversicherung (§ 77 VVG)	Hat der VN dieselbe Gefahr bei mehreren VU versichert, ist jedem VU davon unverzüglich Mitteilung zu machen.
• Gefahrstandspflicht (§ 23 Abs. 1 VVG)	VN darf nicht ohne Einwilligung des VU eine Erhöhung der Gefahr vornehmen oder deren Vornahme durch einen Dritten gestatten.
• Anzeigepflicht bei Gefahrerhöhung (§ 23 Abs. 2 VVG)	VN hat dem VU unverzüglich Anzeige zu machen, sobald er davon Kenntnis erlangt, dass die Gefahr durch eine von ihm ohne Einwilligung des VU vorgenommene oder gestattete Änderung erhöht ist.
• Anzeigepflicht bei Veräußerung der versicherten Sache (§ 95 VVG)	Veräußerer oder Erwerber müssen die Veräußerung gegenüber dem VU unverzüglich anzeigen.

Abbildung: Obliegenheiten während der Vertragslaufzeit

15.7.4 Rechtsfolgen der Obliegenheitsverletzung

Eine Verletzung der gesetzlichen Obliegenheiten zieht für gewöhnlich bestimmte, im Gesetz geregelte Rechtsfolgen nach sich. Auch sehen die AVB für bestimmte Versicherungszweige Rechtsfolgen bei der Verletzung vertraglicher Obliegenheiten vor. Die Verletzung kann zur **Leistungsfreiheit des Versicherers** führen. Dazu müssen folgende **Voraussetzungen** gegeben sein:

Verschuldensprinzip
Der Versicherer kann seine Rechte aus der Obliegenheitsverletzung nur geltend machen, wenn der Versicherungsnehmer **schuldhaft** gehandelt hat. Es sind im Wesentlichen drei Verschuldensarten zu unterscheiden:

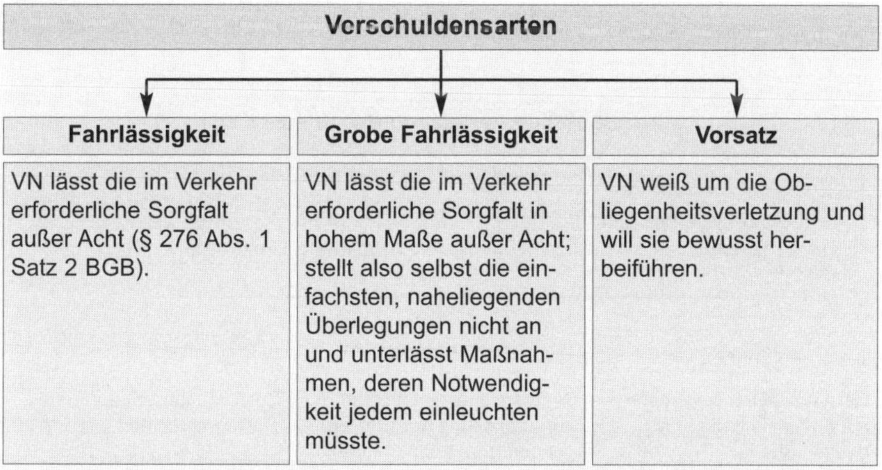

Abbildung: Verschuldensarten

Im Fall einer Verletzung der vorvertraglichen Anzeigepflicht kommt als weitere Verschuldensart die **arglistige Täuschung** des VN in Betracht (§§ 19–22 VVG). Arglist setzt voraus, dass der VN auf die Entschließung des VU, den Vertrag überhaupt oder zu den vereinbarten Bedingungen anzunehmen, Einfluss nehmen will, indem er Tatsachen verschweigt oder falsch angibt. Den Versicherer trifft die Beweislast.

Kausalitätsprinzip
Die Obliegenheitsverletzung muss in einem direkten Zusammenhang mit dem Eintritt des Versicherungsfalles und dem Umfang des entstandenen Schadens stehen (Kausalzusammenhang).

Klarstellungsprinzip
Erfährt der Versicherer von einer Obliegenheitsverletzung, so muss er sich innerhalb einer Frist von einem Monat entscheiden, ob er seine Rechte geltend machen will (Rücktritt im Fall der Verletzung der vorvertraglichen Anzeigepflicht oder Kündigung im Falle anderer Obliegenheitsverletzungen). Versäumt der Versicherer die Frist, kann er sich nicht auf Leistungsfreiheit berufen, wenn nach Ablauf der Frist ein Versicherungsfall eintritt. Der Versicherer ist folglich gezwungen, bei Kenntnis einer Obliegenheitsverletzung klare Rechtsverhältnisse zu schaffen. Grundsätzlich stehen dem Versicherer die Rechte auf Rücktritt und Kündigung des Vertrages nur zu, wenn er den Versicherungsnehmer auf diese Folgen von Obliegenheitsverletzungen hingewiesen hat.

15.8 Vorvertragliche Anzeigepflicht

15.8.1 Verletzung der vorvertraglichen Anzeigepflicht

Verletzt der Versicherungsnehmer die vorvertragliche Anzeigepflicht, indem er gefahrerhebliche Umstände verschweigt oder unrichtig angibt, so bestimmen sich die Rechtsfolgen danach, ob ihn ein Verschulden trifft oder nicht:

Anzeigepflichtverletzung (§§ 19 – 22 VVG)

Nichtanzeige eines gefahrerheblichen Umstandes	Falschanzeige eines gefahrerheblichen Umstands

schuldlos	schuldhaft	arglistig
Der Versicherer hat Recht auf Anpassung der Bedingungen und ggf. Prämienerhöhung ab dem lfd. Versicherungsjahr. Der Versicherer kann unter Einhaltung einer Frist von einem Monat kündigen. Die Kündigung ist ausgeschlossen, wenn der Versicherer in Kenntnis der nicht angezeigten Umstände den Vertrag trotzdem geschlossen hätte (wenn auch zu anderen Bedingungen). Der Versicherer bleibt leistungspflichtig.	Der Versicherer hat Recht auf Anpassung der Bedingungen und ggf. der Prämie rückwirkend. Der Versicherer kann vom Vertrag zurücktreten. Das Rücktrittsrecht ist ausgeschlossen, wenn der Versicherer in Kenntnis der nicht angezeigten Umstände den Vertrag trotzdem geschlossen hätte (wenn auch zu anderen Bedingungen). Es besteht bei Kausalität Leistungsfreiheit für den Versicherer.	Der Versicherer kann den Vertrag anfechten. In diesem Fall ist der Versicherer immer leistungsfrei (auch ohne Kausalität).

Abbildung: Rechtsfolgen bei der Verletzung der vorvertraglichen Anzeigepflicht

15.8.2 Verantwortung des Vermittlers bei der Aufnahme anzeigepflichtiger Gefahrumstände

Zunächst ist der Versicherungsnehmer bzw. der Versicherte dafür verantwortlich, dass alle ihm bekannten Umstände, die für die Gefahrübernahme durch den Versicherer erheblich sind, auch angezeigt werden. Gefahrerheblich sind alle Umstände, die dem Versicherungsnehmer bei Vertragsschließung bereits bewusst sind, Nachforschungen sind nicht notwendig. Als **erheblich** gelten auf jeden Fall die Antragsfragen, aber auch solche Umstände, bei denen jeder verständige Versicherungsnehmer davon auszugehen hat, dass sie die Risikoentscheidung des Versicherers stark beeinflussen werden.

Der **Vermittler** hat den Antragsteller auf o. g. Sachverhalte hinzuweisen. Füllt der Vermittler den Antrag für den Versicherungsnehmer aus, so gilt: Die Kenntnis gefahrerheblicher Umstände beim Vermittler, die nicht im Antrag angegeben wurden, muss sich der Versicherer zurechnen lassen. Was der Versicherungsvertreter bei seinen Bemühungen über die Vertragsanbahnung erfährt, ist damit auch dem Versicherer bekannt geworden. Man sagt, der Versicherungsvertreter sei „Auge und Ohr" des Versicherers. Das gilt aber nicht für den **Versicherungsmakler**. Der Versicherer muss für seinen Vertreter einstehen. Insofern ist die mündliche Kenntnis des Vermittlers ausreichend.

Fragen, die nur im Wissen des Versicherten liegen können, z. B. zu Vorerkrankungen in der Krankenversicherung, hat ausschließlich der Antragsteller selbst wahrheitsgemäß zu beantworten.

15.9 Gefahrerhöhung

15.9.1 Verletzung der Anzeigepflicht der Gefahrerhöhung

Während der Laufzeit eines Versicherungsvertrages ist mit Veränderungen der versicherten Gefahr zu rechnen. Für den Versicherer sind insbesondere solche Änderungen bedeutsam, die eine Erhöhung der Gefahrenlage darstellen. Eine Gefahrerhöhung liegt vor, wenn

- sich die Möglichkeit des Eintritts eines Versicherungsfalles oder der potenzielle Umfang des Schadens vergrößert,
- ein Zustand entsteht, der von gewisser Dauer ist,
- sie insofern erheblich ist, als der Vertrag nicht mehr zum gleichen Prämiensatz und gleichen Versicherungsbedingungen fortgeführt werden kann oder sie den Umständen nach nicht als vertraglich vereinbart anzusehen ist.

Beispiele:
Eine Gefahrerhöhung liegt unter diesen Voraussetzungen nicht vor bei:

- einmaliger Trunkenheit am Steuer (Kraftfahrt-Haftpflichtversicherung)
- Älterwerden in der Lebensversicherung.

Eine **Gefahrerhöhung** liegt dagegen vor, wenn:

- eine Wohnung für ununterbrochen mehr als 60 Tage oder für eine im Einzelfall vereinbarte längere Frist unbewohnt ist (§ 17 Abs. 1 c VHB).

Der Versicherungsnehmer ist folglich nicht dazu berechtigt, das Risiko während der Vertragsdauer ohne Einwilligung des Versicherers zu erhöhen oder die Vornahme durch Dritte zu gestatten (§ 23 Abs. 1 VVG).

Die Rechtsfolgen der subjektiven und objektiven Gefahrerhöhung können unter bestimmten Voraussetzungen ein Kündigungsrecht des Versicherers und die Leistungsfreiheit bei Eintritt des Versicherungsfalles beinhalten:

Beispiel:
Als der VN seinen Kleinwagen mit einer ursprünglich geringen Motorstärke auf 120 PS aufrüstet, setzt er den Versicherer nicht davon in Kenntnis. Einige Wochen später bricht ihm

durch die hohe Geschwindigkeit auf der Autobahn die Hinterachse ein. Durch Meldung des Versicherungsfalles erfährt der Versicherer von der subjektiven Gefahrerhöhung. Obwohl der Versicherer das Recht hat, innerhalb eines Monats seit Kenntnis der Gefahrerhöhung fristlos zu kündigen, bleibt er zwei Monate lang untätig. Trotz des ursächlichen Zusammenhangs zwischen der Aufrüstung des Wagens und dem Achsenbruch besteht Versicherungsschutz, weil die Kündigungsfrist des Versicherers abgelaufen ist und eine Kündigung nicht erfolgte (§ 25 Abs. 3 VVG).

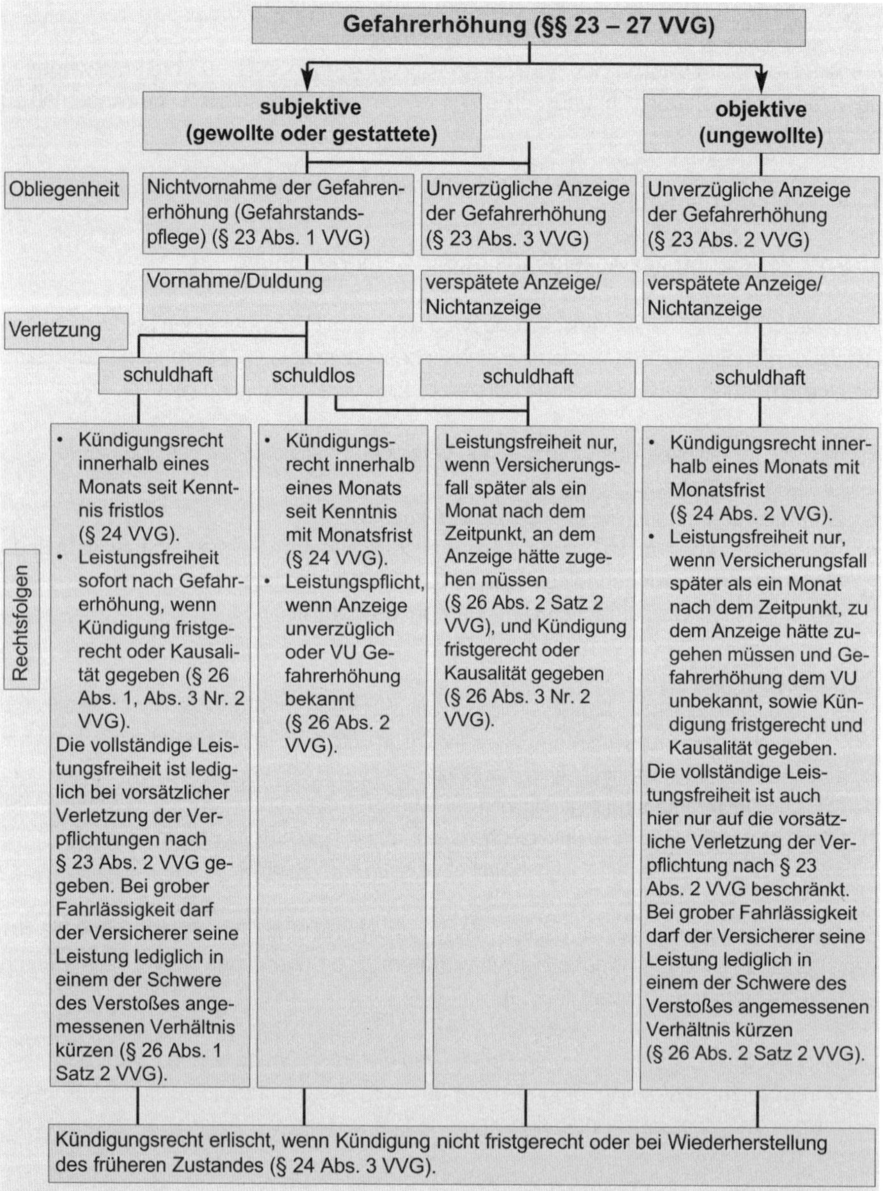

Abbildung: Rechtsfolgen bei Gefahrerhöhung

15.9.2 Verantwortung des Vermittlers bei der Behandlung von Gefahrerhöhungen

Nach Vertragsschluss darf das Risiko nicht einseitig durch den Versicherten erhöht werden, er hat die Pflicht, die Gefahr wie im Antrag beschrieben zu belassen **(Gefahrstandspflicht)**.

Der Versicherungsnehmer muss die Gefahrerhöhung dem Versicherer unverzüglich anzeigen, damit dieser den vertragswidrigen Zustand prüfen und eine eventuell höhere Prämie verlangen kann. Bei dieser Anzeigepflicht hat der Vertreter den Versicherten zu unterstützen.

Ebenso muss er seinem Versicherer ihm bekannt gewordene Gefahrerhöhungen mitteilen, denn seine Kenntnis ist wieder diejenige des Versicherers. Und der Versicherer muss sich innerhalb der o. g. Fristen entscheiden, ob er das nun größere Risiko überhaupt weiter versichern will.

15.10 Pflichten im Schadenfall

Der Versicherungsnehmer ist verpflichtet, bestimmte Obliegenheiten zum Zeitpunkt des Eintritts des Versicherungsfalles und in der Zeit unmittelbar danach zu erfüllen.

15.10.1 Anzeigepflicht (§ 30 VVG)

Der VN hat dem VU unverzüglich Anzeige zu machen, sobald er von dem Eintritt des Versicherungsfalles Kenntnis erlangt hat. Die unverzügliche („ohne schuldhaftes Zögern" nach § 121 Abs. 1 Satz 1 BGB)

15.10.2 Auskunfts- und Belegpflicht (§ 31 VVG)

Der VN hat auf Verlangen des VU jede Auskunft zu erteilen, die zur Feststellung des Versicherungsfalles oder des Umfanges der Leistungspflicht erforderlich ist. In der Praxis wird die Obliegenheit regelmäßig durch Ausfüllen eines Vordruckes des Versicherers (Schadenanzeige) und der Einreichung von Belegen (z. B. Rechnungen in der Hausratversicherung) erfüllt.

15.10.3 Schadenabwendungs- und Minderungspflicht (§ 82 VVG)

Der VN ist verpflichtet, nach Möglichkeit für die Abwendung und Minderung des Schadens zu sorgen und dabei die Weisungen des VU zu befolgen oder einzuholen.

Beispiel:
Merkt der Versicherungsnehmer, dass aufgrund eines Rohrbruches das Leitungswasser in die versicherte Wohnung zu laufen beginnt, so hat er möglichst frühzeitig Maßnahmen zu ergreifen, um zu verhindern, dass das Leitungswasser weitere Wohnräume erreicht (z. B. durch eigenhändige Abdichtung des Rohres oder Herbeiholung eines Klempners).

15.11 Eigentumswechsel in der Schadenversicherung

Erwerber einer versicherten Sache

Wird eine versicherte Sache vom Versicherungsnehmer veräußert, so tritt an die Stelle des Veräußerers der Erwerber in die während der Dauer seines Eigentums aus dem Versicherungsverhältnis sich ergebenden Rechte und Pflichten des Versicherungsnehmers ein (§ 95 VVG). Die Veräußerung ist nach BGB-Regelung erst in dem Augenblick vollzogen, wo das Eigentum auf den Erwerber übergeht.

Beispiele:

Die rechtsgeschäftliche Übertragung des Eigentums ist vollendet bei

- beweglichen Sachen durch Einigung und Übergabe, z. B. eines Motorrades (§ 929 BGB),
- Grundstücken durch notariell beurkundete Auflassung und Eintragung in das Grundbuch (§§ 873, 925 BGB).

Auch die Sicherungsübereignung ist eine Veräußerung. Zum Beispiel geht mit der Sicherungsübereignung sachversicherter Maschinen die Versicherung auf die Bank über.

Dagegen ist die Veräußerung einer versicherten Sache unter Eigentumsvorbehalt nicht schon mit der Übergabe vollendet, sondern erst mit vollständiger Zahlung des Kaufpreises.

Die gesetzlichen Vorschriften über die Veräußerung gem. § 95–98 VVG beziehen sich auf die

- Sachversicherung,
- Kraftfahrzeug-Haftpflichtversicherung (§ 122 VVG),
- Betriebshaftpflichtversicherung (§ 102 Abs. 2 VVG),
- Zwangsversteigerung der versicherten Sache (§ 99 VVG).

<table>
<tr><th>Veräußerer</th><th>Erwerber</th><th>Versicherer</th></tr>
<tr><td colspan="2">Gesamtschuldnerische Haftung für die Prämie der zurzeit des Verkaufes laufenden Versicherungsperiode; der Versicherer kann die Prämie sowohl vom Veräußerer als auch Erwerber ganz oder teilweise fordern (§ 95 Abs. 2 VVG).</td><td>Anspruch auf die Prämie</td></tr>
<tr><td colspan="2">Die Veräußerung muss unverzüglich angezeigt werden (§ 97 Abs. 1 Satz 1 VVG).</td><td>Der Versicherer ist von der Verpflichtung zur Leistung frei, wenn der Versicherungsfall später als einen Monat nach dem Zeitpunkt eintritt, in welchem ihm die Anzeige hätte zugehen müssen (§ 97 Abs. 1 Satz 2 VVG).</td></tr>
<tr><td>Kein Kündigungsrecht</td><td>Recht zur Kündigung innerhalb eines Monats – sofort oder zum Ende der laufenden Versicherungsperiode. Bei Unkenntnis der Versicherung bleibt Kündigungsrecht bis zum Ablauf eines Monats von dem Zeitpunkt an bestehen, in welchem der Erwerber von der Versicherung Kenntnis erlangt (§ 96 Abs. 2 VVG).</td><td>Recht zur Kündigung innerhalb eines Monats seit Bekanntwerden der Veräußerung mit Monatsfrist (§ 96 Abs. 1 VVG)</td></tr>
</table>

Abbildung: Veräußerung der versicherten Sache

Die VVG-Vorschriften finden **keine Anwendung** auf die Veräußerung einzelner Stücke aus einer Sachgesamtheit, z. B. des Hausrats oder Vorratsbestands. Für diese erlischt bei Veräußerung der Versicherungsschutz, für alle weiteren bleibt er bestehen.

Im Fall der **Veräußerung** sieht das VVG bestimmte Rechtsfolgen sowohl für Veräußerer und Erwerber als auch für den Versicherer vor:
Der Eigentumsübergang durch gesetzliche Erbfolge stellt keine Veräußerung dar. Deswegen tritt der Erbe in alle Rechte und Pflichten des Erblassers aus dem Versicherungsvertrag ein, ohne ein Sonderkündigungsrecht infolge der Erbschaft zu besitzen. Analog gilt dies auch für die Schenkung.

15.12 Vermittlerrecht

15.12.1 Allgemeine Rechtsstellung

Versicherungsvermittler müssen Verträge anbahnen, vermitteln und betreuen. Insbesondere haben sie Versicherungskunden zu gewinnen und zu binden. Das Produkt „Versicherungsschutz" stellt eine unsichtbare Dienstleistung dar, die als Rechtskonstruktion sehr hohen Erklärungsbedarf für den Kunden nach sich zieht. Insofern begleitet der Vermittler seinen Versicherungskunden möglichst in allen Versicherungsfragen von der Bedarfsermittlung über Antragstellung und Vertragsschließung bis hin zur Vertragsbetreuung bei Veränderungen sowie Hilfe zur Schadenregulierung.

15.12.2 Grundlagen für die Tätigkeit des Vermittlers

Seit dem 22.05.2007 ist die Versicherungsvermittler-Richtlinie in Kraft. Damit wurde das EU-Recht in nationales Recht umgesetzt und die gewerbsmäßige Vermittlung von Versicherungen grundsätzlich zu einem **erlaubnispflichtigen Gewerbe** (nach § 34d Gewerbeordnung).

Die Erlaubnis der zuständigen Behörden wird an die Erfüllung folgender Voraussetzungen gebunden sein:

- Der Vermittler muss die erforderliche Zuverlässigkeit besitzen.
- Er muss in geordneten Vermögensverhältnissen leben.
- Der Nachweis über eine Berufshaftpflichtversicherung mit einer Mindestdeckung von 1 Mio. EUR je Schadenfall bzw. 1,5 Mio. EUR für alle Schadenfälle eines Jahres ist zu erbringen.
- Der Vermittler hat vor der zuständigen IHK erfolgreich eine Sachkundeprüfung zum Nachweis seiner fachlichen Eignung abzulegen. Branchenspezifische Berufsabschlüsse erfüllen diese Voraussetzung.

Der erforderliche Bildungsinhalt der Sachkundeprüfung für Quereinsteiger entspricht dem des Abschlusses als BWV-Versicherungsfachmann/-frau (nach der Verordnung über die Versicherungsvermittlung).

Ein Ausschließlichkeitsvertreter kann auf Antrag von der Erlaubnispflicht befreit werden, wenn sein Versicherer die uneingeschränkte Haftung für ihn übernimmt. Der Versicherer darf nach VAG nur noch mit Vermittlern zusammenarbeiten, die dem § 34d Gewerbeordnung entsprechen (§ 80 VAG).

Versicherungsvermittler haben sich darüber hinaus in das „Vermittlerregister der Deutschen Versicherungswirtschaft e. V." eintragen zu lassen. Nach der **„Verordnung über die Versicherungsvermittlung"** (VersVermV) hat jeder Versicherungsvermittler seinem Kunden gegenüber umfassende Informationspflichten bezüglich seiner eigenen Marktstellung zu erfüllen. Nach ihrer Rechtsstellung unterteilt man die Vermittler in **den angestellten Außendienst, die Versicherungsvertreter und die Versicherungsmakler**.

Merkmale des selbstständigen Handelsvertreters

Der Versicherungsvertreter ist selbstständiger Handelsvertreter entsprechend § 84 ff. und § 92 HGB.

Ihn treffen zahlreiche **Rechte und Pflichten**:

Bemühungspflicht

Der Vertreter ist **ständig** damit betraut, für seinen Versicherer Versicherungsverträge zu vermitteln und zu betreuen. Vertraglich wird vereinbart, dass er an der Verwaltung der

Versicherungsverträge teilnimmt, Schadenbearbeitung in gewissem Umfang leistet und eventuell sogar Prämieninkasso betreibt.

Sorgfaltspflicht
Der Vertreter hat seine Arbeit mit dem erforderlichen Fachwissen im Interesse des Versicherers und des Kunden durchzuführen.

Weisungsgebundenheit
Den sachbezogenen Weisungen seines Versicherers muss der Vertreter Folge leisten.

Freie Zeiteinteilung
Als selbstständiger Gewerbetreibender kann der Vertreter seine Arbeitszeit im Rahmen der ständigen Bemühungen frei einteilen.

Wettbewerbsverbot (Ausschließlichkeit)
Als Einfirmen- oder Ausschließlichkeitsvertreter darf er nur die Produkte seines Versicherers / Versicherungskonzerns vermitteln.

Mitwirkungspflicht
Er hat die Anträge und Willenserklärungen des Kunden an den Versicherer weiterzuleiten sowie diesem Auskünfte zu erteilen und Rechenschaft abzulegen.

Herausgabepflicht
Nach Vertragsbeendigung hat der Vertreter die Versichererunterlagen zurückzugeben.

Recht auf erfolgsbezogene Vergütung (Provision)
Der Vertreter erhält für die von ihm vermittelten Versicherungsverträge eine Abschlussprovision. Der Anspruch entsprechend den vereinbarten Provisionstabellen entsteht, wenn die Versicherungsprämie durch den Kunden gezahlt wurde. Üblich sind für mehrjährige Verträge auch Bestandsprovisionen. Darüber hinaus können Bürokostenzuschüsse und eine Altersversorgung gewährt werden. Mindestarbeitsbedingungen und Mindestvergütungen können durch die zuständigen Bundesministerien festgesetzt werden.

Ausgleichsanspruch
Der Versicherer zieht aus den vom Vertreter vermittelten Kundenbeziehungen auch nach Beendigung der Zusammenarbeit mit dem Vertreter (z. B. durch Kündigung oder Erreichen des Rentenalters) noch erheblichen wirtschaftlichen Vorteil und der Vertreter verliert Folgeprovisionen. In diesem Fall hat der Versicherer dem Vertreter nach anerkannten Regeln einen Ausgleich zu zahlen.

Bestands-/Kundenschutz
Der Versicherungsvertreter besitzt nach § 92 HGB nur Anspruch auf Provision für Geschäfte, die er selbst vermittelt hat. Für ihn gibt es keinen Gebietsschutz. Die Bestände „gehören" dem Versicherer.

Aufgaben der „Auskunftsstelle über Versicherungs-/Bausparkassenaußendienst und Versicherungsmakler in Deutschland e. V. (AVAD)" in Hamburg
Diese Auskunftsstelle hat die Aufgabe, unlautere Personen von der Versicherungsvermittlung fernzuhalten. Jeder Versicherer muss vor Eingehung von Vermittlerverträgen Auskünfte über persönliche Daten und Geschäftsgebaren (ohne Wertung!) einholen und bei Vertragsbeendigung seinerseits melden. Die AVAD ist nicht das neue „Vermittlerregister der Deutschen Versicherungswirtschaft e. V.".

15.12.3 Besondere Rechtsstellung

Nach der Änderung des Rechtes über die Versicherungsvermittlung wurden auch in das Versicherungsvertragsgesetz (VVG) Begriffsbestimmungen sowie Rechtspflichten für Versicherungsvermittler in den §§ 59 – 73 eingeführt.

Als Versicherungsvermittler werden Versicherungsvertreter und Versicherungsmakler näher bestimmt, wobei beide der **Erlaubnispflicht** des § 34d Gewerbeordnung unterliegen.

Der **Vertreter** ist ständig mit der Vermittlung betraut, der **Makler** hingegen nicht ständig, nur von Fall zu Fall. Der Vertreter ist für den Versicherer oder einen anderen Vertreter tätig, der Makler für den Auftraggeber (den Kunden).

Den Versicherungsvermittler treffen seit 2007 umfangreiche gesetzliche **Beratungs- und Dokumentationspflichten**:
Er hat die jeweiligen Gründe für jeden zu einer bestimmten Versicherung erteilten Rat anzugeben. Dies ist zu dokumentieren und dem Kunden vor Abschluss des Versicherungsvertrages schriftlich und verständlich zu übermitteln. Der Kunde kann aber auf diese Protokollierung wiederum schriftlich verzichten.

Der Versicherungsmakler muss zusätzlich seinem Rat eine „hinreichende Zahl von auf dem Markt angebotenen Versicherungsverträgen und von Versicherungsunternehmen zugrunde legen", um eine fachliche Empfehlung im Kundeninteresse abgeben zu können. Das gilt nicht, wenn der Makler ausdrücklich auf eine eingeschränkte Vertragsauswahl hinweist (§ 60 Abs. 1 VVG).

Vollmachten des Versicherungsvermittlers
Je nach Umfang der Vollmachten unterscheidet das VVG nach Vermittlungs- und Abschlussagent:

Der **Vermittlungsagent** (§ 69 VVG) ist bevollmächtigt:

- Anträge auf Schließung, Verlängerung, Änderung eines Vertrages sowie den Widerruf des Antrages entgegenzunehmen,
- alle Erklärungen des Versicherungsnehmers betreffend das Vertragsverhältnis entgegenzunehmen,
- den Versicherungsschein, die Nachträge des Versicherers auszuhändigen,

- Prämien anzunehmen, wenn er eine vom Versicherer unterzeichnete Prämienrechnung vorweist.

Der **Abschlussagent** (§ 71 VVG) ist bevollmächtigt:

- wie der Vermittlungsagent,
- Versicherungsverträge abzuschließen, inklusive der Erteilung vorläufiger Deckungen sowie Änderungen und Verlängerungen zu vereinbaren,
- Kündigungs-/Rücktrittserklärungen abzugeben.

Schadenregulierungsvollmachten mit dem Recht, Versicherungsschutz anzuerkennen oder abzulehnen, müssen beiden gesondert vom Versicherer erteilt werden. Das geschieht regelmäßig nur bis zu einer bestimmten Schadenhöhe (**Regulierungsvollmacht**).

Haftung des Vermittlers bei Falschberatung, Rechtsfolgen bei fehlerhaften Handlungen

Grundsätzlich ist nach § 63 VVG der Versicherungsvermittler dem Kunden gegenüber zum Schadenersatz verpflichtet, wenn Beratungs- und Dokumentationspflichten schuldhaft verletzt werden. Wer wie ein Makler auftritt, haftet auch als solcher.

Dennoch ergeben sich erhebliche Unterschiede zwischen dem Versicherungsvertreter und dem Versicherungsmakler:
Der Kunde kann regelmäßig auf die Richtigkeit der Beratungsinformationen des **Vertreters** vertrauen, denn dessen Versicherer hat ihn gerade zum Erklären und Erläutern der schwierigen rechtlichen Zusammenhänge des Versicherungsvertrages zum Kunden gesandt.

Sind die Auskünfte des Vertreters also falsch, so muss der Versicherer dennoch dafür einstehen. Dies wird nur dann nicht zutreffen, wenn die Falschinformationen für den Versicherungsnehmer klar erkennbar waren. Auch wenn der Kunde vom Vertreter arglistig getäuscht wurde, kann er den Vertrag gegenüber dem Versicherer anfechten, Letzterer ist hier kein Dritter. Der Versicherer wird den Vertreter allerdings in Regress nehmen können.

Der **Versicherungsmakler** ist nach § 93 HGB und § 59 VVG ein **selbstständiger Kaufmann**, der gegenüber dem Versicherer in keinem ständigen Betrauungsverhältnis steht. Seinen Maklerauftrag erhält er vom Kunden, um für diesen den günstigsten und geeignetsten Versicherungsschutz am Markt zu beschaffen. Insofern ist er **Sachwalter** des Versicherten. Gegenüber dem Versicherer hat er natürlich als ordentlicher Kaufmann zu arbeiten (Doppelfunktion). Falschberatungen gehen also allein zulasten des Maklers, der Versicherer befreit sich von jeder Beratungshaftung ausdrücklich im Vertrag durch die **Maklerklausel**. Für seine Tätigkeit erhält der Makler auch keine Provision, sondern marktübliche laufende Vergütungen (Courtagen).

15.13 Berufsvereinigungen / Berufsverbände

Aufgabe aller Berufsvereinigungen ist die Bündelung gemeinsamer Interessen aller Mitglieder, um gesellschaftlichen Einfluss geltend zu machen. Dabei geht es um berufliche, wirtschaftliche, rechtliche und soziale Interessen.

Berufsvereinigungen für angestellte Außendienstmitarbeiter, Vertreter und Makler
Die Interessen der selbstständigen Versicherungsvertreter vertritt vor allem der **Bundesverband Deutscher Versicherungskaufleute e. V. (BVK)** in Bonn. Der BVK hat z. B. gemeinsam mit dem GDV anerkannte Richtlinien für den Ausgleichsanspruch erarbeitet.

Der Bundesverband der Assekuranzführungskräfte e. V. (VGA) in Köln fühlt sich zuständig für die selbstständigen und angestellten Geschäftsstellenleiter der Versicherer.

Die Versicherungsmakler finden wiederum ihre Interessenvertretung im **Verband Deutscher Versicherungsmakler e. V. (VDVM)** in Hamburg.

Verbände der Versicherungswirtschaft
Hauptorganisation ist der **Gesamtverband der Deutschen Versicherungswirtschaft e. V. (GDV)** mit Sitz in Berlin. Dem Verband gehören fast alle auf dem deutschen Markt tätigen Erstversicherer an.

Er führt die für die Versicherungswirtschaft notwendige Lobbyarbeit in der Politik durch. Er hält den Kontakt zur Aufsichtsbehörde, ebenso zu Gremien der EU und zahlreichen nationalen und internationalen Organisationen. Der GDV bündelt Fachfragen, die für alle Versicherer gleichermaßen von Bedeutung sind, und ist zugleich auch deren Dienstleister im Sinne der Erarbeitung, z. B. von Statistiken des Wirtschaftszweiges, aber auch von Schadenstatistiken. Der Verband ist umfassend tätig in Bereichen der Schadenverhütung (z. B. Fragen der Verkehrssicherheit). Die gemeinsame Öffentlichkeitsarbeit und Aufklärung der Versicherungskunden ist eine wesentliche Aufgabe des GDV. Einen Zweig des GDV stellt der **Verband der Privaten Krankenversicherung e. V. (PKV-Verband)** in Köln dar.

Die Interessen der Versicherer als wichtige Arbeitgeber nimmt der **Arbeitgeberverband der Versicherungsunternehmen in Deutschland (agv)** wahr. Er ist Tarifpartner.

Große Bedeutung für die Aus- und Weiterbildung aller in der Versicherungsbranche Tätigen besitzt das **Berufsbildungswerk der Deutschen Versicherungswirtschaft e. V.** in München, das vom GDV und agv getragen wird.

15.14 Arbeitnehmervertretungen

Tarifpartner aufseiten der Arbeitnehmer in der Versicherungswirtschaft ist die Dienstleistungsgewerkschaft ver.di. Dabei ist es die Aufgabe der Gewerkschaft, mit dem agv den Tarifvertrag für die Arbeitnehmer des Versicherungsgewerbes auszuhandeln, und zwar mit allen für die Arbeitnehmer relevanten Inhalten zu Arbeitszeiten und vor allem Vergütungen. Daneben stellt ver.di Vertreter in den Beiräten der Aufsichtsbehörde, der BWV sowie in Prüfungsausschüssen.

Betriebliche Arbeitnehmervertretungen

Die unmittelbaren Interessen der Arbeitnehmer in den Versicherungsunternehmen haben die jeweiligen Betriebsräte wahrzunehmen. Dabei sollen Arbeitgeber und Betriebsräte zusammenarbeiten.

Weitere Arbeitnehmervertretungen sind die Jugend- und Auszubildendenvertretungen sowie die Schwerbehindertenvertretung.

Die betrieblichen Arbeitnehmervertretungen wirken im Rahmen des Betriebsverfassungsgesetzes und setzen in bestimmtem Maße Mitbestimmung und Mitwirkung durch. Ein Drittel der Aufsichtsratsmitglieder von Aktiengesellschaften und Versicherungsvereinen auf Gegenseitigkeit wird von der Belegschaft gewählt, bei AGs mit über 2.000 Beschäftigten ist der Aufsichtsrat sogar paritätisch besetzt. Außerdem ist im Vorstand ein Arbeitsdirektor für Personalangelegenheiten zu bestellen.

15.15 Wettbewerbsrecht

15.15.1 Allgemeine Wettbewerbsgrundsätze

Die Verbände der Versicherer und des Versicherungsaußendienstes haben unter Beachtung des Wettbewerbsrechtes und der Anordnungen der Aufsichtsbehörde gemeinsam Wettbewerbsrichtlinien (WRLVW) geschaffen, die den Wettbewerb und ein lauteres Geschäftsgebaren fördern sowie Missstände verhindern sollen.

Grundsätze des Wettbewerbs

- Der Wettbewerb beruht nur auf dem Leistungsprinzip. Er darf nur sachlich und mit ehrlichen und anständigen Mitteln geführt werden.
- Die Sicherung des allgemeinen Vertrauens in die Versicherungswirtschaft als eine ihrer Existenzgrundlagen ist stets zu beachten sowie die Wahrung der guten kaufmännischen Sitten.
- Andere Marktteilnehmer dürfen nicht verunglimpft werden.
- Die jeweiligen Vorstände sind für die Führung des Wettbewerbs verantwortlich und haben insofern auch die Werbung ihrer Vertreter zu kontrollieren.

Grundsätze für den Abschluss von Vertreterverträgen

- Vertreter müssen zuverlässig und vertrauenswürdig sein.
- Für die Anwerbung und Einstellung von Vertretern gelten besondere Regelungen, z. B. keine Hinweise auf die Höhe der Vergütung bei selbstständigen Vertretern.
- Es dürfen keine Vertreter von Mitbewerbern abgeworben werden.

- Stets sind die Auskunft bei der AVAD und ein polizeiliches Führungszeugnis einzuholen.
- Vertreterverträge mit Vorständen, Versicherungsmaklern, Angehörigen der rechts- und steuerberatenden Berufe sind verboten.
- Die Verwendung von Werbekolonnen ist unerwünscht.

15.15.2 Unzulässige Werbung

Grundsätze für das Verhalten im Wettbewerb

- Im Wettbewerb sind stets Wahrheit und Klarheit einzuhalten. So gelten das Täuschungsverbot, z. B. Werbung wie „kostenlose Vermittlung", die Firmenwahrheit und das Verbot des anonymen Wettbewerbs, z. B. ordentlich erkennbare Firmierung, sowie die Verwendung von Titel und Berufsbezeichnungen, die sich auf die Vermittlungstätigkeit beziehen.
- Werbung darf nicht belästigend sein. Passanten dürfen nicht angesprochen werden, ebenso ist die Verteilung von Flugblättern unerwünscht.
- Verboten ist auch die unaufgeforderte Telefon-, Fax- und E-Mail-Werbung bei Personen, zu denen bisher keine geschäftlichen Kontakte bestehen.
- Vergleichende Werbung ist nur im Sinne des allgemeinen Wettbewerbsrechtes zulässig.
- Die Ausnutzung fremden Ansehens, z. B. die Werbung mit den Namen bekannter Persönlichkeiten, ist nicht erlaubt. Ebenso nicht die Werbung mit Dank- und Empfehlungsschreiben.
- Die Werbung darf nicht mit Hinweisen auf die Versicherungsberatung geschehen, denn dies ist im Zusammenhang mit der Vermittlung von Versicherungsverträgen die natürliche Tätigkeit aller Vermittler.
- Verboten ist das Versprechen von Sondervergütungen, z. B. von Geld und Sachwerten, wenn es zum Vertrag kommt. Das betrifft auch die Provisionsabgabe des Vermittlers.

Einzelne Versicherungszweige

- Die Lebens- und die Krankenversicherungssparte kennen das Ausspannungsverbot, der Versicherte soll bestehende Lebens- und Krankenversicherungen nicht für den Abschluss neuer kündigen, weil dies für ihn nachteilig ist.
- Unzulässig ist es auch, in fremde Bestände planmäßig einzudringen, z. B. mittels vorbereiteter Kündigungsschreiben.

15.16 Verbraucherschutz

15.16.1 Grundlagen des Verbraucherschutzes

Der Verbraucherschutz hat in der Versicherungswirtschaft einen hohen Stellenwert, da die eigentliche Leistung des Versicherers erst später im Schadenfall für den Versicherten sichtbar wird. Eine Nichtleistung muss rechtlich streng korrekt und für den Versicherungsnehmer auch nachvollziehbar sein. Die Interessen des „Versicherungsverbrauchers" sollen mithilfe des Verbraucherschutzes angemessen durchgesetzt werden.

Rechtliche Grundlagen für den Verbraucherschutz in Versicherungswesen finden sich heute in zahlreichen Bestimmungen des BGB:

- Gestaltung rechtsgeschäftlicher Schuldverhältnisse durch allgemeine Geschäftsbedingungen (§§ 305–310 BGB),
- Gebot von Treu und Glauben (§ 242 BGB).

Bestimmungen der AVB sind unwirksam, wenn sie den Verbraucher unangemessen benachteiligen. Der Versicherungsschutz darf nicht ausgehöhlt werden. Auch das Versicherungsaufsichtsgesetz (VAG) dient letztlich dem Verbraucherschutz, weil es die ständige Erfüllbarkeit des Versicherungsversprechens durch den Versicherer ermöglicht und die Rechts- und Finanzaufsicht über die Versicherer regelt.

Der Verbraucherschutz spiegelt sich auch in den Vorschriften der VVG-InfoV wieder, in der die Informationspflichten des Versicherers gegenüber dem Verbraucher geregelt sind. Gleiches gilt für § 11 VersVermV, der die Informationspflichten des Vermittlers gegenüber dem Kunden beschreibt. Durch die Einteilung in zwingende, halb zwingende und abdingbare Vorschriften des VVG gehen selbstverständlich auch vom Versicherungsvertragsgesetz gewisse Schutzwirkungen für den Kunden aus.

15.16.2 Schlichtungsstellen

Der **Verbraucherschutz** wird organisiert durch die öffentlich finanzierten Verbraucherzentralen, durch die Stiftung Warentest und spezielle Verbraucherorganisationen mit Schwerpunkt Versicherungen wie z.B. den Deutschen Versicherungsschutzverband e.V. (DVS).

Zur außergerichtlichen Schlichtung von Streitigkeiten zwischen Verbrauchern und Versicherern wurden vom GDV und vom PKV-Verband je eine Stelle eines unabhängigen und nicht weisungsgebundenen Ombudsmannes seit 01.10.2001 eingerichtet.

Aufgaben des Ombudsmannes (Treuhänder, Vertrauensperson)

- Behandlung von Beschwerden, die der Versicherte zuvor erfolglos beim Versicherer geltend gemacht hatte (bis zu einer Höhe von 50.000 EUR) mit dem Ziel der Vermittlung,
- dabei darf die Streitigkeit noch nicht rechtsanhängig vor Gericht oder vor der Aufsichtsbehörde sein, ebenso wenig liegt schon ein außergerichtlicher Vergleich vor oder die Abweisung des Antrages auf Prozesskostenhilfe wegen fehlender Erfolgsaussichten,
- Abweisung unzulässiger Beschwerden,
- Entscheidungen bis zu 5.000 EUR (für den Versicherer verbindlich),
- Empfehlungen zwischen 5.000 EUR und 50.000 EUR.

Der Ombudsmann der privaten Krankenversicherung trifft aber keine bindenden Entscheidungen, er hat nur eine Einigungsfunktion und es gibt keine Beschwerdegrenzen.

15.16.3 Datenschutz

Grundsätzliche Aufgabe des Verbraucherschutzes ist auch der Datenschutz. Jeder Bürger hat das Recht auf informationelle Selbstbestimmung, d. h., er bestimmt selbst über Preisgabe und Verwendung seiner persönlichen Daten. Der Datenschutz dient also dazu, den Datenmissbrauch dort zu unterbinden, wo, wie im Versicherungswesen unerlässlich, personengebundene Daten erfasst und gespeichert werden müssen. Datenbestände sind für die Versicherer reines „Betriebskapital". Damit führt der Datenschutz zur Wahrung der Persönlichkeitsrechte und dem Schutz der Privatsphäre. Geschützte personenbezogene Daten beziehen sich vor allem auf:

- Gesundheitsangaben in den Personenversicherungen,
- Einkommensangaben in der Versorgungsberatung,
- Angaben über finanzielle Belastungen und Vermögensverhältnisse,
- Begünstigungsregelungen (z. B. Bezugsrechte in der Lebensversicherung).

Gesetzliche Grundlage ist das **Bundesdatenschutzgesetz (BDSG)**. Danach ist die Erhebung, Verarbeitung und Speicherung personengebundener Daten nur erlaubt, wenn Rechtsverordnungen dies zulassen oder wenn der Betroffene einwilligt und ihm der jeweilige Zweck bekannt gegeben wurde.

Demzufolge ermächtigt der Versicherte bereits im Antrag (sogenannte **Datenschutzerklärung**) den Versicherer dazu, seine persönlichen Daten zu erfassen und an andere Versicherer sowie Fachverbände und eigene Vertreter weiterzugeben, soweit dies für die Vertragsdurchführung erforderlich ist. Der Versicherte erhält zusätzlich noch ein Merkblatt zur Datenverarbeitung.

15.17 Versicherungsaufsicht

Die staatliche Versicherungsaufsicht wurde 1901 in Deutschland eingeführt. Geltende Rechtsgrundlagen sind:

- das Gesetz über die Beaufsichtigung der Versicherungsunternehmen (Versicherungsaufsichtsgesetz – VAG) von 1901 in der Fassung der Bekanntmachung vom 13.10.1983, zuletzt geändert durch das dritte Durchführungsgesetz/EWG zum VAG vom 21.07.1994 und weitere Gesetze,
- das Gesetz über die Bundesanstalt für Finanzdienstleistungsaufsicht (FinDAG) vom 22.04.2002.

Gründe und Zweck der staatlichen Versicherungsaufsicht

Die Errichtung einer staatlichen Versicherungsaufsicht als Eingriffs- und Kontrollinstrument ist im Wesentlichen aus zwei Gründen notwendig:

- zum Schutz des Versicherungsnehmers, der im Voraus Prämien für den Eintritt eines zukünftigen, wirtschaftlichen Bedarfs entrichtet und darauf vertraut, dass die finanzielle Leistungsfähigkeit des Versicherungsunternehmens im Fall des Eintritts wirtschaftlich nachteiliger Ereignisse ausreichend sichergestellt ist;
- zur Überwachung der „gedeihlichen und soliden Entwicklung“ des Versicherungswesens, da die Versicherungswirtschaft als Kapitalsammelbecken und Risikoträger bedeutende volkswirtschaftliche Aufgaben zu erfüllen hat.

Beaufsichtigte Unternehmen

Inländische Erstversicherer

Der Versicherungsaufsicht nach § 1 Abs. 1 VAG „*... unterliegen Unternehmen, die den Betrieb von Versicherungsgeschäften zum Gegenstand haben und nicht Träger der Sozialversicherung sind (Versicherungsunternehmen).*“

Ausländische Erstversicherer

Der Geschäftsbetrieb eines ausländischen Erstversicherers in Deutschland unterliegt ebenfalls dieser Aufsicht. Die Zuständigkeit der Aufsichtsbehörde hängt davon ab, ob ein ausländischer Erstversicherer seinen Sitz außer- oder innerhalb eines Mitgliedstaates der Europäischen Gemeinschaft hat:

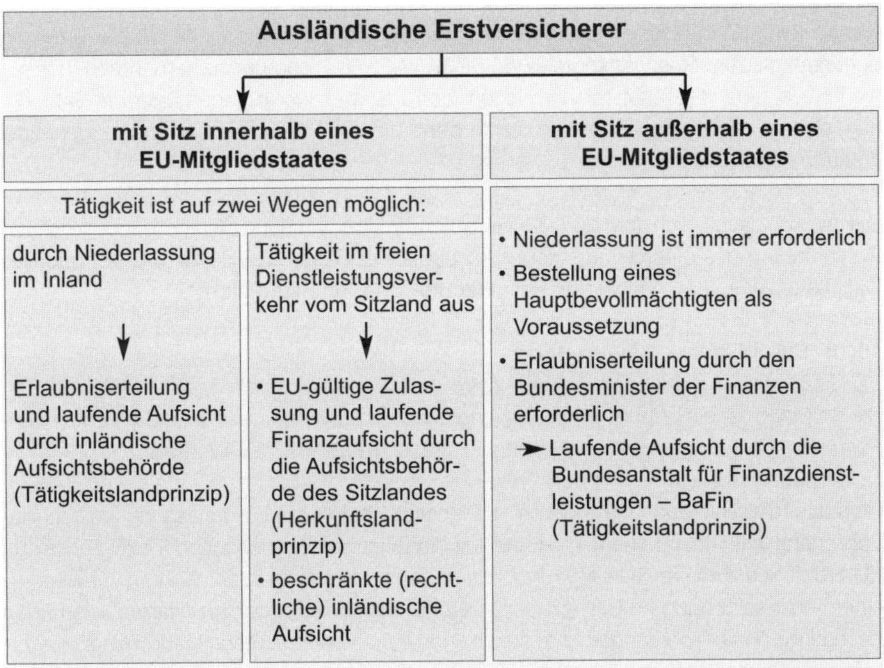

Abbildung: Ausländische Erstversicherer

Von der Versicherungsaufsicht ausgenommen ist generell die Versicherung von Großrisiken sowie die Mit- und Transportversicherung von Versicherungsunternehmen aus den EU-Mitgliedstaaten.

Rückversicherer
Versicherungsunternehmen, die ausschließlich die Rückversicherung betreiben, unterliegen nur einer auf die Rechnungslegung beschränkten Aufsicht, damit die internationale Geschäftstätigkeit dieses Zweiges nicht behindert wird. Ausländische Rückversicherer sind in Deutschland generell nicht aufsichtspflichtig.

Träger und Zuständigkeiten
Auf Bundesebene beaufsichtigt die am 01.05.2002 durch Zusammenlegung der Aufsichtsbehörden für Banken, Versicherungen und Wertpapierhandel entstandene Bundesanstalt für Finanzdienstleistungsaufsicht (BaFin) private sowie öffentlich-rechtliche Versicherungsunternehmen, die bundesländerübergreifend tätig sind. Auf Landesebene liegt die Aufsicht bei den Landesaufsichtsbehörden (Wirtschafts- oder Finanzministerien), die für öffentlich-rechtliche Versicherungsunternehmen mit Geschäftstätigkeit in einem Bundesland sowie die kleinen privaten VU (z. B. VVaG) zuständig sind.

Aufgaben der Aufsichtsbehörde
Die Aufsichtsbehörde begleitet den Geschäftsbetrieb eines Versicherungsunternehmens von der Gründung bis zum Ende seiner Tätigkeit. Die Aufsicht beginnt mit der Erteilung der Erlaubnis zum Geschäftsbetrieb (§§ 5 – 14 VAG). Versicherungsunternehmen müssen hierfür u. a. einen Geschäftsplan vorlegen, der u. a. wichtige Angaben über die Satzung, angebotene Versicherungssparten sowie den Nachweis über ausreichende Eigenmittel enthält.

Die Aufsicht setzt sich fort durch eine laufende Überwachung der ordnungsgemäßen Durchführung des Geschäftsbetriebes im Sinne der Gesetze (z. B. VVG, BGB) und des Geschäftsplans. Man spricht von der **„Rechts- und Finanzaufsicht“**.

15.18 Europäischer Binnenmarkt

Dieser Markt ist ein *„Raum ohne Binnengrenzen, in dem der freie Verkehr von Waren, Personen, Dienstleistungen und Kapital … gewährleistet ist.“* (EG-Vertrag).

Hieraus ergibt sich auch die allgemeine Dienstleistungs- und Niederlassungsfreiheit aller Versicherer mit Sitz in einem EU-Land für die gesamte Europäische Union. Zahlreiche EU-Richtlinien zur Versicherungswirtschaft haben in den letzten Jahrzehnten vor allem zu einer Vereinheitlichung im Bereich der Versicherungsaufsicht geführt. Harmonisierungen der nationalen Versicherungsrechte sind bisher wegen der so unterschiedlichen zivilrechtlichen Traditionen in den einzelnen EU-Ländern nicht vorangekommen. Deswegen ist ein derzeitiges Schwerpunktthema der Europäischen Kommission der **Verbraucherschutz bei Finanzdienstleistungen**. Dazu zählt auch die EU-Versicherungsvermittlerrichtlinie vom 09.12.2002, die mittlerweile durch das Gesetz zur Neuregelung des Versicherungsvermittlerrechts vom 22.05.2007 in nationales Recht umgesetzt wurde.

Stichwortverzeichnis

G

H

L

M

S

T

U

W

Z